图书在版编目(CIP)数据

扬中年鉴. 2016 / 扬中市史志办公室编. —北京:方志出版社,2016.12
ISBN 978-7-5144-2312-9

Ⅰ.①扬… Ⅱ.①扬… Ⅲ.①扬中—2016—年鉴 Ⅳ.①Z525.34

中国版本图书馆 CIP 数据核字(2016)第 320529 号

扬中年鉴(2016)

编　　者:扬中市史志办公室
责任编辑:陈　菁、王笃银
出 版 人:冀祥德
出 版 者:方志出版社
地址　北京市朝阳区潘家园东里 9 号(国家方志馆 4 层)
邮编　100021
网址　http://www.fzph.org
发　　行:方志出版社发行中心
电话(010)67110500
经　　销:各地新华书店
印　　刷:扬中市人民印刷有限公司
开　　本:889×1194　　1/16
印　　张:22.75
字　　数:673 千
版　　次:2016 年 12 月第 1 版　2016 年 12 月第 1 次印刷
印　　数:0001~2000 册
ISBN 978-7-5144-2312-9　　定价:280.00 元

扬中年鉴编纂委员会

扬中年鉴编辑部

《扬中年鉴》改版说明

《扬中年鉴》创刊于2009年。创刊之初，《扬中年鉴》在篇目设计方面，主要模仿周边兄弟县市，也与大多数地方综合年鉴一样，采用的是部门条目体。全市各个供稿单位，每一个多则占用一个篇目，少则占用一个栏目。在数年来的编纂实践中，我们越来越感觉到，原有的篇目设计，其特色性、实用性、资料性、可读性、趣味性、存史性都有明显的局限。一方面，许多富有浓郁地方特色的发展成就和亮点，不能够突出体现出来；另一方面，有许多资料无法找到合适的归属栏目，没有收录。作为地情资料的年鉴所记载的内容，既不能满足读者的需要，也无法真正为下一轮修志积累资料。

今年《扬中年鉴》改版后，我们在篇目设计上从原来的部门加条目体，转为类目加条目体，取消了凡是一个单位必须占据至少一个栏目的惯例，大幅弱化部门单位的存在感，进一步强调条目的资料归属性，从条目属性出发倒排框架，从而使篇目整体结构更加合理，更加符合方志编纂内在体例要求。比如，之前的年鉴里，四套班子各占一个类目，改版后，则统一在“政治生活”类目中安置。再比如，原来群团组织集中占用一个类目，改版后则按照其工作属性，合理归类到多部类，如工会、妇联等，安置在“社会群体”类目中，科协放在“科技・科普”类目中，文联则放置在“社会事业”类目的“文艺创作”栏目中。另外，原来的篇目设计，一般各个单位的条目都集中在一起，改版后，则严格则按照条目的资料归属，予以安置。比如改版后的党校，按照其工作属性，相关条目分别安置到“党的建设”“社科研究”等栏目中。

此外，我们在今年的年鉴改版中，还有一些新的尝试：

一是大量增加扬中特色的栏目，比如“楼宇经济”“企业上市年”“长江岸线环境管理”“第十三届中国扬中河豚文化节”“‘平安扬中’建设”“社会公益”等等，充分反映扬中经济社会发展的各方面成就。

二是大量使用“链接”的创新形式，凡是在上下限、地域范围之外的有价值资料，都可以使用链接补充进来，既能拾遗补缺，又可以活泼资料形式。

三是改革升格形式。原来升格的形式，基本为在篇目层级上予以升格。改版后，《扬中年鉴》的升格方式为随文增设图片专辑，不改变其原有的篇目层级，新增的图片专辑，在目录中予以黑体强调。这种升格方式的优点，既能不损伤篇目的层级归属，又能进一步丰富改升格部分的资料性。

四是进一步加大图片数量。所谓一图抵千文，改版后，正文排版由三列改为两列，以方便图片插入。

五是大力拓展资料来源渠道。原有的资料基本来自各个承编部门的报送，如果没有报送，那就有遗漏欠缺。本次年鉴编纂资料搜集中，由原来的单纯由下向上报送资料，改为下到各部门单位搜集与报送相结合的方式。此外，我们还强调了从各个渠道增加资料来源，如报纸、地方微信公众号平台等等。由此，我们有获得了大量原来无法搜集到的条目，也由此增设了一些新的栏目，如“社会公益”“扬中轶闻”等等。

新的改版，有许多新的尝试和探索，我们将在今后的编纂中，进一步总结、完善，并希望广大年鉴同仁及年鉴读者，提出宝贵的意见和建议！

编辑说明

1.《扬中年鉴》是扬中市人民政府主持编纂的地方综合年鉴，旨在编年载录全市政治、经济、文化、社会、自然等方面的基本面貌、发展状况和各行各业取得的新成就、新经验，为认识扬中、发展扬中提供全面实用、信息密集、准确权威的地情资料。

2.《扬中年鉴（2016）》采用分类编辑法，以类目为单元，下设分类目、栏目和条目。

3.《扬中年鉴》卷首有中文详细目录和英文对照要目，卷末有索引。全书可通过目录、书眉、索引等检索渠道查阅。

4.《扬中年鉴》载录的各体文稿，由市各部门、各镇（街道、区）及相关单位提供。全市综合性统计资料由市统计局提供。全书所用的统计数据，由于统计资料的来源、口径、方式、方法和时间不同，存在差异，使用时请以统计局的统计资料数据为准。

5.《扬中年鉴》所登载的照片和文字稿件若署名遗漏或有误，请摄影者或撰稿人与编辑部联系，以便发放稿酬。

6.《扬中年鉴》的编辑出版，得到了市各部门、单位、各镇（街道、区）党委、政府和社会各界的关心、帮助和支持，在此深表谢忱。由于我们认识不足、考虑不周、水平有限，疏漏欠妥之处，恳请广大读者指正。

7.根据编纂需要，彩页和链接部分内容允许适当突破记述时限。

8.第八届江苏省园艺博览会在本年鉴内简称“园博”或“园博会”，其办园场馆称为“园博园”。

9.本年鉴内，“亩”与“公顷”，根据具体条目，予以共用，原始资料中的精确数字尽量予以保留。两者折算标准为：15亩=1公顷。

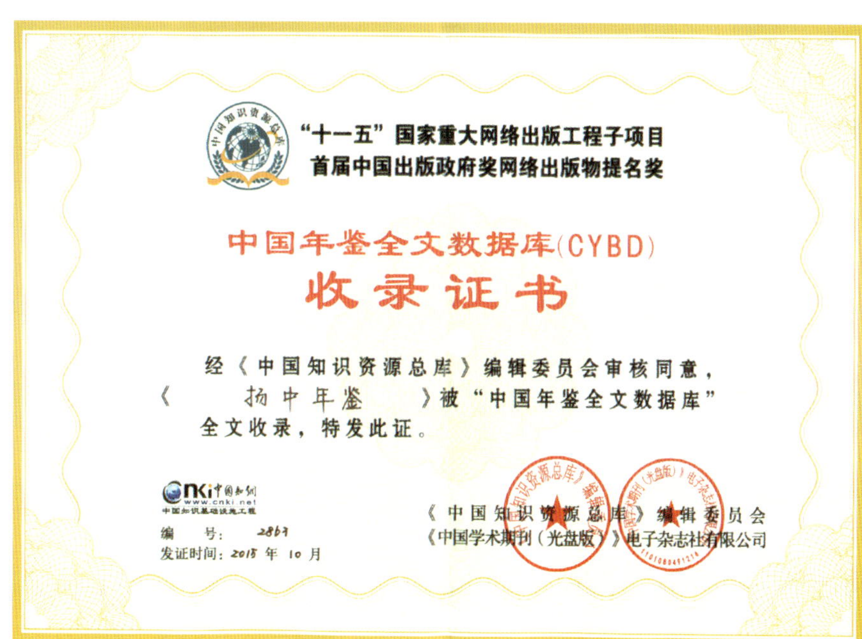

“十一五”国家重大网络出版工程子项目
首届中国出版政府奖网络出版物提名奖

中国年鉴全文数据库(CYBD)
收录证书

经《中国知识资源总库》编辑委员会审核同意，
《 扬中年鉴 》被“中国年鉴全文数据库”
全文收录，特发此证。

编 号：2863
发证时间：2018 年 10 月

《中国知识资源总库》编辑委员会
《中国学术期刊（光盘版）》电子杂志社有限公司

扬中市政区图
扬州市
镇江市
扬中市
新坝镇
三茅街道
兴隆街道
油坊镇
八桥镇
西来桥镇
扬中经济开发区
泰兴经济开发区
扬中长江大桥
扬中长江三桥
扬中大桥
泰州长江公路大桥
扬中长江二桥
长江
夹江
扬中在镇江的位置
扬中市
润州区
京口区
镇江市
丹徒区
丹阳市
句容市
图例
街区
县(市)政府驻地
镇政府 街道办
村委会 社区 圩埭
省辖市界
县(市)区界
镇界
汽车客运站
高速公路及编号
省道及编号
环岛公路
县乡道
乡村路
河流 沟渠 码头
车渡 人渡
绿地 公园
比例尺 1：100000 地图审查号：苏S（2013）119号
江苏省金威测绘服务中心 2013年编制 扬中市史志办公室 监制
图内境界不作实地划界依据

扬中市城区图
图例
市政府
镇政府
村委 社区
企事业单位
高速公路
主干道
街道
规划路
学校
医院
商场
酒店
汽车站
河流
公园 绿地
县(市)界
地图审查号:苏S(2013)119号
江苏省金威测绘服务中心 2013年编制 扬中市史志办公室 监制
图内界线不作实地划界依据
市政府
明珠广场
江洲广场
市政广场
城北公园
城西公园
三茅街道
扬中客运站
环城北路
环城南路
三八省道
丰裕中心小学
丰裕卫生分院
丰裕桥
城北科技园
明华村
光华机电
利若尔包装
港龙集团
环宇公司
宏飞电器
鼎圣电器
华翔机电
万奇电器
安得电器
长江机电
天马磨具
双联集团
通用美联
兴达绝缘材料
华荣电器
中华村
海腾氟塑
友好村
新胜村东区
新胜社区
五星花苑
新胜村中区
宏达新材料
鑫源钢铁
同心新村北区
明珠湾公寓
大全集团
爱伊替科技
交警大队
江苏君泰维景饭店
宁馨新村
宝利玛材料
江洲工艺品
消防指挥中心
怡景苑
盐务局
兴旺新屯
兆伏新能源
瑞克健身用品
东苑大酒店
英雄社区
长江花城
万宝电气
同心社区
润龙花苑
汇金广场
广宁新村
广宁社区
田园新村
江洲新村
实验幼儿园
中电电气
三星科技
华美制衣
农技推广中心
新颖橡塑
财政局
车管所
旅游局
国土局
广宁二村
广宁三村
怡港新村
南方矿用
城投公司
锦江丽岛
柳竹新村
环保局
体育馆
江洲路社区
三茅镇卫生院
城北小学
金华厦电
质监局
公安局
凯旋苑
华润苏果
城管局
德利纺织制品
民政局
实验小学
机关一园
扬中宾馆
扬中商城
水利局
长江大酒店
西园新村
卫生防疫站
邮政局
卫生局
烟草局
丽景花苑
电站辅机厂
人民医院
惠民小区
金叶大酒店
前进新村
扬中商品步行街
周仔大酒店
中医院
华夏小区
行政服务中心
远东泵阀
地税局
文化新村
农委
文化新村社区
东工商局
迎宾广场
工业局
文景国际
中园新村
检察院
明珠园山庄
新扬社区
人和居
建设新村
华厦大酒店
扬子新村
天力钢结
交通局
规划局
海事局
公路处
国税局
住建局
法院
外国语小学
新世界大酒店
恒龙嘉苑
建设社区
中燃燃气
扬子新村社区
金源大酒店
宏大工贸
华腾电器
凯悦国际
西湾小区
华瑞小区
水上国际花城
新风桥
翠竹桥
建设桥
金色港湾大酒店
二实小
绿洲制衣
南园新村
扬碟钻石
华庆小区
十三圩埭
亚光电器
金星社区
中桥社区
大众新村
贝思特机电
外国语中学
迪雅苑
金星新村
中桥新村
浩云湾
风雅苑
张小圩埭
市一中
市二中
扬子江制衣
金苇电气
华坤电气
华贵小区
菲尔斯金陵大酒店
联六圩
三圩埭
绿扬电子
秦家埭
鸣翠山庄
企东村
水上名都
惠众花苑东区
三十九圩埭
王家小埭
四圩埭
世纪新城
中能电力
勤丰新村
奥体中心
东十圩埭
南江新村
朱家墩
四通物流
小圩埭
省扬高中
中扬康居苑
陈家埭
杨家埭
东圩埭
奚家埭
鄂家埭
孙家埭
朱家埭
马家埭
王家庄
谭家埭
耿家埭
滨江村
高家埭
南江路
江洲南路

长江中璀璨的明珠

城市坐标 Chengshi Zuobiao

城市位置：位于长江三角洲腹地，处于上海都市圈和南京都市圈的交汇区域，东北与泰州、扬州隔江相望，西南与镇江、常州依夹江为邻。城区地理位置为北纬32°—32°42′、东经119°42′—119°58′

辖镇（街道、区）：新坝镇、油坊镇、八桥镇、西来桥镇、三茅街道、开发区

城市历史 Chengshi Lishi

扬中成洲始于东晋

1904 年（清光绪三十年）建置，设太平厅

1911 年（清宣统三年）改太平县

1914 年（民国3年）改名为扬中县

1994 年撤县设市

自然条件 Ziran Tiaojian

全市由太平洲、雷公岛、西沙、中心沙四个江岛组成，属亚热带季风气候，四季分明，气候适宜，年平均温度 15.1℃，年平均降水量 1000 毫米左右，常年日照 2135 小时

城市特产 Chengshi Techan

江洲三宝：芦、竹、柳

长江三鲜：刀鱼、鲥鱼、河豚

特色农产品：秧草、马兰、苦瓜茶

城市

户籍

区域

长江

地区

人均

地方

社会

实际

城镇

农村

扬中精神 Yangzhong Jingshen

上善若水　自强不息

城市标志 Chengshi Biaozhi

市树：柳树

市花：桂花

（2015） Chengshi Shuzi

8.16万人

31 平方公里

水岸线：62.7 公里

值：475.80亿元

产总值：13.91万元

入：71.20亿元

零售总额：126.78亿元

资：1.31亿美元

均可支配收入：42407元

均可支配收入：21885元

城市荣誉 Chengshi Rongyu

国家生态文明建设示范区（生态市）

国家环保模范城市

国家卫生城市

国家园林城市

2014年度中国中小城市综合实力百强县（市）第二十四位

全国县域经济最具创新力50强第一位

江苏省文明城市

全国和谐社区建设示范市

全国农村综合实力百强县

全国科技进步示范市

全国造林绿化百佳市

全国文化先进市

全国计生协百名先进市

全国科普示范市

国家火炬计划扬中电力电器产业基地

全国诗词之乡

中国江鲜菜之乡

江苏省社会治安安全市

全国首批小康县

数字扬中

（2010~2015）

地区生产总值

单位：亿元

农林牧渔业总产值

单位：亿元

工业总产值

单位：亿元

全社会固定资产投资总额

单位：亿元

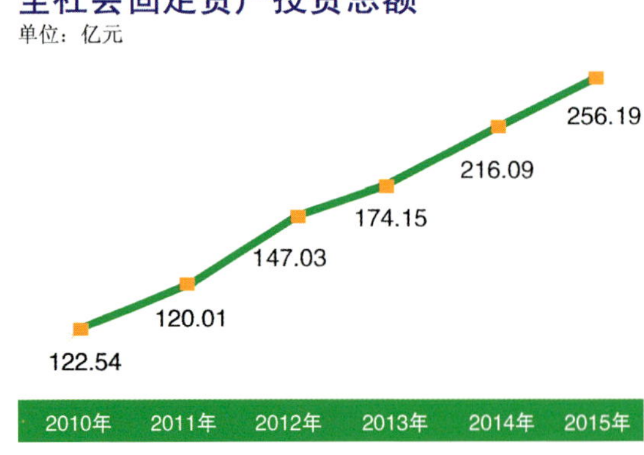

2015年地区生产总值构成

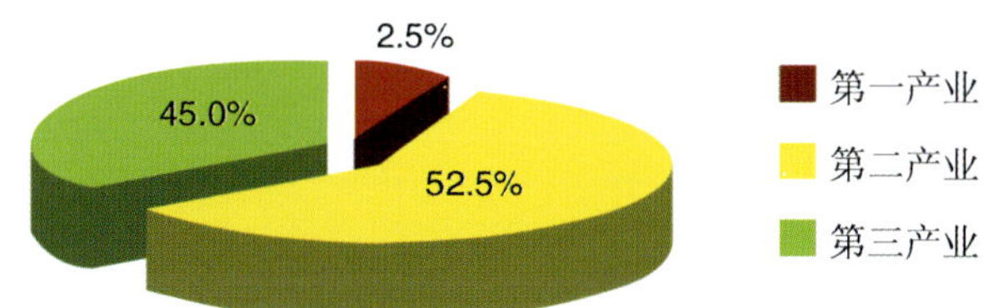

地方财政收入

单位：亿元

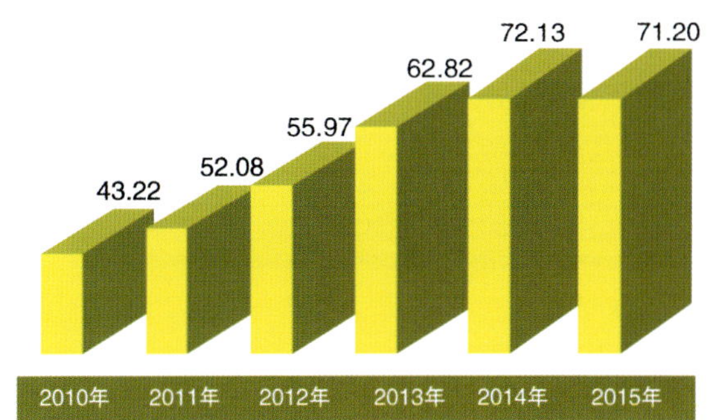

金融机构存款余额

单位：亿元

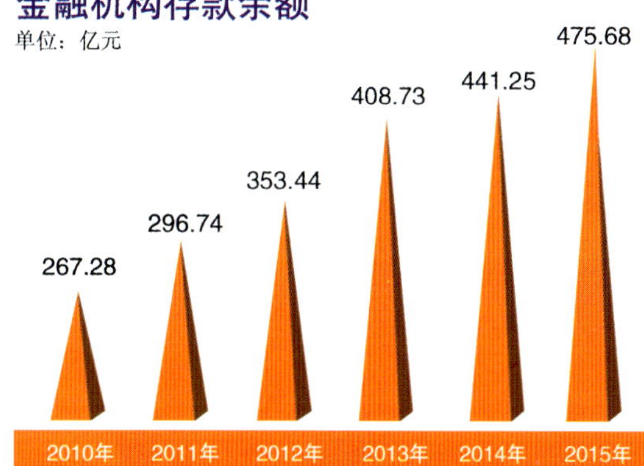

社会消费品零售总额

单位：亿元

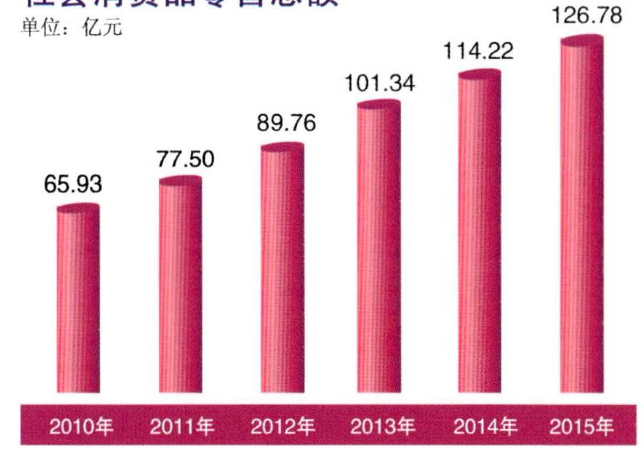

城镇居民人均可支配收入与农村居民人均纯收入

单位：元

扬中市第十六届人民代表大会第四次会议

政协扬中市第九届委员会第四次会议

潘早云投出庄严一票

孙乾贵投出庄严一票

冯锦跃代表政协扬中市第九届委员会常务委员会向大会作工作报告

施健华代表扬中市第十六届人民代表大会常务委员会向大会作工作报告

孙乾贵（中）督查园林城市创建工作

潘早云（左一）赴德国、意大利招商

中共扬中市委副书记、达孜县委书记徐申锋（左）慰问百岁老人

唐崇林出席纪念抗战胜利70周年专场文艺演出

沈大银（右一）出席市检察院知心姐姐热线开通二十周年纪念活动

王继兰（前右一）出席节庆文化与产业发展研究中心成立仪式

庄旭（左）做客清风扬帆网

王成明（右）出席扬中智能电气产业园党群服务中心成立仪式

杨富森欢送新兵入伍

黄子来（左二）慰问困难职工

孙健慰问环卫工人

王汉英在企业调研（右一）

蔡萍代表扬中市接受国家卫生城市授牌

卜兴荣（前左一）在基层调研

于德祥（中）带队检查春节前食品药品市场

宫金生（中）在一线视察防汛情况

春天里的崛起

新城新貌

明月照金街

水韵乡村

春光里的家

俯瞰园博园

雪寒鸥舞

美丽新农村

画里乡村

春到湿地

波漾湿地

保护生态 长江放流

夕阳中的河豚岛

我到江边看大桥

列队，迎接新的辉煌

公园一角

市委书记潘早云调研扬子新村棚户区改造项目

扬中绿洲新城实业集团有限公司

扬中绿洲新城实业集团有限公司于2013年5月由扬中市人民政府全额出资成立。集团总资产达294亿元，净资产120亿元，拥有交通投资发展有限公司、江苏迎旭建筑工程有限公司等13家控股子公司，以及大公扬中信用信息服务有限公司等8家参股公司，涵盖建材、教育、花木、信息服务等多个产业和领域。

绿洲新城成立以来，着力发挥投融资主体、重大项目建设主体和实体运营主体作用，在建设“强富美高”新扬中进程中，出色完成了近30项市重大工程的投资建设任务，保障了238省道新坝接线、迎宾大道东延工程、油坊接线、扬中三桥等市政府重点工程如期建成通车。2016年，公司还积极投身于民生

长旺码头

绿洲建材预拌砂浆

扬中三桥

建设工程项目。扬中市规模最大的民生工程——占地400余亩的“扬子新村”旧城改建项目已经完成整体规划，占地180余亩的一期工程已全面启动。力争将改造后的新社区打造成为扬中市地段最优越、综合配套最完善、居住品质最佳、绿色低碳智能化水平最高、开发建设面积最大的地产项目，为最美扬中奉献出又一道靓丽的都市风景线，成为扬中城市建设的新标杆，扬中都市人居生活的新典范。

在新的历史发展阶段，绿洲新城集团以“城市基础设施建设投融资平台、国有资产运营平台、城市综合开发平台”为战略定位，全面深入推进“集团化、市场化、专业化”改革，建立规范高效的母子集团管控体系，立足本职，全力服务地方经济社会发展大局，推动集团的持续健康发展。

扬中城市标识

市领导调研城投公司

扬中市城市建设投资发展总公司

多年来，城投公司积极介入主体功能区开发和城市资产运营，优化投资结构，稳固在城市基础建设投资与开发领域的优势，不断实现规模经营；以资本运营为纽带，通过参股、控股、产权转让、产权收购、企业兼并、租赁托管等方式，全面形成以城市建设与经营、置地置业、资本运营、商业开发、水利建设、国有资产管理、现代渔业、文化体育等产业板块为主的经营格局，不断提高公司整体效益，增强

滨江大道

中扬现代渔业产业园

公交主枢纽

红星国际生活广场

综合实力，努力建设具有较强投融资能力、资源整合能力、资产管理能力和持续盈利能力的现代化集团企业，为“强富美高”新扬中建设作出了积极贡献。截至2015年年底，城投公司总资产达460多亿元，其中净资产272.65亿元，实现合并主营业务收入30.48亿元，利润3.55亿元。

城投公司把改革转型、增强活力放在首要位置，积极探索“产业兴企”的新路子，紧紧瞄准市场，培育和发展有稳定盈利能力、可持续发展能力强的产业，使之成为城投公司持续健康发展的新引擎。在全面完成中扬建设集团组建工作的基础上，做大中扬建设集团资产规模，目前中扬建设集团总资产达67亿元。与此同时，按照集团化发展的战略要求，启动组建城投集团，完成控股扬中市投资担保有限公司、众盛小额贷款公司，做大做强创投公司等相关工作。

中扬康居苑

扬中市通达商业总公司

扬中市通达商业总公司隶属于扬中市商业集团总公司，属于国有商业企业，成立于1993年元旦，现有营业面积1.5万平方米，职工600余人，经营品种3万余种，经营范围涉及百货、餐饮、金融服务，是扬中地区商贸流通领域重点骨干企业。

通达商业总公司为百岁老人庆祝生日

优美的购物环境

通达始终坚持诚信经营理念，不断开拓创新，经济效益与社会形象逐年提升，在扬中商贸流通领域中名列前茅，先后被上级有关部门授予“十二五中国诚信经营与服务示范单位”“中国商业名牌企业”“全国商业和谐企业”“江苏省质量诚信企业”“江苏省正版正货示范创建街区”等系列荣誉称号。

在坚持做大做强零售主业的同时，通达还坚持走多元化发展道路，利用自身品牌优势与资金优势，加快金融服务领域的发展，2011年入股恒丰村镇银行，2013年发起成立信达小贷公司，2014年又成功开办了通达典当行。通过多元化发展，通达应对市场竞争的实力大大增强，企业的核心竞争力也大大提升。

扬中市总工会

扬中市总工会各项工作始终保持在全省第一方阵，先后获得全国新建企业工会组建工作先进单位、全国工会“五五”普法工作先进单位、全国职工互助保障工作先进集体、全国工会职工法律援助维权服务示范单位、全国财务工作先进集体等荣誉称号；连续六年获得“江苏省工会新闻宣传工作先进单位”称号；连续六年在镇江市工会工作目标考核中获一等奖；连续五年被评为扬中市级机关绩效管理考核一等奖，连续两年跻身“十佳单位”。

江苏省总工会主席邢春宁视察扬中市基层工会工作

市领导慰问全国劳模

扬中市住房和城乡建设局

市领导视察重点工程

公共自行车二期投入运营

2015年，在市委、市政府的正确领导下，市住建局紧紧围绕建设“强富美高”新扬中的总目标，以创建国家园林城市为契机，创新克难，锐意进取，不断完善基础设施建设，创新行业监管举措，拓展惠民服务内涵，提升城市宜居品质，着力开创住房城乡建设发展的新局面。

天然气加气站

备用水源地

扬中市国土资源局

扬中市国土资源局坚持以“保护资源、节约集约、维护权益、改革创新”为工作目标，进一步转变思想观念，改进工作作风，尽职尽责保护国土资源、节约集约利用国土资源、尽心尽力维护群众权益。

2015年，扬中市国土资源局先后创成江苏省土地执法模范市，被评为江苏省国土资源系统预防职务犯罪工作先进单位、土地学会工作先进单位、镇江市国土资源工作先进单位、党风廉政工作先进集体、镇江市级文明行业先进单位、扬中市创建国家卫生城市先进集体、平安法治工作先进单位、法治在线先进单位、人大代表建议办理先进单位等荣誉称号。

局领导给群众发放证书

行政服务中心国土窗口

目 录

扬中概览

政治生活

经济综合管理

产 业 经 济

基础建设

人 居 环 境

社 会 事 业

社 会 群 体

公 共 事 务

人物 荣誉

统 计 资 料

附 录

CONTENTS

Yangzhong verview

Political life

Integrated Economic Management

Industrial economy

Infrastructure construction

Human settlements

social undertakings

social groups

public affairs

Character And Honor

Statistical Data

Appendix

扬 中 概 览

综 述

【概况】扬中市地处北纬 32°~32°19′，东经 119°42′~119°58′，镇江市圌山东侧的扬子江中。全境总面积 331 平方公里，水域 88 平方公里，陆地面积为 243 平方公里，其中耕地面积为 16.66 万亩。全市由长江主航道南侧的太平洲、中心沙、雷公嘴、小泡沙等 4 个沙洲组成，主岛太平洲是长江中第二大岛，总面积 220 平方公里。市境呈西北~东南走向，南北长约 40 公里，东西平均宽约 7 公里。东北与泰兴市、扬州市江都区、扬州市邗江区隔大江相望，西南与丹徒区、丹阳市、常州市武进区依夹江为邻。

扬中市地处北亚热带季风中部气候区，雨量充沛，光照充足，气候温和，无霜期较长。由于扬中四面环江的独特的自然环境，与同纬度临近各县比较，还具有春季升温、秋季降温略慢、夏季高温天数少、梅雨期大的特点。扬中市冬季受北方大陆内部吹来的西北风(冬季风)控制，11 月至次年 1 月，西北季风为主。1 月份西北风频率为 9%；夏季受海洋吹来的东南风影响，天气炎热多雨。4~8 月盛行东南风，6、7、8 三个月东南风频率分别为 17%、17%、18%。春季多晴雨相间、冷暖多变的天气；秋季常有天高气爽、久晴少雨的天气，但少数年份也有较长连阴雨天气出现。

扬中市气候条件比较优越，适合水稻、棉花、麻类等喜温作物的生长，有利于三麦、油菜等耐寒作物安全越冬；众多的喜温性和耐寒性的蔬菜和其他经济作物，可以在不同季节正常生长。

据 1959 年至 2000 年气象资料统计，扬中常年平均气温 15.1℃，最高年 16℃，最低年 14.3℃。平均气温在 12℃以下的有 1 月、2 月、3 月、11 月、12 月 5 个月，平均气温在 28℃以上的月份没有。扬中降水量年均 1000 毫米左右，常年降水日数 116.3 天，占全年总天数的三分之一。由于四面环水，空气湿度相对较大，春、秋两季在 80 左右。常年日照数为 2135 小时。

扬中市为江中沙洲，属冲积平原，地势低平。海拔 4 米~4.5 米，相对高度 1 米左右，全境由西北向东南微倾。扬中市各沙洲的基岩是扬子古陆的组成部分，上层为长江冲积层，表层物质较细；中部为沙洲核，核的周围是由较粗物质组成的鬃岗。

扬中拥有长江岸线 102 公里，其中沿江深水岸线 62.7 公里。岸线等级较高，多属贴岸深水岸线。-10 米等高线距岸边为 40 米左右，具有良好泊稳和作业水域条件，适合建设不同类型的港口码头，泊位可达 5 万吨级~10 万吨级。西江流域的长江浅水岸线约 50 公里，水流平缓，岸线顺直，江堤外有大面积的滩涂，面积 6 万亩，是渔猎、休闲、旅游及农业相结合的综合场所。

扬中市通航港口有栏杆桥、万福桥、联丰港、何家大港、沙家港、二墩港、三跃港、兴隆港、东新港、长旺港、六圩港、团结港、思议港、川(穿)心港计 14 条，在通江口均建闸控制。骨干港道有 12 条，其中通航的有新坝大港、联丰港、三茅大港、三跃港、东新港、长旺港、六圩港、团结港、思议港、川(穿)心港；不通航的有永勤港、双龙港。骨干河道有前进河、丰收河、新联河、全红河、杜家港、营房港、铁皮港、向阳河、扬子河(大寨河)、建中河、三跃河、光明河、红星

美丽的长江岛城——扬中

新农村 新家园

河、战斗河、红旗河、胜利河等16条,均建有机电排水站。港河闸距一般为1公里~2.5公里,港河密度平均为每平方公里占有港河0.53公里。

境内主要野生动物有:鲥鱼、刀鱼、河豚、黑鱼、鳗鱼、鳜鱼、鲇鱼、黄鳝、虾、蟹、甲鱼、乌龟、泥鳅、刺鳅、鲫鱼、螺、蚌、蟛蜞、青蛙、田鸡、蟾蜍、红鳍白、鱼、麦穗鱼(罗汉筒)、虎头沙、鲈鱼、鲴鱼、鳑鲏、鳡鱼、鲻鱼、赤服(红眼)、江豚(江猪)、蛤蜊、野鸡、野鸭、麻雀、燕子、黄莺、乌鸦、喜鹊、布谷鸟、斑鸠、画眉、白头翁、猫头鹰、啄木鸟、鹧鸪、八哥、鸽、黄鼠狼、水獭、刺猬、鼠、猪獾、狗獾、叫天子、水蛇、赤练蛇、青草蛇、蝮蛇、黄蜂蛇、乌蜂蛇、蜻蜓、蜜蜂、胡蜂、蝴蝶、螳螂、蜗牛、蜈蚣、蝉等。

扬中城市建成区面积13.9平方公里,滨江新城规划建设面积6.8平方公里,城市化率60%。扬中城乡一体,设施完善。作为连接大江南北的交通节点,泰州长江公路大桥穿境而过,境内拥有三座夹江长江大桥,形成"一环两纵、一岛五桥"的大交通格局。全市拥有可开发深水岸线54公里,岸线利用后发优势十分明显。扬中距上海浦东国际机场2.5小时公路车程,距南京禄口国际机场1.5小时公路车程,距国际货运港口镇江港、泰州港分别为6公里和2公里,可与40多个国家的136个港口通航。

年末全市有户籍人口281606人,比上年减少964人,其中男性人口137962人,女性人口143644人。全年人口出生率9.6‰,比上年增长0.38个千分点;死亡率8.45‰,增长0.86个千分点;人口自然增长率1.15‰。年末全市常住人口34.21万人,城镇化率60.45%。全市流动人口登记1.1万人,比上年减少491人。年末,全市有暂住人口46157人。

2015年,扬中市实现地区生产总值475.8亿元,比上年增长10.3%。其中,第一产业增加值11.87亿元,增长4.4%;第二产业增加值249.82亿元,增长9.6%;第三产业增加值214.11亿元,增长11.8%。人均地区生产总值13.9万元(按常住人口计算),增长6.6%,按现行汇率折算为21082美元。人均居民储蓄存款67358元,居江苏省首位。三次产业构成由2014年的2.4:53.4:44.2调整为2015年的2.5:52.5:45.0,公共财政预算收入占地区生产总值比重为7.2%。列"全国县域经济最具创新力50强"第1名、"全国中小城市综合实力百强县(市)"第24位。

扬中产业特色鲜明,是远近闻名的"电气岛""光伏岛""长江制造业走廊",为中国最大的工程电气制造基地,并被授予"中国工程电气名城"。扬中先后获得"国家卫生城市""国家生态市"和"国家园林城市"荣誉称号,"国家环保模范城市"通过国家级考核验收。2015年4月,在全国县域经济创新力排行榜中,扬中高居榜首。

扬中新的城市精神是:上善若水,自强不息。

(市史志办)

建 置

【概况】2015年,扬中市下辖新坝镇、油坊镇、八桥镇、西来桥镇等4个镇,三茅街道、兴隆街道等2个街道,以及扬中经济开发区。全市有58个行政村、21个社区。(市史志办)

注:兴隆街道与扬中经济开发区合署办公,管辖区域一致。

【新坝镇】2015年,新坝镇实现地区生产总值153亿元,公共财政预算收入近5亿元,智能电气产业园创成省级高新技术开发区。全年实现工业产值642.88亿元,销售550.33亿元,镇区内有600余家企业,其中上市公司4家,亿元以上企业45家,市列三十强企业12家,定报企业120家。

新坝镇是全国电力电气产业基地,规模550亿元,占全国市场份额近20%,同时建成硅材料、钎焊材料、乳胶手

新坝公园一角

套、磨具磨料、职业服饰等五大特色产业基地。苏惠乳胶、锋芒磨具、宜禾服饰、长江渔具、康尔臭氧等企业成长为全国同行业的“单打冠军”。拥有1个“中国名牌”产品、8个国家免检产品、3枚中国驰名商标。与全国600余家科研院所、大专院校建立牢固的合作关系,拥有各类专业技术人员4000余名,其中中高级技术人员1000余名。全镇拥有“国家千人计划”7人,院士工作站5个,博士后科研工作站4个,2家国家级技术研发中心,1家国家863计划成果转化基地,省级工作技术研究中心14家。全镇拥有新认定的高新技术企业42家、省级以上高新技术产品236项。被省科技厅命名为首批创新型乡镇和电力电器创新专业镇,大全集团被科技部命名为“创新型企业”。建成扬中市智能电气研究院,大中型企业研发机构实现全覆盖,科技对全镇经济增长的贡献额75%。全镇创办各类外商合资、独资企业60余家,伊顿、西门子、ABB、现代重工、施奈德等一批世界500强企业和众多国际知名公司投资新坝。

全镇拥有全国首家职业装博览馆,梓阳植物园书画院成为江苏省美术馆和江苏省文联书画研究中心创作基地,建成渡江文化园爱国主义教育基地,群众体育馆和新坝大剧院成为颇具影响力的高品位文化体育活动阵地,农家书屋和健身路径实现镇村全覆盖。“农民文化体育节”等群众性文体活动深入开展。

农民人均纯收入3.3万元,全镇就业人数2.2万人,占劳动力总数的99%。新坝是全国高保障地区,农保、医保实现应保尽保,城保覆盖率超过96%,失地农民社会保障加快推进,社会救助、社会慈善活动全面覆盖,消除人均年纯收入8000元以下的户。 (新坝镇 于云霞)

【油坊镇】2015年,油坊镇镇域面积52平方公里,常住人口4.3万人,下辖10个行政村和2个社区。全年实现地区生产总值55.55亿元,完成财政总收入3.14亿元,地方公共财政预算收入1.28亿元,农民人均纯收入2.5万元,增长9.3%。完成工业销售119.68亿元,完成全社会固定资产投资40.3亿元,实施各类工业项目32个,工业技改投入35.1亿元。亿元企业总数16家,定报企业总数74家。新增私营企业156家,新增注册资本17.34亿元,吸纳市外民资16.26亿元。

全年粮食总产2.74万吨。农业技术示范推广成效显著,秸秆还田面积95%以上,水稻机插秧面积2万亩,总量继续保持扬中市第一,创成省农产品质量安全监管示范镇。积极推进现代农业产业园建设,加快土地流转,新增农业适度规模经营面积7100余亩。完成成片造林350亩,同德村创成省级绿化示范村。

加快推进企业二、三产分离,拓宽财税增收渠道,发展油坊人经济,培育优质税源。实施重点服务业项目4个,总投入1.8亿元。实现服务业增加值14.89亿元,占地区生产总值比重26.8%。

投入600万元对明珠南路进行重修改造,完成中滩桥、六圩港道路、园区二号线修建等工程项目47个。建成油坊中心小学并投入使用。大力抓好居民点建设,会龙安置点一期、邻丰安置点二期、长旺安置点二期的基础设施全部到位,邻丰小区创建省美丽宜居村庄通过镇江市级验收。

编制完成长旺港口产业园控制性详规,完成物流大道规划设计,加快土地整合,改善居住环境,完成搬迁93户、腾地800余亩。持续打造新材料工业园升级版,吸纳6家企业入驻。实施先锋创业园美化亮化工程,完善管网、道路等基础设施,9个新项目全部竣工投产。推行环境保护网格化管理,加大化工企业及涉污企业督查整改力度,关闭2家化工企业。

全面完成农村土地确权登记颁证工作,完成土地复垦110亩,新建村级物业用房4000平方米。深化农村公共服务建设,投入资金400万元以上,人居环境明显改善,同德村位列市年度考核第三名。全面推行村级财务“双代理”工作,加强对财务和资金的管理。以查处违章建设为重点,全面落实居民建房管理办法,违建势头得到有效遏制。继续加强水利设施投入,市镇两级投入2000万元实施中小河流治理、沿江泵站更新改造等水利项目。

城镇登记失业率控制在1.3%以内,医疗保险、养老保险参保率均在98.5%以上。开展新一轮“亲情油坊 幸福家园”慈善募捐活动,募集善款260万元。全年发放低保金187万元、重残救助371万元、慈善救助款120余万元,救助各类弱势群体721人。完成敬老院整体搬迁,稳步推进居家养老服务站和老年人助餐点建设,全镇283人享受购买服务补贴57.3万元,形成以居家养老为基础、社区养老为依托、机构养老为补充的社会化养老服务体系。启动新

油坊镇中心公园

长旺港口产业园

一轮“安居工程”，完成危房改造35户。加强残疾人服务，完成68户残疾家庭无障碍设施建设。

坚持人才引领、创新驱动，新招引各类人才8名，入选省“双创”1人、镇江“331”1人、扬中“江雁计划”8项；新增高新技术企业3家；吉星新材料获省重大科技成果转化资金1000万元专项资助。创成镇江市教育现代化先进乡镇，同德中学中考创造状元佳绩。镇卫生院创成全国基层中医药工作先进单位，太平村获得全国计划生育协会先进集体称号。举办第五届农民文化艺术节，组织各类文体活动16场次，送文艺下乡10场次，送电影下乡120场次。

以群众平安为导向，依法严厉打击现行犯罪，公众安全感达95%。加大平安建设和社会矛盾纠纷排查化解力度，全年调处矛盾纠纷256件，调处成功率98.6%。稳步推进法治建设，深入开展普法宣传，法治建设满意度96.7%，镇司法所创成全国模范司法所。全面落实安全生产责任制，强化隐患排查整改，未发生一起重特大安全生产事故。

深化分工定村包片到组入户制度和分工定企制度，扎实开展“5+1”结对帮扶(注释见P28)等下基层活动，进一步密切干群关系。开展寻访油坊好人、评选道德模范等活动，涌现出江苏最美大学毕业生、江苏好人和镇江好人等一批先进典型。开展“亲情油坊好家庭”创评活动，集中表彰18个优秀家庭代表，以好家风带动村风、民风、社会风气持续向好。严格执行中央“八项规定”精神，坚持厉行节约，“三公”经费比上年下降17%。 (油坊镇 徐 莺)

【八桥镇】八桥镇位于扬中市东南部，东与泰兴市天星镇、过船镇隔江相望，南连扬中二桥与西来桥镇相邻，西与油坊镇接壤、与丹阳市界牌镇隔夹江毗邻，北与扬中经济开发区接壤。镇域总面积55.6平方公里，其中陆地面积34.6平方公里，耕地面积16.8平方公里，集镇面积1.2平方公里，下辖9个行政村、2个社区，人口3.3万人，先后获得“全国千强镇”“全国环境优美乡镇”“全国生态镇”和“江苏省新型(示范)小城镇”“江苏省经济与环境协调发展试点示范镇”“江苏省文明镇”“江苏省卫生镇”等荣誉。

作为工业主导镇，产业以船舶装备制造为支撑，拥有船舶海工、合金材料、电线电缆、汽摩配件、工程塑料、包装制品等特色门类、200余个品种。有各类民营企业500余家，其中定报企业52家、市“60强”企业5家、“30强”企业2家。2015年实现地区生产总值36.4亿元，财政总收入2.68亿元。

全镇拥有深水岸线17公里，其中水深大于10米的岸线13.2公里，岸线顺直，不淤不冻，江面开阔，河势稳定，地质条件较好，且大多属于贴岸深水岸线，-10米等深线距岸边距离多为40米左右，是全省仅存不多的黄金岸线资源，被列为镇江市船舶制造四大集中区之一。

加快基础配套完善，着重推进海工装备园区疏港大道二期、兴港路、中小企业创新园“两路一园”开工建设，该项目年内完成拆迁63户、征地500亩准备工作，并开工建设。 (八桥镇 施 超)

新建成的八桥镇红旗公园

【西来桥镇】西来桥镇位于扬中市东南部，总面积19.5平方公里，辖5个行政村、1个社区，总人口1.8万人。2015年，实现地区生产总值18.49亿元，比上年增长10.49%，三次产业占比为5:65:30。完成申报销售17.43亿元，比上年增长41.33%，其中工业申报销售12.98亿元，增长37.32%，服务业申报销售4.45亿元，增长150%，以上三项指标增幅全市第一。一般公共预算收入5385万元，增长16.09%。全年新增亿元企业1家、规模定报企业2家，完成民资注册资金8亿元，实际利用外资1500万美元，比上年增长50%。进出口贸易300万美元，增长27.16%。农民人均可支配收入2.2万元，增长11.24%。

完成全社会固定资产投资36.89亿元，其中工业性投入30.02亿元。15个工业技改项目全部开工建设，有13个

新建成的西来桥镇文体活动中心

项目竣工投产,其中润华物流项目正式运营并通过国家进口粮指定口岸和综合保税仓库验收,全年完成吞吐量240万吨,实现销售3.53亿元。大津重工全年完成销售3.43亿元,位列全市最具发展潜力企业第9名。完成土地复垦27亩,土地报批269.26亩,土地挂牌出让146.63亩,项目发展用地得到有效保障。

全镇申请发明专利77件,完成年计划的118.5%,其中授权发明专利7件,完成全年计划的140%。新认定国家高新技术企业2家,省级高新技术产品2个,签订产学研合作协议4件。荣昌机械成功创建江苏省橡胶减震制品工程技术研究中心。2家企业获得"苏科贷"项目400万元。全镇引进高层次人才10名,入选省"双创计划"1名,申报"江雁计划"1名。

镇人民代表大会确定的10件民生实事基本完成。西来桥学校小学部教学楼以及幼儿园教学楼改造工程建成并投入使用。238省道西来桥段改扩建工程征地工作全部完成,拆迁工作完成95%。幸福花苑三期安置房首批两栋楼主体结构完工。幸福花苑一期所有房屋完成质量安全检测鉴定,零散维修有序推进,整体加固维修即将进场分批实施。完成幸福花苑二期充电桩及老年活动室基础建设。238省道幸福大桥至庆丰桥段路灯改造工程顺利完成。对部分老旧农村道路进行维修改造、提档升级。农田水利工程全面推进,改建一步出江排涝站2座,新建固定沟17公里、小型灌排泵站32座、涵洞51座、中小型农桥6座,新建机耕道18条12.4公里。

完成新建污水处理厂选址和项目可行性研究报告。加大集镇园区污水整治力度,建成一座提升泵站,完成雨污管网铺设2300米。完成燃煤锅炉改气、改生物燃料11台。"八位一体"农村公共服务维护机制全面落实,各村(社区)在全市排名明显提升。实施农村河道疏浚整治工程,完成岸坡整治78公里,清淤河道14条,改造坝头16座,完成土方25万方。完成造林面积270余亩,生态林抚育面积350余亩,四旁植树2.7万株。夏秋两季秸秆禁烧工作扎实推进,在全市考核中位居前列。

在完善镇域总体规划的基础上,《临港工业园控制性详细规划》通过专家论证评审。制定实施《西来桥镇保留居民点外危险房屋加固维修管理办法》,建立居民建房联合审批机制,确保居民建房有序建设。加大规划巡查执法力度,查处违章行为15起。实施农村财务双代理,实现农村集体资产的有序监管和保值增值。农村土地确权登记颁证工作稳步推进,完成颁证2466户,完成工作量的95%。

不断提高村级经营性收入,除幸福社区因电镀中心环保整改原因未完成外,其余村经营性收入均100万元以上。社会保障覆盖面进一步扩大,全年对各项社会保险实施财政补贴221万元,配套发放失地农民生活保障金96万元,累计发放农村低保、重度残疾人低保、五保临时救济等弱势群体保障资金265万元,对优扶对象实施补助55万元,60岁以上老人补助镇级配套资金104万元。发放社保卡8200张,养老保险续保率92%,居民医保续保率98%,失地农民生活保障继续保持即征即保。办理发放创业贷款100余万元,培训转移农村劳动力250余人。

文体阵地建设得到加强,镇文化体育活动中心交付使用,建成镇江市最大的镇级文体活动广场和两块高标准篮球场,图书室、乒乓室、舞蹈房、健身房等各项服务功能日臻完善。建成镇江市首家镇级美术馆,成功举办"牵手西来桥"书画名家邀请展,征集民俗文化馆展品100余件。开展"读文化经典、建书香岛镇"读书节活动,引进镇江首家动漫制作企业星动传媒成功落户,《西来桥镇志》进入出版程序,全镇文化氛围日益浓厚。教育工作取得新业绩,西来桥学校创建成为镇江市书香校园、数字化校园。幼儿园"农村儿童生态园建设的实践研究"被评为江苏省第三届"省精品课题",是镇江地区唯一获此殊荣的单位。精心实施"一

8月26日,西来桥镇美术馆开馆暨"牵手西来桥"书画名家邀请展开幕式

村一品”(注解见 P28)工程,在 2015 年全民健身活动闭幕式上集中展示。承办全市第十届农民艺术节舞蹈大赛,自编自导的作品《傣家多丽》获得表演一等奖。文明新风进一步弘扬,新程村村民唐红梅被评为“江苏好人”,西来桥学校学生缪柯言获评省“百名美德少年”,镇联防队队长冷志平入选“镇江好人”,崇德向善的氛围日趋浓厚。顺利完成征兵任务,8 名新兵入伍。安全生产形势持续稳定,被评为全市安全生产先进集体。镇档案室创建成为省四星级档案室,档案管理工作更加科学规范。北胜村创建成镇江市级食品药品村级工作站。

坚持以法治思维推动依法行政,法治建设的社会满意度得到有效提升。完善整岛治安监控日常管理和维护机制,实行每日 24 小时无间断监控值守。继续推进“红袖标”治安志愿者工程,最大限度提高人民群众的公众安全感。依法妥善处理各类矛盾纠纷 210 起,调解成功率 99%,全镇未发生一起赴市以上非正常上访行为和群访事件,切实促进辖区社会稳定,被评为平安法治先进集体和政府服务热线工作先进单位。 (西来桥镇 陈雪华)

【三茅街道】扬中市三茅街道位于镇江市东南部,是扬中市委、市政府驻地,行政区域面积 77.16 平方公里,下辖 16 个行政村和 14 个社区,户籍人口 11 万人。2015 年,实现地区生产总值 94.1 亿元,完成财政总收入 14.99 亿元,地方公共财政预算收入 6.98 亿元,全社会固定资产投资 45 亿元,实际利用外资 2068 万美元,城镇居民人均可支配收入 4.24 万元,农民人均纯收入超过 2.44 万元。

全年新办民营企业 700 家,占年计划的 250%,新办个体工商户 1120 户;新增注册资本 106.65 亿元,占年计划的 453.83%;吸纳镇江市外民资 36 亿元,占年计划的 180%。

科技创新能力增强。获省重大成果转化项目 1 项;获省市级科技进步奖 2 项;申报高新技术企业 6 家,高新技术产品 11 项,专利 623 件,其中发明专利 355 件。通过洽谈引进人才项目 20 项,获得省“双创计划”1 项,镇江“331”重点项目 2 项,扬中“江雁计划”10 项;新增资助额度 400 余万元,人才资助到账资金 278 万元。

三茅街道为重点优抚对象开展体检活动

推进重要基础设施配套,基本建成经二路、纬三路、翠竹北路延伸段、联丰港道路,完成纬四路、纬五路、复振路东延设计,铺设道路 6 千米、雨污管网各 8 千米。推进农村公路提档升级,完成铁皮港、营房港、永固河一期等 6 条道路累计 8.5KM 的新改扩建。城乡环境整治卓有实效。整治城郊结合部 4 个、城中村 2 个、老旧小区 3 个、背街小巷 3 条。持续开展“双创”工作,全街道新增绿地 5.3 万平方米、绿化管护 7.8 万平方米。

进一步提升养老服务能力,新建护理大楼并投入运营,以居家养老为基础,积极探索多层次,专业化的养老服务体系。慈善事业发展壮大,村(社区)慈善工作站共募集善款 400 余万元,慈善救助困难群众 314 余户,发放慈善救助金 48 万元。

社区建设持续完善。打造出“青春护航站”“星光义工”等一批社区服务特色品牌。策应智慧社区和镇江市“12349”综合便民服务信息平台建设,完善“网上社区”建设,进一步巩固全国和谐社区建设示范街道成果。

(三茅街道 于雅婷)

【扬中经济开发区】扬中经济开发区位于江苏省扬中市东南部,下辖 8 个村(社区),总面积 27.4 平方公里,常住人口 4.18 万人,拥有深水岸线 7.2 公里。2015 年,实现地区生产总值 47.32 亿元、工业销售 195.26 亿元。在全省开发区综合评价排名中,扬中开发区位列全省开发区第 48 位,比上年前移 7 位;位列省级开发区第 15 位,比上年前移 5 位。

全年新增高新技术企业 4 家、民营科技企业 3 家,认定高新技术产品 12 个,申请发明专利 300 件、授权发明专利 65 件;星河集团和航天惠利特 2 家企业成功获批省级重大成果转化项目,占全市获批项目的 50%;星河集团核级阀门打入核电市场,增长强劲,有望进入全国前二强,完成对以色列哈姆雷特公司的股权重组;天辰新材料 RTV 智能生产线上线运行,年节约成本约 300 万元。全年 12 家企业启动上市进程。其中,通灵股份和天辰新材料在“新三板”挂牌;成立扬中北鹏中小企业创业投资基金,为开发区中小企业在新三板上市构筑优质平台,实施系列上市工作培训,企业上市的氛围基本形成。

重点推进中小企业创业园、科技创新园、重大装备产业园、临港物流园四大园区建设。中小企业园 5 家企业全面开工;科技创新园一期 5 个项目竣工投产,智慧长江服贸融总部、智慧园区等一批重大项目签约;重大装备产业园诺伊费德搬迁项目稳步推进,海上风机项目实施股权置

开发区中小企业园生产建设一角

换;通过与港投公司合作,临港物流园圣灏码头项目有效解决资金难题,全面复工。

坚持“港产城融合”的发展导向,不断加快园区基础设施建设,进一步完善配套功能,提升园区承载力。全年完成拆迁238户、5余万平方米,腾地880亩,完成土地报批996亩,为园区项目建设提供扎实的土地保障;持续转变安置方式,完成城区安置房选房工作。同时,制定出台《开发区征地工作实施办法》《开发区代征土地管理办法》等一系列管理办法,制定新的拆迁补偿标准,再次率先在全市实行拆迁安置方式的转变。加快推进两大集镇改造提升和“最美乡村”创建,双跃村以全省第7名的成绩入选江苏省“最美乡村”。

以创建“国家园林城市”为契机,全力推进“八位一体”(注解见P24)长效管理机制,整治清理、绿化亮化美化全区主要干道、骨干河港,市场化养护管理全区绿化植物,全年完成植树造林328亩,村庄河道清淤33条、13.5公里,清障204条、93公里,清障面积930亩,拆除违章建设19处,拆除面积1850平方米,清理乱堆乱放300余处,进一步改善农村生活环境。

坚持以民为本、民生为先,把保障和改善民生放在突出位置,切实解决群众实际问题,让改革红利惠及更多群众。有序推进土地确权登记颁证和村级财务“双代理”(注解见P24),全年发放农业补贴131.27万元,慈善及生活救助576人,发放救助资金32.9万元;创新开展“就业派对”“创业沙龙”“青年创业之家”等活动,新增就业610余人;新办老年居民养老补贴231人、新办居民医疗保险495人,新办转变拆迁安置方式的征地保障576人。切实加快文体事业发展,成立开发区艺术团;积极开展“金色护萌”“最美家庭”“小手拉大手”等活动,服务全区妇女儿童;投资280万元建设镇江市首家企业法治文化体验馆,强化普法宣传力度;耐心接待来访群众,全年接待受理来信来访143件456人次,没有出现赴京去省非正常上访事件,受理矛盾纠纷161起,成功调解161起,调解成功率100%。大力发展村级集体经济,通过区村共建产业园、发展物业经济、代管代征土地等措施,加快村级经济发展,壮大村级实力。2015年,开发区所有村(社区)经营性总收入超过110万元。兴隆社区、三跃社区经营性总收入超过250万元。

(市开发区 贺洪旗)

6月,新乡县与扬中市举办“友好开发区”建设座谈会

“十二五”发展成就

【概况】“十二五”期间,扬中市地区生产总值由2010年的246.99亿元提升到2015年的475.80亿元;人均地区生产总值由2010年的7.41万元,提升至2015年的13.9万元;财政收入由2010年的43.22亿元提升到2015年的71.20亿元;三次产业比重由2010年的3.3:58.8:37.9调整为2015年的2.5:52.5:45.0。

五年来,全市完成全社会固定资产投资912亿元,是“十一五”期间的2.5倍,其中,工业性投入年均增长21%,服务业投资年均增长16%;贷款余额增加到385.31亿元,是“十一五”末的2.3倍。

五年来,扬中市绿色宜居的特色更加彰显。“四城同创”圆满收官;城市建成区面积扩展到13.9平方公里,比“十一五”末增加4.1平方公里;“一岛五桥、一环两纵”的交通格局基本形成,岛内外交通更加便捷;单位地区生产总值能耗比“十一五”末下降10%,主要污染物排放强度持续降低。

五年来,全市人民安康富足的获得感更加鲜明。城乡居民人均可支配收入分别为4.24、2.19万元,比“十一五”末增加1.70万元、0.95万元;居民人均储蓄余额达到7.60万元,比“十一五”末净增3.04万元;“五大保险”覆盖率均

图片专辑——“四城同创”

2014年5月20日，在浙江湖州召开的全国生态文明建设现场会上，环保部授予扬中市“国家生态文明建设示范区（生态市）”称号

1月，扬中市通过国家生态市考核验收

5月8日，孙乾贵（左）、潘早云为扬中市荣获国家卫生城市揭牌

9月27~28日，住建部专家组现场验收通过扬中市创建国家园林城市工作

依托良好的生态环境的渔业养殖

保护长江生态环境——长江河豚增殖放流活动

美丽的田野

西来桥镇川心港生态治理工程施工现场——工程人员在抽干水的港底进行河道治理

达到98.9%以上，在镇江率先实现城乡低保并轨；人均期望寿命达到81.22岁，比“十一五”末提高2岁。

回首五年来的发展，每一项成绩都是在困难挑战明显增多的形势下取得的，非常来之不易。尤其是面对新常态下发展模式、发展动力的转换，全市干部群众思想观念、作风效能、责任担当、干事氛围都发生了悄然转变。这种无形的变化为扬中未来可持续发展注入了强大力量，更值得倍加珍惜。

五年来，面对苏南国家自主创新示范区、全面深化改革等一系列重大机遇，扬中市因地制宜推进发展转型。从最美扬中发展目标的提出，到“经济强、百姓富、环境美、社会文明程度高”发展内涵的丰富，全市发展思路一直和中央、省市的导向同频同向。从“一主一副”城乡布局确定，到港产城融合发展，全市决策部署在新型城镇化、城乡一体化的大格局中不断丰富完善。从泰州大桥、扬中三桥的成功通车，到园博园的建成开放，再到“四城同创”的全面收官，扬中市的城市形象在强势投入中持续提升。从简政放权“三项清单”(7)公布实施，到投融资平台实体化运行，再到部分镇街区管理体制改革，扬中市的发展活力在全面深化改革中得到增强。

五年来，面对世界经济深度调整，国内经济增速换档，扬中的光伏、船舶等主导产业经受着暴风骤雨般的“洗礼”。全市上下沉着应对，不断创新思路、破解难题，仍然保持良好发展态势，创造出新的发展业绩。面对产业层次不高、抗风险能力不强的现状，实施创新驱动战略，加速产业转型提升，产业结构逐步优化，光伏、船舶等行业顺利走出“寒冬”。针对部分企业互联互保风险加大、融资和运行成本上升的问题，启动“上市突破年”，推动企业通过挂牌上市构建现代企业制度、积蓄持久发展活力，“到资本市场去”成为扬中企业家的共识。围绕区域面积小、建设用地越来越少的特殊市情，扬中以楼宇产业园提升“三集”层次，不断拓展资源利用新空间。 （市史志办）

风电产业生产线

巨轮启航

【“十二五”发展成就之“四城同创”】“十二五”期间，扬中市城市功能不断优化。早在2005年年初，扬中市委、市政府就提出创建国家环保模范城市、国家卫生城市的目标，到2008年，市委、市政府提出创建“国家园林城市”“国家卫生城市”“国家生态市”“环保模范城市”的“四城同创”工作目标。2010年5月28日，扬中市召开“四城同创”工作推进会，要求各级、各部门要咬定创建目标，确保创建工作顺利推进。2014年，扬中市创成“国家生态文明建设示范区(生态市)”，“国家园林城市”创建通过省级资格核验，“国家环保模范城市”“国家卫生城市”创建通过国家技术评估，“四城同创”取得突破性进展。2015年1月，“国家环保模范城市”创建通过国家环保模范城市考核验收组验收检查。3月，扬中市建成“国家卫生城市”。9月，“国家园林城市”创建通过住建部专家组考核验收。由此，扬中市“四城同创”即将圆满收官，成为扬中对外形象的金字招牌。

（市史志办）

【“十二五”发展成就之工业】“十二五”期间，工程电器、新能源、装备制造三大产业规模由2010年的486亿元，占全部工业比重的74.2%，提升至2015年的1238.85亿元，占规模工业比重的91.4%。其中，工程电器产业发展尤其迅猛，产业规模由2010年的286亿元，提升至2015年的853.7亿元。工程电器产业中，智能电气产业发展迅猛，至2015年，智能电气产业占全市工程电器产业总产值的80%，在全市工业总产值中占三分之一。全市创新能力明显增强，全社会研发经费支出占地区生产总值由2010年的2.50%提升到2015年的2.71%；高新技术产业规模由2010年的350亿元，占规模工业的比重62.3%，提升至2015年的1000亿元，占规模工业产值比重75.1%。2010年，扬中市销售亿元以上工业企业77家，10亿元以上企业10家，大全集团成为扬中第一个百亿元企业。至2015年，扬中市销售亿元以上工业企业112家，10亿元以上企业21家，大

拆迁安置小区——中扬康居苑迎来首批选房户

全集团产值、销售分别为196.2亿元、188.7亿元。

五年来，扬中三大产业亮点频现：2014年，工程电气产业入选全国首批“产业集群区域品牌建设试点”，大全集团名列中国电气工业百强首位。2013年，扬中市工程电器、新能源、装备制造三大主导产业规模突破1000亿元。2015年8月，扬中市大航集团与华北电力大学、新疆生产建设兵团就新能源微电网合作项目达成战略协议，这标志着全市推动智能电气产业与新能源产业协同发展取得新进展。2015年12月11日，扬中市绿色能源岛（太阳岛）实施方案通过省能源局组织的专家评审。扬中市率先提出的绿色能源岛的建设目标，将在全国先行先试，重点建设屋顶分布式光伏发电、风电、生物质能等清洁能源项目。2015年12月15日，继6200吨化学品船、国内首艘内河纯LNG动力船交付后，江苏大津重工建造的全球首座自升式碎石桩基海洋平台交付船东方中交第二航务工程局有限公司，开启全市海工和船舶制造的新篇章。

2015年，扬中市在全国县域经济创新力50强评选中名列第一。这是对“十二五”期间，扬中实施科技创新驱动战略最有效的肯定。（市史志办）

【“十二五”发展成就之农业】“十二五”期间，扬中市农业生产显著增强、农村经济不断壮大、农民收入持续增长。“十二五”期间，全市农业总产值由2010年的13.3亿元，提升至2015年的23.53亿元。农村居民人均可支配收入由2010年的12515元，提升至2015年的21885元。全市村集体经营性收入1.15亿元，村均155.7万元，比“十一五”期末增长86%。五年来，扬中市坚持走高效农业发展的路线，推进现代农业规模化发展，截至2015年年末，全市高效农业面积10.5万亩，设施农业面积4.45万亩，建成20亩以上蔬菜种植基地54个，建成各类果树基地82个、花卉苗木基地26个、各类水产规模养殖基地108个，建成长江渔文化生态园、渔乐园、银杏山庄、江馨怡度假村等规模休闲农业基地28家，面积1.12万亩，投资额1000万元以上的10家，均较“十一五”期末增长显著。

“十二五”期间，扬中市围绕特种水产、蔬菜园艺、休闲观光和粮油加工等四大特色产业，分别规划建设江苏省扬中现代渔业产业园、扬中市现代都市农业园、扬中市现代蔬菜产业园和扬中粮油加工产业集中区等4个农业园区。其中，现代渔业产业园被命名为省级现代渔业产业园区，建成面积7068亩，累计投入资金6.41亿元，入园企业25家，其中省级农业龙头企业2家，市级农业龙头企业4家，总投资亿元以上项目的5个，5000万元以上的2个。

“十二五”期间，扬中市积极实施农村教育培训工程，农业实用技术培训2.02万人；实施农业科技入户工程项目3项，培育农业科技示范户9360余户，辐射农户10万户；实施省农业科技支撑项目2项、省“三新工程”项目14项；推广水产、畜禽养殖新品种15个，推广各类种植养殖新技术20余项，农业科技贡献率64.5%，良种覆盖率超过90%；推进农村电商平台建设，全市有16家农业企业建立门户网站，12家农业企业加入镇江“亚夫在线·联盟”。

五年来，扬中市不断创新农业生产经营机制，新建农村集体“三资”（资金、资产、资源）农业项目268个，“三资”投入农业56.2亿元，出口农产品7535万美元；创新生产组织机制，创建家庭农场、农民专业合作社、土地股份合作社等各类市场经营主体434家，吸收入社会员7.25万人，带动农户2.46万户，累计流转土地总面积3.98万亩；发展各级龙头企业32家，产业涉及水产、秧草、园艺、农产品加工等。

“十二五”期间，扬中市新增成片造林面积约1.43万亩，四旁植树152.9万株，完善提高农田林网4.70万亩，绿化河、渠、路78条，先后完成万亩增绿工程、环保生态林再建工程等重点林业工程。至“十一五”期末，扬中市林木覆盖率超过20%，新建村庄绿化示范村46个，其中森林示范村5个，城乡绿化面貌显著改观。全市建成秸秆收贮点19个，集中堆放点97个，逐步建立以“村收集、镇运转、厂处理”为核心的秸秆收集处置机制，秸秆综合利用率95.91%，走上能源、生态和环境保护的生态种植良性循环轨道。

（市史志办）

【“十二五”发展成就之现代服务业】“十二五”期间，扬中市把加快现代服务业发展作为优化产业结构、促进经济转型升级的重要抓手，全市服务业增加值由2010年的93.55亿元，提升至2015年的214.11亿元，占地区生产总值比重由37.9%提升至45.0%，实现服务业在发展速度与发展规模的协调、提升。

生态农业

五年来,扬中市相继建成雨润中央商场、申品步行街、月星家居广场、扬子商业广场等一批商业综合体和经济市场,与老字号综合性大商场通达商厦及扬中商城一起,成为扬中靓丽的"商贸地标",新型商贸呈现百舸争流的喜人业态。"十二五"期间,都市购物、文体休闲、影视传媒、歌厅酒吧、体育健身、旅游度假等各种消费形式不断丰富,仓储式销售、电子商务、微销售等新型零售业态与传统百货业态融合互补,极大地满足群众的各种消费需求。至2015年,扬中市大街小巷随处可见各类连锁超市、精优品店、互联网线下店等新型商贸业态。同时,金源时代、红星美凯龙、复旦科技园、城北工业园区等一批重点商业综合体、经济市场还在不断开工建设。2015年9月5日,扬中红星美凯龙启动仪式举行,占地面积223亩,总建筑面积33万平方米,是至2015年以来扬中市容量最大、品类最全、品种最多、档次最高的家居生活体验广场。"十二五"期间,全市商贸业态向农村不断延伸,"万村千乡市场工程"完成社会投资总额4580万元,实际建成农家店数量175个、配送中心5个、乡镇商贸中心3家,信息化改造农家店101个,农家店营业面积1.81万平方米,让农村的市民在家门口就能够像在市区一样逛超市。 (市史志办)

生态农业旅游产业

【"十二五"发展成就之城乡建设】2011年以来,扬中市编制实施百余项城乡规划。城市规划实现全覆盖,完成南部新城规划和老城区、西城区、滨江新城和各镇(区)控制性详细规划,完成东部新区、园博园、三茅大港风光带、三桥互通口、老城商业核心区等重点区域的城市设计,规划先行理念充分彰显。

五年来,"生态宜居市"快速崛起。雨润中央购物广场、中扬申品商业步行街投入运营,主城区形成以三茅大港为中心的商业圈,满足广大市民不同层次的消费需求;浩云湾、凯悦国际、扬中公馆等一批形象佳、品质高的精品小区拔地而起,居民的居住生活水平获得提升。扬中市投资9150万元实施区域供水工程,全面建设改造供水管网190公里,新建永胜、兴隆两座增压站,完成二水厂供电双回路建设。投资9698万元在三茅镇永和村外江滩建设备用水源地,总占地面积200亩,有效库存21万立方米,可持续供水7天,保证全市应急供水安全。完成扬中大道、迎宾大道、园博大道,三二线、通港路等25条主次干道路灯亮化工程,维护改造文化小区、春柳小区、丽景小区、友谊小区等26个小区,排查维修城区街道小巷,累计改建路灯4440基、6414盏。截至2015年,全市城市道路功能照明基本实现全覆盖,亮灯率99%以上,设备完好率98%以上,综合节能率15%以上。2013年,扬中市的公共自行车工程一期竣工,骑行健康的理念日渐深入人心。"十二五"期间,全市建设经济适用房85套,建筑面7184平方米,回购廉租房15套,建筑面900平方米,公共租贸房340套,建筑面积2.16万平方米,有效解决城市中等偏下收入住房困难家庭、新就业人员、外来务工人员的住房困难问题,构建起多层次保障性住房政策体系。"十二五"期间,扬中市城市建成区绿地面积超过420万平方米,城区公园面积超过134万平方米,绿地率33.12%,绿化覆盖率36.59%,人均公园绿地面积11.6平方米,"生态市、旅游岛、江中城"的格局正在形成。

2011年以来,238省道全线贯通,扬中三桥建成通车,一批重点工程如期建成,道路大桥等基础设施不断完善,为扬中的发展插上腾飞的翅膀。

《镇江港扬中港区总体规划》编制完成,将扬中港区划分为兴隆、八桥、西来桥和夹江四个作业区,明晰四个作业区的功能,并获交通部及江苏省人民政府正式批复,按深水深用、浅水浅用的原则,先后引进苏洋、大津、新韩通、圣灏等13家综合实力强、技术优势明显、投资强度高、发展潜力大的优质企业,使用岸线约8公里。 (市史志办)

“十三五”展望

【概况】扬中“十三五”发展的总体要求是：深入贯彻中共十八届五中全会以及中央、省市有关会议精神，认真践行“创新、协调、绿色、开放、共享”的发展理念，持续推进改革创新，加快推动产业转型，大力统筹城乡发展，切实增进民生福祉，努力将扬中打造成创新驱动的引领区、城乡一体的先行区、宜居宜业的样板区、港产城融合的示范区，推动最美扬中建设不断迈上新台阶。

创新驱动引领区，其内涵是要大力弘扬“四千四万”(跑遍千山万水、走进千家万户、说上千言万语、吃尽千辛万苦)的创业精神，积极拓展众创空间，持续推进“大众创业、万众创新”，加快培育形成以创新型经济为主导的发展模式。到2020年，研发经费支出占比达国际领先水平，高新技术产业产值占比保持在70%以上，科技进步贡献率提高到65%以上，形成完善的、有利于创新发展的机制。

城乡一体先行区，其内涵是要坚持城乡统筹、协调发展，加快推动城市优质资源向农村延伸，逐步建立高效完善、城乡一体的城乡建管体系和公共服务体系，不断提高新型城镇化和城市现代化水平，到2020年常住人口城市化率超过72%。

宜居宜业样板区，其内涵是要坚持绿色、低碳发展，更加重视生态环境保护和生态文明建设，努力让自然环境更加优美、居住环境更加宜人，实现生产生活生态的和谐统一、相得益彰。确保万元地区生产总值能耗和主要污染物排放量年均下降2%左右，空气质量达二级标准的天数比例不低于80%，地表水优于III类水质的比例达70%。

港产城融合示范区，其内涵是要依托区位、岸线、港口、产业优势，以港兴业、以业促城、以城育港，进一步优化港口布局，加快高端产业集聚，完善南部新城功能，打造长江中下游最具特色的港口新城。

按“十三五”规划，到“十三五”末，全市地区生产总值达到760亿元，年均增长9%；城镇居民人均可支配收入6.4万元，农村居民人均可支配收入达到3.5万元；全社会研发经费支出占地区生产总值比重提高到3.2%；服务业增加值占地区生产总值比重达到48%；新兴产业销售占规模以上工业销售比重达到70%；空气质量达到二级标准以上的天数比例不低于80%；城乡基本社会保险覆盖率稳定在99%以上；户籍人口城镇化率达到65%。（市史志办）

领导调研和友好往来

【工业和信息化部到扬中市调研产业集群区域品牌试点建设工作】2015年1月20日，工业和信息化部科技司副司长沙南生来到扬中市，专题调研全国首批产业集群区域品牌试点工作。在扬中期间，调研组一行实地参观大全集团、智能电气产业园服务中心和有能集团。市委常委、常务副市长唐崇林汇报扬中市工程电气产业集群区域品牌建设试点工作相关情况。近年来，扬中市创新运作机制，提升服务功能，强化科技引领，打造展示平台，全面加快推进市工程电气产业集群核心园区建设，发布区域品牌发展战略，组织区域品牌宣传营销活动，引导企业开展品牌培育活动和质量提升活动，力争打造一流的扬中工程电气区域品牌。

调研组充分肯定扬中市相关工作，寄望扬中市把试点做成示范。市长潘早云，市委常委、常务副市长唐崇林，市委常委、新坝镇党委书记王成明陪同调研。（市史志办）

【新疆生产建设兵团农四师考察团到扬中市考察交流】2015年4月27日，新疆生产建设兵团农四师七十一团政委丁高峰率领考察团，到扬中市考察交流，市委书记、市人大常委会主任孙乾贵主持扬中市—新疆兵团四师七十一团工作交流会，市领导潘早云、黄子来、宫金生参加交流活动。

交流会上，市长潘早云介绍扬中市经济社会发展的基本情况和发展前景。潘早云说，经过多年的发展积累，扬中逐步形成生态绿岛、江鲜美食、产业优势、城乡一体、城市精神等5张特色城市名片，产业竞争力、发展源动力、城市承载力和社会凝聚力不断增强。他表示要加强新疆兵团四师七十一团与扬中在产业、卫生、教育等方面深入交流，促进合作，在“新常态”中把握机遇，取得更大突破，开创更加美好的未来。

丁高峰对扬中市长期以来给予七十一团的援助表示感谢，并介绍新疆兵团四师七十一团的发展情况。交流会上，副市长宫金生代表市委、市政府与新疆兵团四师七十一团签署对口交流协议。（市史志办）

链接

新疆生产建设兵团农四师简介

新疆生产建设兵团第四师地处天山西部北坡山区，位于伊犁河谷，东起天山那拉提，北东南三面环山，西与哈萨克斯坦共和国接壤，总面积6641平方千米。第四师下辖18个团场，总人口1.2万人，以汉族为主，少数民族有维吾尔族、哈萨克族、回族、蒙古族等。团场农业现代化水平较高，主要农产品有玉米、甜菜、大豆等，矿产资源尤其是煤炭资源丰富。该团2015年实现生产总值12.8亿元，比上年增长34%，较2010年年均增长32.6%，圆满实现“‘十二五’期间经济翻两番”的规划目标。

【扬中市与新疆生产建设兵团第4师79团签订对口交流协议】2015年5月7日，新疆生产建设兵团第4师79团党政代表团来到扬中市，与扬中市开展工作交流会，并签订对口交流协议。该团团党委副书记、团长杨斌，中共扬中市委常委、组织部部长黄子来，副市长宫金生、王川芳出席交流会。黄子来表示，扬中将发扬团结互助传统，加大援建援助力度，拓宽交流合作领域，为建设美丽富饶的“塞上江南”贡献绵薄之力。他希望交流合作协议的签订，能够成为双方合作发展的新起点，期待两地能在产业优势互补、干部培训锻炼、民生事业共建等方面强化交流、取得突破。

（市史志办）

链接

新疆生产建设兵团农四师79团简介

新疆生产建设兵团第4师79团位于伊犁州尼勒克县东部山区，土地总面积39.97万亩，总人口5514人。该团大力发展农业和旅游业，建有享誉新疆内外的新疆褐牛繁育基地、萨福克羊养殖基地、黑蜂养殖基地和新疆绿色食品基地。2014年，该团实现生产总值2.89亿元。

【江苏省政协体育界别委员到扬中市调研】2015年5月19日，江苏省政协体育界别委员来到扬中市，调研体育工作。镇江市政协副主席赵庆荣，扬中市领导潘早云、冯锦跃、蔡萍陪同视察。在扬中奥林匹克体育中心，视察组实地察看体育场、游泳馆和体育馆，赞扬项目设计造型新颖、功能齐全、配备完善，同时毗邻学校，有效实现资源共享。视察组一行还来到扬中青少年曲棍球训练基地，看望正在训练的国家少年女子曲棍球队队员们。委员们认为，国家少年女子曲棍球队打造国家“教体结合”的典范，具有很好的实验意义和示范意义，各位队员要继续发扬“冰山雪莲”精神，在学习、训练和精神境界上同步提升，努力成长得更快更好。

（市史志办）

链接

国家少年女子曲棍球队

国家少年女子曲棍球队成立于2009年，长期在扬中青少年曲棍球训练基地学习和训练。国家少年女子曲棍球队坚持走“以学为主、学训结合、打好基础、全面发展”的“教体结合”之路，陆续向国家队、国青队输送30多名优秀运动员。2014年，国家少年女子曲棍球队在南京青年奥林匹克运动会上以全胜战绩夺冠。

【江苏省纪委到扬中市调研“三解三促”】2015年5月20日，中共江苏省委常委、纪委书记弘强一行到扬中市开展“三解三促”（“三解三促”，是江苏省切实加强新形势下群众工作、推进社会管理创新工程的重要举措，即了解民情民意、破解发展难题、化解社会矛盾，促进干群关系融洽、促进基层发展稳定、促进机关作风转变）调研活动。镇江市委常委、纪委书记孙健，扬中市市长潘早云，市委常委、纪委书记姚敬源，市委常委、新坝镇党委书记王成明陪同调研。

弘强一行来到扬中市新坝镇新治村，察看党务村务公开栏、廉政书画展，以及便民服务中心等，详细了解该村党风廉政建设情况。在翻阅新治村“四个一”工作笔记后，弘强称赞该村开展的“四个一”工作“很实在”；随后，弘强一行还参观新治村老年活动中心，并来到润池小区走访2户村民，在了解到村民安居乐业、生活幸福时，弘强很欣慰，他希望该村把村民安居乐业工作做得更好。（市纪委 陈薇）

江苏省纪委到扬中市调研
农村基层党风廉政建设

链接

新治村“四个一”工作

扬中市新坝镇新治村，2010年由原治安村、华威村合并而成。全村村域总面积3.8平方公里，下辖44个村民小组，总人口4800余人。新治村党委下辖7家党支部，有党员460余人。以“一组一员、一家一档、一户一卡、一人一区”为主要内容的“四个一”机制的落实和推进，开辟新治村党委联系服务按群众的双向沟通渠道，搭建党员干部服务群众的实践平台，融洽党群干群关系，真正打通联系服务群众的“最后一米”。

一是选优壮大“信息员”，构建横纵服务网络。按照“政治素质高、群众威信高”的“双高”标准，全村选择85名村民小组长、农村无职党员、两代表一委员、老党员、老教师、离退休老干部等担任民情信息员，实现专兼职信息员队伍的高密度覆盖。同时，结合农村实际，通过制定《民情信息员工作制度》《民情信息员工作流程》，统一编号、严格规范管理全村民情信息员。每年全村收集办理各类信息400余条，一次性办结率和群众满意率均在98%以上。村老党员、民情信息员郭安保，近年来收集村情民意100多条，常年“户户跑”“家家串”“人人聊”，逐渐成为村民心中的“传声筒”和“代言人”。2013年年底，郭安保发现华威小区中心路损坏严重，车辆通行困难，立即将信息向村干部反映，村第一时间召开两委会，及时组织招标，2014年先后投资20余万元，完成路面修复。

二是记实用好“电子档”，实施动态信息管理。借助“民情E通”系统的开发和应用，全村实现农户家庭档案信息化、实时化建立和管理。至2015年，通过“微心愿”采集活动，全村为1400余户农户建立家庭档案，并将“一家一档”作为落实镇“六个所有”幸福新坝工程的重要手段，开展扶贫济困、留守关爱等各类服务活动。在调查和建档过程中，发现村域华侨31人、侨眷侨属46户，针对这类特殊农户家庭，建立全市首家“华侨联络站”，并充分发挥华侨、侨亲、侨眷在慈善公益活动、文明风尚倡导、产业转型升级等方面的积极作用，努力促成华侨侨眷“反哺”“反推”村级发展的良好局面，天源华威集团等5家村域企业和50余名村民从中受惠。

三是更新普发“联系卡”，创新便民利民举措。为使群众在有需求时有人可找、找得到人，全村每年更新发放“民情联系卡”2批次超6000张。通过联系卡，公布村干部、人大代表、驻村民警、医生、水工、电工等联系信息，并要求村干部接听群众来电做到“五必”，即电话必通、询问必答、需求必记、问题必解、答复必回。自推行和发放便民联系卡以来，受理群众服务需求600余件，真正做到村民的一般诉求当场解决、重大诉求联办解决。村东区朱雷强户房屋年久失修，随时有倒塌可能，户主朱雷强通过便民联系卡，电话联系到分管村建土管的村干部吴春荣，吴春荣及时向村“两委”汇报，向民政部门争取支持，多方筹措10万余元，于2014年年底帮助其完成危房改造。

四是划清包干“责任田”，强化为民惠民宗旨。按照村民小组的自然分布，综合个人意愿，在全村建立10个党员干部包片责任区，与每名包片干部签订包干责任状，落实“包政策宣传、包任务落实、包联系群众、包安全生产、包社会稳定”的“五包”责任，要求包片干部每周不少于3个工作日定期走访村民，即时整理民情日记，定期晒出民情动态，随时接受百姓监督。2014年年初，村西三组郭玉珍户家因电路老化，三间平房在火灾中全部烧毁，分片包干的村干部洪伟在得到消息后，立即上门了解详情，并帮助其争取到资金及政策支持，解决困难。

作为村党委打通联系服务群众“最后一米”的有力抓手，“四个一”机制的推行，切实在村级经济发展、村干部作风改进、村民素质提升和基层党组织战斗力增强等方面发挥出“润物细无声”的作用：

一是打通底层社会管理的“经纬二度”。“四个一”机制彻底解决农村社会管理“何人管、管何事、管何方”的问题，除村干部外，包括无职党员、村民小组长、村民代表和普通群众在内的百姓群众直接参与社会管理服务，干部卖力，村民满意，无越级上访、无群体事件、无安全事故，是推进社会管理的一剂良药。

二是架设联系服务群众的“桥梁纽带”。“四个一”机制以最简洁有效的形式和手段，拉近干部与群众的距离，打通党群之间“最后一堵墙”。民情联系卡发放以来，村干部接听群众来电显著增多，干部苦了，群众笑了，小小卡片架设起一座贴心的桥梁。

三是激发出党员干部群众的“娘家意识”。“四个一”机制让党员干部为民服务有岗位，让普通村民寻求帮助有门路。在这个双向互动的过程中，新治村正逐渐形成干部主动帮群众的“娘家义务”，群众主动找党员的“娘家习惯”。

【江苏省委书记罗志军到扬中市调研经济社会发展情况】 2015年5月25日，江苏省委书记罗志军到扬中市调研当前经济社会发展情况。上午10时许，罗志军和随行的省委常委、秘书长樊金龙一行，首先来到位于西来桥镇的扬中粮油加工及物流产业园。该粮油产业园签约于2013年，建设方为浙江和润集团有限公司，建设定位是“华东地区最大粮油战略枢纽港”，至本次调研时，基本建成2000T/D榨油厂和多个码头泊位，并在数天前成功停泊、装卸首艘8

罗志军(右二)在扬中调研

万吨巴西籍货轮。和润集团董事局主席虞松波介绍，该项目分三期推进，项目建成投产后就可吸纳近万名劳动力就业，并形成以餐饮、娱乐、房屋租住为代表的收入增长点，直接带动3万人就业。罗志军详细了解项目的投资情况、建设进度和经营模式，要求扬中要充分发挥江海河交汇优势，积极对接国家"一带一路"和长江经济带建设战略机遇，延伸产业链、提升价值链、提高资源利用效益，真正释放黄金水道的黄金效益，引进好项目、优质项目。

随后，罗志军一行来到大全集团，参观企业多款填补国内空白的拳头产品。调研中，孙乾贵向罗志军介绍，扬中高新技术产业产值占地区生产总值比重超过75%，全社会研发经费占地区生产总值比重达到2.71%，科技进步对经济增长的贡献率在60%以上，并摘得"全国县域经济最具创新力50强"第1名的桂冠。罗志军听后十分高兴，他指出，扬中创新能力在全国县级城市中名列第一，像大全这样的骨干企业发挥出重要支撑作用，要继续坚持创新驱动、转型升级的发展思路，进一步提升企业创新能力，让更多企业往好的方向发展、向产业链的中高端攀升。

在调研过程中，罗志军充分肯定扬中的环境保护和城乡建设工作。在听取孙乾贵对于扬中"一江清水、两岸绿树，延绵后世、永续利用"的生态发展思路之后，罗志军给予充分的肯定。他要求，要全面落实城市规划，并始终沿着这条道路走下去、坚持好，把整岛环境再提升一个档次，把扬中建设成名副其实的生态岛、花园城。

罗志军十分关心城乡居民的生活。在新坝镇新治村，罗志军专门与群众亲切交流，了解他们在社区服务、居家养老、文化娱乐等方面的现状需求和所思所盼。在新治村的宝晋诗社，看到79岁的村民袁立宏挥毫泼墨，罗志军称赞他诗书都很棒，老有所乐一定健康长寿。看到这里的村民不仅居住条件好，而且家前屋后干净整洁，庭院绿化优美，罗志军表示，扬中这几年变化很大，不仅生活条件好了，而且农村绿化工作同样到位。他强调，经济发展的核心要义是让老百姓过上更加美好的生活，农村经济发展了，百姓生活富裕了，要更加注重城市自然环境的提升和市民文明程度的提升，积极倡导社会主义核心价值观。看到该村基层党建工作在"四个一"(见链接"新治村'四个一'工作")的指导下创新开展、有序推进，罗志军表示，扬中不仅经济发展好、生态好，而且组织建设也同样富有成效。他指出，扬中要继续沿着科学发展、协调发展的道路走下去，未来大有希望。

调研中，罗志军多次强调，"经济强、百姓富、环境美、社会文明程度高"中，"经济强"是前提基础，百姓富、环境美、社会文明程度高是目标追求。他要求，扬中一定要发挥生态禀赋好、社会管理佳的优势，奋力推动经济发展迈上新台阶，早日把习总书记勾画的美好蓝图变为生动现实。他强调，扬中全市上下要把思想行动统一到中央对经济形势的分析判断和决策部署上来，坚持稳中求进工作总基调，切实把握系列国家重大战略叠加机遇，充分激发市场主体活力，保持稳增长、促改革、调结构、惠民生、防风险综合平衡，努力在经济新常态下实现新的更大作为，在建设"经济强、百姓富、环境美、社会文明程度高"的新扬中的征程中再上台阶。

省委副秘书长、研究室主任康旭平，省委副秘书长水家跃，省委组织部常务副部长王奇，省发改委主任陈震宁，省文化厅厅长徐耀新参加调研；镇江和扬中市领导夏锦文、朱晓明、李雪峰、潘早云、王成明陪同调研。（市史志办）

【江苏省人大代表到扬中市大全集团调研企业创新转型工作】2015年6月23日，江苏省人大代表省直镇江组、盐城组来扬中市开展调研活动。镇江市人大常委会党组书记、常务副主任张庆生，镇江市人大常委会副主任凌苏，扬中市领导孙乾贵、施健华、王成明、于德祥陪同调研。在扬中期间，省人大代表一行实地走访大全集团，通过参观产品展示厅、电池片生产车间，详细了解企业生产规模、产品产量、技术创新、工艺流程等情况。大全集团是扬中市龙头企业，经过多年的发展，成为一家多元化、品牌化、国际化企业，涉足高低压成套电气、智能元器件、轨道交通设备、新能源等产业领域，中低压成套电器产品档次位居全国第一，新能源产业形成多晶硅、硅锭硅片、太阳能电池及组件、光伏逆变器、太阳能电站等完整产业链，主要技术指标、运营质量达到国际先进水平。代表们对企业专注技术创新，助推转型升级，将企业做大做强的做法表示赞许。

（市史志办）

【教育部到扬中市调研义务教育情况】2015年7月4日，教育部调研小组来到扬中市，专题调研扬中市义务教育工作情况。镇江市副市长曹丽虹，扬中市市长潘早云、副市长蔡萍陪同调研。

调研小组一行在市外国语小学观看扬中教育工作专题片，并认真参观该校富有特色的科技馆，在与馆内师生的交流和互动中了解相关主题布置、设施使用、科学原理情况的介绍。参观过程中，调研组还深入学校部分活动教室，观看学生们在书法、舞蹈、合唱、素描等课外兴趣培养中形成的出色才艺。随后，调研组一行先后视察开发区兴隆小学和油坊镇同德中学，参观"生态"特色鲜明的兴隆小学生态馆以及励志、科学气息浓重的同德中学院士风采馆。在

全面了解扬中市义务教育情况后，调研小组表示充分肯定。（市史志办）

7月23日，中国工程院院长周济（前排左三）一行在扬中市大全集团开展调研活动

【中国工程院院长周济到扬中市开展调研活动】 2015年7月23日，中国工程院院长周济一行来到扬中市开展调研活动。江苏省副省长徐南平，镇江市委副市记、市长朱晓明，市委常委、副市长蒋建明，扬中市市长潘早云陪同调研。

为贯彻落实“中国制造2025”战略部署，深化制造强国建设重大问题研究，中国工程院启动“制造强国战略研究”二期项目，并与江苏省联合开展“苏南制造2025”课题研究。围绕这一课题，周济院长一行来到扬中市，实地走访大全集团，开展调研工作。周济一行先后参观大全集团产品展示厅、凯帆新能源车间。在产品展示厅，周济一行详细了解企业数字化、智能化技术的应用，技术创新等方面情况，仔细察看大全集团智能电气、新能源、交通设备等三大产业板块最前沿的技术、产品，并现场观看能源管理系统远程操作演示；在凯帆新能源车间，周济一行参观新能源接入设备，深入了解技术发展水平与产品应用领域等各方面情况。调研中，周济充分肯定大全集团注重产品数字化、信息化、智能化，制造过程实现自动化、网络化，产业系统集成等做法，指出企业在发展中不能掉以轻心，要不断推进技术创新，才能在未来的竞争中立于不败之地。

（市史志办）

【国家发改委价格监管与反垄断局到扬中市开展医疗价格改革调研】 2015年8月18日，国家发改委价格监管与反垄断局调研组到扬中开展医疗价格改革调研。在市人民医院，调研组认真听取市人民医院的情况汇报，现场调研慢性病门诊、收费场所明码标价收费公示等情况，深入了解新医改政策实施后扬中市基层医院贯彻价格改革的情况、困难及建议。省和镇江市物价局相关领导参加此次调研。

（市物价局 何梦晨）

【扬中党政代表团赴新疆推进援疆工作】 2015年8月20日至27日，扬中市党政代表团赴新疆考察对口援疆工作，看望和慰问援疆干部。扬中市市长潘早云全程参加镇江市党政代表团考察慰问活动，市领导常云、卜兴荣、黄成刚参加扬中团考察慰问活动。党政代表团先后赴农四师71团、79团考察，就两地在产业、资源、卫生、教育等方面的合作深入交流。双方一致认为，通过两地优势经验、优势资源的相互传递，能将特色资源优势变为竞争优势、地缘优势变为市场优势，推动对口支援工作进入互动发展、互利共赢的新轨道，创造出更多的特色和亮点。考察期间，代表团看望慰问扬中籍援疆干部，希望扬中援疆人员充分发挥自身优势，注重调查研究，加强班子间的合作、民族间的团结，当好对口交流的“联络员”、援疆干部的“代言人”，以奋发有为的精神状态，扎实的工作作风和良好的工作业绩，树立援疆干部的良好形象，与各族群众建立深厚友谊，赢得干部群众的信赖和欢迎。在疆期间，代表团一行还前往镇江市援建的国家级霍尔果斯经济开发区兵团分区、新疆大全新能源有限公司考察。（市史志办）

【全国供销合作总社副主任邹天敬调研扬中市供销社工作】 2015年10月23日，全国供销合作总社副主任邹天敬一行到扬中市调研供销社工作。省供销合作总社主任黄宝荣，镇江市委副书记、政法委书记李茂川，市领导孙乾贵、潘早云、宫金生陪同调研。邹天敬一行参观扬中商城、月星家居广场、油坊镇南小区为农服务中心等地，认为扬中市供销社工作基础扎实，为农服务水平较高，综合改革效果取得初步成效。他寄望扬中市以综合改革为抓手，继续有力推动社有企业转型，大力夯实为农服务基础，构建和谐稳定的社会环境。（市史志办）

【西藏达孜县党政代表团到扬中市考察】 2015年11月27日，西藏达孜县党政代表团来到扬中市考察。市领导孙乾贵、潘早云、施健华、沈大银、王继兰、王成明、戴少华参加活动。市委书记、市人大常委会主任孙乾贵主持召开两地经济社会发展情况交流会，他代表市委、市人大、市政府、市政协以及全市人民对代表团的到来表示欢迎，希望双方在项目合作上深度着力，在智能微电网、新能源、农产品深加工、生态旅游等方面，达成更多的合作意向，结出更多的丰硕成果；在科技人才交流上密切联系，持续推进技术援藏、人才援藏战略；在互动交流上拓宽渠道，探索创新互动

11月27日,西藏达孜县党政代表团参观省扬高级中学

交流的新形式、丰富交往交融的新内涵,尤其要加强两地青年朋友和创业者的交流互访。市长潘早云向代表团一行介绍扬中市经济社会发展情况;达孜县委书记徐申锋介绍达孜县近年来经济社会发展情况,感谢扬中对援藏工作的大力支持,希望扬中市加大产业合作、智力支援的深度交融。在扬期间,市领导孙乾贵、潘早云、沈大银、王成明陪同代表团一行参观智能电气产业园社区服务中心、有能集团、荣德新能源、吉星新材料、园博园、省扬高中、奥体中心等地。 (市史志办)

【江苏省物价局到扬中市调研价格工作】2015年12月9日,江苏省物价局局长张卫东带队,到扬中市开展基层价格工作专题调研。张卫东肯定扬中价格工作在服务经济发展、服务民生改善方面的重要作用,强调这得益于务实创新的举措和切实为民办实事、为企业解忧愁的决心和能力,是他所到县(市)区看到的价格工作开展最好的,并指定扬中物价局在2016年全省价格工作会议上作经验交流。 (市物价局 何梦晨)

大事记

1月

1月2日,2015新年民族音乐会在市影剧院拉开帷幕。

1月6日,镇江产业"三集"发展观摩推进会在扬中市召开。

1月8日,扬中市领导干部警示教育大会召开。

1月12日~15日,中国人民政治协商会议扬中市第九届委员会第四次会议召开。

1月13日~15日,召开扬中市十六届人民代表大会第四次会议。

1月17日,扬中市文明委在市政大礼堂举行"道德之光"第三届扬中市道德模范表彰活动。

1月20日,工信部科技司副司长沙南生来到扬中市,专题调研全国首批产业集群区域品牌试点工作。

1月25日,扬中新闻网主办"e起的时光"第三届网民节。

1月25日~27日,国家环保模范城市考核验收组到扬中市考核验收创建"国家环保模范城市"工作。

1月,扬中市国土资源"一张图"工程建设项目通过省市专家组的评审验收。

2月

2月4日,"2014中国科学年度新闻人物"评选公布结果,中国科学院院士、中科院大连化学物理研究所研究员包信和榜上有名。

2月11日,中共扬中市第十一届纪律检查委员会第五次全体会议在市行政中心2月26日,扬中市召开"树最佳形象、建最美扬中"动员大会。

2月28日,大全集团有限公司被中央文明委命名表彰为第四届全国文明单位,为扬中市首家。

2月,扬中组织全市文艺工作者广泛开展"深入生活、扎根人民"主题实践活动。

2月,扬中市成功获批省产学研产业协同创新基地。

3月

3月5日,扬中市政务服务管理办公室、公共资源交易中心挂牌运行。

3月6日,扬中市人民政府全体(扩大)会议召开。

3月10日,扬中市政府、市政协联合召开重点工作交流会。

3月18日,扬中市第十三届中国扬中河豚文化节开幕。

3月18日,大津重工建造的国内首艘内河纯LNG动力船"绿动6002"交付船东。

3月18日,"梅兰春杯"中国首届河豚烹饪精英赛在扬中市举行。

3月20日,扬中市"江苏省优秀管理城市"考核验收。

3月24日,全国爱国卫生工作会议暨全国城乡环境卫生整洁行动现场会在马鞍山市召开,2012~2014周期新命名的"国家卫生城市(区)"受到表彰,扬中市榜上有名。

3月26日,中共扬中市委办公室、市政府办公室联合出台《关于全面推行村级财务"双代理"工作的意见(试行)》,提出全面推行村级财务"双代理"(会计代理、资金代理)工作。

3 月 31 日，中共扬中市委、市政府联合出台《关于全面推进依法治市工作的意见》。

3 月，扬中秧草、扬中江蟹、扬中刀鱼、扬中江虾、扬中河豚等五个国家地理标志证明商标成功注册。

4 月

4 月 8 日，扬中市召开一季度经济形势分析会暨产业“三集”发展推进会，分析一季度经济工作，全面部署二季度经济工作。

4 月 9 日~12 日，来自北京、天津、江苏等地的 10 余名著名作家齐聚扬中，开展为期 3 天的全方位寻访采风活动。

4 月 23 日晚，“放歌河豚岛”专场文艺晚会在奥体中心开演。

4 月 24 日，扬中市第十三届中国扬中河豚文化节闭幕。

4 月 27 日，新疆生产建设兵团农四师七十一团政委丁高峰率领考察团到扬中市考察交流。

4 月 27 日，扬中市庆祝“五一”国际劳动节大会召开。

4 月 28 日，中共扬中市委、市政府联合出台《关于加大改革创新力度加快推进农业农村现代化的意见》，提出要转变农业发展方式，扎实推进现代农业建设，不断深化农村改革，持续改善农村民生，全力推动农业强、农村美、农民富。

4 月 29 日，扬中市位列获评“全国县域经济创新力 50 强”榜首。

4 月 29 日，中国社会科学院财经战略研究院发布《中国县域经济发展报告 2015》，扬中位居全国县域经济创新力 50 强榜首。

4 月 30 日，扬中市第三届道德模范陆茂生荣登 4 月中国好人榜。

4 月，扬中市开展电捕鱼专项整治行动。

5 月

5 月 6 日，中国民主建国会扬中支部召开成立大会。

5 月 7 日，新疆生产建设兵团第 4 师 79 团党政代表团来到扬中市，与扬中市开展工作交流会，并签订对口交流协议。

5 月 8 日，扬中市召开国家卫生城市总结表彰暨国家园林城市迎检动员大会。

5 月 13 日，扬中市邮政局更名为中国邮政集团公司江苏省扬中市分公司。

5 月 19 日，江苏省政协体育界别委员来到扬中市，调研体育工作。

5 月 20 日，中共江苏省委常委、纪委书记弘强一行到扬中市调研“三解三促”活动、农村基层党风廉政建设。

5 月 21 日，扬中保险业协调管委会成立。

5 月 25 日，江苏省委书记罗志军到扬中市调研当前经济社会发展情况。

5 月 27 日，扬中最大的综合性体育场——奥体中心全面建成，投入运营。

5 月起，扬中市面向全市领导干部，开展“守纪律、讲规矩、敢担当”主题教育活动。

5 月，扬中市委、市政府完成“五水联治”规划部署。

5 月，《中国共产党扬中地方史》二卷本、三卷本编纂工作启动。

6 月

6 月 12 日，扬中市召开重点产业项目督查推进会。

6 月 23 日，江苏省人大代表省直镇江组、盐城组到扬中市开展调研活动。

6 月 27 日，新坝镇与北京大学政府管理学院合作成立产业结群教学研究实践基地，开展智能电气产业规划项目的调研工作。

6 月，《扬中市南部新城总体规划(2013~2030)》获扬中市政府批准。

6 月，扬中市公共自行车二期项目开始建设，7 月投入运营，建设站点 25 个，安装锁车器 600 个，投放公共自行车 500 辆。

6 月起，扬中市全面推行网络实名制工作。

7 月

7 月 4 日，教育部调研小组来到扬中市，专题调研扬中市义务教育工作情况。

7 月 13 日~7 月 14 日，镇江市市长质量奖现场评审活动在有能集团威腾母线举行。

7 月 14 日，江苏省现代渔业工作现场会在江苏扬中现代渔业产业园区召开。

7 月 17 日，扬中市金融办、发改经信委举办光伏电站金融产品创新对接会，全市 13 家金融机构与 20 多家企业共同商讨电站融资新模式。

7 月 22 日，扬中 110 千伏联合变电站成功投运，1 号主变顺利送电。

7 月 23 日，中国工程院院长周济一行到扬中市开展调研活动。

7 月 24 日，江苏和成显示科技股份有限公司在全国中小企业股份转让系统获得通过，成为扬中市首家在新三板挂牌的企业。

7月28日，市委工作会议在市政大礼堂召开。

7月30日上午10时25分，扬中供电负荷31.82万千瓦，刷新历史最高纪录。

7月，扬中市通过全国科普示范市创建镇江市的初评和省级检查验收，获得“2016~2020”年度省级科普示范市命名。

8月

8月11日，中共扬中市委、市政府联合出台《关于深化行政审批制度改革加强政务服务平台建设的实施方案》，提出全面推进行政审批“三集中三到位”。

8月11日，扬中全面实施“三证合一”(营业执照、组织机构代码证、税务登记证)登记制度。

8月16日，扬中市卫生和计划生育委员会挂牌。

8月20日至27日，扬中市党政代表团赴新疆考察对口援疆工作，看望和慰问援疆干部。

8月20日，江苏省运输管理局网站公布全省城乡道路客运一体化发展水平评价结果，扬中市被评估位最高的5A级。

8月，江苏威腾母线有限公司“WETOWN及图”成为扬中第八件中国驰名商标。

8月，工业和信息化部公布2015年互联网与工业融合创新试点企业名单，大全集团榜上有名。

9月

9月8，扬中市级村级后备干部队伍建设现场会在油坊镇召开。

9月11日，扬中市召开重点项目督查推进会，进一步浓厚谋发展、抓项目的氛围。

9月12日，第九届全国残运会暨第六届特奥会上，扬中市运动员邹莉娟，在女子F34级铅球、标枪比赛中，勇夺两项冠军。

9月16日，扬中市环太集团美科公司4兆瓦屋顶光伏电站成功并网发电。

9月19日，西来桥镇238省道西来桥段改扩建工程启动。

9月21日，扬中市举行首届“中国城市无车日暨绿色骑行”活动，倡导绿色出行，推行低碳生活。

9月22日，扬中与天弘创新资产管理公司签署战略合作协议

9月27日~28日，扬中市通过“国家园林城市”创建工作考核验收。

10月

10月5日，3325名志愿者齐聚市奥体中心体育场，为爱暴走18公里，为山区贫困孩子募集一双他们期盼已久的新球鞋。

10月9日起，2015年，扬中市纪律检查委员会启动作风效能建设督查推进月活动。

10月25日，扬中市第四届全民健身运动项目展演在奥体中心北广场前举行。

10月28日，扬中河豚食俗、扬中箫笛制作入选江苏省非物质文化遗产名录。

10月，江苏省经信委公布2015年江苏省两化融合试验区名单，扬中智能电气产业园入选省两化融合试验区，成为镇江市唯一入选园区。

11月

11月1日，扬中市启动1%人口抽样调查入户登记。

11月3日，扬中市通过水稻高产创建万亩片现场实产测产验收。

11月4日，中国工程院院士、海军工程大学马伟明教授获2015年度何梁何利基金“科学与技术成就奖”，成为海军首位获此殊荣的科学家。

11月6日，扬中召开全市文化建设工作会议。

11月10日，扬中市印发《关于同意发布扬子新村片区旧城改建项目房屋征收决定的批复》。

11月11日~11月20日，扬中市举办第二届中青年女干部培训班。

11月15日，扬中市首家园区党群服务中心成立。

11月18日，扬中市通过“六五”普法工作终期考核验收。

11月20日，扬中市工程师学会成立大会暨第一次会员代表大会召开，成为江苏省第一个成立的县市级工程师学会。

11月，扬中市荣膺2015年度中国中小城市综合实力百强县第24位，较2014年提升1位。

11月，扬中市政府成立法律顾问委员会。

11月，扬中市数字扬中地理空间框架建设项目通过江苏省测绘地理信息局组织的专家验收，成为全省第二个通过验收的县级数字城市项目。

12月

12月7日，扬中籍科学家、华东理工大学信息科学与工程学院钱锋教授，当选为中国工程院化工、冶金与材料工程学部院士。

12月10日，扬中市成立人民调解协会，召开首届理事会议。

12月11日,扬中市绿色能源岛(太阳岛)实施方案通过江苏省能源局组织的专家评审。

12月11日,扬中市物价局召开扬中市居民生活用管道天然气阶梯价格改革听证会。

12月24日,扬中市举行《扬中市志(1986~2006)》首发式。

12月28日,中共扬中市委十一届六次全体会议在市政大礼堂举行。

12月30日,扬中市国土部门在市国土局新坝分局服务大厅,为市民朱华晔颁发镇江市第一本不动产权证书。

12月,江苏省人民政府下发《关于筹建江苏省扬中高新技术产业开发区的批复》,同意扬中市新坝镇筹建江苏省扬中高新技术产业开发区。

12月,扬中发出首张"SC"食品生产许可证,由扬中市米奇食品有限公司领取。

12月,镇江江之源渔业科技有限公司扬中市西北部地热井采矿权证获江苏省国土资源厅批准,这是扬中市第一本"采矿权证"。

12月,《扬中市镇村布局规划》获得市政府批准。

年内,扬中市扎实开展"三严三实"专题教育活动。

街道、镇、开发区大事记

·新坝镇·

1月5日,新坝镇经江苏省水利厅评审,被评为江苏省水美乡村。

1月13日,市政府常务会议讨论通过,省扬中专搬迁新坝中学现址,新坝中学异地搬迁长虹路南,新坝第二幼儿园与新坝中学毗邻而建。

1月22日,新坝镇获镇江市第八届双拥模范镇(街道)的称号。

1月28日,新坝镇获2014镇江市年度社会治安综合治理先进集体称号。

2月14日,中共扬中市新坝镇委员会同意成立中共大航控股集团有限公司委员会。

2月16日,新坝有能集团有限公司、江苏环太集团有限公司分获2014年扬中市市长质量奖。

2月28日,大全集团有限公司被中央文明委命名表彰为第四届全国文明单位,为扬中市首家。

同日,十八届中共中央候补委员、中国工程院士、海军工程大学研究所教授、博士生导师、海军少将马伟明到大全集团参观调研。

3月30日,新坝镇与北京金融涉老服务发展委员会、老年产业投资促进中心、中民东方公益置业发展公司合作,投资3000万美元将现镇政府所在地改扩建为新坝老年综合服务中心。

3月,大全集团有限公司技术中心总经理、研究员高级工程师裴军荣获全国优秀科技工作者称号。

4月初,大全集团有限公司成功创建江苏省信用示范企业,为镇江市首家。

4月6日,大航控股集团有限公司揭牌,扬中市委、新坝镇党委书记王成明,镇相关领导,公司所有董事、监事,全体员工参加揭牌仪式。

4月7日,《"中国、新坝"标识使用管理办法》出台,要求各村、社区、机关、企事业单位在年内全方位应用到位。

4月24日,新坝镇第五届读书节于当日下午2时开幕式在联合中心小学三楼会议室举行。

4月,河南省卫辉市上乐村镇与江苏省扬中市新坝镇结成友好乡镇合作共建协议签订。

4月,6兆瓦太阳能光电建筑一体化示范项目在大全集团新坝科技孵化中心厂房屋顶投入使用。

5月25日,江苏省委书记罗志军视察大全集团有限公司和新治村。

6月20日,大型文艺晚会"古韵今风端午赋"在新坝公园上演。

6月27日,新坝镇就共建北京大学政府管理分院产业结群教学研究实践基地,同北京大学签约。

同日,新坝镇与北京大学共建的北京大学政府管理学院产业集群教学研究实践基地签约仪式在大航集团举行。

7月10日,扬中市老年大学新坝分校成立。

7月28日,堤顶三期维修改造工程总投资185万元,全长1.05公里,维修改造路基宽6.5米,路面宽5.5米。

8月14日,大航集团与华北电力大学、新疆生产建设兵团在乌鲁木齐就新能源微电网合作项目达成战略协议。

9月18日,镇江市"质量提升工程"推进会在扬中市召开,新坝科技园获得质量技术创新先导区称号。

11月5日,扬中大学生创业园在新坝工业品城10楼开园。21支团队进驻创业园,扬中市委常委、常务副市长艾晓辉,扬中市委常委、新坝镇党委书记王成明为创业园开园剪彩。

11月17日,大航集团与江苏泗阳经济开发区管理委员会在泗阳签订《建设200MW太阳能电站战略合作协议》,至此,大航集团第一个百兆级太阳能电站正式落户泗阳,开启大航集团在苏北地区发展的序幕。

11月26日，双新村率先完成土地确权登记发证任务。该村颁发土地承包经营权证书281本，发证率100%，涉及承包农民281户，确权地块总数726块，承包总面积651.27亩，实测总面积737.87亩。

11月24日，新坝镇被市委表彰为扬中市修志工作先进集体，常征为先进个人。

12月25日，立新村居家养老服务大楼竣工，预计次年8月可投入使用。

·油坊镇·

1月5日，油坊镇被评为“江苏省水美乡镇”，长旺村被评为“江苏省水美村庄”。

1月，阳太秧草专业合作社“兽用强普素中草药基地建设项目”通过专家组验收。

2月，油坊籍院士包信和被授予“十佳全国优秀科技工作者”荣誉称号。

2月，油坊镇被评为2014年度镇江市人口和计划生育新风尚示范镇。

2月，油坊镇被评为2014年度镇江市社会治安综合治理先进镇和社会治安综合治理平安镇。

3月1日，“打造产业强镇 建设亲情油坊”动员大会召开，50家企业分获纳税贡献、经济发展速度、技改投入、科技创新等奖项，环太集团获“综合发展特别奖”。

3月27日，油坊镇党委、政府联合发文，对两期违反殡葬改革政策的主要责任单位油坊村、老郎村予以通报批评。

3月，实施中小河流治理重点县项目、第二轮小型农田水利重点县项目、镇江市沿江泵站更新改造项目及省级水利工程维修养护项目，总投资逾3000万元。

4月20日，油坊镇党委政府联合下发《关于统筹推进亲情油坊建设的若干意见》及《关于促进产业强镇的若干意见》。

5月8日，油坊镇第五届农民文化艺术节开幕。

5月，油坊镇实行村级财务“双代理”制度。

6月，农村承包土地确权登记工作全面开展。

7月7日，油坊镇党委、政府向同德中学发出贺信，祝贺该校14名学生被省扬高中录取，羊培宇同学以总分632分获扬中市第一名，实现油坊镇中考历史性突破。

8月14日，油坊镇老郎村公路拓宽改造工程全面竣工，道路总长2.78公里。

8月16日，江苏环太集团刘明权等人合作的《高效多晶硅片全熔操作法》获评镇江市职工“十佳先进操作法”。

9月1日，油坊中心小学原址重建工程竣工并投入使用。新校区占地22948平方米、建筑面积10420平方米。

9月8日，扬中市级村级后备干部队伍建设现场会在油坊镇召开。

9月8日，油坊镇开展“打造亲情油坊 共建幸福家园”慈善募捐活动，截至10月底募集善款259.29万元。

10月16日，明珠广场及周边道路改造工程启动，预计投资600万元，改环岛为红绿灯，重设地下污水管网。

10月23日，油坊镇优抚服务中心挂牌成立。

10月24日，油坊镇第三届人民代表大会第五次会议召开，补选瞿惠辉为油坊镇人民政府镇长、陈国云为油坊镇人民政府副镇长。

10月，中滩桥重建工程竣工。

11月7日，“亲情油坊好家庭”颁奖典礼暨亲情油坊建设推进会在油坊中心小学报告厅举行。会议评选表彰“孝老爱亲、诚实守信、热心公益、创业致富、文化书香、睦邻友好、情系家乡、绿色环保”八个类别的18户“好家庭”。

12月16日，农联·亚夫在线体验基地落户油坊镇。基地位于油坊村如意北路，占地200余亩，建有标准钢架大棚200余座，为扬中市唯一一家秧草出口基地。

12月，油坊镇振华村耿月新创作的竹编作品《一路一带·圆中国梦》获得首届镇江民间工艺“金麦穗奖”创意作品大赛唯一金奖。

12月，油坊镇司法所被司法部评为“全国模范司法所”。

·八桥镇·

2月28日，八桥镇召开“树一流作风 建美丽八桥”动员大会，表彰2014年度经济建设和社会事业发展先进集体、个人，兑现各项奖励政策。

4月3日，八桥镇在红旗公园举行清明公祭渡江战役七烈士仪式。

6月29日，八桥镇举行纪念中国共产党成立94周年暨“七一”表彰大会，表彰2012~2014年度先进基层党组织、优秀党务工作者、优秀共产党员。

12月22日，江苏海天微电子科技有限公司在全国中小企业股份转让系统挂牌上市，八桥镇实现上市企业零的突破。

·西来桥镇·

1月1日 西来桥镇扬中粮油加工产业集中区润华物流码头靠泊首艘6万吨级大型船舶。

2月6日 大津清洁能源装备产业园签约仪式在西来桥镇举行。市领导孙乾贵、潘早云、沈大银、唐崇林、蒋金龙、蒋相根参加签约仪式。

3月6日 西来桥镇召开纪念“三八”国际劳动妇女

组织代表开展约见活动，先后就新坝教育布局调整、西城区规划等建议办理，约见市教育局、规划局负责人，增进了解，形成共识。全年253件建议办理的满意和基本满意率100%，办成率60%，比上年提高5%。

9月15日，扬中市组织开展各级人大代表统一接待选民活动，452名省、镇江市、扬中市、镇人大代表分别在85个集镇人流密集地段、村(社区)、人大代表之家或人大代表接待选民站接待选民。选民向代表反映扬中经济社会发展、民主法制建设、民生保障以及人民群众关注的热点问题，并提出合理化的意见、建议。活动中，代表接待选民2812人次，收集民情民意581条，现场解答1356条问题。

9月中旬开始，扬中市人大常委会在全市组织开展执法检查。为确保执法检查取得实效，市人大常委会制定执法检查方案，成立执法检查组，召开执法检查动员大会进行部署。10月29日，扬中市人大常委会第二十九次会议听取和审议关于《中华人民共和国农村土地承包法》贯彻实施情况的执法检查报告。从总体上看，《中华人民共和国农村土地承包法》颁布实施以来，全市农村土地承包关系稳定，农民土地承包经营权得到有效保护，促进农业和农村经济发展，维护农村社会稳定。 (市人大办 辛焕)

【扬中市人民政府】2015年，扬中市人民政府协调推进政治、经济、文化、社会、生态建设，较好地完成全年各项目标任务。全市完成地区生产总值475.8亿元，可比增长10.3%；公共财政预算收入34.03亿元，增长10.8%。

全面深化体制改革，加快机构改革步伐，组建卫生和计划生育委员会、不动产登记局。行政审批改革深入推进，“三集中三到位”“三证合一、一照一码”“多评合一”“并联审批”“四全”服务模式等工作全面开展。推进村集体财务“双代理”，完成农村土地承包经营权确权登记颁证和小型水利工程管理体制改革工作。深入开展政银企合作，多措并举解决企业融资问题，稳步有序化解互联互保风险，“苏科贷”规模突破1亿元，新增社会融资142亿元、贷款61.6亿元，再次获评“省金融生态优秀县”。

持续扩大对外开放，整合招商资源，组建专业化招商机构8个，开展派驻招商、委托招商、精准招商，实际利用产业类外资1.3亿美元。完成外贸进出口总额5.8亿美元，其中出口5亿美元、增长11%，服务外包执行额1.2亿美元。港口建设步伐加快，新建万吨级泊位3个，润华物流码头成为国家进口粮指定口岸、建成扬中首家公用型保税仓库。

加速推进科技创新，实施创新驱动战略，设立3000万元苏南国家自主创新示范区建设专项资金，新增省级以上研发平台8家、高新技术企业23家、省重大科技成果转化项目4个，全社会研发经费支出占地区生产总值比重2.78%，万人发明专利拥有量18件。搭建“扬中众创空间”，大学生创业园投入使用。引进国家“千人计划”6人、高层次人才(团队)100个，每万名劳动力中高技能人才数668名。

城乡管理日益完善，编制完成镇村布局、综合交通等规划。优化城乡管理机制，深化相对集中城乡规划管理行政处罚权工作，拆除违法建设6.37万平方米。高标准完成城市环境综合整治三年计划，改造城郊结合部片区4个、城中村2个、老旧小区3个，创成全省首批优秀管理城市。健全物业管理联席会议制度，全面落实“八位一体”农村公共服务运行维护机制，建成省“美丽乡村示范点”3个、镇江市“美丽宜居村庄”2个。

基础设施建设加快。建成扬子东路东延一期、扬子西路延伸、翠竹北路延伸等工程，加快推进新民南路延伸、同心路西延、中电大道北延，启动建设238省道改线西来桥段工程，改造农村公路27公里、堤顶公路20公里、农桥19座。公共自行车二期、110千伏联合变投入运营，新增(优化)城乡公交线路3条、新能源汽车28辆。启动园丁路南

扬中城区一角

城北公园

侧、扬子新村等片区旧城改建,中扬康居苑二期、城东、城西、园丁路安置房交付使用。

创成国家卫生城市、国家园林城市,国家环保模范城市通过考核验收。建成城南公园、森林公园,提标改造园博园,新增城市绿地18.85万平方米。编制"五水联治"实施方案,完成备用水源地、扬子河水环境整治一期、小农水重点县工程,建成兴隆污水处理厂二期、东新港闸站和11座沿江排涝泵站,整治低洼易淹易涝片区3处,新增污水管网19.5公里。积极防治大气污染,改造停用燃煤锅炉126台,淘汰老旧机动车619辆、"黄标车"169辆。基本完成金属表面处理行业专项整治,转型重组化工企业2家。

保障水平逐步提高。扶持创业697人,新增城镇就业1.07万人,城镇登记失业率控制在1.35%以内。完善社会保障待遇调整机制,提高城乡居民养老保险待遇、企业退休人员养老金、居民医保财政补助标准。完善"金保工程"建设,发放社会保障卡16万张。实施特困人群托底工程,加大对残疾人、困境儿童、低保、失业人员等群体帮扶力度,发放慈善救助资金500万元。城镇、农村居民人均可支配收入分别为4.24万元、2.19万元,基本消除人均纯收入低于7000元的低收入户。

社会事业全面发展。成立开放大学,整体搬迁市二中,腾仓搬迁市一中、青少年活动中心,完成校安工程6.1万平方米,创成"省义务教育优质均衡发展市"。高考成绩取得突破,囊括镇江市文理科第1名。积极创建"全国健康促进县",推进优质医疗资源下沉,康复联合病房实现全覆盖。建成智慧养老综合信息服务平台,智慧养老服务覆盖主城区。新坝镇、西来桥镇文体活动中心投入使用,更新室外健身路径23套,建成省级文化广场标准化示范点5个。全面运营奥体中心,成功承办第七届全国青少年曲棍球锦标赛,创成"省公共体育服务体系示范区"。

社会管理不断创新。开展"道德模范""美德少年"等评选活动,城市文明指数和市民素质得到提升。积极推进"政社互动""三社联动",开展全国第二次地名普查、1%人口抽样调查。加大打击高利贷、非法集资、环境污染力度,积极预防处置企业欠薪欠保,提升应急处置能力。深入推进食品安全社会共治、利民市场综合执法管理,开展服装加工行业安全隐患整治行动。深化"平安扬中""法治扬中"建设,全面完成"六五"普法工作,健全矛盾纠纷排查化解机制,信访绩效考核、公众安全感和法治建设满意度继续保持全省领先。

践行全面依法治国理念,把法治政府建设贯穿行政审批、行政服务和行政执法等工作,依法依规推进征地拆迁、环境保护、民生保障,动态管理行政权力、行政审批、行政事业性收费清单。积极推进行政机关负责人行政诉讼出庭应诉,建立政府法律顾问制度,依法行政意识普遍增强。扎实开展"三严三实""守讲敢"等活动,加强廉政建设和审计监管,逐月督查推进"515"项目,行政效能得到提升。主动接受监督,办理人大代表建议293件、政协委员提案170件,满意和基本满意率100%,"12345"政府服务热线来电办结率和满意率分别为99.5%、98.4%。

(市政府办 耿慧)

注:"三集中三到位":将分散在部门的行政审批、公共服务事项向一个科室集中,审批科室向政务服务中心集中,审批事项向电子政务平台集中;审批事项进驻政务服务中心落实到位,审批窗口授权到位,电子监察到位。

"三证合一、一照一码":将企业登记时依次申请、分别由市场监督管理部门核发营业执照和组织机构代码证、税务部门核发税务登记证,改为一次申请,由市场监督管理部门核发一个加载法人和其他组织统一社会信用代码的营业执照。

"多评合一":将项目建设涉及的节能评估、环境影响评价、碳排放影响评估、安全评价、水土保持方案、地质灾害危险性评估、地震安全性评价等7项评估由串联方式调整为并联方式进行。

"并联审批":将企业投资项目涉及几个部门依法需要分别办理的审批事项,按照流程和部门职能,分为前期核准、土地出让、规划设计、工程施工、竣工验收五个环节,分别由发改经信、国土、规划、住建部门牵头并设立统一收件窗口,负责组织实施和推进协调本环节并联审批事项,做到一窗受理、内部运转、同步办理、限时办结。

"四全"服务模式:以"一张图"工程为基础,以全流程优化审批、全区域便民服务、全业务网上办理、全节点效能监察为目标体系的国土资源行政审批服务模式。

财务"双代理":在不改变村集体经济组织独立核算单位资金的所有权、使用权、审批权、民主监督权和收益分配权的前提下,经村(居)民代表大会同意,实行村级资金、账务委托镇(街、区)村级财务结算中心代理的一种农村集体财务管理模式。

“苏科贷”:全称为江苏省科技成果转化风险补偿专项资金贷款,是由科技部门联合商业银行以低息贷款方式支持科技型企业发展的一种政策性贷款。

“五水联治”:防洪水、治污水、排涝水、引活水、保洁水。

“黄标车”:高污染排放车辆的别称,是未达到国Ⅰ排放标准的汽油车,或未达到国Ⅲ排放标准的柴油车,因其贴的是黄色环保标志,因此称为黄标车。

“三社联动”:以社区为平台,以社会组织为载体,以社会工作者为骨干,以满足居民需求为导向,通过社会组织引入专业资源和社会力量,通过提供专业化、有针对性的服务,把矛盾化解在社区,把多元服务供给实现在社区的一种新型社会治理模式、社会服务供给方式和全新社会动员机制。

“515”项目:市政府2015年度政府工作报告提出的五大任务、十件实事、五十项重点工作简称。

五个100%目标:“治污水”实现城区、集镇及农村居民点100%雨污分流、污水收集的目标;“防洪水”实现江堤100%达标和长久永固的目标;“排涝水”实现100%解决城市内涝问题的目标;“引活水”实现河道100%清淤通畅的目标;“保洁水”实现河道100%长效管理的目标。

“多规融合”:指国民经济和社会发展规划、城镇规划、土地利用总体规划等实现“一个城镇空间,一个空间规划”。

“四好农村路”:建好、管好、护好、运营好农村公路。

“一村一品一店”:在每一个村培育发展一个品牌特色农产品,打造一个农村电子商务平台,促进农产品销售。

“5+1”帮扶体系:市领导、镇街区(部门)、党员干部、企业和经济能人结对低收入家庭的帮扶活动。

【政协扬中市委员会】2015年1月12日~15日,中国人民政治协商会议扬中市第九届委员会第四次会议召开。年内,扬中市政协九届常务委员会举行5次常委会议,召开14次主席会议。

委员总人数为172人,其中中共党员32人、经济界27人、工商联33人、工会4人、青联5人、妇联5人、科协3人、文化艺术界3人、新闻出版界3人、教育界6人、科技界5人、医疗卫生界7人、农业和农村7人、社会福利和社会保障界3人、侨胞台胞7人、民族宗教人士4人、无党派及民主党派17人,另外特邀1人。

2015年,扬中市政协完成“加快楼宇经济发展”“推进依法行政,建设法治政府”2项重点调研课题。围绕养老服务工作、全民阅读工作、人防工作、档案工作、规划修编工作、分级诊疗体系建设、金融市场监管、统计工作、交通运输管理、法治文化建设、学前教育工作、科技工作、安置房建设、财税工作14项内容,组织政协委员开展视察。组织政协委员民主评议市住建局、市发改经信委提案办理工作,民主监督市公安局、法院、检察院、工会等部门工作。组织委员听取市政府关于全市上半年经济和社会发展情况的通报、关于市政协九届四次会议以来委员提案办理情况的通报。

市政协九届四次会议期间,政协社会法制组委员们开展热烈讨论

2015年,扬中市政协提案和联络委员会征集到委员提案175件,经审查立案170件。其中,集体提案1件,委员联名提案23件。提案中,属于经济建设方面的29件,占17.1%;城乡建设管理方面的67件,占39.4%;科教文卫方面的25件,占14.7%;农村工作、水利建设、政法民政和社会保障方面的44件,占25.9%;其他方面的5件,占2.9%。截至2015年10月底已全部办复。从办理情况看,提案所提问题已经解决、基本解决或已有明确工作方案并正在组织实施的有99件,占58.2%;已列入计划、做前期准备,即将组织实施的有63件,占37.1%;受客观条件制约暂时无法办到,有待今后积极创造条件解决的有8件,占4.7%。据信息反馈,在立案的170件提案中,委员对办理工作满意的169件,占99.4%,基本满意的1件,占0.6%。优秀提案名录为:周亚东委员提出的《关于从政府层面推行太阳能发电设备的建议》、杨淑静委员提出的《关于加快落实城市小区物业管理联席会议制度的建议》、兰云林委员提出的《关于加强工业水污染治理,确保稳定达标排放的建议》、朱冬宏委员提出的《关于宣传、弘扬“新扬中精神”,提高市民整体文明素质的建议》、姚中庆委员提出的《关于加大扬尘污染治理力度的建议》、顾国祥委员提出的《关于增加公共自行车站点的建议》、马利春委员提出的《关于加快构建以居家养老为基础的养老服务体系的建议》、曹广金委员提出的《关于加强民间融资及小额贷款公司监管的建议》。

(市政协办 胡捷)

链接

一则建议案

市政协关于加快楼宇经济发展的建议案。2015年4月~7月，扬中市政协专题调研加快楼宇经济发展相关情况，提出促进楼宇经济发展的4点建议：第一，在发展机制上，坚持市场化导向与行政推动并举，强化政府的引导力、政策的执行力。一是要科学规划，集中布局，引导“上楼”；二是要规范程序，严控“独供”，倒逼“上楼”；三是要统一协调，强化合力，监督“上楼”。第二，在产业定位上，坚持传统产业与新兴产业并举，致力“上楼”产业的集聚化、高新化。一是要依托优势产业，培植楼宇产业龙头；二是要整合各类资源，促进存量资产转化；三是要培植新兴业态，创造楼宇产业特色。第三，在政策导向上，坚持刚性约束与政策激励并举，增强政策的针对性、导向性。一是要加大监管力度，抑制投机行为；二是要用活土地杠杆，扶持楼宇产业；三是要主动让利惠企，降低“上楼”成本；四是要培育“创客”群体，打造“上楼”梯队。第四，在市场开拓上，坚持开发建设与招商引资并举，尽快提高楼宇产业园建成率、企业入住率。一是要精心挑选投资主体，促进以商引商。二是要健全队伍，完善机制，强化专业招商；三是要着力打造服务体系，全力护商助商。

·民主党派　工商联·

【扬中市民主党派概况】继2013年、2014年扬中相继成立九三学社支社、中国民主同盟扬中支部后，2015年5月6日，中国民主建国会扬中支部召开成立大会。至此，在扬中的民主党派基层支部增至3个。扬中市政协副主席、市委统战部部长蒋相根到会祝贺并寄望全市民主党派成员要做到三点：一是要努力增进政治共识，巩固思想基础；二是要增强参政议政意识，积极建言献策；三是要切实加强自身建设，提升素质能力。镇江市委统战部、镇江民建市委领导一并到会作讲话。

1月9日，扬中民主党派民盟盟员之家成立。盟员之家有30余平方米，墙上布置8块展牌，分别布置盟史简介，民盟与共产党的关系、盟史人物、学习制度、参政议政制度等内容，另设有2个陈列架，陈列有民盟刊物、盟员读物、荣誉证书等，供盟员学习。这是镇江市范围内尚属唯一一家拥有独立阵地的民盟支部。

至年底，扬中市有农工民主党党员2人、民主建国会会员5人、九三学社社员6人、民主同盟盟员12人。

（市委统战部　王留根）

【扬中市工商联】2015年，扬中市工商联有基层商会18家，其中镇（街、区）商会6家，行业商会总数12家，全年新发展会员119家，会员总数2204家。5月29日，扬中市工商联召开十一届四次执委会，总结2014年工作，部署2015年工作。

一年来，扬中市工商联积极开展调查研究。4月，面向大全集团开展上规模民营企业调研工作，面向环太集团、太阳集团、远东电讯、长江盖业、海纬集团、生美集团、绿扬电子、丰泽生物、电站辅机、镇江欣亚等10家企业开展企业家履行社会责任统计调研工作；与发改经信委、财政局等部门组成考察团，分别前往重庆、上海、浙江等地，考察楼宇经济发展模式与经验。5月，组织带领市防寒服商会考察团，赴河南光山县考察防寒服和电子商务产业，两地相关部门和企业分别签订合作协议。

面向企业开展教育引导与服务工作。3月3日，市工商联与扬中市民盟支部联合举办扬中市首届企业家养生论坛，邀请专家授课，促进全市企业家与企业共同健康发展；邀请镇江正新律师事务所律师于德跃开展设企法律知识讲座。

积极开展对外交流。4月，市工商联带领企业家赴太仓市工商联学习考察，探索商会发展之道；9月，接待泰兴张桥镇商会到新坝镇商会参观考察；11月，组织企业家代表团赴吴江桃源镇总商会开展考察交流，并接待海南省琼中县工商联到扬中考察。

（市工商联　马侦杰）

5月6日，民主建国会扬中支部成立大会召开

重要会议

【“深化改革创新、建设‘最美扬中’”动员大会】2015年2月26日，扬中市召开“树最佳形象、建最美扬中”动员大会。市委书记、市人大常委会主任孙乾贵号召全市上下，以一流的状态和最佳的形象，从头抓紧、创新实干，全力创造改革发展和最美扬中建设的更大业绩。孙乾贵要求，全市

广大党员干部要以先进典型为榜样，以扬中发展为己任，保持最佳状态，创造最优形象，建设最美扬中。一是要让“敢担当”成为扬中干部最可贵的品质，坚定信心、脚踏实地干事业，用“辛苦指数”推高扬中的“发展指数”。二是要让“环境优”成为改革发展最显著的成果，拓宽服务领域，提升服务质效，让“强政府”强在优质高效服务上，让企业和群众真心点“赞”。三是要让“守纪律”成为创优形象最重要的保障，培育“规范意识”，弘扬“法治精神”，坚守“廉政底线”，引领社会风气正本清源。四是要让“重实干”成为每个扬中人最值得推崇的品格，各镇街区要画好“路线图”，广大企业家要以质量品牌树立“扬中制造”新的高度和形象。全体扬中人要弘扬“上善若水、自强不息”的新时期扬中精神，用实际行动，共建共享幸福家园。市委副书记张宇轩主持会议并宣读表彰决定。21 家 2014 年度市级机关作风建设和目标管理考核先进单位受到表彰，10 个考核“十佳单位”、6 个“涉企涉农优质服务科室”上台领奖。市领导为 2014 年度“三十强”工业企业、“十强”服务业企业、“五强”房地产企业授牌。市委常委、常务副市长唐崇林就 2014 年度经济发展各项政策兑现情况作说明，有能集团、环太集团获得扬中市市长质量奖，部分企业、项目和个人代表接受表彰。（市委办 姚婷）

【**全市一季度经济形势分析会暨产业“三集”发展推进会**】2015 年 4 月 8 日，扬中市召开一季度经济形势分析会暨产业“三集”发展推进会，分析一季度经济工作，全面部署二季度经济工作。市委书记、市人大常委会主任孙乾贵动员全市上下聚焦重点、创新实干，激发改革创新“新动力”，成就扬中发展“新高度”。孙乾贵希望各地各部门保持奋进势头，创造更新的业绩，一要多措并举推动“企业上市”，打造2015“企业上市突破年”。二要全力以赴加快“楼宇产业园”建设，加速开启扬中的“众创时代”。三要持之以恒推动“创新转型”，提升扬中制造的“领先优势”。孙乾贵最后强调，奋战“二季度”，时间不等人、任务更催人，各级各地要迅速行动起来，担当作为、创新实干，为成就全年“新高度”打下扎实基础。（市委办 姚婷）

【**国家卫生城市总结表彰暨国家园林城市迎检动员大会**】2015 年 5 月 8 日，扬中市召开国家卫生城市总结表彰暨国家园林城市迎检动员大会。市委书记、市人大常委会主任孙乾贵要求全市上下以“十年创卫”的不懈努力继续优化城乡环境，以“生态优先”的改革理念提升城市品质。市四套班子全体领导出席会议。会上，市委书记孙乾贵要求，要打造一座始终绿意盎然的城市。以抓项目建设的同等力度增加绿量，确保一批创园工程 8 月份形成景观。要打造一座始终水清景秀的城市。尽快启动“五水联治”工作，深入实施水系畅通工程，推进河流景观建设，通过实施清水、活水、靓水工程，改善水质、营造水景。要打造一座始终管理精细的城市。探索建立部门协同、公众参与、社会监督的“大城管”机制，提升城市管理的信息化、智能化、精准化水平。（市委办 姚婷）

【**重点产业项目督查推进会**】2015 年 6 月 12 日，扬中市召开重点产业项目督查推进会，以项目促发展，冲刺“双过半”。市委书记、市人大常委会主任孙乾贵要求全市上下进一步浓厚推进项目建设的氛围，锁定“问题清单”、理清“任务清单”排定、落实“责任清单”。市长潘早云主持会议。市四套班子领导出席会议。孙乾贵指出，一是要锁定“问题清单”，针对投量、投质、投速、投效下降的实际情况，项目责任主体要多反思“投入的精力够不够”？项目服务主体要多反思“服务的质量高不高”？项目建设主体要多反思“推进的决心强不强”？全市上下主动作为抓项目。二是要理清“任务清单”，以明确的目标倒逼进度，以战略的眼光谋划项目，以创新的举措破除制约。三是要落实“责任清单”，做到严督查、硬考核、真奖惩，心齐力聚地抓项目，在全市上下迅速掀起一轮项目建设新热潮，为加快建设“强富美高”的最美扬中注入持久动力。（市委办 姚婷）

【**市委工作会议**】2015 年 7 月 28 日，市委工作会议在市政大礼堂召开。市委书记、市人大常委会主任孙乾贵代表市委常委会作专题工作报告，动员全市上下以务实担当的精神、创新克难的举措，全面完成今年和“十二五”各项目标任务，共建“强富美高”的最美扬中。市委副书记、市长潘早云主持大会。会上，孙乾贵深入总结回顾上半年工作成绩，全面部署下半年工作。他要求全市上下，坚定不移地做强实体经济，全力打赢经济下行阻击战；坚定不移推进改革创新，提升区域经济综合竞争力；坚定不移推进产城融合，着力打造宜居宜业花园城；坚定不移强化民生导向，切实增强人民群众的幸福感。孙乾贵提出，“十三五”期间，扬中

7 月 28 日，市委工作会议召开

要以"强富美高"为目标,重点实施好港产城融合、创新力提升、生态优化、民生提标等"四大战略",做到以"扬中制造 2020"为抓手,增创区域经济竞争优势;以岸线开发利用为重点,建设现代临港产业新城;以绿色低碳循环发展为引领,持续推进生态文明建设。以富民惠民安民为目标,不断提升群众幸福指数。市长潘早云作会议小结。会上,三茅街道、市发改经信委以及大全集团三家单位的负责人结合各自工作实际,分别作表态发言。 (市委办 姚婷)

【全市重点项目督查推进会】2015 年 9 月 11 日,扬中市召开重点项目督查推进会,进一步浓厚谋发展、抓项目的氛围,全面审视项目建设情况,查摆不足、找准对策、落实举措,再掀项目推进新热潮。会上,市委书记、市人大常委会主任孙乾贵提出,压力逼人,各地各部门要找准问题,认清差距,重点在新项目源不足、推进速度放缓、建设周期过长、设备投入严重不足等问题上,自我加压。任务当前,要厘清责任,对照清单促整改;时间紧迫,要创新作为,打好项目储备、项目推进、协调督查、舆论宣传四场攻坚战,加快项目建设步伐。 (市委办 姚婷)

【中共扬中市委十一届六次全体会议】2015 年 12 月 28 日,中共扬中市委十一届六次全体会议在市政大礼堂举行。市领导孙乾贵、潘早云、唐崇林、姚敬源、沈大银、王继兰、王成明、杨富森、艾晓晖、黄子来、王汉英在主席台就坐。市委委员、候补委员出席会议。市委书记、市人大常委会主任孙乾贵代表市委常委会作工作报告。全会全面总结 2015 年和"十二五"扬中市经济社会发展情况,明确"十三五"期间将持续推进改革创新,加快推动产业转型,大力统筹城乡发展,切实增进民生福祉,努力将扬中打造成创新驱动的引领区、城乡一体的先行区、宜居宜业的样板区、港产城融合的示范区,推动最美扬中建设不断迈上新台阶。重点在五个方面下功夫,一是兴实体、稳增长,努力提升经济质效。二是抓创新、促开放,持续推进转型升级。三是治环境、优生态,更好实现绿色发展。四是重统筹、促融合,着力打造精品城市。五是惠民生、促和谐,切实增进民生福祉。全会指出,全市各级要大力激发创新图强、开拓奋进的昂扬斗志;全力打造务实担当、真抓实干的干部队伍;着力优化遵规守纪、勤政清廉的政治生态,为扬中"十三五"强势开局提供坚强保障。市委副书记、市长潘早云作会议小结。全会通过《中共扬中市委关于制定扬中市国民经济和社会发展第十三个五年规划的建议》《中共扬中市委第十一届委员会第六次全体会议决议》;三茅街道、西来桥镇、市发改经信委、大全集团四家单位做表态发言。 (市委办 姚婷)

12 月 28 日,中共扬中市委十一届六次全会召开

【市十六届人民代表大会第四次会议】2015 年 1 月 13 日~15 日,召开扬中市十六届人民代表大会第四次会议。会议听取和审议扬中市人民政府工作报告、审查和批准扬中市 2014 年国民经济社会发展计划执行情况和 2015 年国民经济社会发展计划的报告(书面)、扬中市 2014 年财政预算执行情况和 2015 年财政预算的报告(书面)、审议扬中市政府关于扬中市十六届人大三次会议代表议案和建议办理情况的报告、听取和审议扬中市人大常委会工作报告、扬中市人民法院工作报告、扬中市人民检察院工作报告,选举徐卫星、徐桂平为扬中市十六届人大常委会委员。

(市人大办 辛焕)

【市十六届人大常委会第二十三次会议】2015 年 3 月 6 日,扬中市十六届人大常委会召开第二十三次会议,审议通过相关事项。扬中市人大常委会党组书记、常务副主任施健华主持会议,副主任戴少华、常云、蒋金龙参加会议。扬中市委常委、常务副市长唐崇林,市法院院长、市检察院检察长列席会议相关议程。会议通过相关人事任免,听取并分组审议通过扬中市人大常委会 2015 年工作要点,分组审议并通过扬中市人大常委会专项工作评议实施办法(修订稿)、审议意见办理制度(修订稿),听取有关依法治国方面的专题讲座。 (市人大办 辛焕)

【市十六届人大常委会第二十四次会议】2015 年 4 月 29 日,扬中市十六届人大常委会第二十四次会议召开,通过相关人事任免,审议通过市政府、市检察院关于 2014 年扬中市人大常委会相关审议意见落实情况的报告,以及市政府关于城区行政处罚权相对集中制度落实情况的报告,听取关于建立市人大工作咨询专家库有关情况的说明,通过建立决定。 (市人大办 辛焕)

【市十六届人大常委会第二十六次会议】2015 年 6 月 30

日，扬中市人大常委会召开第二十六次会议，通过相关人事任免，审议通过扬中市政府2014年财政决算(草案)，关于2014年财政预算执行和其他财政收支审计工作的报告，关于公共卫生服务体系建设情况的报告，关于扬中市教育布局调整情况的报告。会上对3名镇江市人大代表进行述职评议。 (市人大办 辛焕)

【市十六届人大常委会第二十七次会议】2015年9月1日~2日，扬中市十六届人大常委会组织召开第二十七次会议，通过相关人事任免，审议通过扬中市政府关于上半年国民经济和社会发展计划执行及“十三五”规划编制情况的报告、关于“建管并重，充分发挥小农水重点县项目应有作用”重要建议办理情况的报告，审议通过扬中市法院关于商事审判工作情况的报告，听取并评议5名人大任命干部作的述职报告。 (市人大办 辛焕)

【市十六届人大常委会第二十九次会议】2015年10月29日，扬中市人大常委会召开第二十九次会议，通过相关人事任免，听取和审议扬中市政府关于1~9月份财政预算执行情况和2015年预算调整情况的报告、关于代表建议办理情况的报告、关于“研究出台政策，提高养老服务水平”重要建议办理情况的报告、关于“五水联治”情况的报告、关于《中华人民共和国农村土地承包法》贯彻实施情况的执法检查报告。 (市人大办 辛焕)

【市十六届人大常委会第三十次会议】2015年12月29日，扬中市十六届人大常委会第三十次会议召开，会议讨论决定扬中市十六届人大五次会议有关事项。会议审议通过相关人事任免，同意孙乾贵辞去市十六届人民代表大会常务委员会主任职务、施健华辞去市十六届人民代表大会常务委员会副主任职务。市人大常委会副主任戴少华、常云、蒋金龙出席会议。市长潘早云，市委常委、常务副市长艾晓晖列席会议相关议程。 (市人大办 辛焕)

【市政府全体(扩大)会议】2015年3月6日，扬中市人民政府全体(扩大)会议召开。市长潘早云作工作部署，唐崇林、陆彩明、蔡萍、卜兴荣、于德祥、李祖健、宫金生、刘金秋出席会议。潘早云指出，要把依法行政贯穿各项工作，全面提升发展质效。重点要坚持三项原则，即坚守底线，法无授权不可违；善于创新，法无禁止皆可为；严明纪律，法定职责必须为。潘早云强调，各地各部门要把依法行政真正落到实处，全面提升发展合力。做到心中有法，严守法律，厉行法治；心中有责，苦中实干，勇于担当；心中有民，心系群众，改善民生；心中有戒，克己奉公，清正廉洁。会上，各镇街区领取“转型升级 特色发展”目标任务书，相关单位部门领取2015年政府系统廉政建设目标任务书。 (市政府办 耿慧)

【全市文化建设工作会议】2015年11月6日，扬中召开全市文化建设工作会议，出台《中共扬中市委 扬中市人民政府关于加强新时期文化建设工作的意见》(扬发〔2015〕31号)，下发《加强新时期文化建设工作重点任务分解表》，到2020年重点在思想理论武装、核心价值引领、文化传承与创新、文艺精品创作、公共文化服务、文化产业壮大、文化人才队伍等七个方面迈上新台阶。文件明确自2016年起设立每年300万元的文化产业引导资金；新增160万元文化事业费；高标准规划建设集文化馆、图书馆、美术馆、博物馆、艺术剧院、科技馆、广电中心、工人文化宫、凤凰书城于一体的扬中市文化中心；初步形成“十三五”期间“巩固发展传统文化产业”“大力发展河豚文化产业”“培育壮大新兴文化产业”的文化产业格局。 (市委宣传部 李敏)

【市政府、市政协重点工作交流会】2015年3月10日，扬中市政府、市政协联合召开重点工作交流会。会上，市长潘早云通报2015年度政府重点工作，市政协主席冯锦跃通报2015年市政协主要工作安排，其中包括安排“加快楼宇经济发展”“推进依法行政，建设法治政府”2个课题的专题调研；组织养老服务工作、全民阅读工作、人民防空工作、档案工作、规划修编、分级诊疗体系建设、金融市场监管、统计工作、交通运输管理、法治文化建设、学前教育工作、科技工作、安置房建设、财税工作14项内容的专项视察；听取市政府关于全市上半年经济和社会发展情况的通报、关于市政协九届四次会议以来委员提案办理情况的通报；民主评议市住建局、市发改经信委提案办理工作，对公安、检察院、法院、工会工作开展民主监督；编辑出版《江洲水韵》；认真做好提案和反映社情民意信息工作。 (市政协办 胡捷)

【市政协九届四次会议】2015年1月12日~15日，中国人民政治协商会议扬中市第九届委员会第四次会议召开。会议听取和讨论市委书记孙乾贵所作的《同心同德建设群众满意的最美扬中》的讲话；赞同市长潘早云所作的政府工作报告；赞同市政协主席冯锦跃所作的常务委员会工作报告和副主席黄成刚所作的提案工作报告；会议表彰市政协九届三次会议以来的优秀提案、提案承办先进单位和优秀社情民意信息员；举行大会发言；审议通过市政协提案和联络委员会关于九届四次会议提案初步审查情况的报告；通过大会决议。 (市政协办 胡捷)

【市政协常委会议】2015年，扬中市政协九届常务委员会举行5次常委会议。

1月12日，举行九届十五次常委会议。报告九届四次会议准备情况；通过会议日程安排；通过大会秘书长、副秘书长及秘书处主要工作人员建议名单；通过主席、常委轮值建议名单；通过委员分组名单及各讨论组召集人建议名单。

4月9日，举行九届十六次常委会议。审议通过增补2名市政协委员，辞去1名市政协委员和有关人事任免事项；动员部署“我为‘十三五’献一策”主题活动。

7月23日，举行九届十七次常委会议。听取市政府关于全市上半年经济和社会事业发展情况的通报；围绕“十三五”规划作专题发言；审议通过《关于加快楼宇经济发展的建议案》；协商决定有关人事事项。

10月23日，举行九届十八次常委会议。听取市政府关于市政协九届四次会议以来委员提案办理情况的通报和相关部门关于水环境治理重点提案办理情况的通报；审议通过《关于推进依法行政，建设法治政府的建议案》。

12月29日，举行九届十九次常委会议。协商决定市政协九届五次会议召开的时间、地点、参加对象、议程等事项；讨论修改九届政协常委会工作报告和提案工作报告；协商决定2014—2015年度优秀政协委员及九届四次会议以来优秀提案、提案承办先进单位、先进个人和优秀社情民意信息员；审议通过辞去、增补市政协委员资格事宜和有关人事事项。 （市政协办 胡捷）

【中共扬中市第十一届纪律检查委员会第五次全体会议】2015年2月11日，中共扬中市第十一届纪律检查委员会第五次全体会议在市行政中心会议中心江洲厅举行。市委常委，市人大、市政协主要领导，市公安局局长、市法院院长、市检察院检察长，市纪委委员，各镇（街、区）党（工）委书记，市级机关各部门党委、党组、总支（或支部）主要负责人，各镇纪委书记、监察室主任，市级机关各部门纪委书记（纪检组长）、监察室主任，市纪委、监察局派驻纪检组长（纪工委书记）、监察室主任，市级机关部门选配纪检监察员，市纪委、监察局机关干部出席、列席会议。会议听取并审议通过市委常委、市纪委书记姚敬源代表市纪委常委会所作的《全面从严治党 强化责任担当 坚定不移推进党风廉政建设和反腐败工作》工作报告。会议表决通过市纪委十一届五次全会《工作报告》和《决议》。会上，市委书记、市人大常委会主任孙乾贵与各镇（街、区）和机关部门代表签订党风廉政建设责任书，并就如何深入推进党风廉政建设和反腐败工作提出明确要求。 （市纪委 陈薇）

【扬中市领导干部警示教育大会】2015年1月8日，扬中市领导干部警示教育大会召开。市委书记、市人大常委会主任孙乾贵要求领导干部要以案为鉴、以案明纪，远离贪腐、清白做人、勤廉干事，为推进改革发展、加速“两个率先”、建设最美扬中做出新的更大贡献。会议由市长潘早云主持，市四套班子领导出席会议。市委常委、纪委书记姚敬源通报全市近两年来有关典型案件查处情况。近年来，扬中市以“零容忍”的态度惩治腐败，着力查处发生在领导机关和领导干部中的贪污腐败和违法违纪等案件。两年来，全市纪检监察机关接收各类信访举报455件次，同比增长179.1%，按期办结率100%；立案120件，同比增长30.5%，涉及镇局级领导干部9人，万元以上经济类案件23件，移送司法机关7人，为国家和集体挽回经济损失520余万元。 （市史志办）

【市委反腐败协调小组会议】2015年3月9日，扬中市委反腐败协调小组会议在市纪委办案中心会议室召开，反腐败协调小组各成员单位参加会议。市委常委、市纪委书记姚敬源主持会议，并对做好下一阶段工作提出具体要求，一要准确把握形势，坚定反腐败信心决心；二要完善协作机制，凝聚反腐败工作合力；三要增强自身素质，提升反腐败综合效果，为推进“最美扬中”建设提供坚强保障。会上，各成员单位对2014年反腐败工作情况进行交流，并重点对2015年加大反腐败力度、形成整体合力等方面提出建议。 （市纪委 陈薇）

【“依法履职、有责有为”专项督查行动部署会】2015年11月13日，扬中市“依法履职、有责有为”专项督查行动部署会在市行政中心会议中心江洲厅召开，部署为期一个月的“依法履职、有责有为”专项督查行动。市委常委、市纪委书记姚敬源，市委常委、常务副市长艾晓晖，副市长于德祥出席会议。会议就专项督查行动作具体部署，主要采取自查与督查相结合，明察与暗访相结合，职能部门督查与群众

2月11日，市纪委十一届五次全会召开

舆论监督相结合的方式进行，重点督查行政审批、事中事后监管等履职行为。与会人员集中观看10月15日央视《焦点访谈》栏目“5·25养老院火灾事故调查”专题报道。

（市纪委 陈薇）

【扬中市庆“五一”暨先进表彰大会】2015年4月27日，扬中市庆祝“五一”国际劳动节大会在行政中心江洲厅举行，市四套班子领导，各镇(街、区)党(工)委书记、分管党务工作的副书记、宣传委员、总工会副主席，市级机关各部门主要负责人、工会主席，部分企业工会主席以及受表彰的先进集体、先进个人参加会议。市委书记孙乾贵发表讲话，会议由市委常委、组织部部长黄子来主持。会议表彰第四届扬中市十佳新市民、扬中市五一劳动奖状(奖章)、扬中市工人先锋号、扬中市工会工作突出贡献奖等先进集体及个人。

（市总工会 何欣珈）

4月27日，庆“五一”暨先进表彰大会上，市领导为五一荣获先进集体和先进个人颁奖

重要决策

【《关于加大改革创新力度加快推进农业农村现代化的意见》出台】2015年4月28日，中共扬中市委、市政府联合出台《关于加大改革创新力度加快推进农业农村现代化的意见》(简称《意见》)，提出要转变农业发展方式，扎实推进现代农业建设，不断深化农村改革，持续改善农村民生，全力推动农业强、农村美、农民富。《意见》提出，要通过构建现代农业产业体系、加快培育新型农业经营主体等举措，积极转变农业发展方式，加快现代农业建设；通过稳妥推进农村集体产权制度、农村产权流转交易市场建设等领域改革，激发农村发展活力；通过加快新城镇、农村新社区建设等举措，加快新型城镇化建设，促进城乡统筹发展。

（市委办 姚婷）

【《关于深化行政审批制度改革加强政务服务平台建设的实施方案》出台】2015年8月11日，中共扬中市委、市政府联合出台《关于深化行政审批制度改革加强政务服务平台建设的实施方案》，提出全面推进行政审批“三集中三到位”，建立行政权力清单、行政审批事项目录清单、行政事业性收费目录清单和专项资金管理清单的动态管理制度，实施项目联审会办，建立便民服务网络，打造“守法、便民、高效”的政务服务平台，为建设“最美扬中”提供一流的政务服务环境。

（市委办 姚婷）

注：“三集中三到位”(部门行政审批职能向一个科室集中、承担审批职能的科室向行政审批服务中心集中、行政审批事项向电子政务平台集中，切实做到审批事项进驻落实到位、授权到位、电子监察到位)

【《关于全面推进依法治市工作的意见》出台】2015年3月31日，中共扬中市委、市政府联合出台《关于全面推进依法治市工作的意见》，要求各地各部门认真贯彻落实中共十八大及十八届三中、四中全会和习近平总书记系列重要讲话精神，加快推进依法治市各项任务的落实，到2020年，全市依法决策水平、法治政府建设水平、公正廉洁司法水平、社会治理法治化水平、法治宣传教育水平、法治工作队伍建设水平走在省市前列，形成尚法守制、公平正义、诚信文明、安定有序的依法治市新格局。

（市委办 姚婷）

【《关于实施“双型”先进党支部建设工程优化基层党建生态的意见》出台】2015年8月3日，中共扬中市委制定下发《关于实施“双型”先进党支部建设工程优化基层党建生态的意见》，提出在全市范围内开展法治型、服务型先进党支部建设工程，进一步强化党支部的政治功能和服务功能，努力形成组织清明、党员清正、干部清廉、人心清淳、社会

市工业(集团)总公司、八桥镇利民村联合推进“法治型、服务型”党支部建设工作

清朗的大生态，为建设“强富美高”新扬中提供坚强组织保障。《意见》提出，将重点开展学习型党支部建设行动、党内生活质量提升行动等八项行动，并按照农村、城市社区、机关和事业单位、国有企业、非公企业和社会组织等五个领域，开展创建活动并实行星级考核管理，到2015年、2016年、2017年年底，全市“四星”先进党支部占比分别达到10%、15%和20%以上。 (市委办 姚婷)

【《关于全面推行村级财务“双代理”工作的意见(试行)》出台】2015年3月26日，中共扬中市委办公室、市政府办公室联合出台《关于全面推行村级财务“双代理”工作的意见(试行)》，提出全面推行村级财务“双代理”(会计代理、资金代理)工作，明确在保持坚持村级资金所有权、使用权、收益权、审批权和监督权不变的原则下，各镇(街、区)依托现有村级会计代理服务机构，设立村级财务结算中心，负责管理、核算本辖区各村(社区)的财务会计、出纳业务。此举有助于加强和规范农村集体资金、资产、资源管理，深入推进基层党风廉政建设，有力促进村级经济发展和社会和谐稳定。 (市委办 姚婷)

党的建设

【概况】2015年年底，扬中市有中共党员23088名，基层党组织1222个，党委114个，总支58个，支部1050个。

年内，全市党建活力持续增强。扎实开展“三严三实”和“守讲敢”主题教育活动，突出理想信念教育，严明政治纪律和政治规矩。积极践行社会主义核心价值观，评选表彰第三届“道德模范”和“美德少年”，举办首届公益文化节，文明城市通过省级考核验收。从严从实强化干部队伍建设，“为官不为”“为官乱为”等问题得到有效遏制。深入实施联系服务群众“六项工程”，全面推行“双型”党支部建设，创新非公企业党建工作，基层党组织战斗堡垒作用不断增强。严格落实党风廉政建设“两个责任”，构建起部门自查、重点督查、专项巡查和年底考核相结合的过程管理机制，党风政风为之一新。 (史志办)

注：六项工程，即村级集体经济“升档进位”工程、村干部队伍“源头活水”工程、“政社互动”减负提效工程、“四个一”机制“深化拓展”工程、“四式”服务“规范提升”工程、三级联动“作风转改”工程。

“双型”党支部，即“法治型、服务型”党组织。

“两个责任”，即落实党风廉政建设责任制过程中，“党委负主体责任，纪委负监督责任”。

【机关党建】2015年，扬中市委市级机关工委按照全面从严治党新要求，深入实施“四考四审质量把关体系”，真正把好党员发展的“入口关”，建立起220余名入党积极分子队伍，认真执行预审制、票决制和团员推优制并按期举办入党积极分子培训班，坚持发展党员答辩制，发展党员46名；深入开展“守讲敢”主题实践活动，着力强化机关党员干部的大局意识、服务意识和担当意识；夯实党建基础，与市司法局联合开展十佳学法优秀案例的评选；全面实施党建“升级”工程，下发创建通知、评星方案，举办机关党支部书记专题培训班，培植“五星”创建示范点，指导基层全面把握创建标准，并按照一级抓一级的原则，对每个党支部进行考核评星，对机关党委、党总支推荐的“三星”及以上党支部认真进行复检；鼓励自主创新，深化机关党建服务品牌；推进窗口建设，邀请机关“啄木鸟”队伍对服务窗口办件质效开展随机回访抽查，开展“聚焦作风面对面”活动，提高机关工作效能；制定市级机关绩效管理考核办法，将机关党建年度考核结果纳入机关部门绩效管理考核，切实将考核压力变为提升机关党建工作的动力。

(市级机关工委 董军林)

【“三严三实”专题教育】2015年，扬中市委组织部抽调精干人员组建专题教育协调小组，结合实际印发《实施意见》，每周制定学习计划，每月印发工作安排，推动专题教育有序开展。组织开展集中学习研讨活动42场次，印发文件通知37个，参加或组织各类调研座谈活动累计20余场次，起草各类讲话稿40余篇，县处级领导干部先后召开六次集中学习研讨，撰写心得体会60余篇。强化问题整改，市委常委会带头制定个人问题清单300余条，并分6次修改完善，累计为群众解决实际困难330余件。1月10日，市委常委会召开专题民主生活会，会前谈心谈话、会上严肃批评与自我批评、会后较大范围情况通报的做法得到镇江市市长朱晓明的称赞和肯定。 (市委组织部 陈健)

【“守纪律、讲规矩、敢担当”主题教育活动】2015年5月起，扬中市面向全市领导干部，以“守纪律、讲规矩、敢担当”主题教育活动为抓手，搭建“三严三实”主题教育活动在基层的重要载体，拟定实施意见，明确遵守的纪律，梳理必讲的规矩。活动分为学习研讨、定规明责、专项整治三个环节，召开一把手研讨交流会，推动领导干部牢固树立纪律意识、规矩意识和担当意识，着力解决党性不强、作风涣散、为官不为等问题，为建设最美扬中提供坚强的队伍支撑和组织保证。活动的主要形式包括领导干部自学读书活动；组织实施法治、红色体验等专题教育活动和“一把手”上党课活动；分主题部署征文活动，开展“一把手”专题研

图片专辑——“三严三实”和“守讲敢”主题教育活动

9月24日，市委以中心组学习扩大会的形式，
专题开展“守讲敢”学习研讨活动

机关干部观看警示教育片

市卫计委面向20余名新任职干部开展
廉政谈话和警示教育活动

市司法局赴扬州市预防腐败警示教育基地学习

市粮食收储中心组织全体党员干部、基层粮管所
法人代表在市检察院廉政教育基地参观学习

市住建局“守讲敢”专题党课活动现场

市教育局党委“守讲敢”专题党课活动现场

市法院“守讲敢”专题党课活动现场

全市 2015 年公务员和事业单位管理人员能力建设培训班

讨会,部分获奖"一把手"代表作体会交流;征集、汇编领导干部"最需要学习和遵守的规矩"等。

活动期间,全市先后组织"学习研讨月""廉政教育月"等活动,在《扬中日报》开设系列宣传专栏,形成活动声势。围绕"把纪律挺在前面",在镇(街、区)和部门 2 个层面开展广泛研讨,组织镇局级"一把手"专题征文研讨。征集和汇编领导干部"最需要学习和遵守的规矩",编发《党员干部廉洁自律有关规定汇编》4000 余册。推进《廉洁自律准则》和《纪律处分条例》的学习宣传,开展宣讲活动 120 余场次。根据近年来扬中查处的 5 起反面典型案例,拍摄警示教育片《失守的防线》,并组织全市机关党员干部观看。对 2014 年以来新提拔的镇局级领导干部开展集中廉政谈话,重申党的纪律和廉洁自律规定,增强新提拔的镇局级领导干部的廉政勤政意识,树立领导干部良好形象。

(市委组织部 陈健)(市纪委 陈薇)

【学习型党组织建设】2015 年,扬中市委宣传部围绕中共十八届四中、五中全会,习近平总书记系列重要讲话精神等理论热点,邀请中央、省市级理论专家开展市委中心组学习 12 次,有力提升全市领导干部的理论知识水平和战略思维层次。着力打造"江洲论坛"学习平台,以市委中心组学习为核心,以学习型城市建设为总揽,以扬中市学习型党组织建设优秀品牌评选活动为抓手,面向全市,逐层辐射,推动全市党员干部读原著、学原文、悟原理"三原"学习持续扎实开展,系统组织开展习近平总书记系列重要讲话精神,"四个全面"(全面建成小康社会、全面深化改革、全面依法治国,全面从严治党的战略思想)战略思想,中共十八届四中、五中全会精神学习活动。市委中心组成员撰写多篇调研文章,在国家、省市各级报刊杂志刊用的调研文章 60 余篇,各级领导班子成员在各级报刊杂志刊用调研文章 136 篇。通过学习型组织建设,提高全市领导干部驾驭全局、统筹兼顾和处理复杂问题的能力,更好推进最美扬中建设。 (市委宣传部 李敏)

【干部队伍建设】2015 年,扬中市委组织部鲜明选任标准,做到"三个注重",即注重一线、注重实绩、注重实干,大力推荐老实人型干部,积极开展年轻干部荐选工作。全年提拔交流干部 7 批 253 人次,新提拔老实人型干部 10 人,除荐选外新提拔 30 周岁左右副科职干部 6 名,其中大学生村官 1 名,新招录 6 名大学生村官和 3 名选调生到村任职,有力优化干部队伍结构。制定出台《关于进一步规范市管干部选拔任用初始提名的意见(试行)》,明确"谁负责谁提名、谁提名谁负责"的提名原则。研究出台《关于加强和改进优秀年轻干部培养选拔工作的实施意见》,提出年轻干部"825"培养选拔计划,改进优秀年轻干部晋升模式,加快年轻干部在中层岗位的历练。

组织全市 1032 名副科级以上领导干部、各镇街区中层正职干部及村(社区)两委主要负责人填写个人有关事项报告表,并按照不低于 10%比例组织开展集中抽查核实工作。从 2015 年 8 月起,严格按照"凡提必核"的要求,重点核实 4 批次 38 名考察对象的有关事项报告内容。继续推行党政领导干部经济责任审计和"三责联审"工作,完成 14 名领导干部的经济责任审计工作。召开经济责任审计等级评定结果集中通报会。会同市纪委、市编办、市审计局回访督查 2014 年以来全市已完成的经济责任审计(含三责联审)项目整改落实情况。

引入"互联网+"元素,市委组织部、党校联合开辟"网上党校",包括选修课程、经典名著、时政信息等内容。在已有 11 个挂牌干部教育培训基地的基础上,新申报渡江文化园、长江渔文化生态园、科技新城产业园 3 地作为镇江干部教育培训教学点,加大培训基地的建设。组成干部教育培训调研组,采取调研问卷和座谈方式进行调研,并形成调研报告。 (市委组织部 陈健)

【干部培训】2015 年,扬中市委党校积极适应"大规模培训干部、大幅度提高干部素质"的要求,全面实施大培训工

镇局级领导干部"四个全面"战略思想轮训班

企行"等70余个机关服务品牌,其中地税局一分局实施的"'112'民心秤"工程被中央紫光阁杂志社编入《建设服务型机关党组织典型案例》,品牌影响力持续扩张。其他机关党建服务品牌现初具规模,形成规范、响亮的品牌集群,社会各界对市级机关满意度逐年攀升,机关党建工作整体水平全面提升。 (市级机关工委 董军林)

【深化"101"为民服务工程】2015年,扬中市委市级机关工委继续深化"101"为民服务工程,全力推进窗口服务规范化、标准化建设,积极开展"党员示范岗"创建、"星级服务窗口"评比活动。邀请机关"啄木鸟"队伍对服务窗口办件质效开展随机回访抽查,抽查17个部门170个办件,满意率98%,对回访中发现的问题和不足一一进行反馈和交办。邀请机关20名作风建设监督员走进机关窗口服务单位,开展"聚焦作风面对面"活动。通过听、查、访、看等形式,全面了解机关窗口服务单位的服务内容、工作举措和工作成效,以"第三方"身份,"零距离"体验市级机关作风建设的"第一现场",互动交流社会关注的热点问题,共商作风监督的长效机制。同时,进一步畅通监督渠道,建立作风问题收集、反馈、整改一体化的工作流程,形成书面交办、限时整改、督查销号的督查机制。对在年度社会评议中征集到的72条意见和建议,开展集中专项整改行动,督促部门上报整改方案。 (市级机关工委 董军林)

【机关党建全面"升级"工程】2015年,扬中市委市级机关工委在机关党建工作目标管理星级考评的基础上,定期召开支部书记论坛,推广"五星级"基层党组织先进经验,全面实施党建"升级"工程,围绕当前党建工作的中心任务和部门中心工作寻找最佳结合点,精心设计载体,推动机关工作作风的转变和服务能力的全面提升。专门下发创建通知、评星方案,举办机关党支部书记专题培训班,培植"五星"创建示范点,指导基层全面把握创建标准,按照一级抓一级的原则,对每个党支部进行考核评星,对机关党委、党总支推荐的"三星"及以上党支部认真进行复检。通过评定,市地税局一支部获得"五星级"党支部,市审计局党支部等18个拟获得"四星级"党支部,市农委机关党支部等46个获得"三星级"党支部,占比47.4%,实现机关走在前的目标。 (市级机关工委 董军林)

【市级机关绩效管理考核办法制定完成】2015年,扬中市委市级机关工委进一步完善"4+X"市级机关作风建设和目标管理综合考评体系,制定市级机关绩效管理考核办法及相关实施细则,在综合考评得分基础上首次将机关党建年度考核结果以10%的权重计入机关部门绩效管理考核中,明确由市级机关工委牵头,市纪委、组织部、宣传部、统战部组成联合考核组,硬化考核手段和结果运用,切实将考核压力变为提升机关党建工作的动力。12月,从3232名社会评议人员库中随机抽取正式参评人员1031名,分3个序列测评市级机关71个部门,发放征求意见表,汇总考评成绩。考评结果显示机关部门作风建设现状持续向好,2015年平均社会满意率和基本满意率92.72%,比上年增加1.73个百分点。同时梳理社会评议中的意见和建议45条,原汁原味地反馈至相关部门,督促相关部门落实整改,将部门整改方案汇编成册,做到件件建议有回音、桩桩意见有落实。 (市级机关工委 董军林)

·党风廉政建设·

【概况】2015年,扬中市各级纪检监察组织坚决落实全面从严治党的要求,找准职责定位,推动"两个责任"落实;坚持源头防腐,强化教育监督管理;注重基层基础,深化"清廉村风"工程;坚决"挺纪在前",保持惩治腐败高压态势。

市委出台2015年党风廉政建设"两个责任"(主体责任、监督责任)重点工作任务,将主体责任分解到领导班子、主要领导和班子成员,把监督责任分解到各级纪检组织,分6类、54项重点工作实施项目化管理。以责任清单的形式,针对六类责任主体,进一步明晰责任内容、完成时限,做到知责明责。年内,全市有1个党委班子、1个纪委班子和4名科级领导干部被责任追究。

全年全市立案95件,比上年上升41.79%,其中自办案件42件,同比上升31.25%,万元以上案件23件,涉及科级干部7人,移送司法机关7人,挽回经济损失520余万元,查处一批有影响的腐败案件。准确把握和运用"四种形态",把纪律和规矩挺在前面,坚持抓早抓小,全年运用警告、严重警告等轻处分占全部党政纪处分的77.66%。《镇江

5月13日,举办市级机关领导干部法制讲座

日报》头版头条报道扬中"抓早抓小"强化纪律敬畏的相关做法。

市纪委积极围绕市委、市政府中心工作重点任务,实施再监督,全年完成扬子河综合整治及扬子东路东延项目等市政府十项实事、五十项重点工作督查工作;协助市政府制定扬中市政府系统廉政建设重点任务,实行项目化管理,做好相关单位履责情况再督查工作。 (市纪委 陈薇)

【信访】2015年,扬中市纪委全年收接来信来访111件次,按期办结率100%。

市信访局受理群众来信186件,接待群众来访362批2364人次,其中集访116批1927人次。与2014年同期相比,来信数下降13%,来访批数下降19%,人次下降34%,其中集访批数和人次分别下降25%和37%。全年发生去省上访33批92人次,其中集访5批57人次;赴京上访4批5人次,其中非访1批1人次。与2014年相比,去省上访批数上升14%,人次下降35%,其中集访批数上升25,人次下降45%;赴京上访批数持平,人次上升25%,其中非访批数和人次均下降50%。群众反映信访诉求主要有:房屋拆迁安置、土地征用补偿、劳动保障、集资融资纠纷、环境保护等。

做好涉台信访工作,预见可能发生的其他信访事件,发现苗头性问题立即妥善化解。年内接待台企求助3次,接待西来桥老台胞信访1次,经协调均妥善解决。

(市纪委 陈薇)(市信访局 于洁)(市台办 朱家生)

【选聘党风政风监督员】2015年,扬中市纪律检查委员会综合运用电台、报纸、网络等载体,采用公开招聘和组织推荐相结合的方式,选聘20名政治素质高、业务能力强的综合性人才,充实到党风政风监督员队伍中来。制定下发《党风政风监督员管理办法》,举行党风政风监督员聘任仪式,组织开展相关业务知识和技能培训,进一步规范党风政风监督员管理,推动监督员履职尽责。 (市纪委 陈薇)

【深化"清廉村风"工程】2015年,扬中市纪律检查委员会继续深入开展村级财务委托审计工作,确定15个村(社区)作为本年度委托审计对象。市审计局完成2013年和2014年审计的25个村正式审计报告,汇总2014年审计的9个村相关情况,撰写汇总审计报告上报市委、市政府及市纪委。同时深入调查审计中发现的问题线索,给予7人党纪处分。

经过2年村级财务收支审计,市委、市政府修改完善《扬中市农村集体经济组织"三资"管理制度》,出台《扬中市村(社区)干部十不准》和《关于全面推行村级财务"双代理"工作的意见(试行)》,出台村级账务、资金"双代理"制度,在镇一级统一设立村级财务结算中心,为各村(社区)分别设立唯一的账户进行核算收支和资金存储,实现账簿设置统一、报账时间统一、会计核算统一、票据管理统一、财务档案统一。

市纪委召开"清廉村风"工程现场推进会

专项监督检查各镇(街、区)落实"双代理"制度开展情况,并督促各镇(街、区)逐项整改前两轮审计发现的问题。召开"清廉村风"工程现场推进会,通过典型引路推动工作的整体提升。 (市纪委 陈薇)(市审计局 陆昌海)

【开展"作风效能建设督查推进月"活动】2015年10月9日起,2015年,扬中市纪律检查委员会启动作风效能建设督查推进月活动。10月15日,市纪委召开作风效能建设督查推进月工作会议。市纪委、监察局成立督查推进领导小组,抽调部分职能科室的工作人员和选聘的部分党风政风监督员组成9个督查组,采取座谈走访、现场查看、模拟办事、陪同办事等方式,深入各镇(街、区)、各部门高频次地开展明察暗访活动21次,发现违反工作纪律、依规履职、违规收费等问题26个,并督办群众反映强烈的11个热点、难点问题,责成相关单位整改落实。 (市纪委 陈薇)

【实施"清风行动"】2015年,扬中市纪律检查委员会制订

10月15日,市纪委召开作风效能建设督查推进月工作会议

下发《关于深入开展“清风行动”的实施方案》,从加强教育引导、突出工作重点、强化督促检查以及严肃执纪问责等四个方面,健全完善作风建设“大督查”机制,抓住五一、中秋、国庆等节假日,一个节点一个节点纵深推进。全年派出检查组 62 个,暗访组 27 个,开展督查暗访 126 批次,查处违反“八项规定”精神问题 6 起,作风效能问题 31 个,处理 40 人,其中给予党政纪处分 9 人,问责 31 人,印发相关通报 4 期。 (市纪委 陈薇)

【领导干部经济责任审计】2015 年,扬中市完成 10 名党政领导干部经济责任审计,其中任中审计 5 个(含“三责联审”1 个),离任审计 5 个,查出违规资金 76 万元,管理不规范资金 4852 万元,审计收缴财政入库 34 万元,移交案件线索 3 起。 (市审计局 陆昌海)

【职务犯罪预防工作】2015 年,扬中市人民检察院深入推进侦防一体化建设,组建检察长宣讲团,抓好典型案例“以案说法”工作,以本院查办的重特大职务犯罪案件和社会关注度高、本地影响大的职务犯罪案件为重点,开展专题讲座、案例剖析、警示教育等活动 6 场次,为医疗卫生、科技、国土资源、水农等系统提供专业化预防建议,有力推进行业预防治理。运用互联网、大数据开展精准预防,依托网上警示教育基地,组织扬中市 30 余家单位 1200 余名公职人员接受在线教育并撰写学习心得,切实提升警示教育实效。深入开展预防调研,撰写职务犯罪预防综合报告和行业专项报告 10 余份,连续多年获得市委、市人大和市政府主要领导批示。整合社会资源,引入公职人员子女 40 人成立“廉洁小卫士”团队,与扬中市邮政分公司共建“预防邮路”,聘请 13 名人民预防员,建立起多层次社会化预防体系。 (市检察院 李旭)

重要政务

【扬中市政府成立法律顾问委员会】2015 年 11 月,扬中市政府成立法律顾问委员会,从政府法制机构人员、高等院校、科研机构的法律专业学者以及执业律师中聘请 13 位法律顾问,为市政府科学、民主决策,依法行政提供理论支持和法律服务。年内,扬中市组织政府法律顾问召开专题会议 10 余次,就非法集资案处理、企业欠薪、企业破产重组、安全生产专项整治、棚户区改造等重大决策事项充分听取和吸收专家意见,切实提高政府决策的科学化、民主化水平。 (市史志办)

3 月 5 日,市政务服务管理办公室、公共资源交易中心挂牌运行

【扬中市政务服务管理办公室、公共资源交易中心挂牌运行】2015 年 3 月 5 日,扬中市政务服务管理办公室、公共资源交易中心挂牌运行。市长潘早云寄望新成立的部门建成法治政府、阳光政府的新“窗口”,源头治腐、廉政勤政的新“阵地”,服务发展、造福百姓的新“载体”。出席揭牌仪式的还有市委常委、纪委书记姚敬源,市委常委、常务副市长唐崇林。该部门具体承担行政审批、公共资源交易和 12345 政府公共服务热线等职能,负责管理市政务服务中心、公共资源交易中心和 12345 政府公共服务热线办公室。潘早云指出,市政务服务管理办公室、公共资源交易中心的挂牌运行,实现由行政服务向政务服务的转变。他希望政务服务管理办公室提高大局意识、责任意识,抢抓机遇、顺应改革,加快推进行政审批“三集中三到位”,强化窗口队伍建设,优化内部流程,简化审批程序,缩短审批时间,实现全市行政审批“一站式”“一条龙”服务。公共资源交易中心要积极探索新思路、新机制,整合资源、公平公正,在服务项目建设、推动重点工作中实现新作为。 (市史志办)

注:“三集中三到位”:将分散在部门的行政审批、公共服务事项向一个科室集中,审批科室向政务服务中心集中,审批事项向电子政务平台集中;审批事项进驻政务服务中心落实到位,审批窗口授权到位,电子监察到位。

【扬中市卫生和计划生育委员会揭牌】2015 年 8 月 16 日,在原卫生局大楼门前,市长潘早云、副市长蔡萍为“市卫生和计划生育委员会”揭牌,标志着扬中市原卫生局、人口计生委两部门正式合并。此次机构改革是落实中央、省、镇江市统一部署,转变政府职能,进一步深化医药卫生体制改革、落实计划生育基本国策的重要举措。 (市史志办)

【行政审批制度改革】2015 年,扬中市深入贯彻落实简政放权、深化行政审批改革,再次检查、梳理和调整 2014 年

公布的行政审批事项目录清单。调整后，扬中市27个部门保留169项行政审批事项，暂停57项，取消94项。

（市史志办）

【"推进生态文明建设，全力打造最美扬中"议案办理情况】2015年，"推进生态文明建设，全力打造最美扬中"议案交办后，扬中市政府高度重视议案办理工作，先后召开市政府常务会议、市长办公会研究部署生态文明相关工作。出台《关于推进生态文明建设综合改革的实施意见》，制订《扬中市生态文明建设重点任务实施方案》，强调以提升生态文明建设水平为目标，列出碧水蓝天绿地提升、城乡环境综合整治、生态试点示范建设、生态文明理念传播四项重点工作任务，由市长负总责，分管副市长牵头负责，全面推进各项计划目标按序时进度完成，计划到2020年，努力使全市域镇（街区）全部建成"生态文明示范镇"，基本建成"全国生态文明先行示范区"。年内，全市生态环境建设取得一定成效：一是现场检查重点排污企业2000余场次，查处环境违法案件45件，开展金属表面处理行业、印染光伏行业、燃煤锅炉、黄标车等7项专项整治，全年削减COD（水质污染计量）160吨、氨氮24吨，此项工作成效在全省名列前茅；二是开展"五水联治"规划研究和实施方案编制，推进水环境整治有序进行。编制农村污水处理设施五年建设方案，新建污水管网19公里，20个村庄接入城镇污水管网；饮用水源地水质达标率保持100%。三是推广"金屋顶"工程。截至2015年年末，全市光伏电站累计备案31.87兆瓦，预计全部并网后年发电量3505万千瓦时。四是创成国家级绿色学校2所，江苏省绿色学校29所，兴隆中心小学先后获得"国际生态学校绿旗""全国生态文明教育示范学校"等荣誉称号，"生态校园"理念逐步形成。

（市人大办 辛焕）

【"加大对民营企业稳定和发展支持力度，有效防范税源流失"重要建议办理情况】2015年，扬中市政府高度重视"加大对民营企业稳定和发展支持力度，有效防范税源流失"重要建议，市政府办先后会同市发改经信委、财政局、国税局、地税局、科技局等部门，介绍国家、江苏省及扬中支持民营经济发展的各项优惠政策。8月，市政府办就该重要建议的办理情况形成书面材料答复代表，代表们表示满意。至2015年年底，全市私营企业和个体户总数分别突破8700户和1.7万户，从业人员分别为15万人和2.2万人，累计注册资本总额725.21亿元。2015年1月~8月，全市民营工业企业实现销售304.46亿元，比上年增长9.63%，增幅高于镇江平均12.41%，是镇江唯一正增长的辖市区。

（市人大办 辛焕）

【政务服务体系构建工作】2015年年底，扬中市有25个部门135个行政审批服务事项进驻市政务服务中心，其中进驻行政审批事项119项，比改革前的59项增长101.7%，行政审批事项政务服务中心进驻率70.4%，比改革前的29.6%增长40.8%；市城管、农委、安监、文广体等4个部门派驻专门人员，单独设立窗口，教育、财政、交通、司法和地震等5个部门进驻综合窗口。

2015年，政务服务中心各窗口受理各类行政审批（服务）事项4.70万件，其中即办件2.60万件，承诺件2.10万件，现场办结率55.3%，承诺件提前办结率79.9%，群众满意率98.7%。公共资源交易中心完成交易项目620个，交易总额21.57亿元，其中政府采购项目393个，交易额13673万元，节支额1632万元，节支率10.66%；工程交易项目199个，交易额6.53亿元，节支额6609万元，节支率9.19%；产权交易项目11个，交易额396万元，溢价额128万元，溢价率47.71%；土地交易项目17个，交易额13.63亿元，溢价额3502万元，溢价率2.64%。

"12345"政府公共服务热线电话接听来电2.25万个，受理话务业务1.78万件，其中直接办结9850件，三方通话办结335件，派送工单7650件（办结7609件），回访市民满意率98.4%。

（市政务服务管理办公室 陈健）

【审计工作】2015年，扬中市审计局完成134个审计项目，查出违规金额和管理不规范金额30.39亿元，审计处理处罚应上缴财政958万元，完成工程决算审计项目75个，核减造价1.94亿元。提出审计建议113条，向政府提交报告19篇，批示17篇。向纪检监察和司法机关移送案件线索6件，有2人受到处理。

编制全口径预算执行审计工作方案、实施方案，重点关注对公共财政预算、政府性基金预算、社会保障基金预算和国有资本经营预算4项内容。围绕社会关注的热点、难点、焦点问题、民生资金的使用情况，加大涉及民生改善的财政专项资金的审计延伸力度，选择科技专项资金绩效审计等4个配套项目，形成有分量的审计报告上报市人大和市政府，审计工作报告在人大常委会审议时全票通过。

全年完成工程竣工决算审计项目75个，工程送审价27.4亿元，审计价25.46亿元，核减工程造价1.94亿元，出具审计核定单123份，跟踪审计9个工程。

（市审计局 陆昌海）

【行政复议】2015年，扬中市全年收到行政复议申请13件，受理9件，办结11件（其中结转2件），其中确认违法1件、维持2件、复议终止7件、驳回申请1件。

（市法制办 郭靖）

续表 2

序号	项　目	项目进展	主办单位	完成情况
33	编制完成南部新城控制性详规，启动副城安置项目及民生工程建设。强化西城区、三桥互通口等重点区域、重要节点和重大工程的规划设计。编制镇村布局规划，完善农村居民点基础配套设施，有序引导村民上点建房。巩固“八位一体”农村公共服务成果，推进新坝镇、油坊镇“美丽宜居小镇”建设，建成“美丽宜居村庄”4个	①南部新城起步区修建性详细规划完成初步成果。②西城区控规及三桥互通口城市设计通过专家论证。③新文化中心地块城市设计规划方案初步拟定。④镇村布局规划修编完成。⑤“美丽宜居镇村”建设：新坝镇完成总工作量92%，油坊镇相关基础设施建设正在进行；中华村、邻丰村通过镇江市验收(美丽宜居村庄建设，年初镇江市下达任务是启动4个、建成2个)	规划局 城管局 住建局 各镇(街、区)	达序时
34	加快城乡安置房建设，统筹安置房源，有序做好选房交房工作，积极完善多元化、市场化安置模式	①中扬康居苑二期、园丁路一期、城东安置房一期、雨润中央商场项目安置房竣工交付。②城西安置房建成，具备交付条件。③城东安置房二期正加快建设，确保按时交付。④出台《关于统购商品房用于房屋征收拆迁安置的指导意见(试行)》	住建局 城投公司 各镇(街、区)	①完成 ②③④达序时
35	深化相对集中行政处罚权工作，理顺城乡执法管理体制，坚决查处违法违章建设行为	完成三茅街道、兴隆街道区域内以及各镇建成区内城乡规划管理行政处罚权的再调整、再集中，强化各执法主体沟通、协调、配合机制；全年共查处违法建设428处、6万平方米，拆除292处、1.28万平方米	法制办 城管局 规划局 各镇(街、区)	达序时
36	完善数字城管功能，加强网格化管理，深化环境卫生、市容市貌、占道经营专项整治，积极探索城区保洁、绿化建管、户外广告和停车泊位经营等市场化运作，创成“省优秀管理城市”	①加强硬件投入，实施数字城管拓展升级项目。②推进网格化精细管理，开展各类专项整治活动48次。③制定《扬中市保洁市场化运作方案》草案。④绿化建管：将城区所有管辖范围内的公共绿地以及231省道、238省道、泰州大桥沿线等道路绿化养护工作全部推向市场，重新进行招投标，选取一批优质企业参与。⑤户外广告：编制《户外广告定点定量详规》和《门头店招一街一景操作手册》，通过专家组评审并组织实施；实行市场化运作，完成3处高炮广告牌经营发布权拍卖工作。⑥首批创成“省优秀管理城市”	城管局 公安局 市政园林工程处	①达序时 ②达序时 ③达序时 ④完成 ⑤达序时 ⑥完成
37	健全物业管理工作机制，努力解决老旧小区物业移交难题	迪雅苑小区、廉租房小区(阳光花园西侧)实现物业移交。润龙花苑(一期、二期)、上水名都小区、江南星辰小区、府都花苑、长江花城小区等5个小区正在移交	住建局 三茅街道	达序时
38	鼓励各村(社区)选择合适的发展路径，加快增收步伐，力争消除年经营性收入低于100万元的经济薄弱村	68个村(涉农社区)经营性收入达到100万元以上	农　委	达序时

续表 2

序号	项　目	项目进展	主办单位	完成情况
39	全年扶持创业 500 人以上，新增城镇就业 9500 人以上，城镇登记失业率控制在 1.8%以内，城乡居民人均可支配收入增长 9.5%	①扶持创业 697 人，新增城镇就业 10698 人，城镇登记失业率控制在 1.35%以内。②城镇居民人均可支配收入增长 8.3%；农村居民人均可支配收入增长 9.6%	人社局 发改经信委 统计局 农　委	①完成 ②未完成
40	建立健全信用体系，建设诚信社会	确定扬中社会信用体系建设方案，建立企业信用基础数据	发改经信委	达序时
41	动态调整最低工资标准和最低生活保障标准，不断扩大工资集体协商覆盖面。全面实施社会保险全民登记制度，推进被征地农民参加社会保险，健全社会保险关系转移接续政策，扩大参保缴费覆盖面，妥善解决企业欠薪、欠保等问题	①城乡低保标准提标至每人每月 610 元。②实施社会保险全民登记制度，推进被征地农民参加社会保险，健全社会保险关系转移接续政策。扩大参保缴费覆盖面，"五大保险"覆盖率均达 98.9%以上。③开展工资类排查和巡查督促行动，重点检查工资支付存在较大隐患的企业，督促 160 家企业支付 2864 名职工工资	人社局 民政局 总工会	达序时
42	深化教育领域综合改革，探索实施师范生定向培养试点，加快创建苏南教育现代化示范区	推行课程改革试点和实验，13 个单位创成镇江市教育现代化先进镇(街道)、先进学校。苏南教育现代化示范区创建实现年度创建目标	教育局	达序时
43	推进"全国健康促进县"试点建设，扩大乡村医生签约服务试点，健全分级诊疗体系，实现康复联合病房全覆盖，建设人民医院医技综合楼，筹建精神病防治院	①"全国健康促进县"建设完成基线调查报告；制订多部门促进健康的配套公共政策文件和实施方案，完成 7 类 246 家健康促进细胞工程建设。②乡村医生签约服务实现全覆盖，全市累计签约 5 万余户 16.8 万余人，其中有偿签约 9042 人。③促进分级诊疗体系建设，基层医疗机构康复联合病房实现全覆盖，开设病床 30 张，全年收住病人 190 人次。④人民医院医技综合楼建设完成试桩检测，正实施桩基工程；精神病防治院落实选址，正拟订建设方案	卫计委	达序时
44	加快完善公共文体设施和服务网络，运营奥体中心，启动女子曲棍球国少队训练基地建设	①推进市镇村公共文体服务设施网络建设，创成省公共体育服务体系示范区。②奥体中心全面运行开放。③女子曲棍球国少队训练基地项目完成立项和选址，正在办理相关手续	文体局	①②完成 ③达序时
45	培育和践行社会主义核心价值观，加强公民道德建设，提升市民素质	①全面开展"立德树人 善行江洲"群众性培育和践行社会主义核心价值观主题实践活动。②举办第三届扬中市道德模范颁奖典礼，1 人当选中国好人，4 人当选江苏好人。③建立健全文明体系创建机制，组织申报镇江市文明行业 19 个、文明镇 4 个、文明单位 83 个。④弘扬志愿精神，开展"一双球鞋的暴走"等公益活动。⑤突出"八礼四仪"为重点的文明礼仪养成教育，广泛开展社会主义核心价值观宣传教育	文明办	达序时

续表2

序号	项　目	项目进展	主办单位	完成情况
46	完善住房保障体系，建设各类保障性住房100套，维修改造农村危房45户。健全社会救助制度，促进残疾人、慈善事业发展	①城东安置房二期(352套安置房源)开工建设。②完成残疾人危房改造10户、农村危房改造50户。③建设无障碍村(社区)11家;实现精神病患者免费服药400余人次。④残疾人托养中心、康复中心和特教中心联建工程完成规划设计,准备开工建设	住建局 民政局 残　联 慈善总会	①达序时 ②完成 ③完成 ④达序时
47	严格落实“一岗双责”和企业主体责任,全力抓好安全生产、环境保护、市场秩序、食品药品安全等方面的监管,确保社会和谐稳定、人民平安幸福	①全面落实“五个全覆盖”“五落实五到位”,开展特种设备安全检查等专项行动12次。②全年受理和调处环境信访1010件,对1000余家工业企业和污水处理厂实施现场检查,下达整改决定书27份,立案查处41件。③开展打击假冒伪劣商品、建筑钢材市场、服装加工行业安全生产等专项整治,共办理各类违法违规案件178件,涉案货值500余万元。④开展医疗器械生产企业“三标”专项检查,完成12家新开办药品经营企业和7家医疗器械经营企业的筹建、验收工作。⑤完成监督抽检、风险监测198批次;组织靶向性监督抽检714批次,合格率84.59%;完成量化等级动态评定1171户,巡查餐饮服务单位2560户次	安监局 环保局 市场监管局	达序时
48	深化现代化、立体化治安防控体系建设,深入开展道路交通安全、高利贷和非法集资等专项整治,打击黑恶势力	建立巡特警大队控街面、交警巡干线、城区派出所守卡点的常态巡防机制，通过巡防抓获犯罪嫌疑人340余名;开展违法停车、机动车驾驶人酒后驾驶等集中整治，现场查处各类违章25848起、酒驾71起、醉驾106起;全年打击黑恶势力团伙4个,开展集中打击与“高利贷”有关违法犯罪专项行动,走访企业38家,排摸线索5条,查办陈尚梅、毛月芹非法吸收公众存款案,涉案金额4.8亿元	公安局	达序时
49	健全公共法律服务体系，全面完成“六五”普法工作,增强全社会学法尊法守法意识，促进社会公平正义。滚动开展矛盾纠纷隐患排查,加大信访积案化解力度,畅通群众诉求表达、利益协调、权益保障渠道	建成市公共法律服务中心、公共法律服务网络平台和微信平台，提档升级镇村公共法律服务中心，制定公共法律服务产品名录。通过省“六五”普法末期考核验收。成立市人民调解协会,加大信访积案化解力度,开展矛盾纠纷隐患大排查。成立职工法律维权律师工作站，加大对拖欠职工工资行为的法律援助力度,办理法律援助案件489件	司法局 信访局	完成
50	创新社区管理模式,加快实施“政社互动”,切实减轻基层负担	加大社会组织培育发展力度,推行“三社联动”试点工作;制定实施《社区公共事务准入制度》;组织开展政社互动履约双向评估工作;梳理2016年度社区(村)协助政府部门工作事项项目清单	民政局	完成

(市委办　姚婷)(市政府办　耿慧)

“法治扬中”建设

【**法治文化建设**】2015年,扬中市全面推进法治文化建设,建成扬中经济开发区“商道法治经济文化体验馆”、新坝镇“一园、一廊、一港、一河、一馆、一地、一区、一室”等“八个一”特色性法治文化阵地,形成“一镇一品”“一村一景”的特色法治文化阵地,顺利通过“六五”普法考核验收。

(市政法委 姚梅)

【**首届“12348法润千万家”法律服务专题活动**】2015年4月8日,扬中市司法局选择人员集中、人流量大的博联农商城开展首届“12348法润千万家”法律服务专题活动,该局法援中心、调处中心、公证处等部门工作人员及2名律师现场为群众解答法律问题。现场发放包括12348、法律援助、矛盾调解、公证等宣传物品和资料800余份。50余名群众就身边的一些法律问题现场咨询。(市司法局 陈彩云)

市司法局启动“尚法”读书活动

【**扬中举办首期“尚法护苗团”公益普法活动**】2015年5月19日,扬中市司法局、法院和外国语小学以“法院开放日”为契机,联合举办首期“尚法护苗团”公益普法活动。活动期间,外国语小学师生听取司法工作的介绍,现场发放12348宣传资料。师生们实地参观法院刑事审判庭,认识审判庭的内部设置以及审判工作的具体流程。法官积极与青少年互动交流,让参与小朋友现场体验法庭审判过程。续后,师生们参观法院诉讼服务中心、执行指挥中心,整体了解法院案件办理、执行的整体过程。(市司法局 陈彩云)

【**“商道——法治经济文化体验馆”开馆**】2015年8月14日,位于扬中经济开发区荣德新能源科技有限公司的“商道——法治经济文化体验馆”开馆。该馆由荣德新能源科技有限公司与开发区恒跃村共同打造,由“法治之道、安全

8月14日,商道法治馆开馆

之道、生态之道、健康之道、维权之道、平安之道、勤廉之道、和谐之道”八个分展馆和一个法治谜语区、一个人文道德教育区组成。整馆建筑面积1000平方米,布展面积4000平方米,总投资280万元。“声、光、电”技术与“书、画、影”作品相结合的手法为场馆营造出现代科技与传统文化水乳交融的艺术氛围。“商道——法治经济文化体验馆”的建设,不仅形象地展示出现代“商道”的本质内涵,彰显守法经营、依法行政的法治经济文化理念,而且弥补扬中市法治文化阵地建设在企业中的空白。 (市政法委 姚梅)

【**扬中市司法局与边城监狱开展“法德帮教”系列活动**】2015年8月始,扬中市司法局与句容边城监狱共同开展“法德帮教”系列活动。一是送书。送去包括法律常识、古典名著、人物传记等法律和道德书籍,以传统文化和法律力量感染教化监狱服刑人员,选取表现较好的扬中籍服刑人员开展亲情帮教活动。二是送法。组织5名资深律师进监开展法治讲座,录制视频供监狱播放。由监狱先行对服刑人员法律需求调查摸底,筛选部分表现较好、确有法律疑问的服刑人员参与律师提供的法律咨询、法律服务。三是送艺。扬中司法局联系法治文艺创作队伍,开展进监演出,边城监狱筛选部分具有表演才艺的罪犯开展诗歌、美文朗诵互动,同时进行读书交流,就读书学习感悟交流发言。

(市司法局 陈彩云)

【**扬中成立职工法律维权律师工作站**】2015年8月25日,扬中市职工法律维权律师工作站成立。市司法局局长仲斌、总工会主席陈廷荣共同为工作站揭牌,揭牌仪式上,为8名受聘律师发放聘书,明确律师与机关事业工会(工委)单位及直属工会单位、各乡镇总工会挂钩结对服务范围,明确工作职责、工作制度、工作流程。职工法律维权律师工作站的成立,搭建律师参与社会公益事业、展示个人价值的新平台,将劳动法治宣传、劳动法律监督、劳动争议调

扬中市成立职工维权律师工作站

解、职工法律援助等专业的公共法律服务资源送到全市广大职工的“娘家”，打通职工法律维权的“最后一米”，将职工法律维权纳入法治化轨道，真正做到“依法维权、科学维权、主动维权”。（市司法局 陈彩云）

【扬中市法援中心帮哈尼族同胞追讨工资】2015年8月，在扬中务工的吴某等11名哈尼族同胞在市法律援助中心指派的法律援助律师徐俊的帮助下，拿到被拖欠的工资70391.25元。吴某等11人系云南省红河哈尼族彝族自治州人，均是哈尼族人。3月他们来扬中某公司的外包公司工作，工作期间公司未帮其缴纳社会保险费，拖欠他们的工资。在吴某等人面临生活陷入困境、语言不通等困难的情况下，扬中法援中心及时为他们伸出援助之手，指派律师提供法律援助，向市劳动仲裁委提请仲裁，帮助他们顺利追回拖欠的7万余元工资。（市司法局 陈彩云）

【扬中市司法局开展社区矫正知识竞赛和档案互评】2015年9月10日，扬中市社区矫正管理局组织系统内工作人员开展“德法同行”社区矫正知识竞赛和社区矫正工作档案互评活动。此次知识竞赛采用闭卷考试的方式进行，通过填空、判断、单选、多选和简答题的形式，开展社区矫正重点法规和业务知识摸底测试。考试结束，每个司法所各提供两份社区矫正工作档案进行交叉查看和集中点评。通过自己考、相互查，集中评，发现工作中值得借鉴的好做法及存在的问题，促进业务水平和社区矫正队伍整体素质的提高。（市司法局 陈彩云）

【扬中市司法局助回头浪子创业获赠锦旗和感谢信】2015年10月15日，徐某专程到扬中市司法局送来锦旗和感谢信。徐某，社区服刑人员，因在监狱期间确有悔改表现被法院裁定自2013年9月起予以假释。假释后，工作人员定期与他沟通交流，了解其生活、工作情况，及时释疑解难，扫除心里阴霾，帮助其更好地融入社会；徐某也积极履行电话汇报、书面汇报、社区服务等各项社区矫正义务，认真参加集中教育。2015年年初，徐某欲重启创业之路，立志创办一家方便扬中广大车友的二手车交易市场。在创业筹备期间遭遇“手续”上的困难，司法所工作人员了解相关情况后，立即向上级汇报，得到市司法局的大力支持。此后，在与商务局、公安局相关领导多次沟通协调后，10月13日，其开办的二手车交易市场顺利得到批准、开业，走出浪子回头、重塑新生的重要一步。（市司法局 陈彩云）

市司法局助回头浪子创业获赠锦旗

【第二届青年律师论坛】2015年10月22日，扬中市司法局联合市法学会举办以“启航·梦想·归属——我的成长轨迹”为主题的第二届青年律师论坛，发挥法律职业共同体在依法治市进程中的积极作用，优化司法环境和法律工作者执业环境。青年律师代表们围绕“青年律师之痛、青年律师之道、青年律师之盼”特别是青年律师之“道”即职业道德和职业底线展开讨论，分享自己的成长历程。市政协副主席黄成刚从长期从事审判工作的个人经历谈起，告诫青年律师真诚做人，踏实工作，树立“终身学习”理念，多想想“我为社会做了什么”，少想一点“社会给了我什么”。青年

市司法局举办第二届青年律师论坛

法官、检察官、警官以及大学生村官从各自的视角,就助力律师成长、充分发挥各自在构建法律职业共同体中的作用提出宝贵的意见建议。就“启航”中遇到的坎坷和困惑,资深律师开出“良方”:要走出高收入、自由职业、专业化误区,实现“抱团作战”,充分利用法律援助、挂钩联系服务村社等平台,深入田家地头、企业车间,定点突破、以点带面,开拓市场,坚持居安思危、守土有责的态度为客户服务,坚定守护正义的梦想,最终赢得属于自己的“归属感”。扬中市全体律师、部分法律工作者、大学生村官代表、青年法官、青年检察官及青年警官代表参加并研讨,镇江市司法局副局长陈平清,扬中市人大、政协、市委政法委、法院、检察院、公安局分管领导出席会议。 (市司法局 陈彩云)

扬中市“六五”普法工作高标准通过省考核验收

【扬中市“六五”普法高标准通过省考核验收】2015年11月18日,扬中“六五”普法工作迎来终期考核验收。省考核验收组观看“法润江洲续辉煌”普法电视汇报片,查看“六五”普法工作台账,来到兴隆小学环保学法馆、荣德集团商道法治文化体验馆、市法治宣传教育中心、新宁村、新坝镇等地调研,听取各点工作汇报,查阅台账,并开展问卷调查。检查结束后,省考核组高度评价扬中“六五”普法工作:围绕党委政府中心工作,创新机制,打造品牌,全面渗透,整体推进,成效突出,同意扬中市“六五”普法高标准通过“省考”。

(市司法局 陈彩云)

链接

扬中市“六五”普法

2011年,扬中市“六五”普法工作启动以来,全市立足实际,紧紧围绕“六五”普法规划确定的目标和任务,按照“普及法治阵地、培育普法队伍、完善普法机制、推进普法实践、活跃法治文化”五位一体思路,累计实施精品项目79个,投入普法资金2000余万元。建成各类法治文化阵地36个,国家级民主法治示范村(社区)2家,省级民主法治示范村(社区)29家。举办各级领导干部、公务员法律知识培训、讲座300余场次,青少年法治讲座560场。市法治宣传教育中心等4家阵地被命名为省级“法治文化建设示范点”,31个村被评为民主法治示范村(国家级2个、省级29个),在全省率先完成法治政府建设阶段性目标,成为首批省级村民自治模范市,先后获得全国“六五”普法中期先进集体、全省平安县(市、区)“十一连冠”等荣誉。

市司法局召开全市社区服刑人员集中点验暨教育大会

【扬中市司法局开展社区服刑人员集中点验活动】2015年11月26日,扬中市司法开展社区服刑人员集中点验活动,邀请边城监狱点验“专家”朱祥生,市检察院、法院、公安局相关单位负责人参加。市司法局对全市社区服刑人员进行点名和身份核对,重申点验活动的目的和意义。集中学习社区矫正相关规定,特别强调请假外出手续的办理。点验后,各司法所工作人员对社区服刑人员的表现逐一进行点评与纪律重申,并以单独谈话的形式训诫教育手机关停机、越界次数较多的社区服刑人员。 (市司法局 陈彩云)

【扬中建立社区矫正心理矫治狱所合作机制】2015年,扬中市司法局与镇江监狱建立社区矫正心理矫治狱所合作机制,引进监狱心理咨询师介入社区矫正工作,传授心理咨询技巧、指导心理矫治工作、开展心理健康辅导。根据合作机制,心理咨询师刘满兴作为镇江监狱指派的首个专业心理咨询师走进司法所,对未成年社区矫正人员王某一对一心理健康辅导,市司法局则安排本市心理咨询师通过单反玻璃学习观摩。在一对一辅导结束后,刘满兴还为全市全体社区矫正心理咨询师和社区矫正工作者作专题讲座,通过讲解分析个案传授矫治疏导的经验和做法。

(市司法局 陈彩云)

【扬中市创新律师服务村社模式获群众点赞】2015年以

来，扬中市司法局扎实推进“一村一法律顾问”制度，创新挂钩律师服务模式，切实提高律师服务成效和群众满意度。一是提供“渗透式”服务。挂钩律师主动进村入户，加强与基层群众之间的沟通交流，把法律服务渗透于日常的群众工作中。二是提供“约定式”服务。将律师姓名、照片、联系电话等信息制成统一公示牌张贴在村(居)委会公示栏，村(社区)、群众可自行与挂钩律师联系约定服务时间，提供法律服务。三是提供“会诊式”服务。对遇到的复杂、疑难问题，律师连同分片法官、基层法律服务工作者、调解主任集体“会诊”，提供团队式服务，切实帮助基层解决各类法律难题。四是提供“上门式”服务。针对村(社区)老年人、残疾人和其他特定群体，律师提供上门服务，把法律服务送到群众家中。 (市司法局 陈彩云)

【扬中社区服刑人员爱心回报社会传递感恩正能量】2015年，扬中市不断强化社区服刑人员对道德理念的认同，强化法治意识的培育。市司法局注重将道德元素融入到日常社区矫正工作中，为每位社区服刑人员建立心理矫治档案，定期开展心理咨询辅导，扫除心理上的“阴霾”，以阳光心态接受教育矫正；邀请老干部、老模范、老教师等“五老”志愿者讲课，将家庭美德、个人道德、社会公德与法治教育相结合，针对性地开展集中教育活动；定期组织社区服刑人员到敬老院为老人们服务、开展公益劳动，观看《人生忏悔录》《弟子规》等弘扬道德正能量的优秀影视作品；积极引导社区服刑人员遵纪守法，严格要求自己，善待家人和朋友；每月汇报交流好人好事，在思想汇报中予以注明，在面谈时予以充分肯定，增强社区服刑人员做好事的动力。

通过多种举措，全市涌现出一批积极向善、回报社会的正面典型，他们以自己的实际行动回报社会传递感恩正能量。年内，社区服刑人员赵某勇救因船舶沉没落水的周姓父子婉拒重金酬谢，获赠“奋勇救人、品德高尚”锦旗；社区服刑人员周某帮助同是社区服刑人员的朱某解决就业难题；社区服刑人员李某大义举报同是社区服刑人员的侄子李小某吸毒，社区服刑人员王某无偿献血300毫升……社区服刑人员用实际行动践行“关爱他人，崇尚奉献”的新德新风。 (市司法局 陈彩云)

【新坝镇打造“七个一”法治文化阵地精品】2015年，新坝镇在提升法治文化建设层次和水平上做文章，按照点、线、面递推的构想，投入近500万元着力打造“七个一”法治文化阵地精品。

“七个一”法治文化阵地精品分别为“一园一廊一河一港一馆一地一区”：一园，即依托润池小区建设法治公园，设有法治画报长廊、法律知识展板、法治文化亭等，通过法治标语、法治漫画、法律故事等形式普及法律知识；一廊，即利用新坝汽车站人流大的特点，在车站建成百米法治漫画长廊，将与群众密切相关的法律法规制作成墙壁漫画，向旅客普法；一河，即依托该镇全红河走势，围绕“依法治镇、依法经营、依法治村、依法治校”内容建设千米长的平安法治文化长河，在沿河增设各类雕塑、石刻、铁艺等各类作品设施，将大量法治元素融入其中；一港，即沿新坝大港星星桥段至万福闸建设数千米的法治文化风光带，通过法治名言牌、法治石刻、法制宣传栏等宣传法律法规，使过往群众在潜移默化中受教育；一馆，即在新宁村建成占地面积1100平方米的平安法治文化体验馆，设立法治讲堂、法治走道、法治互动、法治具象、印象法治等功能场所，通过直接感观和亲身实践让群众学法用法；一地，即依托该镇诗词协会成立法治文化书画创作基地，定期组织本土有名的诗人和书画家共同创作法治文化作品，并深入企业、学校、集市巡回展出；一区，即将该镇双新村建新小区建设成为法治文化示范区，在小区里面增加体现平安法治元素的作品，提高小区平安法治氛围。 (市司法局 陈彩云)

【油坊镇司法所建成全国模范司法所】2015年，油坊镇司法所严格按照司法部关于争创“全国模范司法所”活动的要求，从司法所硬件与软件建设两方面出发，大力加强司法所规范化建设，通过强化措施，健全机制，多举措开展创建工作，得到上级领导的充分肯定，成功创建为全国模范司法所。 (油坊镇 徐莺)

·人民调解·

【概况】近年来，扬中各级人民调解组织积极发挥维护社会稳定“第一道防线”的作用，取得良好的社会效果。2015年年末，全市有各级各类人民调解组织115个，人民调解员605名。全市形成以市、镇街区调委会为主导，村社、企业调委会为基础，行业性、专业性调委会为补充的多层次、宽领域、全覆盖的人民调解组织网络体系。全年全市调解组织受理各类矛盾纠纷2185件，调解成功2172件，成功率99.4%。 (市司法局 陈彩云)

链接

扬中人民调解工作“以奖代补”政策

2015年，是扬中实行人民调解“以奖代补”第五个年头，市司法局突出重点、规范运作、明确责任，确保奖励资金及时足额兑现到位。市委政法委相关领导专题调研资金兑现情况，充分肯定市司法局规范“以奖代补”资金兑现激活调解工作一盘棋。累计发放近110万元奖励资金，极大激发基层一线调解员的工作热情和积极性，人民调解组织网络进一步健全，人民调解工作质效显著提升。

【扬中市成立人民调解协会】2015年12月10日，扬中市成立人民调解协会，召开首届理事会议。会议审议通过《协会章程》《协会会费管理办法》及《协会第一届理事会选举办法》，选举产生第一届理事会包括会长、副会长、秘书长在内的理事18名。人民调解协会的成立，使扬中市人民调解员有了自己的行业组织，对于人民调解行业的自我教育、自我管理、自我发展和行业工作交流将起到积极促进作用，有利于推动人民调解工作进一步发展。

（市司法局　陈彩云）

扬中市成立人民调解协会

【扬中市司法局举办人民调解员骨干培训班】2015年4月3日，扬中市司法局举办全市人民调解骨干业务培训班，邀请“南通十大法治人物”、南通市通州区司法局副局长、调处中心主任丁华斌以《创新社会治理机制背景下重大社会矛盾纠纷的有效化解》为主题为全市人民调解骨干73人次授课。

（市司法局　陈彩云）

国防建设

【人民武装】2015年，扬中市人武部贯彻落实战备法规，修订完善各类方案预案，做好战备值班执勤体系建设。完成1200人基干民兵编组任务，民兵应急连、排分别接受省军区、军分区首长的集中点验，受到军地领导一致好评。参加军分区组织的首长机关技能集训、“实弹、实爆、实投”课目训练考核、年度军事考核和整体防卫作战指挥所演练，完成专武干部、民兵骨干和专业分队等训练任务。认真落实兵役登记、宣传实施、廉洁征兵、新兵回访等环节，圆满完成直招士官和新兵征集任务。

定期组织“拉网式”安全隐患排查，加强值班执勤，严密做好防范暴恐袭击准备，重大安全问题防范基础不断巩固。以军地稳定为抓手，严格“三防四反”（“三防”即防腐朽思想侵蚀、防纪律制度松懈、防敌对势力渗透，“四反”即反渗透、反心战、反窃密、反策反）工作目标责任制，密切军地隐蔽斗争协作，推进“平安扬中”建设。

立足“着眼长远、立足现有、重点突出、全面配套、经济实用”的建设原则，投入130余万元新建改造“四室四库”（作战室、作战值班室、战备资料室、兵器室，作战数据库、作战图库、非战争军事行动器材库、指挥器材库），基本完成市镇村三级战备规范化建设，推动基层战备规范化、信息化水平有效提升。

（市人武部　吴昌顺）

【防空警报网络建设】2015年，扬中市人防部门调整优化全市警报网点布局，提前维护保养全市各警报网点。在新坝工业品城和市区中央商场楼顶新装2台警报器，撤换更新老华润苏果1台旧警报器。9月18日上午10时，全省统一试鸣防空警报，全市26台警报器全部准时鸣响，警报音响覆盖率和设备完好率均为100%。这是扬中市第十八次警报试鸣一举成功。

（市人防办　潘照瑾）

【人防机动指挥所训练演练】2015年，扬中市人防部门每月进行机动指挥所拉练。在演练过程中，指挥车驾驶人员迅速寻找有利地形隐蔽伪装好，检查供电情况；系统操作人员熟练打开单兵设备及系统，检查是否正常；车载操作人员同时安装通信天线、车载摄像头，打开车载设备进行调试。所有设备调试正常后链接市人防办指挥中心进行无线对接和网络3G视频对接，及时同步传递训练所需画面。训练过程中，视频信号同步传输到镇江市人防指挥部。

（市人防办　潘照瑾）

【泰州大桥防空袭演练】2015年上半年，扬中市人防办开展泰州大桥防空袭演练首长机关沙盘推演作业设定，制作完成沙盘模型和演习器材。9月24日，由市人武部统一协调，市人防办会同市人民防空指挥部相关成员单位开展演练，演习设想和处置各类防突袭敌情，成功完成各项演练任务，受到镇江军分区首长的高度好评。

（市人防办　潘照瑾）

【**中学生人防知识教育**】2015年，扬中市人防办在全市8所中学56个班级2113人中开展人防知识教育，就课时安排、教师教案、考试成绩、学术论文、教学总结、课外实践等方面作出详细实际的规定。6月，组织市同德中学初二年级近百名师生走出课堂，走进人防工程，听取人防知识讲座，帮助学生获得人民防空的发展、现代战争中城市防空袭斗争准备等方面知识。 （市人防办 潘照瑾）

双拥共建

【**概况**】2015年，扬中民政提高各类重点优抚对象的抚恤补助标准，义务兵家庭优待金标准为每户17657元。同时重视优抚对象的精神抚慰和情感关怀工作，全面开展短期疗养、免费体检、上门探望等活动，提升优抚对象的幸福感和归属感。全年接收安置退役士兵116人，发放退役士兵经济补助金598.89万元。召开退役士兵欢迎大会，退役士兵技能培训参训率90%以上，就业率继续保持95%以上。

年内，扬中民政立足"双拥八创"目标，率先推出"市、镇、村三级优抚服务网络""优抚联络员制度"等名片，切实打响服务品牌。是年，民政部规财司司长和省市领导视察以三茅优抚服务中心为典型的扬中市优抚服务体系建设工作，并给予高度评价。

举办纪念抗战胜利70周年主题活动，向抗战老战士、军休干部发放中央和省财政下拨的一次性生活补助金。开展慰问抗战老兵、抗战纪念章集中发放、抗战书画(故事)进军营等系列活动。创新祭扫形式，开展网上祭扫，市民通过网上献花、敬酒、点烛、焚香等形式向先烈表达哀思。新坝镇渡江文化园获"江苏省双拥示范基地"称号。

（市民政局 姚瑶）

【**扬中市公安局巡特警大队特勤队在武警中队举行封闭式培训**】2015年7月20日~8月20日，扬中市公安局巡特警大队特勤队在武警中队举行为期一个月的封闭式培训。通过训练，进一步规范特勤队伍管理，加强特勤队伍建设，提高特勤综合作战能力。 （市武警中队）

【**油坊镇掀起红色热潮纪念抗战胜利70周年**】2015年7月以来，油坊镇民政、团委、关工委等部门大力弘扬爱国主义和民族主义精神，联合开展系列活动，掀起纪念热潮。由老同志组成义务宣讲团，开展抗战英雄事迹巡回宣讲活动；播放抗战题材影片，让基层群众在家门口感悟革命情怀；组织走访抗战老兵和抗战烈属，根据他们的讲述，撰写抗战回忆录。 （油坊镇 徐莺）

【**扬中市发放30枚"抗战纪念章"**】2015年9月3日，扬中市民政局举行"抗战胜利70周年纪念章"集体发放仪式，全市30名"抗战老兵"获得"抗战胜利纪念章"。 （市史志办）

【**八桥镇红旗公园落成暨公祭渡江战役七烈士仪式**】2015年，为纪念渡江战役，缅怀革命先烈，八桥镇在渡江战役七烈士墓的基础上，修缮烈士墓碑，建造红旗公园。该农民公园集瞻仰、健身、休闲于一体，让百姓在赏景信步的同时不忘历史，倍感今日和平生活来之不易。

渡江战役"七烈士"公祭活动

4月3日，扬中市在红旗公园举行清明公祭渡江战役"七烈士"仪式。市委常委、宣传部部长王继兰，市委常委、人武部政委杨富森，副市长宫金生参加活动。

（八桥镇 施超）

资料链接

扬中渡江战役"七烈士"

1949年4月21日晚，中国人民解放军第三野战军20军59师177团、175团，作为解放扬中的先头部队，在突破长江天险，抢占得胜港、铁匠港一带滩头阵地时，有7人在扬中牺牲，当地百姓将烈士遗体安葬，七位烈士长眠在八桥镇红旗村7组。

2009年3月初，为纪念渡江战役60周年，扬中民政部门决定修缮"渡江七烈士"陵墓，请市史志办为纪念碑碑文撰写提供资料。为此，市史志办开展为期60天的考证活动，在全国范围内寻访扬中渡江战役的老战士以及知情者，并前往当年渡江部队现在的驻地查阅档案资料。最终确认在扬中境内牺牲的有98人，其中有姓名的14人，军人95人，民(船)工3人。

这七位烈士，具体的名字已不可考。但是，他们是这190位牺牲烈士的代表，永远被扬中人民铭刻在心中！

经济综合管理

综 述

【概况】2015年，扬中市经济运行稳中有进。三大支柱产业中，智能电气品牌集群优势放大，光伏行业加速回暖，船舶制造业订单饱满，工业经济量质并举，工业销售、工业增加值分别为1206.65亿元、240.57亿元。城乡市场日益繁荣，实现社会消费品零售总额127亿元，服务业、文化产业增加值占地区生产总值比重分别为45%、4.3%。新增高效设施农业5150亩、高标准基本农田5000亩，新型农业经营主体规模经营比重为57.1%。

项目建设持续推进。全年完成固定资产投资255亿元，其中工业技改投入86亿元。金源时代购物广场、红星国际生活广场等项目开工建设，雷公岛高端旅游度假区、中海粮油等项目进展顺利，大津重工、江之源河豚工厂化养殖等项目建成运营。大力发展楼宇产业，全年新建(盘活）企业楼宇55万平方米、运营40万平方米，入驻率80%。

特色发展效益彰显。实施"企业上市突破年"行动，设立1.13亿元创新投资引导基金，23家企业签订挂牌督导协议，和成显示、通灵股份等6家企业实现挂牌上市。启动"绿色能源岛(太阳岛)"建设，全面推进"金屋顶计划"，在全省率先对光伏发电项目实行地方补贴，总装机容量35.72兆瓦。新坝镇推动产业高端转型和融合发展，"微电网"市场快速拓展；三茅街道现代服务业加速集聚，综合实力持续增强；开发区启动"第三次创业"，招商选资实现新突破；油坊镇强化企业技改，内部挖潜成效明显；八桥镇注重企业培扶，发展效益不断提高；西来桥镇加快盘活存量资产，产业规模持续壮大。

光伏产业车间

园区建设步伐加快。"三集"园区全面提档升级，规模体量稳步壮大，产业"三集"发展水平位居镇江前列，获批筹建省高新区。多模式推进园区市场化运作，中国工程电气博物馆建设步伐加快，智能电气研究院、国家级斑点叉尾鮰与河蟹种质创新中心等投入运行。完成园区基础设施投入10.5亿元，建成标准化厂房41.2万平方米，新入驻企业39家。 (市统计局 陆文龙)(市发改经信委 孙国庆)

【扬中市位列"全国县域经济创新力50强"榜首】2015年4月29日，中国社会科学院财经战略研究院在北京发布《中国县域经济发展报告(2015)》三大榜单，其中"中国县域经济创新力50强"最为引人注目，在这份榜单中，作为长三角地区的创新代表，扬中市名列榜首。此外，在本次《中国县域经济发展报告(2015)》发布会上揭晓的"全国县域经济竞争力百强县"以及"全国县域经济发展潜力百强县"榜单中，扬中市也名列其中。 (市史志办)

链接

扬中的创新力

近年来，扬中市积极实施创新驱动战略，为加速转型发展"创"造机遇，连续八次获得"全国科技进步先进市"称号，2012年成功争创江苏省创新型试点城市。2014年，扬中市高新技术产业产值900亿元，占规模以上工业产值的比重75%；拥有国家级创新型企业2家，高新技术企业99家，占规模以上工业企业比重近20%；省级高新技术产品528项，国家重点新产品95项，科技进步对经济发展贡献率60.79%；万人发明专利拥有量13.10件、全社会研发投入占地区生产总值2.71%、每万劳动力研发人员数170人。各项指标均在全国处于领先位次，创新成为扬中发展的一面旗帜。

【**扬中市位列全国百强县排名第24位**】2015年11月,中国社科院社科文献出版社出版的《中国中小城市发展报告(2015)》绿皮书显示,扬中市荣膺2015年度中国中小城市综合实力百强县第24位,较2014年提升1位。2014年,扬中实现地区生产总值445.35亿元,比上年增长12.4%,人均地区生产总值13.05万元,列镇江第一、全省第六,全市总体经济增长保持平稳,综合实力进一步增强。高新技术产业产值占全市规模工业的75.1%,新兴产业投资175.75亿元,增速高于全市平均增幅4.1%,转型升级步伐进一步加快。新口径居民人均可支配收入30201元,总量列全省第七,民生福祉进一步提升。 (市史志办)

【**固定资产投资**】2015年,扬中市完成固定资产投资256.2亿元,比上年增长18.8%,增幅比上年同期回落2.9%。其中,完成工业投资219.4亿元,增长20.3%,占全市投资比重为85.6%,增幅比上年同期回落6.8%;完成服务业投资36.7亿元,增长8.8%,占全市投资比重为14.3%,增幅比上年同期回落3.8%。完成亿元以上项目投资205.3亿元,增长2.1%;完成新兴产业投资197.0亿元,增长11.9%;完成文化产业投资9.1亿元,下降6.6%。全年新办民营企业1312家,新增注册资本260.94亿元,吸纳民资114亿元。

(市统计局 陆文龙)

【**筹建"江苏省扬中高新技术产业开发区"获得省政府批复**】2015年12月,江苏省人民政府下发《关于筹建江苏省扬中高新技术产业开发区的批复》,同意扬中市新坝镇筹建江苏省扬中高新技术产业开发区。该高新区核准面积3.12平方公里,四至范围:东至联丰港,南至扬子西路——大桥路,西至全红河路、全红河以西250米,北至三栏路。扬中市省级高新区的定位是全国智能电气创新核心区、苏南自主创新先行区、全省绿色低碳发展示范区。新坝镇省高新技术产业开发区争创工作历时三年之久,此次创建成功,将为扬中工程电器向智能电气迈进、走向国际市场起到强有力的推动作用。(新坝镇 于云霞)(市科技局 曹霞)

11月,江苏省扬中高新技术产业开发区(筹)获省政府批复

【**节能减排**】2015年,扬中市加快淘汰落后产能。先后开展"高耗能高污染行业专项整治""化工生产企业专项整治""金属表面处理行业专项整治"等专项行动。全面淘汰2003年(含)前生产的Y系列在用低效电机,推广使用国家补贴的高效电机,关闭丹爱化工等三家化工企业。引导企业开展清洁生产审核活动和循环经济试点示范工作。加快推动能源供给和消费转型。围绕绿色能源岛主题,编制《扬中市绿色能源岛(太阳岛)实施方案(2015~2020)》,全力推进绿色能源岛建设。倡导绿色消费、绿色出行,进一步加快充电基础设施建设,推广应用新能源汽车。打造清洁、低碳、安全、高效的高比例可再生能源生产和消费模式。2015年,全市万元地区生产总值综合能耗0.3341吨标准煤,比2014年下降6.35%,为全省平均值的50%左右。

2015年,扬中市在全市公共机构中开展各项节能活动,推进节能示范单位创建,其中扬中法院开展省级节能示范单位的创建活动。出台《推荐使用厨房节能产品的通知》(扬公节2015-3号文),鼓励各级公共机构采用合同能源管理模式,推动节能改造。至年底,市机关饮食服务中心、市外国语中学等采取EMC形式完成灶具技术改造,同比节气率在40%以上。年内,由大航集团投资的太阳能电站项目,一期工程装机容量200KW在行政中心主楼施工完毕,同期开展第二阶段论证和设计,该项目设计年发电量1兆瓦。

(市发改经信委 孙国庆)(市机关事务服务中心 顾正雯)

【**扬中市举办中小企业主创新方法培训活动**】2015年8月26日,扬中举办中小企业主创新方法培训活动,近百家中小企业主参加培训。全国知名的创新方法研究和宣讲专家、中国科协创新方法培训专业系列教材丛书编写组负责人李赤泉先生为此次培训主讲人,培训内容主要有"点金术"理论基本概念;"点金术"矛盾的定义、分类;S曲线和技术进化法则,进行产品或技术的预测和战略制定;实用"点金术"的解题步骤,能够正确地定义问题,导出矛盾并分析矛盾,以达到解决问题的效果等四个方面,深受中小企业管理者们的欢迎。 (市史志办)

【**扬中市城市建设投资发展总公司**】2015年,扬中市城市建设投资发展总公司综合实力不断增强,总资产达460亿元。中扬建设集团市场化运营逐步展开,总资产67亿元。

成功组建水利投资集团，控股扬中市投资担保有限公司、众盛小额贷款公司。投资合作成立大津清洁能源装备产业园公司，开展与中电电气集团的资产重组工作。全年融资到账58亿元，顺利发行中扬渔业5亿元私募债，城投企业二期债获江苏省发改委批准。妥善做好新民宜禾路南侧片区项目安置工作，顺利完成72户统购商品房安置工作，全年完成安置1264户。全力推进重点工程建设，建成中扬康居苑二期、园丁路一期安置房工程，同心路西延、张家港水环境治理、红星美凯龙项目等10余项重点工程开工建设。

（市城市建设投资发展总公司 陈彦友）

【扬中市工业(集团)总公司】2015年，扬中市工业(集团)总公司落实责任，全面加强资产管理，确保参股企业股权收益。及时跟踪和掌握参股企业运行状况，根据企业经营情况，与参股企业商定年度股权分红比例，确保公有股权收益最大化，年股权收益完成56万元，比上年增长12%。加快推进东升集团和大地水泥公有资产退出及剥离核销资产打包处置工作，推动参股企业建立健全现代企业制度。确保租赁资产收益最大化，全年可收取租赁金29.08万元，增长13.06%。全年农贷公司发放贷款9480万元，实现分红总额467.38万元，工投公司获得股权分红收益121.52万元，累计提起诉讼23户、总标的额2638.9万元，不良及逾期贷款累计清收到位907.5万元。小贷公司股权转让剥离不良贷款5579.43万元。

年底，与市工业(集团)总公司有公有资产纽带关系企业有：江苏绿杨电子仪器集团有限公司，公有股本150万元，占企业总股本1700万元的8.82%；江苏东升电器集团公司，公有股本124.8万元，占企业总股本1248万元的10%；江苏南自通华电器集团有限公司，公有股本405.9万元，占企业总股本8118万元的5%；扬中市大地水泥有限公司，公有股本110万元，占企业总股本2647.8万元的4.15%；扬中创业投资有限公司，公有股本300万元，占企业总股本3000万元的10%；扬中市高新创业投资管理有限公司，公有股本31万元，占企业总股本301万元的10%。

（市工业集团 高翔）

民营经济

【概况】扬中市民营经济是扬中市经济主体，在全市占有重要地位。2015年，全市“三十强”工业企业全部为民营企业。

全年新增私营企业1312家，年末全市私营企业和个体户总数分别超过8700家和1.7万家。在国家鼓励创业政策大环境推动下，年内全市新增私营企业注册资本260.95亿元(新增注册资本实行认缴制，可以多年内分期到位)，年末全市私营企业注册资本803.33亿元。民营工业企业应税销售、工业增加值分别为480亿元、306.8亿元，分别增长8.83%、11.8%，增幅列镇江市首位。

扬中市民营经济总体发展势头较好，但也面临一些困难和问题。民营企业既要面临国内外经济大环境带来的压力，又要承受自身发展存在的问题。经营成本上升、整体素质和水平不高、市场竞争力不强、融资难仍然是制约民营企业发展的主要困难和问题，尤其是大部分小微企业处在价值链底端，产业结构不优，产品附加值低，缺少创新人才，管理水平低，面临着新的困难与新的挑战：一是市场需求不足。有效需求不足和产能过剩叠加，国内外市场总体偏弱，民营企业普遍产能利用不足，订单减少，产品价格下跌。二是企业融资依然困难。过去资金难主要集中反映在贷款难上，2015年则主要是资金流转难，货款回笼不畅，承兑汇票居高不下，互保风险加大。

（市市场监督管理局 倪天祥）(市史志办)

“互联网+”

【概况】2015年，扬中市继续推进“互联网+”产业发展，全市两化融合发展水平总指数为90。认定亿能电气等7家企业成为省两化融合试点企业。大全集团成为全国首批通过两化融合管理体系评定企业，威腾母线入选工业和信息化部第二批两化融合管理体系贯标试点企业。扬中智能电气产业园申报省两化融合试验区，大全集团入选工信部互联网与工业融合创新试点企业，其“基于电气行业的云端融合服务平台”入选省两化深度融合创新示范工程。新坝镇全面对接“互联网+”发展潮流，与浙江大学共建电子商务平台，组建智能电气门户网站和网上交易平台，推行网上电子交易，实现线上线下交易的有机结合。

（市发改经信委 孙国庆）

注：两化融合是信息化和工业化的高层次的深度结合，是指以信息化带动工业化、以工业化促进信息化，走新型工业化道路。

【扬中智能电气产业园入选省两化融合试验区】2015年10月，江苏省经信委公布2015年江苏省两化融合试验区名单，扬中智能电气产业园入选省两化融合试验区，成为镇江市唯一入选园区。近年来，该园主动对接“中国制造2025”和“互联网+”战略，制定出台《关于加快推进全区信息化与工业化融合发展的实施意见》，鼓励园区企业加快两化融合步伐。至年底，全区拥有省级两化融合示范试点

企业8家,信息服务企业19家,公共信息平台5个,研发设计信息化普及率97.5%。（市史志办）

【大全集团入选工信部2015年互联网与工业融合创新试点企业名单】2015年8月，工业和信息化部公布2015年互联网与工业融合创新试点企业名单，大全集团榜上有名，成为2015年工信部遴选确定的100家互联网与工业融合创新试点企业之一。按照《信息化和工业化深度融合专项行动计划(2013~2018年)》工作部署,2014年,工信部遴选和支持23家互联网与工业融合创新试点企业开展试点工作,形成大规模个性化定制、线上到线下(O2O)、制造服务化转型等新模式。2015年,工信部继续组织互联网与工业融合创新试点遴选工作,经过地方政府、央企集团、行业协会等的推荐申报、专家评审等环节,遴选确定100家企业作为互联网与工业融合创新试点企业,并确定各企业的融合创新试点方向和项目。大全集团顺应"互联网+"的发展趋势,以信息化与工业化深度融合为主线,重点发展新一代信息技术,推进智能制造和绿色制造。集团与同方云计算技术股份有限公司合作,建设基于大数据的电气行业智能制造与决策服务云平台，实现设备接入标准化,业务支撑标准化，以及高性能的设备数据存储和分析能力，为面向电气行业的业主、厂商以及其他相关单位提供服务。至2015年,"互联网+"和制造融合推动产业升级的成果在大全集团初步显现,前景将更为可观,对行业企业转型升级极具示范作用。（市史志办）

发展规划

【概况】2015年是全面深化改革的关键之年,是全面推进依法治国的开局之年,是"十二五"规划收官之年,也是"十三五"规划编制之年。年初,扬中市确定2015年经济和社会发展主要预期目标为:

1.地区生产总值增长9%。

2.一般公共预算收入增长6%以上。

3.固定资产投资增长16%。

4.新兴产业销售收入增长15%。

5.社会消费品零售总额增长12.5%。

6.实际利用外资1.4亿美元。

7.进出口总额增长15%。

8.服务业增加值占地区生产总值比重达45%。

9.R&D(科技研发)经费支出占GDP比重达2.8%。

10.高新技术产业产值占规模工业产值比重达75%。

11.城乡居民人均可支配收入增长9.5%。

12.城镇登记失业率控制在1.8%以内。

13.万元地区生产总值综合能耗下降2%。

至年底,全市完成情况为:

1.地区生产总值475.8亿元,增长10.3%。

2.公共财政预算收入34.03亿元,增长10.8%。

3.全社会固定资产投资256.2亿元,增长18.8%。

其中:工业性投入219.4亿元,增长20.36%。

4.新兴产业销售收入980亿元,增长16%。

5.社会消费品零售总额126.78亿元,增长11%。

6.实际利用外资1.31亿美元。

7.服务业增加值占地区生产总值比重达45.0%。

8.全社会研发投入占地区生产总值比重达2.78%。

9.高新技术产业产值占规模工业产值比重达75%。

10.城镇.农村常住居民人均可支配收入分别增长8.3%和9.6%。

11.城镇登记失业率控制在1.35%以内。

12.万元地区生产总值综合能耗下降6.35%。

（市发改经信委　孙国庆）

【省发展和改革委员会专家组评审《扬中市十三五规划纲要》】2015年12月24日,中共扬中市委常委、常务副市长艾晓晖率领市发改经信委负责人专程赶赴南京,邀请省发展和改革委员会相关领导、专家,评审《扬中市十三五规划纲要》(以下简称《纲要》)。评审会上,艾晓晖向各位专家介绍扬中的基本情况;市发改经信委汇报规划编制情况。与以往五年规划相比,扬中市在"十三五"规划《纲要》编制中注重把握四个方面。一是体现新常态,努力促进五大"转变",即从注重发展速度转变到注重发展质效;从注重以物为本转变到以人为本;从注重经济发展转变到经济与社会发展并重;从注重城市建设转变到城乡统筹发展;从注重建设轻保护转变到人与自然和谐共处，实现可持续发展。二是体现两个导向,坚持目标导向和问题导向。三是体现扬中特色,推进"多规融合""多评合一",加强与城市总体规划的衔接。四是体现可操作性,将《纲要》目标定量化、任务项目化,通过实施重大发展战略、重大工程项目、重大发展载体建设,促进经济社会健康快速发展。

与会专家表示,《扬中市十三五规划纲要》特色鲜明,契合中央提出的"五大发展理念",希望扬中市在"十三五"期间能更加注重新型城市建设,将城市打造得更精致;推行"多规合一",体现扬中特色;发展特色旅游、建设低碳城市,打造宜居宜业的新扬中。另外,在《纲要》的措辞、结构安排等方面,专家们也提出相关意见。（市史志办）

【际华园等3个项目入选2016年全省重大项目库】2015年，扬中市际华园、北斗·智慧长江服贸融总部、圣来晖柔膜太阳能电池生产装备项目（前期）等3个项目被收入2016年省重大项目库，总投资额330亿元，2016年计划投资40亿元。入选数量为历年最多，产业项目数量位居镇江辖市区首位。 （市史志办）

项目建设

【2015年全市重点产业项目】2015年初，扬中市排定重点产业项目44个，总投资567.07亿元。主要特点如下：

传统制造产业逐渐向智能制造、机器人制造转变，企业通过提升产品技术含量、新上先进智能设备，提高产品核心竞争力。如生美集团石墨烯电子新材料、中佳深海油田电缆、大航智能输配电成套设备产业化等项目。

传统服务业项目逐渐向现代服务业、高端服务业转变，房地产项目显著减少。如际华目的地项目，计划建设集奥特莱斯购物中心、运动休闲娱乐中心及餐饮住宿等配套服务设施于一体的高端商业综合体，有效助推全市服务业转型升级。

集约节约程度强。很多企业通过技术改造、原厂区改建、翻建或建设高层厂房等方式完成新项目的投资，实现“零征地”或者“少征地”。如中佳、吉星新材料、海洋工程装备制造基地等。

至年底，全市44个重点产业项目稳步推进，开工率100%，年内完成投资138.37亿元。

（市发改经信委 孙国庆）

【重点农业项目进展】2015年，扬中市7个重点农业项目加快实施。

雷公岛生态休闲农业基地项目新增投资1.26亿元，开挖1500亩现代化江鲜养殖基地，相关配套设施完成90%，新修12公里硬化道路，并配套1600千瓦电力设施，每天处理量30吨的净水设备施工有序推进，新建丰乐桥至雷公岛汽渡及客运码头各1座，新筑6公里高标准江堤，造林200亩、土地平整300亩，雷公岛码头治坍抛石工程施工完毕。

江苏省渔业技术推广示范基地项目完成投资4260万元，综合管理用房、工厂化养殖车间完成装修工程并交付使用，实现投产。

江苏省水产种业创新基地项目完成投资2653万元，综合管理用房、温室全面完工并交付使用，路桥工程、水电管网、涵闸等基础设施工程全部完成。

珍稀鱼种保护利用基地项目完成投资2210万元，河塘开挖150亩全部到位，完成智能温室大棚建设，进行基地清表工作。

河豚工厂化养殖项目完成投资6115万元，综合办公楼、河豚展示馆，正在实施装修工程；绿化二期工程全部完工，完成养殖设施用房、工厂化养殖大棚建设，垂钓中心对外营业。

东风休闲农业园项目完成投资1030万元，完成土地流转，整理道路900米，开挖渠道2000米，栽植柚子30亩，栽植桂花等苗木130亩，开挖整理鱼池30亩，放养鱼苗1万尾，完成景观桥建设。

桃花源休闲农业基地完成投资1220万元，沟渠路系全部配套，引进栽种230亩果树树苗，建成4000平米大棚，完成1000平米的防虫防鸟网的建设设施。

（市农委 李小平）

【大津清洁能源装备产业园签约】2015年2月6日，大津清洁能源装备产业园签约仪式在西来桥镇举行，项目计划投资30亿元，将整合存量资产，重点发展综合物流、高技术绿色船舶、清洁能源、船用智能电力等8个板块和功能区。 （市史志办）

2月6日，大津清洁能源装备产业园投资协议签约仪式举行

【世纪金源广场开工奠基】2015年7月26日，由世纪金源集团与扬中市牵手合作的世纪金源广场项目在三茅街道开工奠基。世纪金源集团董事局主席黄如论，扬中市领导孙乾贵、潘早云、冯锦跃、施健华、唐崇林、卜兴荣、于德祥出席开工仪式并共同为项目奠基培土。世纪金源集团作为中国500强企业，是中国大型购物中心首创者，拥有丰富的商业地产投资、运营经验。此次合作，世纪金源集团计划在扬中市城区黄金地段，打造总面积40多万平方米的大型商业综合体，通过整合企业十多年的开发运营经验，确保项目“规划上乘、质量上乘、运营上乘”，使之成为扬中城市新地标。 （三茅街道 于雅婷）

世纪金源广场开工奠基仪式

【智慧长江 O2O 服贸融总部项目签约】2015 年 8 月 30 日，经过近一年的研究探索洽谈，计划总投资 180 亿元的“智慧长江 O2O 服贸融总部”项目签约落地扬中开发区。深圳市波特港资产管理有限公司董事长陈宗建，扬中市委书记、市人大常委会主任孙乾贵，市长潘早云，市领导唐崇林、戴少华、于德祥、蒋相根出席签约仪式。

深圳市波特港资产管理有限公司实施的“智慧长江 O2O 服贸融总部”项目，是积极呼应长江经济带支撑体系建设而策划打造的重要节点项目。项目以“北斗卫星”大数据中心为支撑，集成“电子商务+商贸+信息港+金融资本”产业链商业服务功能和政府服务功能，整合形成一站式国家智慧长江公共服务平台，为长江经济带商贸企业提供一站式现代商贸流通和企业品牌增值服务，形成区域会展、贸易中心，O2O 经济采购中心、物流配送中心，O2O 企业区域总部和港口、码头、船业及品牌孵化中心等十六大业态。项目计划总投资 180 亿元，占地约 3000 亩，计划 4 年分期建设完成。项目建成后，将有力推动扬中市服、贸、融、城一体化协同发展，成为长江经济带上智慧园区建设的新样板。（市史志办）

智慧长江 O2O 服贸融项目签约仪式

【红星美凯龙项目启动】2015 年 9 月 5 日，扬中红星美凯龙启动仪式举行，红星美凯龙落户扬中。扬中红星国际生活广场占地面积 223 亩，总建筑面积 33 万平方米，其中商业 mal 馆 4 万平方米，商业街 3 万平方米，住宅楼 21 万平方米，地下室 8 万平方米。商业部分定位于家居 MALL 和红星金街，旨在打造扬中容量最大、品类最全、品种最多、档次最高的家居生活体验广场。（市史志办）

红星美凯龙启动仪式

【“互联网+智慧停车”项目落户扬中】2015 年 12 月，在北京举行的中国和匈牙利两国大型企业合作签约仪式上，总投资 5 亿元的智慧停车项目顺利签约，项目总部落户扬中。该项目由中兴智能交通股份有限公司与匈牙利 EPSglob-al 公司合资建设，旨在打造辐射国内外城市的智慧停车系统。项目总部占地面积 3.34 万平方米，建筑面积 11.15 万平方米，一期项目计划投融资 2500 万欧元，将在扬中及无锡等地建设五万个停车位，2~3 年内建成 10 万个停车位。（市史志办）

【扬中创意会展产业园签约落户】2015 年 12 月，“扬中创意会展产业园”项目，在镇江市文化产业招商项目信息发布暨集中签约仪式上签约，总投资 30 亿元。

该项目由深圳波特城控股集团股份有限公司和扬中港务投资发展有限公司共同投资兴办，占地 500 亩，建筑面积 80 万平方米。建筑内容包括会议中心、采购中心、企业总部等，着力打造全球品牌展购、企业文化竞益等十大文化体验，实现商业文化、企业文化、城市文化、民俗风情的有机融合。（市史志办）

2015年扬中市重点工业项目汇总表

表3 单位:万元

序号	项目地点	项目名称	实施单位	建设进度	建设内容及规模	开工时间	竣工时间	计划总投资	2015年计划目标	
									完成投资	形象进度
1	新坝镇	智能开关成套设备	大全集团	续建	在新坝科技园区征地305亩,新建厂房15万平方米,引进国内外先进设备460台(套)	2013.12	2016.12	120000	60000	完成现有厂区及厂区南侧2万平方米厂房建设
2	新坝镇	智能输配电成套设备产业化	江苏大航电气有限公司	续建	新上智能开关设备、中压铠装开关成套设备、直流开关设备、防水母线、智能机械臂等,购置国内外各类设备500台(套),新建标准化厂房44万平方米	2014.7	2016.12	300000	60000	二期10万平方米标准化厂房竣工,引进永嘉电气、锦浪花电气等企业入驻
3	新坝镇	动态无功率补偿装置	江苏美联电气集团有限公司	续建	在新坝镇红联村征地90亩,新建厂房6万平方米,新上动态无功功率补偿装置	2014.6	2016.12	120000	40000	首期2万平方米厂房竣工投产
4	新坝镇	脉冲自洁式空滤	江苏华强电力设备有限公司	新建	在永平村征地80亩,新建5万平方米标准化厂房,购置设备60台(套)	2015.5	2016.12	30000	10000	调整土地利用规划及扬子西路延伸规划,开工建设
5	新坝镇	煤炭安全监测系统	江苏帅天电气有限公司	新建	在新238省道与宜禾路交汇处征地60亩,新建标准化厂房2.5万平方米,购置专用设备60台(套)	2015.6	2016.12	30000	10000	土地利用规划调整,完成征地拆迁,开工建设
6	新坝镇	智能输配电设备	江苏新坝电气有限公司	新建	在双新村征地50亩,新建标准化厂房2.5万平方米,购置专用设备60台(套)	2015.1	2015.12	30000	30000	完成征地拆迁,2.5万平方米厂房竣工投产
7	新坝镇	智能配电网设备	江苏国重电气有限公司	新建	在双新村征地30亩,新建标准化厂房1.2万平方米,购置专用设备40台(套)	2015.1	2015.12	20000	20000	成征地拆迁,1.2万平方米厂房竣工投产
8	新坝镇	乳胶生产线扩能	苏惠乳胶制品有限公司	新建	因三桥接线建设需要置换老厂区土地66亩,拆除3万平方米厂房。重新建设三幢4.5万平方米厂房,对乳胶生产线进行扩能	2015.3	2015.12	20000	20000	完成3栋4.5万平方米厂房建设,竣工投产
9	油坊镇	蓝宝石切片合资扩产	江苏吉星新材料有限公司	新建	与东旭光电合资,扩大蓝宝石切片投资规模	2015.1	2016.12	60000	30000	完成与东旭光电洽谈签约,购买设备

续表 3

单位:万元

序号	项目地点	项目名称	实施单位	建设进度	建设内容及规模	开工时间	竣工时间	计划总投资	2015年计划目标	
									完成投资	形象进度
10	油坊镇	分布式能源站	华润电力、先科环保	前期	用地80亩，建设分布式能源站,利用天然气资源为新能源产业园、新材料产业园等园内企业供热、供气、供电	2016.1	2017.12	80000		完成项目报批，拟开工建设
11	八桥镇	清洁能源装备	江苏新韩通船舶重工有限公司	新建	征地300亩,利用新韩通船舶重工的生产能力和技术,生产风电塔筒、LNG储罐、管道、阀门等产品	2015.1	2017.12	320000	70000	2万平方米厂房竣工,设备进场安装调试
12	八桥镇	深海油田电缆	镇江中佳电器有限公司	新建	征地86亩，一期投资3亿元,新建一栋6层3.2万平方米高标准生产厂房,安装16整套生产流水线	2015.3	2016.12	70000	30000	完成3.2万平方米的六层厂房建设，设备进场安装调试,一期竣工
13	西来桥镇	食用油加工、热电联产	江苏中海粮油工业有限公司	续建	建设一期日处理6000吨菜籽压榨生产线和二期日处理4000吨菜籽压榨生产线；建成3*75吨/小时高温高压锅炉,2*12MW背压机组	2013.1	2016.6	330000	80000	一期日处理6000吨菜籽压榨生产线投产，二期日处理2000吨菜籽压榨生产线开工；完成2台高温高压锅炉和1台背压机组安装调试,首期项目投产,准备开工建设另一台锅炉和背压机组
14	西来桥镇	清洁能源装备产业园	上海佳豪船舶工程设计股份有限公司	前期	整合龙源港机517亩、亚钢283亩、大津115亩合计915亩土地，利用岸线900米，打造清洁能源装备产业园,园区包括综合物流、高技术绿色船舶、清洁能源、船用智能电力系统、新型节能环保设备及材料、海洋工程装备、LNG终端等	2016.9	2018.12	300000	—	制订园区建设规划,整合存量资源,启动清洁能源装备产业园建设
15	三茅街道	城北科技园	扬中市京城新农村建设投资有限公司	续建	征地3500亩，进行工业园区基础设施建设,引进新企业进驻	2012.8	2016.12	500000	80000	一期11个项目全部竣工投产;二期项目8个,万宝电气、防寒服标准化厂房竣工,其他项目开工建设;筛选三期项目，推进部分项目开工建设
16	三茅街道	智能开关柜项目	镇江市鼎圣电器有限公司	新建	用地160亩,新建厂房5幢和1幢办公楼，建筑面积16万平方米	2015.1	2016.12	60000	30000	2栋共4万平方米厂房竣工，部分设备进场安装调试

续表 3

单位:万元

序号	项目地点	项目名称	实施单位	建设进度	建设内容及规模	开工时间	竣工时间	计划总投资	2015 年计划目标	
									完成投资	形象进度
17	三茅街道	智能电气	江苏万宝航天电气科技有限公司	续建	用地 67 亩，新建厂房 5 栋和 1 栋办公楼，建筑面积 5.4 万平方米	2014.1	2016.9	60000	30000	2 栋共 2.5 万平方米厂房竣工,设备进场安装调试,部分车间竣工
18	三茅街道	电子接插件	江苏中佳科技有限公司	新建	入驻科技园,用地 60 亩,新建厂房 3 栋和 1 栋办公楼，建筑面积 6 万平方米,购置设备 4000 万元	2015.1	2016.6	22000	16000	1 栋厂房封顶,2 栋厂房在建,开工建设办公楼
19	三茅街道	石墨烯电子新材料	江苏生美工业技术集团有限公司	新建	入驻科技园,用地 50 亩,新建厂房及科研中心，添置研发设备，建筑面积 5.2 万平方米	2015.1	2016.6	20000	15000	厂房封顶，开工建设科研中心
20	三茅街道	变压器临江产业园	中电电气(江苏)股份有限公司	续建	占地 420 亩,一期竣工投产,二期成套电气车间竣工,下一步加快与城投和国开行的合作,先完成老厂搬迁;第二步产品扩产到 220kV 电压等级,建厂房 3.55 万平方米	2009.7	2016.6	400000	40000	成套电气车间竣工，实施老厂搬迁
21	开发区	海洋工程装备制造基地	江苏银佳集团、国电联合动力长江江苏有限公司、诺伊费德船用设备有限公司、南京晨光集团	新建	由江苏银佳集团、国电联合动力长江江苏有限公司、诺伊费德船用设备有限公司、南京晨光集团四方共同投资，主要生产 3-6MW 风电机组、船用甲板设备、RPT 管道等	2015.1	2017.12	310000	80000	诺伊费德与银佳集团合资的船用设备项目竣工;晨光 RPT 管道项目开工
22	开发区	不锈钢酸洗处理系统及防腐板材	江苏兴隆防腐设备有限公司	续建	在开发区港隆路南侧征用土地 100 亩(一期 60 亩)，新建厂房 4 万平方米,购置生产及检测设备 360 台(套)	2014.10	2016.6	60000	30000	4 万平方米厂房竣工,设备进场安装
合 计						—	—	3262000	781000	—

（市发改经信委 孙国庆）

2015年扬中市重点服务业项目汇总表

表4　　　　单位:万元

序号	项目地点	项目名称	实施单位	建设进度	建设内容及规模	开工时间	竣工时间	计划总投资	2015年计划目标	
									完成投资	形象进度
1	三茅街道	金源时代购物广场	金源博大置业公司	新建	占地90亩，建筑面积约35万平方米，建设集商业地产、特色街区、休闲娱乐中心为一体的商务综合体	2015.3	2017.12	300000	100000	基坑围护桩、止水帷幕等完工，地下设施进行埋筋浇筑
2	三茅街道	际华目的地中心	际华股份集团	新建	占地700亩，建筑面积80万平方米，主要由三个部分构成：奥特莱斯购物中心、室内休闲运动中心以及特色餐饮服务，另有相关配套的休闲服务设施	2015.4	2017.1	300000	80000	奥特莱斯购物中心基本竣工
3	三茅街道	复旦科技园	复旦科技园扬中有限公司	新建	占地118亩，建筑面积约20万平方米，建设科技研发大楼、商务配套设施等	2015.6	2018.12	300000	50000	科技园大厦完成地下工程
4	三茅街道	中兴物联网产业园	中兴通讯集团	新建	占地156亩，建筑面积约25万平方米，建设物联网开发技术中心及其附属设施	2015.3	2017.10	200000	60000	完成1栋科技园大厦建设
5	三茅街	扬中家居生活广场	红星美凯龙、城投公司	新建	占地223亩，总建筑面积40万平方米，包括家居商场、临街商铺	2015.3	2017.6	200000	30000	家居商场完成地下工程
6	三茅街道	交通物流集聚区	四通物流有限公司	新建	占地432亩，建筑面积约10万平方米，主要建设物流园区、汽车4S店、机动车综合性能检测站、招商大楼等	2015.4	2017.8	136000	50000	招商大楼基本竣工，园区主副干道、污水管网等基础设施建设基本完工
7	三茅街道	纺织品批发市场	江苏东煌工艺品有限公司	新建	占地50亩，建筑面积约10万平方米，建设集家用纺织品研发、销售、结算于一体的专业市场及配套设施	2015.6	2017.12	50000	20000	地下围护桩完成施工
8	三茅街道	时代广场商业综合体	扬中宏大工贸公司	新建	占地50亩，建筑面积约10万平方米，建设商务办公、酒店、大型超市等综合商住设施	2015.3	2017.12	50000	20000	完成地下工程
9	三茅街道	丽笙大酒店	荣马集团	新建	占地22亩，建筑面积约4万平方米，建设高档酒店、商务办公及附属商业设施	2015.3	2017.6	30000	10000	完成地下工程

续表 4

单位:万元

序号	项目地点	项目名称	实施单位	建设进度	建设内容及规模	开工时间	竣工时间	计划总投资	2015 年计划目标	
									完成投资	形象进度
10	三茅街道	雨润广场二期	镇江雨润中央购物广场有限公司	续建	占地 35 亩，建筑面积 10 万平方米，由商业建筑群组成	2013.10	2016.6	120000	40000	B 地块竣工交付,C 地块封顶
11	新坝镇	电气工业品交易中心	大航控股集团有限公司	续建	占地 115 亩,一期用地 75 亩，建设 1 幢综合商务楼,8 幢商铺门市房,3 幢沿街商铺楼;二期用地 40 亩,建设 1 幢仓储用房,8 幢商铺门市房及附属房(包括中国工程电气博物馆)	2012.1	2016.12	200000	15000	一期全部完工并交付,二期仓储用房基本完工,中国工程电气博物馆完工
12	新坝镇	雷公岛高端旅游度假区	大全集团	续建	占地 1.2 万亩，建筑规模 10 万平方米，分体育运动区、观光农业区等,主要建设宾馆、温泉、观江楼等,同步实施老堤改造、新堤建设、岸线汽渡码头及相关配套设施	2014.1	2017.12	200000	40000	完成码头、观光农业区、温泉度假村部分建设
13	新坝镇	渡江文化园二期	扬中市欣欣文化服务有限公司	续建	在新坝新治村征地 80 亩,实施渡江文化园二期项目,新建滨水码头区、市民健身活动区、人文休闲带、生态停车区、射击靶场等项目	2015.3	2016.1	8000	8000	竣工
14	开发区	镇江港扬中港区兴隆作业区圣灏通用码头	江苏圣灏港务有限公司	续建	占地 784 亩,占用岸线 582 米，新建 50000DWT 通用泊位和 50000DWT 多用途泊位各 1 个	2012.1	2016.12	100000	20000	完成水域工程，陆域工程开工建设
15	三茅街道	苏南汽车城	江苏圣灏港务有限公司	前期	占地 200 亩,建设苏南汽车城,主要从事高档汽车的销售及服务	2015.1	2017.12	60000	—	启动拆迁工作
合　计						—	—	2254000	543000	—

(市发改经信委 孙国庆)

2015年扬中市重点农业项目汇总表

表5 单位:万元

序号	项目地点	项目名称	实施单位	建设进度	建设内容及规模	开工时间	竣工时间	计划总投资	2015年计划目标	
									完成投资	形象进度
1	新坝镇	雷公岛生态休闲农业基地	大全集团	续建	新建1600亩现代化农场、1500亩江鲜养殖基地、温泉度假村等	2013.1	2017.12	100000	100000	建设1500亩现代化江鲜养殖基地,新筑6公里高标准江堤,新修12公里硬化道路,并配套1600kw电力设施,以及日处理量30吨的净水设备;新建丰乐桥至雷公岛汽渡及客运码头各一座
2	渔业园区	江苏省水产种业创新基地	江苏省淡水水产研究所	续建	总面积475亩,建设斑点叉尾鮰种质创新中心、河蟹种质创新中心、长江特色鱼类种质保护利用中心及设施渔业	2013.1	2015.12	12000	2500	建设斑点叉尾鮰种质创新中心、河蟹种质创新中心、长江特色鱼类种质保护利用中心及设施渔业
3	渔业园区	江苏省渔业技术推广示范基地	江苏省水产技术推广中心	续建	占地面积517亩,建设繁培实验区、新品种和新技术示范区、公共服务与综合管理区等六大功能区	2013.1	2015.12	10000	4000	建设繁培实验区、新品种和新技术示范区、公共服务与综合管理区等六大功能区
4	渔业园区	珍稀鱼种保护利用基地	中国水科院淡水水产研究中心	续建	占地面积304.8亩,建设长江珍稀鱼类研究保护科技创新中心、循环水养殖示范基地、水产养殖互联网示范中心等	2014.12	2017.12	12000	6000	新建实验室6000平方米、智能型繁育车间4000平方米、良种选育车间4000平方米、越冬保种温室4000平方米、饲料加工实验室1000平方米,以及附属设施等
5	渔业园区	渔业园区河豚工厂化养殖基地	镇江江之源农业科技公司	续建	总面积709亩,建成年上市100万尾高品质的长江河豚工厂化养殖基地	2013.1	2015.12	17000	5000	新建河豚展示馆260平方米、工厂化养殖大棚1.5万平方米、硬质化道路2万平方米,以及养殖设施用房等
6	三茅街道	东风休闲农业园	浙江台州浩成电器有限公司	新建	流转土地200亩,引进特种苗木、果树、特色垂钓等,建设特色休闲农业园	2014.9	2017.9	2500	1000	完成土地流转,整理土地,开挖排水沟渠、鱼池,引栽部分苗木、果树
7	油坊镇	名贵花木培育基地	上海中银地产有限公司	新建	流转土地500亩,培育名贵花木	2015.4	2015.12	1200	1200	完成土地流转,形成初步园木林
合计						—	—	154700	29700	—

(市发改经信委 孙国庆)

财 政

【概况】2015年，扬中市一般公共预算收入34.03亿元，比上年增长10.79%；全年争取项目资金5.47亿元、调度往来资金3.50亿万元，争取新增及置换债务转贷收入10.42亿元。

认真落实国家结构性减税政策，严格落实国家和省明令取消、停征和减免收费基金的规定，会同物价部门下发《关于建立收费单位收费情况年度报告和清单制度及开展收费统计工作的通知》，清单之外一律不再收费。全年兑现工业企业转型升级奖励1089.57万元、科技奖励213万元、外贸奖励199.7万元、旅游服务业奖励32.71万元、交通运输企业"营改增"超税负财政奖励2500万元；协同相关部门上报项目216个，争取补助资金7179.35万元。积极推进产业"三集"发展，大力推进产业园区建设；研究出台支持楼宇产业园建设相关政策，大力发展楼宇经济；推进"金屋顶"工程，加快光伏产业发展和光伏应用项目建设，在全省率先对光伏发电项目实行地方补贴。探索PPP融资新模式，筛选建立PPP项目库，推荐入选省项目库4个；扩大"苏科贷"范围，新增"镇科贷""投联贷"扶持方式，增加科技成果转化风险补偿专项资金规模，累计为52家企业发放贷款1.16亿元；充分发挥小微企业还贷周转金作用，为293户企业发放还贷周转金1.75亿元；设立创新投资引导基金，注资1.13亿元成立扬中市创新投资有限公司，全力推进企业上市工作，全年有5家企业成功挂牌"新三板"，签约企业达23家，对上市企业财政补助1078.3万元。

全市全年安排农业支出4.03亿万元(剔除省市专项)，比上年增加8357万元，增长26.18%。兑现2014年度各类农业奖励442万元；全年向上申报项目106个，争取资金1.43亿元。发放种粮、农机具购置、秸秆还田等补贴1901.42万元；全额承担种植业农民应缴保费118万元；政策性保险理赔524.95万元。安排复垦资金4542万元，其中：增减挂钩2692万元、占补平衡1850万元。拨付农业综合开发土地治理项目资金650万元，财政投入860万元建成省级农桥19座、实施一事一议项目30个；安排资金413万元帮扶经济薄弱村增加村集体经济收入。投入"八位一体"运行维护资金1972.74万元、小型农田水利管护资金800万元；争取"美丽乡村"建设项目资金740万元，拨付绿化造林补贴900万元，奖励秸秆禁烧及综合利用350万元；投入13811万元(含上级补助)加快农田水利现代化建设。

2015年起，扬中市实施免费师范生培养项目。符合条件的师范生在校学习期间，由市财政支付学习资助金（免除学费、免缴住宿费），并补助家庭经济困难的学生生活费。图为参与该项目的师范生

全年民生支出29.68亿元，同口径比上年增加4.65亿万元，增长18.59%。全年教育投入9.05亿元，比上年增加1.75亿万元，增长23.96%。投入2.73亿元深化医药卫生体制改革。发放创业担保贷款3978万元，贴息187.67万元，对符合条件的初始创业者给予每户2000元创业补贴；对"零就业"家庭实行及时就业援助，"零就业"家庭动态为零。安排社会保障支出3.68亿元，比上年增加6752万元，增长22.47%。发放被征地农民保障资金4300万元；支持完善"金保工程"建设；居民医保财政补助标准由人均330元提高至430元；老年居民补贴标准由每月90元提高至105元；调整2013年年底前退休人员养老金，人均月增资208元；城乡低保和重残补助标准由每月580元提高至610元，发放城乡低保金997万元、重残补助1750万元；规范困难群众临时生活救助，出台《扬中市困境儿童分类保障实施细则》，实施临时生活救助261人次25.06万元；五保分散供养、集中供养标准由每月520元、650元提高至610元、700元；安排文体支出1.54亿元；安排2.02亿元保障政法机关履职履责。开通商业贷款直转公积金贷款、异地公积金贷款、组合贷款、公积金按揭贷款等惠民政策，进一步降低贷款门槛和职工购房成本，推出公积金提取网银直联支付、网上汇缴等便民服务，全年发放职工个人贷款2.61亿元。

（市财政局 左鹏）

【行政中心国有资产管理】2015年，扬中市机关事务服务中心进一步完善政中心各类固定资产统计登记制度，健全房屋、车辆、办公家具、设施设备、园林绿化等国有资产的专项数据库，做到资料全、数据准、底数清。通过数据采集、定量分析，全面掌握供需动态信息。完善资产管理制度和标准，推进规范化、制度化。继续抓好全市办公用房清理工作，巩固整改成效，完善长效管理机制。

（市机关事务服务中心 顾正雯）

税　务

【国税】2015 年，江苏省扬中市国家税务局完成全口径国税总收入 22.37 亿元，比上年增长 6.06%，实现公共财政预算收入 6.63 亿元，增长 7.82%。各收入项目之间增幅合理，其中一般增值税入库 15.39 亿元，比上年增长 6.9%，企业所得税入库 3.71 亿元，增长 9.09%，营改增效应持续放大，改征增值税收入入库 9159 万元，增长 13.48%，是镇江四个辖市(区)局唯一正增长的单位。全年清理本年新欠 110 户次 2910.80 万元，清理往年陈欠 8 户次 212.85 万元，陈欠清欠率 28.26%。截至 2015 年年末，往年陈欠余额 541.13 万元，本年新欠余额 85.27 万元，占全年应缴税款的 0.041%，欠税管理成效明显。　（市国税局　董李冬）

【地税】2015 年，镇江市扬中地方税务局辖管纳税人 2.09 万户，其中内资企业 8995 家，合资外资企业 201 家，个体工商户 11672 户。全年征收入库税金费总收入 356594 万元，比上年增长 2.78%，其中公共财政预算收入 225864 万元，增长 12.5%。全年企业自行申报公共财政预算收入占比 77%；营业税实现增幅 11%；个人所得税实现增幅 9%；核查房产税、屋土两税税源，新增税源 875 万元、查补往年 597 万元，其中 30 强企业新增税源 359 万元、查补往年 266 万元；个体税收，同比增长 7.7%。规范税收优惠政策的落实，全年办理 7500 户次、减免税费 1.7 亿元，落实省政府小微企业基金减免政策少征基金 5700 万元。

（市地税局　包劲松）

【“112 民心秤”工程编入《建设服务型机关党组织典型案例 100 个》】2015 年，镇江市扬中地方税务局持续推进“112 民心秤”工程(“112 民心秤”工程主要内容是面向所有服务

市地税工作人员为军转干部、随军家属和城镇退役士兵讲解自谋职业和再创业优惠政策

对象，坚持一次性告知、一站式服务、确保办税事项二次办结率 100%)，进一步优化纳税服务，确保二次办结率 100%。全年编发“112”督查通报 23 期，并对 7 人次处以通报批评、扣罚绩效考核奖的处罚。4 月，“112 民心秤”工程案例被中央紫光阁杂志社编入《建设服务型机关党组织典型案例 100 个》一书。　（市地税局　包劲松）

统　计

【概况】2015 年，扬中市统计局完成第三次全国经济普查任务，建立起覆盖国民经济各行业的基础数据库，市统计局被国家统计局评为经济普查先进集体。改版扩容《经济动态》《统计年鉴》、“三集”手册等数据产品。发布《统计分析》226 篇，《经济动态》24 期，编印《统计专报》36 期，多期专报获市领导批示。创新开展智能电气产业转型升级、现代服务业发展路径等课题调研 2 项。连续 20 年牵头开展“三十强”等“突出贡献企业”评选工作，牵头参与城市综合竞争力评价。开展农村低收入人口、公众安全感、创卫满意

统计工作人员开展 1%人口抽样调查入户登记

度等统计调查 16 项，客观反映扬中市经济和社会发展现状。全市 691 家规模企业全部实现联网直报，企业规范化建设达标率达 90%以上。　（市统计局　王晓燕）

【扬中市启动 1%人口抽样调查入户登记】2015 年，作为逢“5”年份开展的“小人口普查”，扬中市 2015 年 1%人口抽样调查全面进入入户登记阶段。11 月 1 日，扬中市举行启动仪式，开展入户调查登记。此次调查历时半个月，全市 30 余名调查员和调查指导员将佩戴标准证件，在 18 个调查村(社区)开展现场入户登记。　（市史志办）

安全生产监督管理

【概况】2015 年，扬中市实现连续第 13 年无较大事故的防

市长潘早云(右一)带队开展安全生产检查

控目标同时,全年死亡事故起数大幅下降。全年发生各类安全生产事故92起,比上年下降33.3%。死亡19人,伤37人,直接经济损失177.46万元。其中发生道路交通事故45起,死亡17人,伤37人;发生工商贸事故2起,死亡2人;发生火灾事故45起,无人员伤亡。每亿元地区生产总值生产安全事故死亡人数为0.038,低于省控线0.06,在全省处于领先水平。

全市签订安全生产责任状6500余份,签发公示安全承诺4000余份,公开告知职业危害等事项1000余条,发放《企业安全生产责任体系"五落实五到位"》挂图1000份,督促企业全面落实主体责任。

继续开展危险化学品、烟花爆竹、职业卫生、道路交通、建筑施工、人员密集场所等专项整治。①危险化学品和烟花爆竹:关闭化工企业4家,提标改造危化企业10家(顺鹏化工等3家企业完成在役化工装置的设计诊断,合成化工等3家企业完善危险工艺的自动化控制,宏达化工、惠隆化工等4家企业完成罐区改造),立案处罚化工企业3家,取缔非法加油点2家,成功处置"8·26"氯磺酸运输车辆侧翻事故。换证审查104家烟花爆竹经营店,吊销烟花爆竹经营许可证1家,查处烟花爆竹非法经营行为8起,销毁非法烟花爆竹1356箱。②职业卫生:普查职业卫生用人单位1915家,开展金属表面、造船、水泥等8个行业42家重点单位职业卫生专项整治,审批职业卫生"三同时"(职业卫生"三同时",即生产经营单位新建、改建、扩建工程项目的职业卫生设施,必须与主体工程同时设计、同时施工、同时投入生产和使用)15家,全面规范职业卫生防护标准。③道路交通:查处酒驾192起,其中查处醉酒120起且全部追究刑事责任,查处各类交通违法行为35.4万起;有效加强路面管控,增加临时停车位788个、交通标志255块,整治交通安全隐患260条。④建筑施工:全面检查全市31个在建工程,下发整改通知书27份,停工通知书1份;对起重机械、深基坑、脚手架等关键环节实行分部分项施工方案,强化防范措施落实;创建省级文明工地2个,镇江市级文明工地5个。⑤人员密集场所:调整利民市场监管体制,成立市场行政执法办公室,由公安、市场、城管等执法部门派驻专职人员负责市场监管和执法,确保有效防控利民市场隐患。开展中民巷、富民巷、宝岛路69家服装加工户安全生产集中整治行动,关闭7家,停工62家。

危化品应急救援演练活动

先后开展春节前、春季、五一、夏季、国庆等重要节点、时段大检查活动,按照"企业自查自纠率100%、重点危险源点检查面100%"和"重点企业专家检查面100%、隐患整改率100%"的要求,全面排查治理各类事故隐患。全市全年组成检查组760个,检查生产经营单位1.2万家次,排查重点危险源点86个,排查治理各类隐患3.7万条,整改率98.8%,挂牌督办的4条重大隐患,均完成已整改、摘牌、销号。(市安全生产监督管理局 赵伟航)

【农机安全生产】2015年,扬中市组织开展农机安全生产宣传教育、培训,强化基础管理和隐患排查,进一步健全和完善长效管理机制,巩固"平安农机"创建成果。先后组织开展"打非治违"和农机安全生产检查整改专项行动等活动。全年检验合格各类拖拉机1312台、联合收割机213台,与农机手签订农机安全生产责任书1200余份。排查农机安全隐患293起,整改293起。开展多种形式农机安全执法检查30余次,检查机具763台,纠正违法行为284起,配合公安交警检验事故拖拉机9台。举办农机驾驶操作人员培训班9期,培训850余人次。全年农机安全生产形势继续保持稳定无事故。(市水农局 张纪祥)

【安全生产事故查处】2015年,扬中市调查处理9起生产安全事故(其中工商贸企业职工死亡事故2起),处理事故单位9个,处理单位主要负责人9人。

(市安全生产监督管理局 陈建)

表 6

2015 年扬中市企业职工死亡事故统计表

时间	事故单位	伤亡情况	备注
2015 年 4 月 4 日	扬中市永新镀业有限公司	死亡 1 人	2015 年 4 月 4 日，扬中市永新镀业有限公司操作工程某(男，45 岁，安徽蚌埠人)在巡视全自动龙门挂镀线时，不慎被挤压在龙门架与支撑柱之间，经抢救无效于 4 月 4 日 5 时许宣告死亡。
2015 年 8 月 14 日	镇江市新天机电设备有限公司	死亡 1 人	2015 年 8 月 14 日，镇江市新天机电设备有限公司开关柜壳体车间剪板工杜某(男，63 岁，扬中市新坝镇人)在起吊铁板过程中，将头部伸入铁板之下，铁板从索具中滑脱砸中其头部，致其当场死亡。

(市安全生产监督管理局 陈建)

企业人员参观安全生产案例警示展览

【小微企业安全生产标准化工作】从 2014 年起，扬中市每年设立专项资金约 60 万元，计划用三年时间使全市 600 余家小微企业全部推进到位。2015 年，扬中市继续实施奖励扶持政策，调动小微企业创建积极性，通过标准化的小微企业每户奖励 3000 元。2015 年年底，449 家规模以上企业达到三级标准化，有 2 家(荣昌化工、新韩通)创成二级标准化企业，498 家小微企业标准化达标。扬中市小微企业标准化创建工作经验得到省安全生产监督管理局肯定，并以转发文件的形式在全省推广，《中国安全生产报》也作相关报道。(市安全生产监督管理局 赵伟航)

市场监督管理

【概况】2015 年，扬中市市场监督管理局履行“先照后证”双告知职责，全面实施“三证合一、一照一码”(见 P75)登记模式，进一步降低市场准入门槛，市场活力得到有效释放，新登记各类市场主体 2758 家，比上年 18.3%，私营企业和个体户总数分别突破 8700 家和 1.7 万家。5 月 26 日，扬中市市场监管局发放首张营业执照、组织机构代码证、税务登记证“三证合一”证照，8 月 13 日，设立“三证合一”综合窗口，9 月 26 日，颁发镇江市首张“一照一码”营业执照。

威腾母线成为扬中市第八件中国驰名商标，自主品牌企业增加值占地区生产总值比重突破 24%，居镇江首位。

实施标准领先战略，引导全市企业将科技成果转化为标准，确认全市 506 家企业的 1765 个标准的有效性，备案登记企业标准 385 个，完成采标 21 项。新获批省级战略性新兴产业标准化试点项目 1 项，省级地方标准 4 项，市级农业标准化试点项目 1 个。国家级村级公共服务运行维护标准化试点项目进展顺利，完成体系编制和二次验证。

落实企业公示信息抽查、经营异常名录管理、黑名单管理等新制度，开展企业信息抽查 629 户，企业年报率 90%。有 2493 户市场主体被列入首批经营异常名录。

开展“守合同、重信用”活动，全年新培育扬中市级“守合同、重信用”企业 26 家，镇江市级“守合同、重信用”企业 11 家，省级“守合同、重信用”企业 11 家。

检定、校验各类计量器具 1900 余台，服务企业 990 余家，完成定量包装产(商)品计量检测和过度包装检测 227

市政府调研市场监管工作

个批次,净含量检验165批,检验合格率100%。

(市市场监督管理局 倪天祥)

【扬中市全面推行"三证合一"制度】2015年8月11日,扬中全面实施"三证合一"(营业执照、组织机构代码证、税务登记证)登记制度。"三证合一"采取"一窗式"受理,市场主体在一个窗口只需一次性提交相关手续,就可以同时申请办理工商、质监、国税、地税四个部门的证照,不需要往返四个部门重复提供资料,真正实现"一窗"受理、"一窗"发证。办结时间由10天~15天缩短至3个工作日,"三证合一"将营业执照、组织机构代码证和税务登记证的申请实现"一表申请",为市场主体提供便利。市场主体到银行、住建、规划等部门办理有关手续只需带一份营业执照,多种证照号码一目了然,证照使用更为方便。 (市史志办)

【食品安全】2015年,扬中市以城乡结合部、校园及其周边、旅游景区、自然村老埭为重点区域为重点区域,重点监控餐饮集中区、旅游景区、大型餐馆,开展虫草类保健食品、白酒、春季学校食堂食品安全、问题猪肉牛肉等20余项专项检查,排查处置食品安全隐患165条,查处食品案件39件,销毁不合格食品826公斤,全年没有发生重大食品安全事故。 (市市场监督管理局 倪天祥)

市场监管局开展食品安全专项整治

【扬中发出首张新版"SC"食品生产许可证】2015年12月,扬中发出首张"SC"食品生产许可证,由扬中市米奇食品有限公司领取,标志着使用10年的"QS"(工业产品生产许可证)被"SC"(食品生产许可证)取代。"SC"证主要有四大变化:一是申请资格上新增个体工商户;二是将保健食品、特殊医学用途配方食品等列入生产管理范畴;三是有效期从三年延长至五年;四是新增企业社会信用代码(个体生产者为身份证号码)等信息。副本新载明食品明细和外设仓库地址,这是该信息首次出现在食品生产许可证上。

(市史志办)

【药品安全】2015年,扬中市以假冒进品药品、假冒知名品牌药品、假劣疫苗、假劣血液制品、擅自添加药品活性成分药品、违法广告药品等行为为打击重点,开展药品安全专项整治,全市药品市场秩序得到有效规范。

(市市场监督管理局 倪天祥)

【农产品质量安全】2015年,扬中市规范检疫程序,产地检疫肥猪4.16万头,屠宰检疫生猪7.63万头;开展全市生猪养殖、屠宰、餐饮消费等环节专项督查,全年抽取生猪尿样4188份,开展"瘦肉精"各类品种检测1.26万次,合格率100%。查处各类违章行为1起,其中一般程序案件1起,确保全市未发生畜产品质量安全事故;加大农产品农药残留检测力度,重点抽样检测果蔬生产基地、农贸市场蔬菜农药残留。抽取蔬菜样品4038个,检测合格率100%;开展农资打假专项行动,全年出动执法人员1403人次,检查农资生产经营企业593家,抽取样品193个,合格样品187个,合格率96.9%,立案查处6起,涉及金额1.5万元,退市1320公斤。全年未发生重大农产品质量安全事故。

(市农委 张荣根)

【消费者权益保障】2015年,扬中市市场监督管理局整合12315、12331、12365等投诉平台,统一投诉处理流程,及时受理、分流、督办、反馈各类投诉举报。全年受理消费者投诉举报373件,为消费者挽回经济损失54.2万元,办结率为100%,消费者满意率95%以上。人民银行扬中支行受理金融消费者投诉和咨询3起,处理3起,办结率100%。

(市市场监督管理局 倪天祥)(市人行 王霞)

消费者权益日现场活动

【镇江市市长质量奖现场评审活动】2015年7月13日~14日,镇江市市长质量奖现场评审活动在有能集团威腾母线举行。评审专家组由南京理工大学教授韩之俊,江苏大学京江学院院长路正南,江苏大学博士王健,江苏科技大学博士徐兰,镇江市质监局质监处处长杨建国等5位江苏省质量管理专家组成,韩之俊担任评审组组长。有能集团江苏威腾母线有限公司是扬中市唯一一家进入本次镇江市市长质量奖现场评审阶段的代表企业。评审专家组在为期2天的评审中,最终认定整体优良。

(市市场监督管理局 倪天祥)

商 标

【扬中市第八件中国驰名商标】2015年8月,国家工商总局商标局下发批复,江苏威腾母线有限公司使用在商标注册用商品和服务国际分类第9类母线槽、高低压开关板、传感器商品上的“WETOWN及图”注册商标,在案件管理程序中获得总局驰名商标保护认定,成为扬中第8件中国驰名商标。

(市史志办)

【“扬中河豚”等注册国家地理标志证明商标】2015年3月,国家工商行政管理总局商标局网站公布《2014年度已注册和初步审定地理标志商标名录(一)》,“扬中秧草”“扬中江蟹”“扬中刀鱼”“扬中江虾”“扬中河豚”等5个国家地理标志证明商标名列其中。成功注册地理标志,就能依据《商标法》打击“李鬼”、树立品牌,让扬中的特色美食更加产业化和规范化。

(市农委 温兰全)

扬中市全国驰名商标表 (截至2015年12月31日)

表7

企业名称	获得时间	商标
华鹏集团公司	2010年	华鹏
大全集团有限公司	2010年	大全
镇江飞达制衣有限公司	2010年	宜禾
长江(扬中)电脱盐有限公司	2012年	—
中电电气集团有限公司	2008年	—
江苏绿扬电子仪器集团有限公司	2010年	绿扬及图
江苏万奇电气集团有限公司	2014年	—
江苏威腾母线有限公司	2015年	WETOWN及图

(市市场监督管理局 倪天祥)

扬中市“江苏省著名商标”企业名单 [截至2015年12月31日(新坝)]

表8

序号	商标	注册人名义/利害关系人	注册证号	类别	核准使用商品/服务
1	SAIL	扬中市江南砂布有限公司	1636355	3	砂布;砂纸、玻璃砂纸、玻璃砂布、研磨材料
2	DALICHENG	江苏大力城电气有限公司	3224002	6	金属管道配件、金属管道接头、金属管道等
3	首发	江苏省华能电气有限公司	633206	6	桥架,母线槽
4	图形	江苏成城电气有限公司	3074078	9	高低压开关柜等
5	华鼎	江苏华强电力设备有限公司	3497066	9	母线槽、高低压开关柜

续表 8

序号	商标	注册人名义/利害关系人	注册证号	类别	核准使用商品/服务
6	灿辉	江苏华威线路设备有限公司	8026424	9	母线槽、开关柜
7	恒润及图	江苏江城电气有限公司	710574	6	电缆桥架、母线槽
8	SIMMCOS	江苏西门控电器有限公司	1913268	9	高低压开关柜;控制板(电);母线槽;配电控制台(电)等
9	WETOWN	江苏威腾母线有限公司	6483920	9	断路器;电器接插件;配电箱(电);母线槽;接线盒(电)
10	华扬	镇江华扬乳胶制品有限公司	515710	10	乳胶手套
11	图形	江苏超宇电气有限公司	3192776	9	插座、插头和其它连接物(电器连接),母线槽,配电箱(电)
12	新坝电气	江苏新坝电气有限公司	3487308	9	母线槽,高低压开关柜
13	苏正	江苏正泰电气集团有限公司	6414295	9	母线槽,高低压开关柜,配电箱(电)
14	华彤	江苏华彤电气集团有限公司	4422112	9	母线槽,高低压开关柜,配电箱(电)
15	坤全	江苏坤全电气有限公司	7480657	6	金属阀门,电缆桥架
16	宇衡	江苏宇恒电气有限公司	7546237	9	母线槽,配电箱
17	浩翔	江苏浩顺电气制造有限公司	3122442	9	母线槽
18	FT	江苏福泰电力设备有限公司	7308451	6	金属支架,桥架
19	飞林	江苏乾元飞达电力设备有限公司	4204052	6	金属管道接头
20	扬达	扬中市协隆电力设备有限公司	5943722	7	过滤机、升降设备
21	康尔臭氧	江苏康尔臭氧有限公司	6659763	11	气体发生器
22	士林	江苏士林电气设备有限公司	4097289	6	电缆桥架
23	鑫开源	江苏鑫开源电气集团有限公司	6659242	9	母线槽,开关柜

(市市场监督管理局 倪天祥)

扬中市"江苏省著名商标"企业名单 [截至 2015 年 12 月 31 日(城区)]

表 9

序号	商标	注册人名义/利害关系人	注册证号	类别	核准使用商品/服务
1	太空	江苏华美制衣有限公司	3173812	25	工装、衬衫、制服、T恤衫等
2	辉跃及图	镇江市华东化工电力设备总厂	1135559	6	电缆桥架、金属门
3	申安及图	扬中市南方矿用电器有限公司	860726	9	甲烷检测仪器
4	三业 Sunye 及图	扬中市三叶咸秧草有限公司	4355358	29	腌制蔬菜等
5	春艳及图	江苏绿洲制衣有限公司	149545	25	服装、民族服装、防护服装
6	纽普兰	镇江电站辅机厂有限公司	7439198	7	电站用锅炉及其辅助设备等
7	上飞	镇江市营房塑电有限公司	570096	17	塑料管、板、条杆等

续表 16

序号	商标	注册人名义/利害关系人	注册证号	类别	核准使用商品/服务
7	图	镇江荣诚管业有限公司	5516679	—	水龙头、排水管道设备
8	FUSHAN 及图	江苏泓彦塑料制品有限公司	1588067	17	密封环
9	星河及图	江苏星河集团有限公司	4042241	—	塑料管
10	富安及图	江苏新锐塑料科技有限公司	565829	17	工程塑料、硅橡胶

(市市场监督管理局 倪天祥)

扬中市"镇江市知名商标"企业名单 [截至 2015 年 12 月 31 日(油坊)]

表 17

序号	商标	注册人名义/利害关系人	注册证号	类别	核准使用商品/服务
1	友 谊	江苏友谊手套服饰有限公司	3604181	25	手套、皮手笼等
2	宇 全	镇江扬子电器仪表设备有限公司	3256457	6	金属管道接头,金属阀门(非机器零件),电缆桥架,金属管道配件
3	雪 蓝	扬中市大庆禽业有限公司	4673816	29	蛋郭大庆
4	海 纬	江苏海纬集团有限公司	4497523	6	电缆桥架,金属阀门(非机器零件)
5	太阳之花	江苏太阳集团有限公司	6901702	6	电缆桥架,建筑用金属架,金属焊条
6	鼎 荣	江苏鼎荣电气集团有限公司	4940060	6	金属阀门(非机器零件),金属管道弯头,金属管道接头
7	江 峰	江苏万利制鞋有限公司	8523877	25	帽,手套(服装)
8	国刚及图	江苏国美钢网桥架有限公司	8370924	6	桥架
9	万固及图	江苏万成电气集团有限公司	5440754	6	桥架
10	同中及图	扬中市同中电光源有限公司	579819	11	灯头,灯泡

(市市场监督管理局 倪天祥)

扬中市"镇江市知名商标"企业名单 [截至 2015 年 12 月 31 日(八桥)]

表 18

序号	商标	注册人名义/利害关系人	注册证号	类别	核准使用商品/服务
1	派 登	江苏派登鞋业有限公司	599732	25	鞋
2	春 江	镇江丰成特种工具有限公司	1609882	8	金刚砂轮、金刚砂、磨轮磨具
3	特航及图	扬中市特航鞋业有限公司	662965	25	鞋、轻便鞋
4	伟民及图	镇江伟民新材料制品有限公司	3060698	17	密封环、垫片,填充垫圈,高压锅圈,密封物等
5	图 形	江苏华太电力仪表有限公司	5338606	6	电缆桥架,金属阀门(非机器零件),金属弯道接头
6	沪 扬	镇江市沪扬电器成套有限公司	4916110	11	加热装置,电加热装置,加热元件

续表 18

序号	商标	注册人名义/利害关系人	注册证号	类别	核准使用商品/服务
7	威 宇	江苏威宇电力设备有限公司	4770300	11	电加热器,加热元件,水加热器(仪器)
8	倩 扬	扬中市同胜劳保鞋服厂	640680	25	鞋,手套,服装
9	宏宇及图	镇江宏宇厨具有限公司	6602831	—	厨房用具
10	施达尔	江苏施达尔电气有限公司		—	—
11	海天及图	江苏海天微电子科技有限公司	9021308	9	微电子产品技术研发、接线盒
12	图形	扬中市红光金属制品有限公司	13265383	9	数据处理设备、计算机外围设备
13	利民纸品	江苏利民纸品包装有限公司	12417366	—	卡纸板制品

(市市场监督管理局 倪天祥)

表 19 **扬中市“镇江市知名商标”企业名单** [截至 2015 年 12 月 31 日(西来桥)]

序号	商标	注册人名义/利害关系人	注册证号	类别	核准使用商品/服务
1	图 形	江苏海晟涂料有限公司	6589902	2	油漆,稀释剂,底漆
2	秦桂兰及图	扬中市秦桂兰柳编专业合作社	9484386	—	柳条制品
3	佳旺华及图	扬中市佳旺华电器有限公司	9339640	—	高压防爆配电装置
4	TF	扬中市通发实业有限公司	—	—	—

(市市场监督管理局 倪天祥)

物价管理

【**概况**】2015 年,扬中市物价部门集中清理全市 256 家行政事业性收费,审定下发行政事业性收费、政府制定价格的经营服务性收费、涉企收费、涉房收费、涉车收费、入驻市行政服务中心的中介(经营)服务收费、涉企行政审批前置服务收费“七大目录清单”,严格实行目录清单之外无收费。

依据法定程序,修订完善扬中市居民用天然气阶梯价格政策,降低非民用天然气和车用天然气销售价格。开展区域供水价格改革,上半年调整城乡自来水价格,全面实行城乡同网同价,并启动阶梯水价的工作。

启动药品价格改革,除麻醉药品和第一类精神药品外,取消原政府制定的药品价格,由市场竞争形成药品价格交易机制。 (市物价局 何梦晨)

【**扬中市天然气阶梯价格改革听证会举行**】2015 年 12 月 11 日,扬中市物价局召开扬中市居民生活用管道天然气阶梯价格改革听证会。8 名消费者、1 名经营者、2 名专家学者以及部分人大代表、政协委员、政府部门及社会组织代表参加听证会。本次气价听证方案在保持绝大多数居民基本需求的前提下,结合天然气供销实际和近三年居民家庭生活用气状况,参照省内其他城市气价改革情况,考虑今后经济发展、居民生活水平提高等因素,按“适当扩大居民分档气量、适当放宽各阶梯比价”原则确定。 (市史志办)

【**平价商店管理**】2015 年,扬中市平价商店坚持每天向广大市民特别是低收入群体,推出青菜、西红柿、大白菜、萝卜、茄子、粮油、肉蛋等 35 种以上居民常用主副食品。全年平价商店销售各类平价农产品 353 万公斤,其中蔬菜 159 万公斤、粮油肉蛋 194 万公斤,为广大市民减轻负担 211 万元。 (市物价局 何梦晨)

【**市场价格监测与预警**】2015 年,扬中市物价局跟踪监测全市 49 种主副食品价格、510 种药品价格、25 种农资价格、11 种工业生产资料价格,定期向全市足报企业及行政管理部门提供价格趋势分析。在重大节日期间,提前进入市场监管监测状态,实行价格动态每日一报。全年向市政府报送市场价格要情 180 余份,向市民发送市场价格信息 360 余条。建设运营“扬中智慧物价”系统,通过网站、客户端对外公布相关价格政策和信息。 (市物价局 何梦晨)

产业经济

农 业

·综 述·

【概况】2015年，扬中市完成农、林、牧、渔业总产值23.53亿元，比上年增长8.49%。其中：种植业产值11.52亿元，增长8.90%；林业产值0.87亿元，增长5.31%；牧业产值3.13亿元，增长3.09%；渔业产值3.64亿元，增长15.71%。粮食种植面积1.29万公顷，比上年减播4.14%；粮食总产量9.84万吨，比上年减产4.15%，其中秋粮产量6.38万吨，减产3.27%。油料种植面积650公顷，比上年减播5.67%，油料总产量1575吨，减产8.54%。新增设施农业面积343.33公顷，高效设施农业占耕地比重25%以上。蔬菜面积3540公顷，比上年增加150公顷。在主要农产品中，肉类产量9094吨，比上年下降4.46%；出栏家禽93.04万只，下降2.51%；蛋类产量3288吨，下降2.03%；水产品总产量7550吨，增长3.34%。全年投入农业综合开发资金715万元，建设高标准农田533.3公顷。（市统计局 陆文龙）

【江苏省渔业工作现场会在扬中市召开】2015年7月14日，江苏省现代渔业工作现场会在江苏扬中现代渔业产业园区召开。本次会议由江苏省海洋与渔业局举办，参会代表有省海洋与渔业局及各处室领导、省辖市及省直管县渔业主管部门领导等80余人。

良田万顷

在现代渔业园区，与会代表实地察看园区总体建设发展情况，重点视察镇江江之源渔业科技有限公司、江苏省渔业技术推广示范基地、江苏省淡水所水产种业示范基地等重点入园单位的工程建设进展情况，听取入园单位在规划、建设、管理等方面的工作汇报，并与部分入园单位代表交流。与会代表充分肯定扬中现代渔业产业园区建设发展，建议下阶段进一步健全和完善园区规划设计，不断提升园区档次和品位，加强对入园单位的服务指导，争取早投产、早见效，为全省现代渔业发展做出更大贡献。镇江市副市长胡宗元、农委主任何培树，扬中市市长潘早云、副市长宫金生、农委主任印斌等陪同视察。（市农委 高 峰）

【惠农政策落实工作】2015年，扬中市全市发放粮食直补、农资综合补贴和良种补贴资金1240.9万元，涉及农户4.6万户，其中水稻直补资金196万元，农资综合补贴资金811.5万元，水稻良种补贴资金140.2万元，小麦良种补贴资金93.2万元；积极引导和鼓励有一定规模的种养大户成立家庭场，全市经工商登记的家庭农场124家，经营面积2.64万亩；全年实现农业保费收入813.46万元，农业保险覆盖率60%，其中：稻麦保险保费收入382.38万元，承保面为100%，高效设施农业保险保费收入431.08万元，占农业保险保费总收入比重的52.99%；按照"一次规划、分年实施、三年覆盖"的要求，全年实施"一事一议"财政奖补项目30个，项目总投资762.6万元，其中财政奖补资金331万元，村级集体投入431.6万元。（市农委 徐佩心）

【动物疫病防控】2015年，扬中市动物防疫工作规范有序开展，全市免疫生猪49.6万头次，山羊5.05万只次，家禽213万头份；开展集中消毒187万平方米；全年开展各类监测6740份(其中血防1700份、H7N91140份)；开展H7N9禽流感等重大动物疫病防控，组织开展禽类交易市场检查，建立防疫消毒休市制度，认真落实H7N9剔除计划。年内，扬中市获江苏省2015年度兽医工作先进县荣誉。

（市农委 沈明华）

【耕地质量建设】2015年，扬中市建立2个耕地质量提升综合示范区，开展耕地质量建设，推广应用增施有机肥、种植绿肥压青还田、稻麦秸秆全量还田和水肥一体化等综合地力培肥改土技术。建成水肥一体化示范区1个，稻麦秸秆综合利用率95%以上，亩均还草量500公斤。利用推广增施有机肥料、绿肥种植、秸秆还田、水肥一体化等培肥改土技术，从2015年起，计划通过持续5年左右的项目实施，使项目区耕地地力提高0.5~1个等级，示范带动全市耕地质量提升。

年内，全市水稻建立测土配方施肥示范区6个，示范方60个，小麦建立示范区3个，示范方30个，基本实现本地测土配方施肥技术全覆盖，全年稻麦配方肥使用面积19.5万亩次，控肥、增效、提质效果明显，项目区农户对测土配方施肥总体评价满意度98%以上。（市农委 吴文军）

【农用肥·农药】2015年，扬中市推广商品有机肥4200吨，绿肥种植实施面积1万亩；农用化肥施用量3725吨，比上年降低2.31%；农膜使用量138吨，降低4.17%；农药使用量246吨，降低4.66%；农用柴油使用量439吨，降低6%。

（市统计局 陆文龙）

技术员开展测土配方施肥项目土壤取样活动

【机插秧推广】2015年，扬中市建立水稻万亩示范片5个，千亩展示带15个，百亩丰产方50个，高产攻关田15个，集中育秧比例为100%，完成机插秧面积7.5万亩（5000公顷），占全市水稻面积的83%。（市农委 许鸿鸽）

【农业病虫害防控】2015年，扬中市化学农药使用量为250.5吨，农药使用量在去年基础上减少5.9%。高效、低毒、低残留农药使用面积在79.6%以上，植保专业化统防统治覆盖率62.5%以上。年内，全市建立水稻病虫害绿色防控核心示范区18个，面积120公顷，辐射带动推广面积666.67公顷。示范区"两迁"害虫短期预报准确率98%以上，防治处置率95%以上，防治效果90%以上，减少化学农药使用30%以上，水稻病虫为害损失率控制在5%以下。

（市农委 沈静）

注："两迁"害虫指稻飞虱、稻纵卷叶螟，是水稻主要迁飞性害虫之一。

【扬中市供销合作总社】2015年，扬中市供销合作总社积极做好"三农"服务工作。年内，农民资金互助合作社和扬中禾丰农资公司挂牌成立，进入试运行阶段。升级设立为农服务社10个，申报省级样板社1个，至年末全市有为农服务社123个（其中三星社59个、二星社9个、其他55个）。年内新建农民专业合作社7个（其中特色合作社4个），申报省级示范社3个，注册各类品牌、商标8个，年末全市合作社总数62个。组织全市6大类45个名特优农产品参展海峡两岸农展会。培训农产品经纪人202人。开展统防统治植保服务20.1万亩次。油坊农资配送中心建成并投入使用，年供应化肥3000吨左右。（市供销社 徐璐）

·农林牧渔·

【粮食种植】2015年，扬中市粮食总产量9.84万吨。水稻单产652.2公斤，三麦单产381.8公斤，连续实现粮食单产亩产"十二连增"。主推武运粳23、30号，扬麦16、20号等优势品种，继续扩大良种覆盖面，全市良种覆盖率95%以上。重点推广小麦灭茬机条播、撒播技术、机插秧技术和秸秆全量还田技术精量播种、测土施肥、"一喷三防"、统一药控等施肥新技术得到进一步的推广。

实施粮食高产增效创建省部级小麦万亩片3个，水稻万亩片5个。其中，新坝镇水稻万亩片新治方攻关田接收省测产验收，单产实产817.3公斤，创扬中水稻单产纪录。

（市农委 许鸿鸽）

【扬中市通过水稻高产创建万亩片测产验收】2015年11月3日，江苏省农委专家组来到扬中市，就水稻高产创建万亩片开展现场实产测产验收。专家组抽测新坝万亩片新治、向阳、五一三个丰产方各一块攻关田（3亩以上）的实产，测产采取实地丈量田块面积、现场收割过磅、即时测定水分的方式，准确核算产量，经转换为标准水分含量（国

263 家，实现工业总产值 789.65 亿元，销售 755.53 亿元。其中桥架等金属制造业 118 家，工业总产值 138.18 亿元，销售 132.13 亿元；开关柜 103 家，工业总产值 612.86 亿元，销售 587.20 亿元；其他 42 家，工业总产值 38.61 亿元，销售 36.20 亿元。（市发改经信委 孙国庆）

·新能源产业——绿色能源岛·

【概况】扬中新能源产业主要包括太阳能光伏、生物质能、风电核电和动力电池等行业，其中太阳能光伏形成规模。2015 年年底，扬中市有光伏及配套企业 40 余家，其中规模以上企业 30 家。全年新能源产业实现产值 275.51 亿元，其中光伏产业实现产值 251.9 亿元，增长 13.87%，生产硅片 18.1 亿片。

扬中光伏产业涵盖单多晶铸锭、电池片、组件、逆变器、焊带、碳化硅、坩埚、石墨器件、接线盒等 20 余个子项，形成硅料提纯—铸锭切片—组件封装—集成应用等较为完整的产业链，在全国县级市中独树一帜。骨干企业主要分布在新坝和新能源产业园，新能源产业园规划面积 6.5 平方公里，2015 年产业实现纳税销售 100.3 亿元。

2015 年，扬中光伏企业更加注重生产工艺改造和产品质量提升。环太集团的全熔多晶铸锭工艺改造项目，节能降耗成效明显，获得中央预算内投资878 万元，实现硅片产量和转化效率的“同步提升”；润弛太阳能的高效熔融石英坩埚扩能项目投产，能耗下降 40%的同时，成品合格率由 70%提高到 90%；丰源新能源光伏组件生产的自动化程度在全国同行业中名列前茅，光电转换效率不断提高，进入工业和信息化部《光伏制造行业规范公告》名单。

2015 年，扬中市积极响应国家能源战略，充分利用良好的新能源产业基础和比较优势，实施“金屋顶”计划，率先提出创建全国高比例可再生能源示范岛的目标，全力打造独具魅力和特色的“绿色能源岛”。完成全市各类工业厂房、政府、学校、医院等公共建筑屋顶初步调查，确认可利用面积 250 万平方米。市政府制定颁发《关于加快分布式光伏发电示范应用的实施意见》，编制《扬中市绿色能源岛(太阳岛)实施方案(2015~2020)》，并通过省能源局的专家评审，由省发改委行文上报国家能源局汇报。截至 2015 年年底，屋顶分布式光伏发电累计备案 35.7 兆瓦，建成并网容量 21.15 兆瓦，其中工业企业并网容量为 20.86 兆瓦，公共机构并网容量为 290 千瓦，居民并网容量 675.28 千瓦。年内，15 家企业、132 户居民得到市财政补贴，兑现奖励资金 66 万元。（市发改经信委 孙国庆）

图为天辰新材料光伏组件密封胶棒生产线。该企业拥有高阻燃硅橡胶、绝缘子硅橡胶等多个产品先进生产工艺，是国内有机硅行业中的知名企业

【全国石油石化电气成套设备技术中心落户扬中市有能集团】2015 年 3 月 28 日，全国石油石化电气成套设备技术中心成立暨授牌仪式在扬中市有能集团举行。该中心的落户，有利于扬中市各企业把握该行业最新动态、发展方向，促进企业加速转型升级。当日，在有能集团还举办首届中国石油石化电气成套设备技术论坛。（市史志办）

【扬中市光伏电站金融产品创新对接会】2015 年 7 月 17 日，扬中市金融办、发改经信委举办光伏电站金融产品创新对接会，全市 13 家金融机构与 20 多家企业共同商讨电站融资新模式。年内，扬中市光伏电站建设得到各金融机构积极响应，邮政储蓄银行与中电集团签订合作协议，计划为 100 户居民电站提供贷款服务；民生银行、江苏银行、太仓银行等金融机构多次对接企业，计划为扬中光伏应用市场定制金融产品；部分金融机构也抓紧制定金融扶持方案，计划通过低息贷款、设立承建商授信额度等方式加大对光伏电站项目的信贷支持力度。（市史志办）

【大航集团新疆新能源微电网项目启动建设】2015 年 8 月 14 日，新坝镇大航集团与华北电力大学、新疆建设兵团在

大航集团新疆新能源微电网项目启动仪式

乌鲁木齐就新能源微电网合作项目达成战略协议，三方共同签署《新能源微电网示范中心合作意向书》《新疆生产建设兵团投资有限责任公司、大航控股集团有限公司合作框架协议》和《华电兵团研究院、新疆华航微电网投资有限公司合作框架协议》等三项合作协议，明确总投资15亿元的100兆瓦渔光互补光伏电站、22兆瓦国家新能源微网示范中心2个示范性项目，并确定于近期洽谈确定兵团新能源微电网示范中心项目整体建设事宜。此次签约的新能源微电网合作项目，是扬中市推进微电网产业发展的一项重要举措，也是扬中市依托新疆在"一带一路"战略中的支点地位，助推产业转型的有力抓手。（新坝镇 于云霞）

【环太集团4MW屋顶光伏电站成功并网发电】2015年9月16日，扬中市环太集团美科公司4兆瓦屋顶光伏电站成功并网发电。该项目6月开工建设，经过3个月的建设调试，9月顺利试运行，顺利并入国家电网，成为扬中市光伏应用企业内先行示范。项目总装机4兆瓦，总投资2800万元，采用16181块太阳能多晶250瓦光伏组件，项目组件电池片均为自产高效多晶硅片，安装屋顶面积27233万平方米，预计年平均发电450万千瓦时，按照火电厂发电折算，每年可节约标准煤1500吨，减少二氧化碳约3985吨，二氧化硫约37.2吨，可持续运行25年以上，是国家节能环保的典型示范项目义。该项目并网后，日均发电1.2万千瓦时，最高日发电2万千瓦时，年利润为643.5万元，项目成本回收期为5年。（市史志办）

环太集团4兆瓦屋顶光伏电站成功并网发电

【江苏新能源创新发展论坛在扬中市召开】2015年8月8日，江苏新能源工程技术升级与创新发展论坛暨中太新工联江苏公司揭牌仪式在扬中举行。本次论坛由中国太阳能工程联盟江苏公司发起，中国可再生能源学会、北京建筑节能协会、江苏建筑节能协会等单位共同举办。论坛围绕着太阳能工程项目如何实现有效资源置换及资源共享，实现多方共赢而展开，中太工联作为第三方平台，整合宏信新能源、山东亳瓦特、淮安恒信水务、郑州匠人科技、扬州宏力新能源、江苏上昀、技能易特诺润滑油、清华阳光等一大批优秀的新能源供应商及多地工程服务商，实现资源置换、共享，为处在抱团取暖、深度转型的太阳能、热泵工程提供有意义的尝试与借鉴。来自北京、山东、河南等地的众多新能源领域专家、学者，围绕太阳能光热工程项目如何实现有效资源置换及资源共享，以及新形势下新能源领域企业发展方向等话题，展开深入交流。（市史志办）

【扬中市绿色能源岛(太阳岛)实施方案通过省专家评审】2015年12月11日，扬中市绿色能源岛(太阳岛)实施方案通过江苏省能源局组织的专家评审。实施方案要求，全市重点建设屋顶分布式光伏发电、风电、生物质能等清洁能源项目，实施"金屋顶"工程，加快分布式光伏发电建设。到2020年，分布式光伏发电的总装机容量400兆瓦；全岛太阳能光热用户实现全覆盖，光热建筑一体化建筑面积600万平方米；适度建设江滩低风速风电场，主要在西来桥镇、八桥镇、油坊镇规划建设低风速风电场，总容量100兆瓦；因地制宜建设生物质沼气提纯项目，年产沼气1200万立方米；积极发展新能源微电网示范项目，建设10个新能源微电网示范项目；主岛实现去煤化，淘汰所有燃煤锅炉；实施新能源交通示范工程，居民纯电动汽车保有量比例4%；实施雷公岛"零碳岛"工程，建成自然生态健康、人居生态和谐的"零碳岛"。扬中绿色能源岛(太阳岛)远景目标是：整岛去煤化，清洁能源占比100%。（市史志办）

·船舶及重大技术装备制造产业·

【概况】2015年，全国船舶制造业遭遇国际金融危机影响，下行压力巨大。扬中市船舶制造业坚定向高技术、高附加值船舶转型，实现逆势发展。年底，全市船舶制造及船舶配套企业有14家，装备制造业产业规模82.61亿元，较上年增长30%以上。其龙头企业新韩通船舶重工年销售呈现爆炸性增长，实现销售38亿元，较上年增加27.83亿元，在手订单排至2018年，船型向大型散货轮、化学品运输船、游轮、自卸船等高技术、高附加值船舶转型；大津重工着力于发展海工船舶、LNG动力船等高技术船舶，年底在手订单22亿元，生产计划排至2017年年底。

扬中市船舶制造业主要集中在扬中海工装备及高技术船舶产业园，为扬中市规划建设11个重点特色园区之一。

（市发改经信委 孙国庆）

【国内首艘内河纯 LNG 动力船“绿动 6002”交付】2015 年 3 月 18 日，江苏大津重工第一艘完工船舶——国内首艘内河纯 LNG 动力船“绿动 6002”，在西来桥交付船东方绿色动力水上运输有限公司。该船由上海佳豪设计、江苏大津重工建造，载重 600 吨，严格按照中国船级社《天然气燃料动力船规范》设计，最大亮点是选用单一气体燃料（天然气）发动机，LNG 替代率为 100%，二氧化碳排放降低 25%，氮氧化物排放降低 90%，硫氧化物、PM2.5、油污水以及生活污水基本实现零排放。该船交付后，主要用于以上海为核心的长三角地区建筑渣土运输。

（市发改经信委 孙国庆）（西来桥镇 陈雪华）

3 月 18 日，江苏大津重工第一艘完工船舶——国内首艘内河纯 LNG 动力船“绿动 6002”，在西来桥交付船东方绿色动力水上运输有限公司

【大津重工自升式碎石桩海洋施工平台交付船东】2015 年 4 月，大津重工为中交第二航务工程局有限公司生产的自升式碎石桩海洋施工平台点火开工，12 月 15 日完成建造，交付船东。该船将用于以色列 ASHDOD 项目主防坡堤与 LEE 防坡堤碎石桩施工，平台满足近海海域无人拖航调遣，沿海区作业，最大作业水深 25 米以上。该型号自升式碎石桩海洋施工平台属国内首创，平台长 42 米、宽 50 米，桩脚为自动升降式，对抗风、防腐等有很高要求，技术标准和施工工艺难度较大。

（市史志办）

大津重工自升式碎石桩海洋平台交付仪式

企业上市年

【概况】2015 年，扬中市开展“企业上市年”活动，企业上市取得历史性突破。此前，扬中市有 2 家上市企业，分别是在纽约证券交易所上市的大全新能源有限公司、深圳证券交易所创业板上市的江苏宏达新材料股份有限公司。

全年市有关部门走访企业 200 余次，排定上市重点后备企业 28 家，定期通报工作成效，协调推进落实涉企问题，建立完善重点上市后备企业市领导挂钩机制、信息沟通与反馈机制、部门联动办理机制和督查机制，在企业家中掀起一轮“头脑风暴”，实现“要我上市”到“我要上市”的转变。经过大半年的攻坚，沉寂 5 年的资本市场“扬中板块”再次活跃起来，到 2015 年年末，签定上市挂牌督导协议企业 23 家，其中完成上市挂牌企业 6 家。

7 月 24 日，江苏和成显示科技股份有限公司在全国中小企业股份转让系统获得通过，成为扬中市首家在新三板挂牌的企业。此后，和成显示、通灵股份、天辰新材、江苏海天等 4 家企业成功在“新三版”挂牌，皇冠煜华、新长城电气等 2 家企业在上股交 Q 板挂牌。（市发改经信委 孙国庆）

【扬中市与天弘创新签署战略合作协议】2015 年 9 月 22 日，扬中市与天弘创新资产管理公司签署战略合作协议，市委副书记唐崇林主持签约仪式，市委常委、常务副市长艾晓晖、副市长于德祥出席。天弘基金作为国内最大体量和最具互联网精神的基金公司，把围绕“新三板”，打造服务企业的产业链和生态圈作为公司的发展战略。天弘创新作为天弘基金全资的资产管理子公司，将整合包括阿里在内的普通资源为扬中企业提供包括股权投资、推荐挂牌、并购重组等一些列资本运作服务，并在品牌输出和推广、业务协同、人才推荐、税务筹划、战略优化、管理咨询等方面给予增值服务。签约仪式后，天弘创新就“新三板”挂牌企业的信息披露、做市转让、融资方式等业务，面向全市各镇（街、区）、相关部门、投融资平台、银行以及 30 家上市后备企业开展培训。

（市史志办）

【江苏和成显示科技股份有限公司在全国中小企业股份转让系统（“新三板”）挂牌】2015 年 8 月 28 日，江苏和成显示科技股份有限公司在全国中小企业股份转让系统（“新三板”）举办挂牌仪式。（公司简称：和成显示；股票代码：

图片专辑——企业上市年

企业上市工作推进会

企业上市业务培训会

扬中企业上市专场活动现场

江苏和成显示科技股份有限公司参加全国股转系统公司2015年第84期企业集体挂牌仪式，敲响开市宝钟，成为扬中市在“新三板”挂牌的第一家企业

833241)。中共扬中市委书记孙乾贵、和成显示董事长孙健参加挂牌仪式。 （市史志办）

链接：

和成显示发展之路

和成显示成立于2005年，10年来，和成人筚路蓝缕，以科技创新为导向，以自主研发为基础，不仅在显示用液晶材料领域取得多项技术突破，打破国外专利垄断，而且不断探索液晶材料在非显示领域的应用，积极开拓液晶材料的市场规模。

由于企业规模较小，发展的年限较短，国内十余家涉及液晶材料的企业大多市场影响力有限，生产具备国际竞争力的企业更是屈指可数。归根究底在于缺乏自主创新及专利。和成显示深刻认识到这一点，从创立之初就确立科技创新的发展理念，并重视自主专利布局。至2015年，和成显示拥有500余个系列、2000多种产品的产品链，10余个产品获得科技成果鉴定，自主研发的TFT-LCD用混合液晶材料性能与国外先进产品相当，部分性能超过国外产品，获得江苏省优秀新产品金奖，和成显示成长为国内主要的液晶材料供应商，并成功跻身国际市场竞争，有效突破国外公司垄断地位。至2015年年底，和成显示在海内外申请发明专利264件，授权专利72件，其中美国1件，台湾5件。

【江苏通灵电器股份有限公司在全国中小企业股份转让系统（“新三板”）挂牌】2015年10月16日，江苏通灵电器股份有限公司在全国中小企业股份转让系统（“新三板”）挂牌。公司简称“通灵股份”，公司代码为833666。该公司是专业的太阳能光伏组件连接系统制造商。主要产品包括太阳能光伏组件接线盒、连接器、线束等太阳能光伏组件连接系统成品及配件。企业经过近十年的发展，成为一家占地面积58亩、固定资产1.2亿元、职工800余人、年设计生产能力8亿元的股份公司，先后获得“扬中市30强企业”

“高新技术企业”“重合同守信用企业”“AAA级资信企业”、省、地、市级“文明单位”称号，公司产品分别获得“高新技术产品”“江苏省名牌产品”“江苏省专利新产品金奖”，并通过金太阳CGC、CQC、莱茵TUV、南德TUV、UL、VDE、ROHS、CE、JET等认证。 （市史志办）

【江苏天辰新材料股份有限公司在全国中小企业股份转让系统（“新三板”）挂牌】2015年11月24日，江苏天辰新材料股份有限公司在全国中小企业股份转让系统（“新三板”）挂牌。公司简称“天辰新材”，公司代码为834320。江苏天辰是国内有机硅行业中的知名企业，也是国内首家集有机硅高温硫化硅橡胶、室温硫化硅橡胶、液态加成型硫化硅橡胶三大领域为一体的专业有机硅新材料生产、销售、服务厂商，银行资信等级AAA级。公司主导产品甲基乙烯基高温硫化硅橡胶年产量2.1万吨，室温硫化硅橡胶年产量8000吨，液态硅橡胶年产量2000吨，系列产品均通过UL、TUV、SGS、FDA、LFGB等认证，广泛应用于光伏组件封装、电子、医疗、输配电、食品等国民经济的各个领域中。 （市史志办）

楼宇经济

【概况】2015年，扬中市楼宇经济从破题起步到提速发展，成效显著，成为全市特色发展新亮点。扬中市楼宇产业园以多层厂房、高层楼宇为载体，是企业集聚、要素保障、政务服务相配套的产业综合体，从而实现产城一体化、工商同步化、居住社区化、用工本地化、生活家庭化的发展目标。

全年排定重点楼宇项目25个，其中新开工项目15个，开工面积39.5万平方米，盘活提升楼宇面积15.5万平方米，合计新建、盘活楼宇55万平方米。部分项目进展较快，科然总部大厦竣工2万平方米，入驻企业顺利运营；新坝智能电气产业社区服务中心2.6万平方米楼宇建成，并按照功能布局全部投入使用；开发区科技创新园一期5.2万平方米厂房竣工投产。此外，海企楼宇产业园建成工业楼宇4.2万平方米，神华电仪楼宇园建成工业楼宇3.7万平方米。大量新建工业楼宇以良好的基础设施、完善的配套服务、低廉的综合成本，吸引全市中小企业向园区集中，形成典型示范效应：新坝镇智能电气产业社区服务中心项目和建筑保温综合大厦项目企业入住率均位100%，新坝科创中心大楼项目入住率75%；三茅街道泰商业中心、利尚科技广场、扬子商业广场、科然总部大厦4个项目企业入驻率均较为理想。

建设中的海企科技楼宇企业园

下半年，扬中市制定《扬中市楼宇产业园认定办法（暂行）》，积极鼓励民营企业自筹资金建设工业楼宇用于自用或出租，以提高资源利用率和集约度。此举促使部分传统房地产开发企业向产业地产转型，投资兴建楼宇产业园，民间资本成为楼宇产业园（产业楼宇）建设的主力。

（市发改经信委 孙国庆）

链接：

中共扬中市委、扬中市人民政府下发《关于“加快建设楼宇产业园、大力发展楼宇经济”的实施意见》

扬中土地资源较为稀缺，为进一步拓展产业发展空间，节约集约利用资源，着力培育新兴业态，助推全市经济转型升级，2014年12月31日，中共扬中市委、扬中市人民政府下发《关于“加快建设楼宇产业园、大力发展楼宇经济”的实施意见》，作出加快建设楼宇产业园，大力发展楼宇经济的决策部署。

楼宇经济是利用新开发楼盘或闲置楼宇，以出租、售卖、合作等方式招引发展新兴业态，从而培植新税源和新的经济增长点，实现经济转型、产业升级的一种新型经济形态。

文件要求，要按照“规划引领、政府引导、市场主导、企业运作”的总体思路，加快构建全市“土地利用集约化、产业发展特色化、企业经营聚集化、服务体系专业化”的楼宇经济发展新格局，促进区域经济提质增效。

到“十三五”期末，全市要建成楼宇产业园20个以上，其中税收超亿元的2个以上，税收超千万元的10个~15个，产业园总面积300万平方米，企业入驻率80%以上，制造业楼宇入驻企业每平方米税收贡献600元以上、服务型楼宇入驻企业每平方米税收贡献1000元以上。

产业“三集”发展

【概况】2015年，扬中市继续围绕“集中、集聚、集约”，优化产业布局，加快产业升级，着力打造功能完善、技术先进、富有特色的制造业特色园区、现代服务业集聚区、现代农业产业园区。截至年末，全市有11个重点规划建设的特色产业园区，其中包括3个先进制造业特色园区，4个现代服务业集聚区和4个现代农业产业园区。

全年推进实施重点项目13个，其中制造业园区总投资10亿元以上项目6个，在建2个，在手3个，在谈1个；服务业集聚区总投资5亿元以上项目4个，在建2个，在谈2个；农业园区总投资5000万元以上项目3个，在手2个，在谈项目1个。

先进制造业特色园区新开工标准化厂房项目23个，新建标准化厂房面积41.3万平方米，高新技术产业产值占比79.5%，新建公共服务平台6个，新增规模工业企业25家。

现代服务业集聚区新建、盘活产业楼宇项目3个，建设规模突破13.2万平方米，超出计划3.2万平方米。新建公共服务平台4个，新增列统服务业企业13家。

现代农业产业园区新增规模经营面积1650亩，新建公共服务平台5个，新增规模经营主体8家。

智能电气产业园探索“管委会+总公司”的运行模式，组建国有控股公司大航集团为市场化运作主体，全方位、多领域、市场化推进园区规划建设、基础设施投入、载体建设、公共平台建设、科技研发、产业联盟等方面，成功晋级省级高新区，加盟镇江高新区。

粮油加工集中区大胆探索“总公司+管委会”的运作模式，引进具有投资实力和建设经验的浙江和润集团作为市场投资建设主体，负责产业园区规划建设工作。至年底，和润集团投资建设粮油加工及仓储物流基地项目投资30亿元，建设规模近千亩，一个现代化粮油加工贸易基地初具规模。随着公用码头、热电联产等公共设施项目建成投产，中国储备粮管理总公司、美国CHS粮油公司等一批国内外知名企业开展入驻洽谈，计划推进粮油仓储加工产业链项目建设。 （市发改经信委 孙国庆）

【镇江市产业三集发展观摩推进会在扬中市召开】2015年1月6日，镇江市产业“三集”发展观摩推进会在扬中市召开。镇江市委副书记、市长朱晓明要求，要保持好势头，坚持抓下去，实现产业“三集”新突破。镇江及扬中市领导张洪水、李小平、蒋建明、童国祥、胡宗元、孙乾贵、潘早云、唐崇林、王成明、黄子来、宫金生参加活动。朱晓明带领镇江各辖市区负责人先后来到西来桥、八桥、三茅、新坝等地，观摩粮油加工产业集中区、海工装备及高技术船舶产业园、科技新城产业园以及智能电气产业园服务中心。扬中市立体化推进、高端定位、特色引领的“三集”发展成效受到与会人员的好评。 （市史志办）

智能电气产业社区服务中心

链接：

扬中市“三集”发展历程

2013年，扬中市出台《关于加快推进产业集中集聚集约发展的意见》。市委、市政府从全局的高度，为“三集”作出顶层设计，明确各特色产业园区的面积、四至边界、主导产业和主导产品、发展目标、推进机制。当年6月起，扬中市着手推进全市特色园区规划编制工作，用4个月时间，修订完善产业发展规划、空间布局规划和各功能区总体规划。经过部门预审、专家会审、领导把关审报、市政府常务会议审查批准等多个流程，最终确定11个重点规划建设的特色产业园区，其中包括3个先进制造业特色园区，4个现代服务业集聚区和4个现代农业产业园区。

同时，扬中市逐步推进商业楼宇向产业楼宇转型。2015年，全市各类创新创业载体、中小企业孵化器竣工面积突破50万平方米，投入运营超过30万平方米。“十二五”期间，扬中市获批江苏省创新型试点乡镇1家（全市2家），获批省级科技企业孵化器1家，创成国家级科技企业孵化器1家，建成省智能电气研究院，新坝镇成为江苏省高新技术产业开发区。

工业企业“三十强”

【概况】2015年，扬中市“三十强”工业企业积极主动适应经济发展新常态，全力以赴稳增长、促转型、促发展、惠民

授课，并组织学员赴泰州淘宝馆参观学习。全市有81人接受培训。（市农委 李文骅）

【扬中商业集团总公司】2015年，扬中市商业集团总公司实现商品零售总额22.32亿元、利税3500万元。扬中市通达商业总公司实现商品零售总额2.3亿元，进入全市“十强强贸流通企业”。扬中市信达农村小额贷款有限公司全年发生业务181笔，发放贷款1.62亿元。扬中富康食品有限公司顺利完成屠宰场废水处理改造工程，配合西来桥屠宰点关闭工作，顺利承接西来桥范围内的生猪屠宰和白肉配送业务，企业日屠宰量150头，亏损逐年下降。扬中市新联汽车销售有限公司在金湖投资的月星家居广场顺利开业，光伏发电项目一期工程建成投产，企业多元化发展跃上新平台。2015年，全系统获得全国诚信兴商双优示范单位、镇江市消费者信得过单位、镇江市文明单位等荣誉称号。

（扬中商业集团总公司 李鹏超）

·对外经济贸易·

【开放型经济】完成外贸进出口总额5.62亿美元，增长0.4%，其中出口总额4.8亿美元，增长7.1%，服务外包执行额1.2亿美元。新建万吨级泊位3个，润华物流码头成为国家进口粮指定口岸，建成扬中首家公用型保税仓库。

（市统计局 陆文龙）

【外资利用】全年实际利用外资13073万美元，比上年增长13.2%。扬中原有项目增资及股权转让实现外资占利用外资总数的28.75%。从产业类型上看，既有工程电气等传统制造业，也有新兴的现代物流、环保及服务业，其中传统制造业利用外资占总数的12.9%，新材料产业占比11.82%，新能源产业占比22.72%，信息科技、园区及公共设施建设等新兴服务业占比9.28%。从地区上看，新坝镇实际利用外资3242.79万美元，三茅街道2068.39万美元，油坊镇3000万美元，八桥镇1015.36万美元，西来桥镇1500万美元，扬中开发区2108.57万美元。（市商务局 张颖）

【外贸进出口】2015年，扬中市实现进出口56195万美元，比上年增长0.4%，其中出口47963万美元，增长7.1%。出口前20强企业完成出口35763万美元，比上年增长22.84%，占全市出口总额的80%。（市商务局 张颖）

【扬中市服务外包规模突破1亿美元】2015年，扬中市完成服务外包执行额1.39亿美元，比上年增长42%，首次突破1亿美元大关。其中，离岸外包执行额8643万美元，增长51%。近年来，扬中市服务外包企业发展迅速，自2010的3家增长至2015年的67家，申请外包国际认证55项。

（市商务局 张颖）

【扬中市企业“走出去”开拓国际市场】随着“一带一路”战略的提出，扬中市越来越多的企业特别是民营企业具备“走出去”的实力，参与国际竞争，争夺新兴市场的愿望强烈。面对产能过剩、同质化竞争等难题，扬中市企业调整经营战略，“走出去”开拓国际市场。2015年，全市新设企业16家，投资总额1.10亿美元，其中中国香港13家，新加坡、瑞典、孟加拉各1家。（市商务局 张颖）

2015年扬中市对外投资完成情况表

表21　　单位：万美元

境外企业名称	中方企业名称	投资地点	行业	投资总额	协议投资
华扬乳胶（瑞典）有限公司	镇江华扬乳胶制品有限公司	瑞典	橡胶制品业	300.00	300.00
和誠國際有限公司	扬中市亚圣电气有限公司	中国香港	电气机械及器材制造业	948.30	948.30
宏宇厨具（香港）有限公司	镇江宏宇厨具有限公司	中国香港	非金属矿物制品业	500.00	500.00
春环氟制品（香港）有限公司	镇江春环氟制品有限公司	中国香港	橡胶制品业	800.00	800.00
文海电气（香港）有线公司	江苏文海电气有限公司	中国香港	电气机械及器材制造业	979.80	979.80
嘉铭（香港）投资集团有限公司	江苏禾创电气集团有限公司	中国香港	金属制品业	950.00	950.00
华联电气（香港）有限公司	江苏华联电力器材有限公司	中国香港	电气机械及器材制造业	963.47	963.47
頂智國際有限公司	镇江市顶智微电子科技有限公司	中国香港	通信设备、计算机及其他电子设备制造业	981.00	981.00

续表 21

境外企业名称	中方企业名称	投资地点	行业	投资总额	协议投资
苏惠乳胶(香港)有限公司	镇江苏惠乳胶制品有限公司	中国香港	橡胶制品业	1200.00	1200.00
威腾电气(国际)有限公司	江苏威腾母线有限公司	中国香港	专用设备制造业	70	30
孟加拉沪运金属制品有限公司	镇江沪运金属制品有限公司	孟加拉国	金属制品业	1016.60	1016.60
千汇联合有限公司	江苏润圣电气有限公司	新加坡	房地产业	460	368.00
远东电讯电机(香港)有限公司	镇江远东电讯电机有限公司	中国香港	电气机械及器材制造业	420.00	420.00
沪运制版(香港)有限公司	江苏沪运制版有限公司	中国香港	专用设备制造业	720.00	720.00
万利制鞋(香港)有限公司	江苏万利制鞋有限公司	中国香港	皮革、毛皮、羽毛(绒)及其制品业	410.00	410.00
力虹电气科技(香港)有限公司	江苏力虹电气科技有限公司	中国香港	专用设备制造业	380.00	380.00

金融业

【银行业概况】2015 年，扬中市金融运行总体保持平稳发展的态势。各项存款稳步增长，社会融资规模稳中有进，各项贷款增速加快，资产质量保持平稳，经营效益稳步提升。截至年末，全市金融机构本外币各项存款余额 475.68 亿元，比年初增加 39.69 亿元，增长 9.1%。全市社会融资规模 507.45 亿元，比年初新增 37.72 亿元。其中，本外币各项贷款余额 385.31 亿元，比年初增加 52.15 亿元，增长 15.65%；短期贷款余额 241.25 亿元，比年初增加 3.82 亿元，增长 1.61%；中长期贷款余额 136.35 亿元，比年初增加 44.25 亿元，增长 48.05%。2015 年，扬中市金融机构实现利润总额 9.12 亿元，其中：中间业务收入 2.14 亿元，同比下降 0.2 亿元，降幅 8.55%。

2015 年，为促进地方经济企稳回升，扬中市利用政银企合作平台，引导金融机构加大实体经济支持力度，取得一定的成效。2 月，扬中市政银企合作暨重点项目发布会召开，全市 14 家银行与 22 家企业现场现场签约，总金额 33.45 亿元，截至年末，签约项目实际发放到位贷款 25.37 亿元，扣除企业本身无融资需求的原因外，其实际履约率 92.65%。

2015 年，人民银行扬中市支行综合评价全市 14 家金融机构 2014 年度执行人民银行政策情况，确定“A 类”机构 2 家，“B 类”机构 12 家。 （市人行 王霞）

【扬中保险业协调管委会成立】2015 年 5 月 21 日，扬中市举行学习贯彻保险“国十条”暨扬中保险业协调管委会成立仪式，进一步健全“新常态”下保险自律监管制度，促进扬中市保险业健康有序发展。近年来，扬中市金融市场日趋成熟，保险公司发展迅猛，市场份额逐年攀升，初步形成保险市场主体多元化的新格局。至 2015 年，全市有产险公司 14 家，寿险公司 14 家。为及时有效化解和处置保险行业的风险纠纷，促进扬中市保险行业健康持续发展，市金融办、保险行业协会共同商议成立扬中保险产业、寿险专业协调管理委员会，隶属于镇江市保险行业协会，主要负责承接政府职能转变、切实维护消费者合法权益、有效维护行业正当利益、依法维护保险市场经营秩序等工作职能，并由市保险行业协会统一管理，按月提供业务统计报表。 （市人行 王霞）

【存款】2015 年，扬中市金融机构本外币各项存款实现稳步增长。各项存款余额 475.68 亿元，比年初增加 39.69 亿元，增长 9.1%，同比多增 7.39 亿元。其中：单位存款余额

全市银行行长联席会议

139.56亿元，比年初增加3.39亿元，增长2.49%，同比少增12.4亿元；储蓄存款余额261.11亿元，比年初增加18.42亿元，增长7.59%，同比多增9.97亿元；财政性存款余额1.58亿元，比年初增加0.3亿元，增幅23.44%，同比多增0.92亿元；其他存款余额5.62亿元，比年初增加1.89亿元，同比多增4.82亿元。从存款结构来看，依然以储蓄存款为主，占各项存款的比例54.89%，全年储蓄存款新增18.42亿元，占全部新增存款的46.41%，增幅较2014年同期增长3.88%，体现出居民的理财意识、投资意识不断增强。

（市人行 王霞）

【社会融资规模】2015年，扬中市社会融资规模507.45亿元，当年新增37.72亿元。其中，本外币各项贷款余额385.31亿元，比年初增加52.15亿元，增长15.65%，同比多增13.23亿元；银行汇票、保函、信用证等表外融资余额98.13亿元，比年初减少21.52亿元，下降17.99%；信托、企业债券融资、非金融企业股票融资、融资租赁、同业代付等新型融资余额47.23亿元，比年初增加1.13亿元。各项贷款增速显著加快，全年新增贷存比为131.39%，同比提升15.28%。截至年末，扬中市金融机构不良贷款余额7.53亿元，比年初增加2.89亿元，不良贷款占比为1.95%，比年初上升0.75%。

扬中市金融机构紧紧围绕经济转型升级要求，持续优化货币信贷投入结构，金融支持实体经济的力度不断增强。一是全力支持主导产业转型升级。截至年末，全市三大支柱产业贷款余额133.69亿元，占各项贷款余额的34.7%。二是金融支农支小力度不断增强，信用体系建设不断完善。截至年末，全市涉农贷款余额349.24亿元，比年初新增45.09亿元，增幅14.82%，涉农贷款新增占全部新增贷款的86.46%；中小微企业贷款余额278.31亿元，比年初新增45.6亿元，增幅19.6%，高出整个贷款增速3.95%。

（市人行 王霞）

【金融生态优秀县】2015年，人民银行扬中支行认真做好金融生态县自评工作。组织召开金融稳定工作协调小组联络员会议，详细部署2015年扬中市金融生态优秀县申报工作。协同金融稳定工作协调小组成员单位，对照县域金融生态环境评估体系各项考核指标及考核标准，认真客观地评估扬中市经济环境、金融运行、社会信用、法制环境和政策环境等金融生态环境状况，查补金融生态环境创建中的失分点和薄弱环节。经测评，扬中市2014年度金融生态环境自评总得分为97.01分，且未发生一票否决性事件，再次获得“江苏省金融生态优秀县”的荣誉称号。

（市人行 王霞）

【金融风险防范】2015年，人民银行扬中支行扬中支行召开全市金融工作会议，建立健全金融稳定工作协调小组季度例会制度、联络员会议制度、金融稳定信息共享制度等机制，协调各成员单位履行金融稳定工作职责。召开全市金融稳定工作协调小组会议，分析当前金融稳定工作中存在的风险隐患，并提出下阶段金融稳定工作举措。成立扬中市保险业产险、寿险专业协调管理委员会，建立工作日常联系协调制度，及时有效化解和处置保险业风险纠纷，成为扬中市金融稳定工作有力的工作抓手。开展金融生态环境突出问题调研工作，摸排影响扬中金融稳定方面的风险隐患，守住不发生系统性、区域性金融风险的底线。2015年，《存款保险条例》正式实施，支行认真做好存款保险制度实施前的各项培训和宣传工作，认真审核法人机构提交的存款保险投保手续，审核法人机构存款账户统计数据，7月份，督促法人机构报送首批5月~6月保费，金额为35.55万元，确保存款保险制度顺利实施。（市人行 王霞）

【外汇收支】2015年，扬中市实现外汇收入7.4亿美元，同比增长6%。其中：货物贸易收入5.8亿美元，增长34%；非货物贸易收入0.5亿美元，下降35%；资本项目收入1.1亿美元，下降41%。外汇支出3.9亿美元，较2014年同期增长26%。其中：货物贸易支出2.2亿美元，增长74%；非货物贸易支出0.8亿美元，下降15%；资本项目支出0.9亿美元，增长1%。实现外汇收支顺差3.5亿美元，下降11%。

（市人行 王霞）

【外汇服务】2015年，扬中市办理涉外收入申报7091笔，金额6.5亿美元。其中：对公收入6647笔，金额6.2亿美元；对私收入444笔，金额0.3亿美元。办理涉外支出申报2913笔，金额3.2亿美元。其中：对公付汇1218笔，金额2.9亿美元；对私付汇1695笔，金额0.3亿美元。从系统反馈结果看，国际收支申报综合考评得分99.2%。

（市人行 王霞）

【外汇管理】2015年，人民银行扬中支行加大对外汇指定银行的考核管理，组织开展各类全面及专项外汇检查21次，其中对外汇指定银行开展合规性检查2次，开展国际收支现场核查和结售汇业务回访2次，跨境人民币业务现场核查1次，相关涉外企业检查16次。对列入重点监测库的10户企业作出现场核查结论，完成116户企业非现场监测记录，对52家连续两年未发生贸易外汇收支业务的企业按内控制度要求对其强制注销企业名录，提升企业外汇管理水平。加强直接投资存量权益登记工作，截至年末，辖内直接投资存量权益登记申报企业238户，已申报企业

161家，除51户被系统暂停管控的企业外，实际申报率86%。境外投资存量权益登记申报企业22家，其中申报企业20家，申报率为91%。（市人行 王霞）

【国库支付创新】2015年，人民银行扬中支行大力推进国库直接支付创新业务，为2015年省级工业信息化和转型升级财政补贴资金办理直接支付，金额1120万元。为实施秸秆还田作业的农机服务组织或参与作业的农机队、农机户补助资金办理直接支付，金额43万元，有效提升资金运转效率。2015年，全市59个行政村共建设农村金融综合服务站68个，实现全市有需求行政村的全覆盖，优化农村金融服务环境。组织扬中农商银行打造离行式ATM专业服务团队，明确职责，加强管理，实现离行式ATM机无客户投诉、无案件发生的目标。（市人行 王霞）

【人民币管理】2015年，人民银行扬中支行组织全市银行业金融机构2014年人民币管理工作情况考核评比，不断提高人民币管理工作水平。深入推进人民币流通“满意工程”与反假“壁垒工程”两大工程建设。开展“法轮功”反宣币专项整治工作，促进银行机构规范经营。2015年，支行建立健全假币纠纷举证机制，以假币“零容忍”为目标，加大对辖区银行业金融机构对外误付假币专项治理工作力度。做好新版人民币配套发行工作。专项检查扬中农商银行下辖14家网点机构现金收付“两条线”管理、全额清分、假币收缴等情况。（市人行 王霞）

【八桥镇幸福村建成镇江市首家村级农村金融服务站】2015年，中国银行镇江分行率先在八桥镇幸福村开设镇江市第一家村级农村金融综合服务站，以贯彻实施“金融服务进村入社区”和“富民惠民金融创新”的网点布局战略，加快推进农村改革发展综合建设，实现自身发展与地方经济发展相融合。（八桥镇 施超）（市人行 王霞）

·银行、保险公司、证券交易部选介·

【中国农业发展银行扬中市支行】2015年年底，中国农业发展银行扬中市支行各项存款余额为55848万元，比年初增加19203万元，增幅为52.4%；各项贷款余额为162761.08万元，比年初增加48574.8万元，增幅为42.5%，其中市(县)储备粮油贷款3761万元，农村基础设施中长期贷款158150万元，农业科技流动资金贷款800万元，其他政策性亏损挂账贷款50.08万元。贷款总量中，除50.08万元政策性挂账贷款为关注贷款外，其他贷款的占用形态均为正常贷款，无不良贷款占用。到年末各项贷款的利息收回率100%。全年实现各项业务收入9030万元，各项业务支出5160元，实现账面利润3870万元，代异地储备粮利润42万元，实际账面利润3912万元，比上年增加1715万元，增幅达79.6%。未发生不良贷款，到12月末不良贷款余额为零，占比为零。（蔡锦文）

【中国农业银行股份有限公司扬中市支行】2015年，中国农业银行股份有限公司扬中市支行是扬中市国家控股商业银行中网点最多、规模最大的金融机构，拥有15个物理网点、21个自助服务区、124台自助终端设备，其中“惠农通”机具布放96台，覆盖扬中市所有行政村。截至2015年年末，全行各项存款总量104.04亿元，其中储蓄存款58.68亿元，比年初增加4.23亿元；对公存款45.36亿元，比年初增加1.19亿元。储蓄存款、对公存款总量、增量均列四大行之首。全年融资总量86亿元，当年新增3.72亿元。其中本外币各项贷款总量59.98亿元，比年初增加5.51亿元。信贷结构不断优化，中长期贷款余额18.35亿元，比年初增加5.09亿元，占比35.94%，比年初增长9.34%。全行实现中间业务收入6099万元。全行拥有法人类对公账户3600户，新增656户；个人客户30余万户；银行卡发卡55万张；累计发放社保卡5.5万张。移动金融客户持续增加。个人电子银行注册客户近33万户；企业电子银行注册客户4500户；转账电话客户近4000户，特约商户400余户。渠道建设逐步完善。“物理网点+金融便利店+自助银行+惠农通+移动金融”五位一体的支付结算渠道体系初步建成。（葛 敏）

【中国建设银行股份有限公司扬中支行】2015年，中国建设银行股份有限公司扬中支行年末全部存款余额56.98亿元，全部贷款余额33.83亿元；全年无案件、无重大责任事故。公司类贷款重点投向城市基础设施建设和“三十强”工业企业、AA级以上客户，向扬中市城投公司投放5.79亿债务置换项目，向大全集团投放6亿元短融项目；创新对小企业的金融服务，推出“税易贷”产品。全年办理银票12.41亿元、贴现7730万元、保函2.31亿万元。年末个人类贷款余额5.87亿元，新增6868万元年末全口径不良贷款余额109万元，比年初下降191万元，不良率0.03%，下降0.55%，其中公司类贷款无不良。信用卡客户新增7063户，发卡新增8959张；新增企业网银活跃客户1613户、个人网银活跃客户1.99万户、企业短信银行374户、个人短信银行1.12万户、个人手机银行活跃客户1万户；实现国际业务收支2.21亿美元、结售汇7166万美元，办理资本项下业务9343万美元、跨境人民币业务7.51亿元；代理467个单位1.30万名职工缴存公积金，归集公积金8575万元；代理发放公积金贷款 9033 万元,余额 2.92 亿元。

(吴文君)

【中国银行扬中支行】2015 年年末，中国银行扬中支行人民币一般存款余额 30.11 亿元,比年初增加 2.52 亿元,市场份额 6.5%。其中人民币企业存款余额 14.19 亿元,比年初增加 6852 万元,市场份额 6.75%;人民币储蓄存款余额 15.93 亿元,比年初增加 1.84 亿元,市场份额 6.12%;外币企业存款余额 903 万美元，比年初增加 147 万美元，市场份额 30.21%。外币储蓄存款余额 1103 万美元,比年初增加 198 万美元。各项贷款余额 30.13 亿元,比年初增加 3.88 亿元,市场份额 7.82%;其中公司贷款余额 23.8 亿元,比年初增加 3.46 万元,市场份额 7.57%;零售贷款余额 5.22 亿元,比年初增加 7917 万元,市场份额为 21.08%。全年国际结算业务 2.66 亿美元,市场份额 47.71%。年末,实现中间业务净收入 3259 万元,拨备前利润 9942 万元。(张　强)

【中国工商银行股份有限公司扬中支行】2015 年年末,中国工商银行股份有限公司扬中支行储蓄存款余额 28.4 亿元,比年初减少 2.93 亿元。其中对公存款余额 15.4 亿元,比年减少 2.39 亿元元。各项贷款余额 49.31 亿元,剔除项目贷款,其它各类贷款比年初减少 3.09 亿元。个人贷款余额(不含经营性贷款)3.57 亿元,比年初增长 6286 万元,其中个人网银质押贷款比年初增长 5278 万元。实现拨备前利润 1.86 亿元,比上年增长 5.94 %;实现中间业务收入 7587 万元,增长 33.6 %;不良贷款 3164 万元,完成市分行指定的目标任务。12 月末,分期付款余额 9072 万元,比年初增加 2302 万元,实现分期付款交易额 1.28 亿元。12 月末,全行个人有效客户 13 万户,比年初增加 6230 户,其中私人银行客户 35 户，比年初增加 6 户,100 万以上的财富客户达到 590 户,比年初增加 67 户,全年新增代发单位 14 家,新增代发工资客户 3047 户,新增三方存管客户 1227 户。

(张　敏)

【交通银行镇江扬中支行】2015 年年底，交通银行扬中支行人民币存款余额为 8.64 亿元,比年初增加 2.99 亿元,其中储蓄存款比年初增加 1.03 亿元,外币存款余额为 500 万美元,贷款余额为 22.29 亿元,比年初增加 11.08 亿元。

(彭清平)

【邮储银行扬中支行】2015 年年末，中国邮政储蓄银行扬中支行各项存款总余额 21.94 亿元，其中个人存款总余额为 19.57 亿,公司存款余额 2.37 亿元;各项贷款金额 9.49 亿元。票据直贴交易额 28 亿元,同业理财保有量 2 亿元。

(陈　华)

【江苏扬中农村商业银行股份有限公司】至 2015 年年末,江苏扬中农村商业银行股份有限公司存贷款总量 227 亿元,被省联社评定为 AAAA 级。年末,各项存款余额 131.16 亿元,比年初增加 13.56 亿元,增幅为 11.54%;存款总量和增量市场份额均位列全市第一,分别为 27.34%和 37.57%。各项贷款余额 96.32 亿元，比年初增加 8.3 亿元，增幅为 9.43%,贷款总量位列全市第一,市场份额 24.62%;贷款增量名列全市第二,市场份额为 16.43%,其中涉农贷款余额 90.67 亿元,比年初增加 6.1 亿元,增幅为 7.21%;小微企业贷款余额为 67.89 亿元，比年初增加 6.14 亿元，增幅为 9.94%。2015 年，全行有银行卡 34.54 万张，比年初净增 4.75 万张;网银、手机银行、银联 POS 机、便民服务特约商户等电子交易渠道 21387 户,比年初净增 4483 户,交易量 62.4 万笔,交易金额 555.5 亿元;各类 ATM 机 57 台,比年初增加 8 台;电子银行离柜率 64.8%,比年初增加 1.23%。

(崔玉好)

【中信银行扬中支行】2015 年年末,中信银行扬中支行一般性存款余额 15.4 亿元,比年初新增 1.45 亿元。其中对公存款余额 12.02 亿元,比年初新增 0.53 亿元;储蓄存款余额 3.38 亿元,比年初新增 0.91 亿元。融资规模 27.4 亿元。其中各项贷款余额 19.31 亿元,比年初新增 7.16 亿元。对公贷款余额 18.95 亿元，比年初增 7.1 亿元；个人贷款余额 0.36,比年初增 0.06 亿元。全年为包括政府平台、30 强核心企业、中小企业、个体工商户及医院、学校等事业单位提供融资服务,融资总量 27.4 亿元。(陆　斌)

【上海浦东发展银行股份有限公司扬中支行】2015 年年末,上海浦东发展银行股份有限公司扬中支行各项存款余额为 12 亿元,其中储蓄存款余额为 3.9 亿元,对公存款余额为 8.1 亿元,个人金融资产余额为 5.8 亿元。授信客户 64 户,授信总额为 27.08 亿元,为企业客户融资 21.76 亿元,其中流动资金贷款余额 10.61 亿元,通过银票、商票、信用证等表外融资余额为 11.15 亿元,为客户办理票据贴现 18 亿元。对公客户 243 户,比年初新增 43 户。个人有效客户 2180 户,比年初增长 234%,电子银行净增 1750 户。

(杨　光)

【中国民生银行股份有限公司扬中支行】2015 年年末,民生银行扬中支行各项存款余额 12.43 亿元，各项贷款余额 9.76 亿元。设有自助网点 3 个,全行在编职工 30 人。围绕扬中特色产业、纳税“六十强”等,合理配置信贷资源,全年发放授信敞口合计10.1亿元,为县域经济转型发展提供支持。（王雪梅、倪戴坤）

【扬中恒丰村镇银行】2015年年末，扬中恒丰村镇银行实现存款余额12亿元,贷款余额14亿元,上缴税金5000余万元,是镇江地区规模最大、效益最佳的村镇银行。

（高荣清）

【江苏银行扬中支行】2015年年末，江苏银行扬中支行各项存款余额23亿元,比年初增加5.59亿元,其中企业存款余额19.63亿元，比年初增加4.88亿元；储蓄存款余额3.37亿元,比年初增加7047万元。各项贷款余额22.32亿元,比年初增加6.72亿元,其中零售贷款余额2.74亿元,比年初增加3994万元;公司类贷款余额19.57亿元,比年初增加6.32亿元。（张　强）

【太仓农村商业银行扬中支行】2015年年末，太仓农村商业银行扬中支行各项存款3.57亿元，比年初增加0.37亿元,增幅为11.56%;各项贷款余额为2.31亿元。其中,小微企业贷款1.37亿元，占比59.31%。年内经营效益稳步增长,实现账面利润1085.09万元,比2014年增加61.51万元,增幅6.01%。（顾　平）

【中国人民财产保险股份有限公司扬中支公司】2015年,中国人民财产保险股份有限公司扬中支公司实现实收保费6118万元,比上年同期增长8.57%。年内,扬中支公司作为扬中市残疾人意外伤害保险独家承保单位,为全市近6100名残疾人提供意外伤害保险保障。（蔡宗谕）

【中国人民人寿保险股份有限公司扬中支公司】2015年，中国人民人寿扬中支公司实现保费7569.48万元，比上年同期增长19.62%。其中个险实现保费163.1万元,比上年同期增长4.5%,银保实现保费3787.98万元,比上年同期增长15.12%。在寿险的市场份额占比提升1.23%。

（陈　梅）

【中国人寿保险股份有限公司扬中支公司】2015年年底，中国人寿保险股份有限公司扬中支公司市场份额为61.2%,居全市之首。长险首年标保、长险新单保单提前三个月达成年度预算目标;十年期交提前2个月达成年度预算目标,增长34.74%,增长率创历史新高。首年期交保费完成率107.01%,增长23.44%;短险保费达成98.18%,增长17.83%。个险渠道各项指标增长强劲，实现首年标保2961.15万元,增长23%;首年期交4780.12万,增长40%以上;十年期及以上期交3460.26万,同比增长19%,实现连续4年快速增长。扬中个险实现期末持证人力838人(年初598人),较年初净增长44%,占扬中总人口3.0‰。银保渠道提前4个多月完成新单保费、首年期交、长险标保等业务指标,提前2个月完成十年期目标。全年银保实现新单保费1.06亿元,其中实现趸交保费8319.88万元,实现期交保费2273.93万元,实现长险标保431.71万元,实现十年及以上期交保费357.58万元。长险业务快速发展的同时，实现短险保费53.42万元。扬中团险实现短险保费1482.8万元,意外险保费1151.06万元。（陶　琴）

【太平洋人寿保险公司扬中支公司】2015年，中国太平洋人寿保险股份有限公司扬中支公司坚持“稳健经营,以效益为中心”的经营指导思想,顺利达成上级公司所下达的各项经济指标。公司总保费收入20580万元;个险期缴保费3800万元,团意险1180万元,银保业务4600万元,续期1.1亿元,理赔780万元。（何广洪）

【中国平安财产保险股份有限公司扬中支公司】2015年,中国平安财产保险股份有限公司扬中支公司全年达成保费3122万,比上年增长16.5%。（王　俊）

【中国太平洋财产保险股份有限公司扬中支公司】2015年,中国太平洋财产保险股份有限公司扬中支公司实现保费收入4698万元，其中车险实现保费收入3193万元,业务占比68%;非车险保费收入1505万元,业务占比32%,非车险中企财险、货运险等险种的市场占有率稳居市场第一。全年赔款支出3425万元,简单赔付率72%,较上年有所增加,综合成本率96.8%。（徐　谋）

【天安财产保险股份有限公司扬中支公司】2015年，天安财产保险股份有限公司扬中支公司实现保费407万元,其中车险业务282万元，占总保费的57%，非车险业务175万元,占总保费的43%,综合赔付率为38.8%,实现利润85万元,连续8年保持盈利。（陆晓冬）

【华泰证券股份有限公司扬中扬子中路证券营业部】2015年,华泰证券股份有限公司扬中扬子中路证券营业部全年开发客户4000名，其中有效户1900户，新增客户资产2.01亿元。引进限售流通股5800万股,新增资产51794万元。年末客户总数1.59万户,有效户6326户;托管客户资产36.45亿元。至年底,手续费及佣金收入3116.86万元,营业部总收入3716.7万元,比上年增长270%。全年实现股票型基金交易量749.74亿元,股票交易852.62亿元。

（顾　媛）

基础建设

水利

【概况】2015年，扬中市完成水利工程总投入1.9亿元，完成土方112.5万立方米，石方3.5万立方米、混凝土3.2万立方米。完成“小农水重点县”项目投入3424万元，新建排涝泵站4个，翻建8个，整治排水沟道24.84公里，新建机耕桥17座，新建翻建涵洞27座、维修35座，新建固定提水灌溉泵站69座，新建混凝土防渗衬砌渠道19.99公里；维修堤顶道路修补1.6万米、挡浪墙维修1700米、江堤滑坡治理870米。新建建设河、滨江大道等城区泵站，实施雷公岛、新坝九十三圩和西沙岛坍江治理。实施雷公岛坍江治理800米，九十三圩坍江治江工程有序推进；基本完成“中小河流重点县”项目，东新港闸站和沿江泵站工程顺利完工。沙家港闸站翻建工程完成开工准备工作，思议港闸站翻建工程通过立项。制定务实有效的防汛防旱应对举措，安全度过6月连续3次大暴雨、强降雨袭击；有效处置新坝全红河、油坊红旗河、八桥思议港、三茅联丰港等处出现的险情和城市内涝。积极推行农村河道一河一长、一河一档、一河一策、一河一特“四个一”管护新模式，进一步强化农村河道的依法管理和长效管理，农村水环境焕然一新。年内，积极有序推进全市小型水利工程管理体制改革、农田水利设施产权制度改革和创新运行管护机制国家级试点各项工作。年内，积极创建“水美乡镇”1个，即西来桥镇，创建“水美村庄”6个，分别为新坝镇永平村、三茅街道营房村、开发区双跃村、油坊镇同德村、八桥镇永胜村、西来桥镇西来村，并于年底通过省水利厅批准。

（市水农局 田芝龙、蔡菊华、高正法）（市统计局 陆文龙）

链接

扬中市被列入小型水利工程管理体制改革、农田水利设施产权制度改革和创新运行管护机制国家级试点

2014年，扬中市先后被列为省级小型水利工程管理体制改革试点县和国家级农田水利设施产权制度改革和创新运行管护机制试点县。2014年11月，市委办公室、市政府办公室下发《关于印发〈扬中市小型水利工程管理体制改革实施办法〉的通知》（扬办发〔2014〕73号），明确改革的范围目标、改革内容、资金管理、考核管理、实施步骤等内容。2014年11月19日，市委、市政府专门召开“全市小型水利工程管理体制改革动员会”，宣传贯彻该项工作，进一步强化全市上下对改革必要性的认识，明确工作任务和工作举措。委托河海大学编制的《江苏省扬中市农田水利设施产权制度改革和创新运行管理机制实施方案》于2014年12月通过省水利厅审查，并获得批复。全市小型水利工程管理体制改革试点工作于2016年1月5日通过省市验收，计划2016年年底完成农田水利设施产权制度改革和创新运行管护机制国家级试点任务。

【扬中市2014年中央财政小型农田水利重点县工程】2015年，扬中市实施的2014年中央财政小型农田水利重点县工程项目涉及新坝、三茅、油坊3个镇（街）3个项目区，主要建设内容为：新建灌溉泵站69座，新建砼防渗衬砌渠道19.99千米，新建排涝泵站4座、翻建8座，整治排水沟道29条长24.84千米，新（翻）建涵洞27座、维修35座，新建机耕桥17座。工程总投资3455万元，其中省以上补助资金1600万元，其余由市财政及项目所在镇（街）配套。

（市水农局 马福阳）

整治后六圩港

【扬中市2014年中央小型农田水利工程维修养护项目】 2015年，扬中市实施的2014年小型农田水利工程维修养护项目涵盖全市6个镇(街道、区)，主要建设内容为：维修灌溉泵站134座，维修排涝泵站34座，清理渠道3.66千米，维修加固机耕桥27座，维修清理防渗渠道14.168千米，维修涵洞123座，购买仪器设备等。工程总投资590万元，其中省级以上补助资金580万元，其余由扬中市自筹配套。 (市水农局 马福阳)

前进河泵站施工现场

【扬中市2015年中央财政小型农田水利重点县工程】 2015年，扬中市实施的2015年中央财政小型农田水利重点县工程项目涉及新坝、开发区、油坊3个镇(区)3个项目区，主要建设内容为：新建砼衬砌防渗渠道长32.37千米，新建渠系配套建筑物(机耕桥)16座，新建灌溉泵站77座，新建排涝泵站3座、拆建13座、改造2座，新建排水涵闸13座、拆建17座、改造19座，整治排水沟15.13千米，新建低压管道灌溉面积约150亩。工程总投资3447万元，其中省级以上补助资金1600万元，其余由扬中市财政及项目所在镇(区)配套。 (市水农局 马福阳)

【扬中市2015年中央小型农田水利工程维修养护项目】 2015年，扬中市实施的2015年小型农田水利工程维修养护项目涵盖全市6个镇(街道、区)，主要建设内容为：维修灌溉泵站21座，维修排涝泵站17座，清理渠道0.98千米，维修加固机耕桥3座，维修清理防渗渠道1.82千米，维修涵洞18座，管护全市小农水工程，并开展小型水利工程"先建后补、以奖代补"工作试点。工程总投资510万元，其中省级以上补助资金500万元，其余由扬中市自筹配套。 (市水农局 马福阳)

【镇江市沿江排涝泵站更新改造工程】 2015年，扬中市实施镇江市沿江排涝泵站更新改造工程，完善和提高流域内

小农水重点县固定沟施工现场

的引排系统和建筑物，圩区内的排涝标准实现五年一遇以上，保证区域内在枯水期得到换水，彻底改变区域内水环境，水资源得到持续、健康发展。该工程主要建设内容为：按原规模更新改造全红河站、红旗河站、前进河站、铁皮港站、石城站5座泵站。改造后，全红河站设计排涝流量每秒8.5立方米、装机6台套、总装机功率540千瓦，红旗河站设计排涝流量每秒8.7立方米、装机3台套、总装机功率540千瓦，前进河站设计排涝流量每秒7.1立方米、装机5台套、总装机功率450千瓦，铁皮港站设计排涝流量每秒7.1立方米、装机5台套、总装机功率450千瓦，石城站排涝流量每秒7.1立方米、引水流量每秒5.0立方米、装机3台套、总装机功率540千瓦。工程于2014年10月开工，2015年8月完工，总投资4323万元，其中中央补助1162万元，省级补助1000万元，其余自筹解决。

(市水农局 马福阳)

【扬中市东新港闸除险加固工程】 2015年7月16日，东新港闸除险加固工程完成上部房屋结构施工，7月18日完成机泵设备及金属结构安装，7月30日完成电气设备及自动化控制设备安装，9月10日完成其余附属设施施工。7月2日通过水下阶段验收，7月30日通过机组试运行验收，10月14日通过机组启动验收和工程完工验收。该工程工程核定总概算2690万元，其中中央补助634万元，省级补助318万元，其余由扬中市自筹解决。 (市水农局 田芝龙)

链接

东新港闸除险加固工程

东新港闸位于扬中长江大江一侧、开发区恒跃村，建于1977年，是扬中市唯一一座中型水闸。该工程由于建设年代久远，设计标准偏低，经过三十多年的运行，老化比较严

重，存在许多重大安全隐患。经安全鉴定，该闸安全类别为四类，必须拆除重建。同时为提高扬中防洪除涝能力，改善水环境，依据《扬中市城市防洪规划》，该闸拟改建为闸站结合工程。2013年2月，扬中市水利农机局委托中交上海航道勘察设计研究院有限公司编制《扬中市东新港闸除险加固工程初步设计报告》，并联合扬中市发改经信委行文上报至镇江市发改委、镇江市水利局和省发改委、省水利厅；2013年8月，省发改委、省水利厅下发《关于扬中市东新港闸除险加固工程初步设计的批复》（苏发改农经发〔2013〕1171号），同意实施东新港闸除险加固工程。核准主要建设内容为：拆除东新港闸，新建东新港闸、站。节制闸单孔净宽8米，引水流量每秒107立方米，排水流量每秒103立方米；两侧为泵站，各装备1000ZLB-135型双向立式轴流泵配JSL-14-12型电机机组1台套，总排涝流量每秒6.0立方米，引水流量每秒3.0立方米，总装机容量360千瓦。该工程通过公开招投标，确定设计单位为中交上海航道勘察设计研究院有限公司，监理单位为镇江市华源建设监理中心，土建施工单位为江苏河海建设工程有限公司，主要设备供应单位有高邮市环流泵业有限公司、江苏顺达钢结构有限公司、江苏一环集团有限公司、合肥三立自动化工程有限公司等。工程于2013年12月18日开工。

【水利工程管理范围划界工作】2015年，根据水利部统一部署，江苏省水利厅在全省开展河湖管理范围和水利工程管理与保护范围划定试点工作，扬中市为全省首批13个试点县（市）之一。2015年3月17日，市政府印发《关于成立扬中市河湖管护体制机制创新试点工作领导小组的通知》（扬政发〔2015〕24号）文件，成立河湖创新试点工作领导小组作为划界试点工作领导小组，建立由政府牵头，水利、国土、财政、规划等部门和各镇（街、区）参加的协调推进机构，保障此项工作有力有序推进。6月，经政府采购确定中交上海航道勘察设计研究院有限公司作为该项工作实施方案编制单位。8月，编制单位完成实施方案初稿并通过省水利厅组织的符合性审查，9月修改定稿；10月，市政府批复实施方案。12月，通过公开招标确定河湖和水利工程管理范围划界工作实施单位。这一轮划界工作总体任务：划定新坝大港、六圩港、三茅大港、联丰港、东新港、团结港、红旗河7条骨干河港，夏家港泵站、东新港闸站、沙家港闸站3座闸站，太平洲100.768千米的长江堤防的管理界线。该项工程计划2017年年底全部完成。

（市水农局　蔡菊华）

思议港堤防加固

【河湖管护体制机制创新试点工作】2014年12月30日，水利部办公厅公布《第一批河湖管护体制机制创新试点县（市）名单》（办建管〔2014〕268号），扬中市是江苏省七个试点市之一。2015年3月，扬中市下发《关于成立扬中市河湖管护体制机制创新试点工作领导小组的通知》（扬政发〔2015〕24号），成立以市长为组长，各相关部门“一把手”为成员的工作领导小组，开展创新试点工作。2015年4月17日，扬中通过政府采购确定中交上海航道勘察设计研究院有限公司为实施方案编制单位。2015年4月，编制单位完成实施方案初稿，经水利部专家审查，修改定稿。2015年11月5日，市政府以扬政发〔2015〕76号文件印发该实施方案。该项工作主要任务是：通过创新河道管理体制机制，健全河道管理规划约束机制，完善和深化“河长制”，通过河道分级管理，开展河道管理确权划界，建立建设项目占用水域补偿制度等改革措施，构建完善河道管理与保护长效机制，维护河道健康，推进水生态文明建设。

（市水农局　高正法）

【2015年度省级水利工程维修项目】2015年5月，江苏省财政厅、省水利厅以苏财农〔2015〕88号文件下达扬中2015年度省级水利工程维修项目经费286万元，维修项目6项，分别为：二墩港闸站自动化系统维修升级81万元；二墩港闸站厂房内外墙维修出新28万元；二墩港闸站水土保持工程20万元；联丰港联盟7组段堤防加固60万元；西来桥镇江堤水毁护坡维修47万元；江堤联丰港、永勤段挡墙修复50万元。该6项工程均在2015年度按招投标程序确定施工单位。除第一个项目外，其余项目在2016年1月底全部完工。

（市水农局　蔡菊华）

【扬中市2014年度中小河流治理重点县综合整治试点项目】2015年，扬中市实施2014年度中小河流治理重点县综合整治试点项目涉及油坊镇、八桥镇、西来桥镇3个镇，拓浚新开河道1条长1.0千米，新（翻、拆）建沟通建筑物16座，新（翻、拆）建交叉建筑物119座，疏浚县乡河道15条总长51.42千米，拆除阻水建（构）筑物1592平方米，清理废弃物13301吨，河道岸坡整治18条总长74.61千米，

夜间防汛抢险施工

翻建踏步475座，堤防加固1.12千米。工程于2015年10月开工，2016年3月全面竣工。总投资7053万元，其中中央补助2400万元，省级补助1100万元，其余由扬中市自筹解决。 （市水农局 高正法）

【防汛工作】2015年汛前，扬中市组建防汛抢险队伍80个1932人：其中市人武部抗洪抢险突击队1个100人，各镇（街、区）抢险突击队每对50人，城管、公安分别组建50人的应急预备队，市水利农机局防汛抗旱排涝专业服务队伍落实队员20人。同时，全市完成草包1.72万只、编织袋38.07万只、木材83.3立方米、树棍1630枝、铁丝9740公斤、元钉1399公斤、块石15200吨、土工布0.91万平方米、竹笠子1900张、钢管29.2吨、塑料编织布3.9万平方米、应急发电照明设备8套、轴流泵20台套、潜水泵49台套等抢险物资储备工作，充分做好应对汛情应对措施。

6月，扬中市遭受3次强降雨天气，分别为6月2日、6月16日、6月26日，3次降雨过程雨量分别为121毫米、89毫米、206.5毫米，6月全市平均总降水量486.3毫米，仅次于扬中建观测站以来1975年6月587.3毫米，其中油坊镇降雨量661毫米，超历史最高水位。受连续强降雨影响，扬中6个镇（街、区）均遭受不同程度的涝灾，受淹面积5.66万亩，其中4.1万亩农田受灾，受淹人口3.05万人，初步估算直接经济损失1500余万元。强降雨期间，扬中市发生八桥创新段江堤滑坡、三茅永固段江堤滑坡、新坝新宁段江堤堤脚渗漏、开发区红星河段江堤堤脚渗漏、新坝大航建材旁江堤出水涵洞漏水、沙家港闸外侧通江港堤滑坡、红旗河同德段港堤面临决口漫堤、全红河全线超水位、思议港集镇港堤漫溢、六圩港新星段港堤漫溢、联丰港新胜段港堤面临决口漫堤、八桥永胜集镇泵站出水道漏水、联丰港双新桥北侧涵洞渗漏及建筑物漏水等险工隐患，中心城区春柳路、鸣翠山庄、省扬高中、南园市场、实验小学、工会路、港联4号点、五星花苑、新扬路等片区受涝受淹。全市各镇（街、区）防指及相关成员单位齐心协力，科学调度，合理处置，投入抢险人数2500人次，动用编织袋6.15万只、编织布1.17万平方米、木材18立方米、砂石0.45万立方米、钢材2吨、机械台班88个，实施封堵截渗、反滤导渗、围堰围井、土袋子埝、固基阻滑等应急处置，所有险情均得到有效控制，全市未发生任何重大险情，无任何人员撤离，无任何人员伤亡，将受灾影响降低到最低。

（市水农局 黄健芳）

【“五水联治”方案出台】2015年5月，扬中市委、市政府规划“五水联治”宏观战略部署，按照“五水联治、治污先行”，利用8年左右时间，进行“治污水”“防洪水”“排涝水”“引活水”“保洁水”的系统治理，从而改善水环境、遏制水污染、保护水资源、保障水安全，促进经济社会可持续发展。7月~9月，根据“五水联治”宏观战略部署要求，扬中市防汛防旱指挥部办公室牵头编制完成“防洪水”“排涝水”“引活水”3个方案初稿，3个方案投资总额24.9亿元。

（市水农局 黄健芳）

【省级以上防汛项目】2015年，扬中市实施省防汛防旱指挥部、省财政厅联文下达扬中市省级以上防汛应急项目4项，总经费355万元，分别为：长江兴阳段、锦程段堤防应急处理工程，经费65万元；长江新坝九十三圩段防护应急处理工程，经费120万元；长江六圩港闸、万福桥闸、川（穿）心港闸水位站及遥测系统应急改造工程，经费50万元；长江新坝华威段、西来双山段挡墙及堤顶防汛道路应急修复工程，经费120万元。镇江市级转发省级防汛经费70万元，分别实施新坝新宁段、三茅东风段、八桥合兴段江堤防渗及边坡加固工程42万元，三茅沙家港段江堤边坡加固工程5万元，八桥母子圩、良善圩江堤防渗及边坡加固工程3万元，全市物资补充20万元。

（市水农局 黄健芳）

红旗河堤防夜间抢险

【城区泵站改造工程】2015年，扬中市实施滨江大道排水附属工程沙港泵站维修改造工程及其他泵站（东滨河、三封港、建设河等）维修改造工程，总投资490万元。其中：滨江大道东侧新建2座排水泵站，分别装备16寸泵2台套，单站设计流量每秒0.8立方米；沙港泵站新增500QSZ-4-40潜水轴流泵1台套，泵房拆除；三封港排涝站对2台700ZLB-125轴流泵进行大修，更换启闭机、站房维修改造等；东滨河泵站重做屋面防水，完成墙面出新；建设河泵站装备16寸泵2台套，设计流量每秒0.8立方米。

（市水农局 黄健芳）

农业机械

【农机具推广培训】2015年，扬中市重点推广75马力以上拖拉机、大型秸秆还田机、粮食烘干机械和高效设施农业机械，全年新购大型拖拉机31台，秸秆还田机98台，联合收割机19台，高速乘坐式插秧机43台，机动植保机械33台，水产养殖机械17台，其他适用机具130余台(套)。全年全市农业综合机械化水平82.5%，稻、麦农作物耕作、播种、收割环节作业机械化水平86%。加大农机教育培训力度。全年举办各类农机化技术培训班8期，现场演示、观摩会8次，培训、观摩1200余人次。组织参加农机职业技能鉴定考核人数64人。（市水农局 张纪祥、朱维忠）

【农机购置补贴政策】2015年，扬中市严格落实中央、省农机具购置补贴政策，制定扬中市农机购置补贴实施方案和报废更新操作办法，细化操作流程和监管措施。认真组织开展惠农政策宣传、补贴资金审核报账和机具核查等项工作，2015年年底顺利通过省农机局委托的第三方核查。全年争取本级财政农机购置补贴资金200万元（纳入市委1号文件），镇江市级补贴资金5.75万元，中央、省级财政补贴资金345.322万元。全年农机化总投入1455万元，其中购置农业机械投入1100万元(各级财政投入594万元，单位集体投入140万元，农民个人投入380万元)。

（市水农局 黄琳琳）

秸秆机械化还田现场

【农作物秸秆机械化还田】2015年，扬中市组织实施省级秸秆机械化还田示范县建设项目，按要求制定全市秸秆机械化还田工作目标和实施方案。全年举办水稻机插秧暨秸秆机械化还田集成技术培训班6期，召开秸秆机械化还田和机插秧现场会5次，培训观摩400余人次。夏、秋两忙期间，投入大中型拖拉机500余台，秸秆还田机526台，完成秸秆机械化还田面积13万亩次，秸秆机械化还田率68%。

（市水农局 李俊）

【农机服务体系建设】2015年夏、秋两忙期间，扬中市水利农机局在市、镇两级分别抽调管理技术骨干组建服务小组，做到关口前移，重心下沉，深入农业生产一线开展检查指导。积极做好跨区作业证发放和跨区作业机械管理，提高为农服务质量。培育和扶持农机服务专业合作社，在农机存放仓库建设上给予政策扶持。农机服务专业合作社发展到41家，其中“三星级”合作社4家。农机服务专业合作社农机作业面积不断增长。（市水农局 董文超）

链接

获得25项发明专利的扬中农机工作者顾秀彬

顾秀彬，1978年3月调到扬中县农机研究所（后改名扬中市农机推广站）工作，曾任所长(站长)，是中国机械工程学会高级会员，高级工程师职称。他带头完成“3R-14型背负式喷烟机”研制，获1978年《全国科学大会》奖，有2篇在国内具有重大影响的科技论文被全文编入《中国专家论文选集》(1997年12月出版)。顾秀彬长期从事科技研发工作，即使退休后依然发光发热，继续服务扬中农机事业发展，先后获得国家实用新型专利19项、发明专利6项(其中2015年11月授权一项)。

交通运输

【概况】2015年，扬中市有港口(作业区)4个，泊位39个(其中非装卸泊位8个，已批待建3个，已建未启用2个)，在建泊位2个(5万吨级)，使用岸线总长7860米，年货物吞吐量约550万吨。2015年，全市公路年末全市公路里程超1000公里。

2015年，扬中市初步形成以综合客运枢纽为中心、农村客运站为节点的客运站点布局。年末，全市建有客运主枢纽2个、次枢纽4个、回转场7个、首末站19个、智能公交候车亭48个、城乡一体化候车亭115个、招呼站牌350个，新建改建通公交的农村道路51公里、农桥7座，累计投入建设资金2亿元。

（市统计局 陆文龙）(市交通局 田嘉晖)

扬中三桥掠影

【城市公共交通】2015年，扬中市新辟公交线路19条，优化公交线11条，公交线路总数30条，运营里程355公里，79个行政村实现公交全覆盖。年底，全市发放公交IC卡44371张，其中普通卡9871张，老年卡、寿星卡、爱心卡和学生卡等特殊公交3.49万张。全年完成公交客运量4213万人次，公交车万人拥有率7.4每万人标台，城市公共交通出行分担率21%，社会满意率94.1%，有责投诉下降20%。2015年，在全省“城乡客运一体化发展水平”评价中获5A级评价，实现“镇江领先、全省一流”的目标。

（市交通局 田嘉晖）

【公路客运】2015年，扬中市按照一县一主体、长短途分营的基本思路，推进客运企业重组，率先在镇江完成小、散客运经营主体的优化整合，形成江天汽运集团对外，中扬公共交通运输有限公司对内，润龙客运有限公司专营旅游的新格局，班车公司化经营率100%。

公路客运方面，扬中市全年客运量445万人次、周转量2.38亿人公里，分别比上年下降1%、3.6%。积极推进“江苏快客”“江苏快货”品牌线路和车辆发展，年末有“江苏快客”班车8辆，“江苏快货”品牌线路覆盖上海、南京、苏州、杭州等多条热门线路。年内，扬中市客运企业开通扬中至镇江城际快速班线，扬中至禄口机场班线，扬中至泰州等地节点运输班线，扬中至南京梅花山等地的旅游定制班线等形式多样的运营模式，不断满足群众个性化出现的需求，全面提升企业市场竞争力。

全市客运场站增加自助式购票服务，完成新版联网售票系统升级改造，新增智能手机退票功能，开通支付宝第三方支付平台，实现现金、银联、支付宝等多种支付方式的有机融合，推广“巴士管理”售票APP，网上下单、移动支付、网上退票、扫码上车，受到广大旅客特别是年轻旅客的欢迎。

建成智能公交调度中心，完成部分公交站台智能化改造，开发掌上公交APP，实现调度中心运营线路实时监控、智能公交站台公交到站实时显示、掌上公交运营线路实时查询。2015年，扬中市完成城乡公交、镇村公交线路硬件设备更新工作，并经镇江一卡通公司一次性测试通过，率先成为全省城市公交、城乡公交、镇村公交“一卡通”全覆盖的县级市，可以乘公交、坐地铁、甚至支付出租车费，实现“一卡在手，走遍江苏”。（市交通局 田嘉晖）

【公路货运】2015年，扬中市进一步完善物流基地布局，引导物流基地加速转型升级，四通物流、腾祥物流等项目纳入省十二五重点物流项目库，腾祥物流同时入选全国综合运输服务示范城市物流项目库，以“物流园区为骨干，以物流中心为支撑，以农村物流站点为补充”的三级物流体系基本形成。全年公路货运量426万吨、货运周转量4.52亿吨公里，分别与上年持平、下降1.3%。（市交通局 田嘉晖）

【运输市场整治】2015年，扬中市全年开展“春运客运市场专项检查”“道路旅游客运市场专项检查”“未经许可从事道路客运经营专项检查”等专项整治行动6次，着重检查严重扰乱运输市场秩序、危化品运输市场行为。2015年，受理投诉举报286件，办结286件，按期办结率100%，满意率100%。

建成覆盖全行业视频动态监管平台，全市“两客一危”（是指从事旅游的包车、三类以上班线客车和运输危险化学品、烟花爆竹、民用爆炸物品的道路专用车辆）车辆、12吨以上重型普货车北斗动态监控装置安装率、入网率100%。“两客一危”、驾培企业均设立监控室或监控区域，并与处监控平台联网，实现平台电子查岗与视频查岗的有效结合。

（市交通局 田嘉晖）

【238省道镇江（扬中）段养护改善工程】该工程是省干线公路计划改造项目，全长37.943公里，其中扬中本岛新坝至八桥胜利河段29.7公里于2012年建成通车。西来段（扬中二桥至常州）5.748公里（含幸福大桥）于2015年启动，由扬中市交投公司负责实施，交通运输局作为行业主管部门负责做好该项目的相关配套服务工作。该项目分3个标

中扬公交公司工作人员下乡为居民办理公交IC卡

段，其中含路基两个标段(A2、A3标段)、幸福大桥(B标段)，建筑安装工程费2亿元。征地拆迁于2015年年底完成，2015年12月2日发布资格预审公告，计划2016年3月进场，2017年年底完成。（市交通局 田嘉晖）

【农村公路提档升级工程】2015年，扬中市实施农村公路提档升级工程项目14个，总里程16.86公里，新改建农路桥梁2座。其中新型节点通达项目7个，6.99公里；镇村公交项目7个，9.87公里；改建桥梁2座。总投资1860万元。（市交通局 田嘉晖）

【238省道西来桥段改扩建工程启动】2015年9月19日，西来桥镇召开238省道西来桥段改扩建工程拆迁工作动员会，标志着该项工程全面启动。该项目北起扬中二桥至川心港，向南沿星光路至园区大道，沿南阳河至团结河，向西至新程村江堤，跨江接常州新北区银河路。沿线长5.5公里，路面宽28.8米，设计双向4车道，两侧各20米绿化带。工程计划2017年全线竣工，通车后，将进一步完善扬中路网结构，为西来桥镇桥港经济、岸线开发插上腾飞之翼。（西来桥镇 陈雪华）

【扬中市城乡道路客运一体化发展水平实现5A级】2015年8月20日，江苏省运输管理局网站公布全省城乡道路客运一体化发展水平评价结果，扬中市被评估为最高的5A级，继续保持镇江领先。此次评价周期为2015年1月1日至2015年12月31日，指标体系分为建制村公路通畅率、建制村通客车率、城乡道路客运车辆公交化比率、城乡道路客运车辆交通责任事故万车死亡率、城乡道路客运基础设施一体化水平、城乡道路客运信息服务一体化水平、城乡道路客运发展政策一体化水平；加分项以及江苏省特色指标：镇村公共交通开通率和农村客运班车公司化率。评价总分1400分，评价等级分为5级。（市史志办）

【长江航道管理】2015年，扬中市长江航道包括太平洲捷水道、炮子洲右汊、录安洲右汊三条水道。长江南京航道局扬中航道管理处负责扬中辖区航道维护、建设、航道行政管理等工作，维护里程58.9公里，常年维护各类航标198座。辖区内建有扬中长江大桥、扬中夹江二桥、镇江—扬中快速通道夹江大桥、泰州大桥夹江桥、西来幸福大桥、录安洲夹江大桥、录安洲化工管线桥等多座过江通道。

全年完成航标维护6.6万座天，航标正常率1000‰，航道维护尺度保证率100%，全年辖区安全畅通，未发生航道维护责任事故。（市航道局 祝虹）

长江航标维护

【润华物流码头对外开放通过省级验收】2015年5月，江苏省口岸办会同省级查验单位就江苏润华物流有限公司码头对外开放开展省级验收工作。在实地勘察码头基建情况、审阅报批手续、听取企业汇报后，验收组认为润华物流码头能满足对外开放的各项要求，一致同意其正式对外开放。至此，润华物流码头使用岸线1255米，建成2个7万吨级泊位、8个1000吨级内港池泊位，后方陆域建成原料筒仓储量18万吨，平房仓5万吨，堆场10万平方米及相关配套设施。（市史志办）

【车辆管理】2015年，扬中市公安局车管所办理三小车注册登记295辆，检验三小车2939辆，新办三小车驾驶证157本，检验汽车19807辆，汽车驾驶人审验386名，注册登记汽车5482辆。至2015年年底，全市机动车保有量6.76万辆，登记机动车驾驶人14.08万人。（市公安局 陆浩然）

电 力

【概况】2015年，扬中市供电量完成16.79亿千瓦时，比上年增长2.06%；最高负荷33.14万千瓦，增长6.22%；最大日供电量665万千瓦时，增长11.56%。

至4月25日，扬中市供电公司连续安全生产“一万

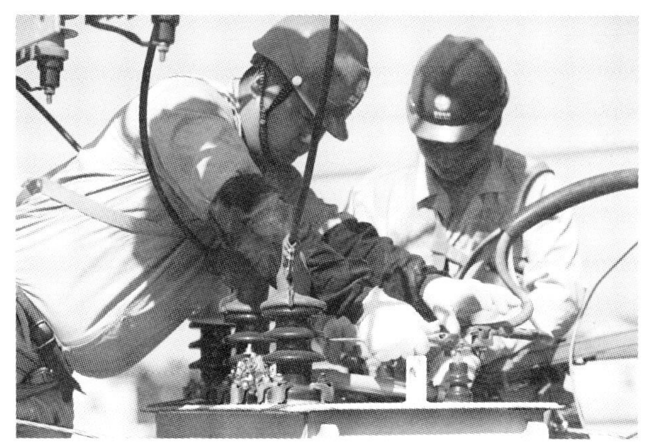

高温下抢修供电线路

天”。扬中电网“十三五”和城区单元制规划编制并通过评审。110千伏城东等6项变电站扩建、技改完成，110千伏联合变电站建成。助推扬中“绿色能源岛”建设，累计受理分布式光伏发电项目152户，总容量1.6万千瓦，其中并网居民户占全镇江的80%。推广岸电系统18套，总容量2750千瓦。 （市供电公司 薛文）

【扬中市首次使用变频岸电设施】2015年6月20日，扬中市新韩通船舶重工有限公司岸电系统投运，建设4个低压岸电泊位，总容量2400千瓦，这是全市首次使用变频岸电设施。新韩通船舶重工有限公司泊位经常会停入外籍船只，因此，电力供应需要能够同时满足50赫兹和60赫兹两种频率。至2015年，扬中市投运低压及小容量岸电设施总计2750千瓦，年用电量最大可达到306.25万千瓦时，节省费用104.7万元，替代燃油2386.15吨，可减排二氧化碳7439.32吨、二氧化硫191.45吨、氮氧化物216.9吨，节省能源25%以上。 （市史志办）

【扬中110千伏联合变电站投运】2015年7月22日，扬中110千伏联合变电站成功投运，1号主变顺利送电。110千伏联合变电站位于新坝镇，项目总投资500万元。该项目建成后，将同原有110千伏新坝变电站形成“手拉手”供电方式，缓解供电压力，提高供电可靠性和供电质量，满足当地未来十年内负荷增长需要。 （市供电公司 薛文）

【扬中市供电公司为施工人员配备“二维码”安全帽】2015年，扬中市供电公司为现场施工人员赠送印有“二维码”的安全帽，提高现场信息化管控水平，提升安全管理水平。通过扫描施工人员安全帽的二维码信息终端核对人员身份，保证人员准确、相关资质完善。市供电公司为全部外协单位施工人员配备印有“二维码”的特殊“安全帽”，每个施工人员的信息都上传至终端服务器，通过二维码扫描确认现场人员，提高开工效率，减少人员变动带来的施工隐患，促进员工素养职业化、风险管控流程化、安全措施标准化、监督检查专业化、应急管理常态化、责任追究制度化，确保安全生产持续稳定，促进公司和电网安全和谐发展。

（市供电公司 薛文）

【2015年扬中电网负荷再创新高】2015年7月30日上午10时25分，扬中供电负荷31.82万千瓦，刷新历史最高纪录，较2014年最高负荷增长1.98%。全市供电配网未出现超载线路和配变，卡脖子治理工作取得阶段性成果，电网运行正常，用电秩序良好。 （市供电公司 薛文）

公用事业

【自来水】2015年，扬中市完成供水量2749.9万立方米，售水量2225.9万立方米，水质综合合格率100%。先后完成大众财富广场、米兰香榭、同心路改造、永勤河DN600管改造、明珠花园、扬中公馆、金冠华庭二期、水上花城C区外接水、博物馆施工用水、长江花城五期，城西安置房给水管道工程。铺设管网17.29千米，其中DN75以上的管网14.44千米，DN75以下的管网2.85千米。 （市住建局 俞文清）

【天然气】2015年，扬中市销售天然气2800万立方米，全市有在册居民用户4.2万户，公建用户800余户，工业用户64户。已建设运行的天然气输配管网820公里，并建有天然气门站1座、CNG和LNG汽车加气站各1座。全市建有高中压调压设施1座，中压调压设施3座，工业用户调压撬38座，满足各个层次用户需求。截至2015年年底，城区的燃气覆盖率99.3%，燃气管网沿新238省道向周边辐射，

为扬中自来水厂长江取水源设置拦油浮，
提升居民饮用水质量

新坝、丰裕、兴隆、油坊、八桥等乡镇的规模小区、居民点开通天然气。同时,为响应市政府"气化全岛"的要求,扬中中燃从常州引气入岛。至此,扬中最南端乡镇——西来桥镇也开通天然气。 (市住建局 俞文清)

【备用水源工程】扬中市应急备用水源地工程项目建设地点位于三茅街道永和村外江滩,占地面积约200亩,立项投资9698.7万元,设计取水规模每天3.3万立方米,送水规模每天3万立方米,有效库容21万立方米,可持续供水7天。建设内容包括新建备水库1座,新建9.2公里原水输水管1根。该工程于2013年6月完成工程可研行性研究报告的编制及论证,2013年10月确定项目设计方案,年底先后完成项目的地质勘探、工程招投标和施工单位进场施工。2014年5月,完成水库工程桩基施工;2014年年底,备用水源工程完成取水口施工,建成配电房主体。2015年9月底备用地水库主体工程通过竣工验收,并于2015年12月30日开始联动调试。 (市住建局 俞文清)

【公共自行车】2015年6月,扬中市公共自行车二期项目开始建设,7月投入运营,建设站点25个,安装锁车器600个,投放公共自行车500辆。截至2015年年底,全市建设站点75个,安装锁车器1800个,投放公共自行车1500辆,累计办卡2万余张,总借还次数450万余次,累计使用时间超过950万小时。 (市住建局 俞文清)

在张贴了二维码的公共自行车站点,市民和外地游客无需持卡,只要拿出手机扫一扫二维码,就能轻松借车

【路灯】2015年,扬中市路灯平均亮灯率99%以上,设施完好率98%以上。年内,4次全面维护全市近1.5万盏路灯,排除故障125起,敷设电缆6896米,更换灯泡、镇流器、触发器、灯罩等1091个,故障修复率、合格率、及时率100%;受理办理报修电话、数字化城管、12345平台投诉101件,办结率、及时率100%,满意率95%。完成扬子东路、备用水源堤坝道路、建设路西延、文昌路等路段路灯新建安装工程,更新改造238省道(川心港桥至幸福桥段)路灯,维护改造城区主要交叉路口及广场周边路灯设施,新装路灯294盏,工程总量443万元;完成238省道西来桥段路灯改造。扬中二桥至幸福桥段太阳能路灯改造为高压钠灯,安装108盏。 (市住建局 俞文清)

西来桥238省道上,工作人员将太阳能灯改造成高压钠灯

网络·通信

【中国电信扬中分公司】2015年,中国电信扬中分公司电信营业厅52家,合作厅10个,大连锁卖场12个,专营店30家,二级点91个(其中电脑代理点24个)。全面深入推进光网城市建设,主导标准为"宽带上网100M、4G上网100M"。重点开展无线WiFi热点和全市的主干光缆网络建设以及家庭FTTH的覆盖、迁改工作,同时协助市政府进行扬子河(老大寨河段)、新坝新政府至联合老医院拓宽等路段的杆线迁移、下地等工作,为地方经济建设提供有力的支撑。 (市电信公司 何莉)

【中国移动扬中分公司】2015年,中国移动通信集团江苏有限公司扬中分公司完成4G站点244个,实现扬中城区

及乡镇主干道4G全覆盖。完成建设宽带小区306个，基本实现光纤到户及扬中小区宽带全覆盖。至年底，全市营业网点71家，其中手机连锁卖场8处，合作营业厅63家，各乡镇覆盖率100%。

推出警务通、航道通、民情通、智能公交、蓝天卫士等项目，为医疗、卫生、执法等行业提供信息化服务，助推行业发展。与扬中市航道管理处合作开发"航道通"项目。该项目分为软件开发、网络改造、工作手机三个部分。航道处领导员工可以通过手机终端对执法现场进行拍照、摄像取证，将照片、视频数据通过4G网络实时传送给局内指挥中心人员，局领导可以随时调用服务器中存储的各类数据，以便于工作的顺利进行。另外，"航道通"应用中含有OA办公的基础功能，航道处上下级文件、流程均可通过该应用直接流转，提高工作效率，减少办公损耗。

（市移动公司　丁丽娟）

【中国联合网络通信有限公司扬中分公司】2015年，中国联合网络通信有限公司扬中分公司以"沃飞跃"行动为引领，实现渠道提质扩量，全年新建合作渠道6家，零售网点39家，完成3家一级网点的升级改造。坚持专业化运营，以IDC、物联网等项目为抓手，优势行业应用稳步拓展。

（市联通公司　朱静）

【扬中市全面推行网络实名制工作】 2015年6月起，扬中市全面推行网络实名制工作。6月1日起，全市各级互动论坛类网站全面实施用户后台实名登记备案认证，月内基本完成。7月，对未实名注册的用户进行清理或登录限制。全市网络实名制推行本着"全覆盖、零遗漏"的原则，属地范围内所有网站论坛实行后台注册登记，采取手机短信验证方式完成信息注册。（市史志办）

【"扬中交警"微信粉丝突破1万】2015年8月28日，"扬中交警"官方微信公众平台粉丝突破1万。"扬中交警"官方微信平台自2014年12月2日开通以来，致力于打造畅通、平等、便捷、开放的沟通交流平台。近9个月，扬中交警向广大微信关注用户推送各类交通宣传期刊114余期，出行提示256条，安全驾驶常识568条，信息送达率100%，在扬中市政务类微信公众平台中遥遥领先。"扬中交警"官方微信可向关注用户提供"机动车违法查询""驾驶人违法查询""办事指南""信息变更""事故快处""咨询服务"等多项服务功能。用户如绑定车辆和驾驶证，微信平台即可推送的临近换证和车辆年检提醒、违章告知等推送服务。

（市史志办）

【扬中智慧城市aWiFi覆盖项目一期工程收官】2015年，中国电信扬中分公司积极顺应信息技术发展规律和方向，大力推进"宽带扬中"和"智慧扬中"建设，积极响应民众随时随地自由获取信息的需求，在前期建成无线WIFI热点50余个、无线接入设备200余个的基础上，2015年在市行政服务中心大厅、汽车站、各乡镇卫生院、各乡镇政府大楼、城北公园等公共场所建设热点区域新建及改造公共信息亭60个，投入无线AP设备500余台。至年底，全市基本实现城区主要市政公共场所WIFI热点全覆盖。区域信息安全按照国家相关标准管理维护，确保免费无线接入无信息安全隐患，极大方便互联网时代的百姓需求，促进民生消费，全面提升扬中的信息化水平。（市电信公司　何莉）

【"金保工程"上线】2015年，中国电信扬中分公司利用计算机网络和云技术，为市人社局建设一套公共服务平台系统，逐步提供包括：办事指南、网上申报、人员变动、参保信息变动、缴费信息查询等各项业务，为扬中"金保工程"数据中心网络和信息系统构建安全保障平台，最终实现社保业务经办的信息化、网络化。年内，该工程上线运行。

（市电信公司　何莉）

【建设光网城市】2015年，中国电信扬中分公司持续全面推进网络建设，同时通过开展"信息惠农""维护互联网化"等专项行动，落实具体要求，全面提升网络维护质量，推进光纤到户全覆盖建设工作，确保实现"天翼4G、宽带上网达双百兆"的目标。扬中全部实现FTTH覆盖，99.8%的城市区域和95%的农村区域可提供100M带宽的网络接入能力，为用户提速提供网络基础和能力保障。

（市电信公司　何莉）

【"12316"惠农短信平台】2015年，扬中市新增"12316"惠农短信用户160余户，全市用户突破4700户，平台全年编辑各类惠农短信息104条，发送20余万条次，有效提升为农服务水平。（市农委 李文骅）

2015年中国电信扬中分公司服务网点一览表(部分)

表22

网点名称	联系电话	地 址
江洲西路营业厅	88335335	江洲西路48号
新坝营业厅	88412777	长虹路40号
联合营业厅	88422777	联合路16号
兴隆营业厅	88452777	兴茂路9号
三跃营业厅	88482777	长兴路59号
油坊营业厅	88532777	政前路22号
长旺营业厅	88522777	长西路99号
八桥营业厅	88542777	桥西路15号
永胜营业厅	88512777	玉皇路16号
西来营业厅	88562777	幸福路2号
丰裕营业厅	88432777	风帆路6号
江洲南路富达手机卖场	88393355	江洲南路131号
新坝新中路专营店	88413555	新坝新中路65号
油坊惠民路网盈营业厅	88535359	油坊惠民路66号
八桥太平南路运通专营店	88543777	八桥太平南路98号
丰裕三丰路佳佳专营店	88431445	丰裕三丰路65号
电信五星营业点	88361062	环城南路233号
电信苏宁营业点	88364333	扬子中路扬子购物广场二楼

(市电信公司 何莉)

2015年中国移动江苏公司扬中分公司服务网点一览表

表23

服务网点	地 址	联系方式
环城北路沟通100店	环城北路139号	15152910086
中国移动手机连锁卖场新坝店	新坝镇新政西路88号	15052985510
金山学院动感地带品牌店	金山路1号(金山学院内)	15162931860
开发区营业厅	兴隆镇兴宏路南侧	13815188000
八桥营业厅	八桥镇太平南路17号	13861365899

(市移动公司 丁丽娟)

2015年中国联通扬中分公司服务网点一览表

表24

网点名称	地　址	联系电话
镇江市扬中扬子中路营业厅	扬中市三茅街道扬子中路150号	15651283016
镇江市扬中市三茅江洲西路营业厅(自建返租)	江苏省扬中市三茅镇江洲西路77号	18651278823
镇江市扬中三茅镇丰泽营业厅	江苏省扬中市三茅镇江洲西路75号	18652808829
镇江市扬中联合镇公信河路营业厅	江苏省扬中市联合镇联中路天信花园1弄4号	13222611928
镇江市扬中新坝镇新政东路营业厅	江苏省扬中市新坝镇新政东路109号	13151676677
镇江市扬中长旺镇东路营业厅	江苏省扬中长旺镇长旺东路2号	13016815901
镇江市扬中兴隆镇兴隆路营业厅(自建返租)	扬中市兴隆镇兴隆路8号	13094992282
镇江市扬中三茅镇亿达营业厅(自建返租)	扬中市三茅镇江洲西路89号(江洲影城底楼)	13052915116
镇江市扬中油坊镇惠民路营业厅(自建返租)	扬中市油坊镇惠民路1号	13160227888
镇江市扬中八桥镇林艳易购超市营业厅	扬中市八桥镇易购超市内	13160227888

邮　政

【中国邮政集团公司江苏省扬中市分公司】扬中市邮政分公司是中国邮政集团公司镇江市分公司直属管辖的国有企业单位，受镇江市邮政分公司和扬中市政府双重领导。下辖10个农村支局,3个城市支局,6个专业局,2个公司,5个班组。固定资产原值5776.58万元。全公司有计算机112台,各类邮政汽车21辆,自助取款机3台,存取款一体机9台，邮运邮路3条，邮路总长98公里，投递段道51条,单程里程2159公里。

2015年,完成邮政业务总收入4233.98万元,比上年增长7.03%。完成邮务类收入1297.09万元,完成年目标的101.57%。其中函件、发行、小包、集邮、电子商务分别完成业务收入313.35万元、424.27万元、179.63万元、134.94万元、135.03万元,其完成率均超全年目标。完成代理金融业务收入2749.49万元,占邮政业务总收入的64.94%,比上年同期增长3.9%。储蓄存款余额13.12亿元,代理保险累计完成标保2.48亿元,理财类保有量净增8031.70万元。

(市邮政公司　朱虹艳)

2015年扬中市邮政服务网点一览表

表25

网点名称	地　址	联系电话
江洲路支局	江洲西路48号	88321241
城东支局	江洲南路53号	88321973
城西支局	扬子西路100号	88226981
新坝支局	新坝镇长虹路6号	88412555
联合支局	新坝镇联合路16号	88422555
丰裕支局	三茅镇风帆路6号	88432555
三跃支局	开发区永恒路8号	88482555

续表 25

网点名称	地　址	联系电话
兴隆支局	开发区兴茂路 100 号	88452555
长旺支局	油坊镇长旺西路 40 号	88522555
永胜支局	八桥镇玉皇路 16 号	88512555
油坊支局	油坊镇政前路 22 号	88532555
八桥支局	八桥镇富民路 92 号	88542555
西来桥支局	西来桥镇为民南路 2 号	88562555

（市邮政公司　朱虹艳）

【“扬中市邮政局”更名为“中国邮政集团公司江苏省扬中市分公司”】2015 年 5 月 13 日，扬中市邮政局更名为中国邮政集团公司江苏省扬中市分公司。根据《中国邮政集团公司关于实施法人体制调整有关事项的通知》，集团公司与原省级邮政公司的管理体制，由母子公司两级法人制改为总分公司一级法人体制(简称“子改分”)。集团公司新设省分公司，原省邮政公司所属的市、县分支机构按原有层级作为省分公司的下属分支机构，以更名形式统一变更隶属关系至集团公司名下，并相应办理省、市、县分公司及所属分支机构营业执照、组织机构代码证、税务登记证、银行开户许可证、经营许可证等证照的登记或变更。子改分后的管控模式是：原则上由中国邮政集团公司江苏省扬中市分公司承接扬中市邮政局的职责、权利和利益。县分公司在市分公司授权范围内，通过逐级授权管理方式，实现对本县范围内集团公司所属分支机构的人事、财务、生产经营、考核等事项的管理。（市邮政公司　朱虹艳）

【“书香校园行”】2015 年，扬中市邮政分公司在全市范围内组织开展 13 场“书香校园行”专项活动，加快开发校园报刊市场。一是打通报刊社、邮政与学校之间的联动通道，开展“书香校园行”公益大讲堂系列活动，充分发挥“邮政搭台、杂志社唱戏、学校与企业共同获益”的纽带作用，现场开展报刊征订。二是开展读书漂流活动，向学校免费提供报刊供学生阅读，拉近报刊图书与读者的距离。三是举办“我是卖报小行家”社会实践活动，培养孩子们的语言表达能力，提高他们的心理承受力和抗挫折能力，得到家长们的欢迎和社会各界的一致好评。四是积极走访辖区内的幼儿园、小学、初中、高中等学校，与校方领导沟通联系，有针对性地提供公益大讲堂的讲座及漂流报刊图书的类型，确保活动有序开展。（市邮政公司　朱虹艳）

【“知心姐姐”热线开通二十周年纪念邮册发行】2015 年 12 月 23 日，扬中市人民检察院“知心姐姐”热线开通二十周年纪念活动在扬中市会议中心举行。由扬中市邮政分公司精心制作的纪念邮折也在会场揭开面纱。邮折内含首日封一枚、个性化邮票一版、定制普通封片一枚、卡片式 U 盘 1 个，附有“知心姐姐”20 周年成长历程简介。此邮折的成功开发，是该公司与检察院继共筑“预防邮路”后的再度深化合作，也是该公司积极融入地方经济建设、深入拓展服务领域的又一成功范例，此次制作邮册 2000 册。

（市邮政公司　朱虹艳）

“知心姐姐”热线开通 20 周年纪念邮册发行仪式

人居环境

国土资源管理

【概况】2015年，扬中市国土部门积极推进土地开发复垦工作，全市入库增减挂钩项目28个，总面积531亩，新增耕地522亩。开展高标准基本农田建设，落实基本具备高标准条件项目2个，建设规模1.6万亩。全面查清全市耕地后备资源数量、质量及分布情况，筛选后备资源3.91万亩。做好地矿地环管理工作，编制《扬中市地质灾害防治规划(2014~2020年)》。

全年处置闲置土地725亩，盘活低效用地和存量建设用地3200亩，整改落实批而未征土地655亩、征而未供土地572亩。全年报批建设用地3669亩，解决际华目的地、通灵股份、圣灏通用码头等项目的用地需求。全年储备土地18宗，面积1630亩，动用收储资金2.9亿元。全年全市经营性用地挂牌成交22宗，成交总面积953亩，总交易额19.7亿元；工业用地挂牌成交34宗，成交总面积898亩，总交易额2.5亿元 。全市办理土地证书4942本，其中集体土地使用证939本，国有土地使用证4003本，办理土地抵押1184宗，抵押贷款金额147亿元。全年征收土地3983亩，总兑付征地补偿款3亿元。 (市国土资源局 祝启刚)

【市国土资源“一张图”工程建设项目通过省市专家组的评审验收】2015年1月，扬中市国土资源“一张图”工程建设项目顺利通过省市专家组的评审验收。“一张图”工程建设项目按照国家、省、市相关统一标准和规范，整合市国土局已有的基础地理、土地利用、土地规划等专题数据，以及建设用地项目审批、建设用地项目供地、土地开发整理项目等各类管理类数据成果，建立市国土资源“一张图”数据库，实现数据的集中管理和动态更新；研发数据库管理系统和业务应用系统，实现基于“一张图”数据库的国土资源“批、供、用、补、查”核心业务办理和监管的信息化，研发农村居民建房管理系统，可满足全市国土资源管理的需要。

(市史志办)

“数字扬中”通过省级验收

【扬中市数字城市项目通过验收】2015年11月，扬中市数字扬中地理空间框架建设项目通过江苏省测绘地理信息局组织的专家验收，成为全省第二个通过验收的县级数字城市项目。数字扬中地理空间框架建设项目成果包括：建立现势性强、多源数据、多尺度的扬中市基础地理信息数据库，构建数字扬中地理信息公共服务平台政务版和“天地图扬中”，并实现“天地图扬中”与国家主节点、江苏省节点、镇江市节点的互联互通；开发3G智能防控管理平台、数字化城市管理信息系统、地价管理信息系统、公共自行车站点全景监控系统和“乐游扬中”旅游地理信息系统等5个示范应用系统，建立完整、健全的更新、维护和推广应用长效机制。 (市国土资源局 祝启刚)

【扬中市颁发镇江市首本“不动产权证书”】2015年12月30日，扬中市国土部门在市国土局新坝分局服务大厅，为市民朱华晔颁发镇江市第一本不动产权证书，编号为扬中市不动产权第0000001号，权利人为朱华晔和爱人共同共有。从12月30日开始，扬中市实施不动产统一登记制度，不再发放土地使用证、房屋所有权证。全面实施不动产登记制度后，不同的多个部门不动产登记办理事项，统一到一个部门、集中到一本证。按照国家“不变不换”的原则，原有各类不动产权证书继续有效，权利不变动，证书不更换。

(市国土资源局 祝启刚)(新坝镇 于云霞)

首批不动产权证书在扬中新坝发放

【扬中市首本"采矿权证"获批】 2015年12月,镇江江之源渔业科技有限公司扬中市西北部地热井采矿权证获江苏省国土资源厅批准,这是扬中市第一本"采矿权证"。扬中市于2011年开展地热资源普查和勘探工作,至2015年年末全市设置有5个地热矿业权,其中西北部沿江地区地热井、雷公岛地区地热井、西南部地区地热井均成功出水。此次获"采矿权证"的西北部沿江地区地热井是扬中市打出的第一口地热井,最大出水量每日1500吨,出水温度62摄氏度,地热水水质富含偏硅酸、偏硼酸、锶、锂、氟等矿物质,水质较优,可用于供暖、特种养殖、医疗洗浴等行业,其利用价值和开发前景十分广阔。 (市史志办)

链接

扬中市"十二五"国土工作回顾

"十二五"时期,扬中市报批建设用地17798亩;申报耕地占补平衡项目29个,总规模6375亩,新增耕地5805亩。完成增减挂钩项目130个,新增农用地3315亩;收储土地4537亩;上市交易经营性用地92宗,面积2956亩,总交易额61亿元;交易工业用地179宗,面积5854亩,总交易额12亿元。

五年来,扬中市相继制定出台《关于全面推进节约集约用地的意见》《关于进一步加强土地资源节约集约利用工作的若干意见》《扬中市单位GDP和固定资产投资规模增长的新增建设用地消耗考核办法》和《关于"加快建设楼宇产业园、大力发展楼宇经济"的实施意见》等系列文件,深入推进节约集约用地,全面推进"空间优化、五量调节、综合整治"三大战略。"十二五"期间,全市建设用地地均地区生产总值由每平方公里3.3亿元增至5.1亿元;亿元建设用地占地由每亿元0.303平方公里降至0.198平方公里。2013年,创成江苏省首批土地节约集约模范市。

"十二五"期间,扬中市签订征地协议面积17798亩,总兑付征地补偿款10亿元,做到凡签订的征收土地协议均能在规定的时间内足额兑付征地补偿款,被征地村民小组无一拖欠。

规划管理

【扬中市南部新城总体规划获扬中市政府批准】 2015年6月,《扬中市南部新城总体规划(2013~2030)》获扬中市政府批准,该规划为南部新城的建设和管理提供法定依据。南部新城的发展定位是扬中市的南部副中心,以临港产业为主的长江中下游现代生态新城。 (市规划局 严晓庆)

【扬中市镇村布局规划编制完成】 2015年12月,《扬中市镇村布局规划》获得市政府批准。该规划按照分类发展的原则,将全市的村庄分为特色村、重点村和一般村,策应新型城镇化、城乡一体化发展的要求,力求节约、集约利用土地,建设美丽乡村。 (市规划局 严晓庆)

【《魅力岛城 最美扬中》规划专题片】 2015年,扬中市规划局为反映近年来扬中市在规划引领下城市建设的成果,组织拍摄"魅力岛城 最美扬中"的规划专题片。该片在网站和微信平台发布后,受到社会各界的广泛关注和好评。

(市规划局 严晓庆)

配套齐全的农村居民点

【生态文明规划】 2015年,扬中市编制完善《扬中市生态文明建设规划》。严格落实《扬中市生态红线区域保护规划》,全年发放生态补偿转移支付资金758万元。扬中市生态红线保护工作考核得分95.6分,列镇江7个辖市区第二名,获得省环保厅奖励资金506万元。 (市环保局 刘伟)

城市建设与管理

【概况】2015年，扬中市城市建成区面积扩展到13.9平方公里，拆除违章建设6.37万平方米。改造城郊结合部片区4个、城中村2个、老旧小区3个，建成全省首批优秀管理城市。健全物业管理联席会议制度，落实农村公共服务运行维护机制，建成省“美丽乡村示范点”3个、镇江市“美丽宜居村庄”2个。建成扬子东路东延一期、扬子西路延伸、翠竹北路延伸等工程，加快推进新民南路延伸、同心路西延、中电大道北延，启动建设238省道改线西来桥段工程，改造农村公路27公里、堤顶公路20公里、农桥19座。公共自行车二期、110千伏联合变投入运营，新增(优化)城乡公交线路3条、新能源汽车28辆。启动园丁路南侧、扬子新村等片区旧城改建，康居苑二期、城东、城西、园丁路安置房交付使用。

扬子西路延伸工程全部竣工；兴隆污水处理厂二期工程有序推进，2015年年底前基本完成土建、厂内道路和绿化工程建设；扬子东路东延及扬子河水环境整治工程一期238省道至华达厂900米段竣工通车；城区管网检测与维修工程所有雨污水管网检测、鉴定工作全部结束；排水规划编制前期调研工作结束，正在编制规划草案；城市市政道路道板改造与部分道路大修改造根据创园要求全部维修改造到位。 (市统计局 陆文龙)(市园林处 周 鹏)

市长潘早云寄望城管局：把城市管好管出成效

【建筑业与房地产开发】2015年年末，扬中市有资质以上建筑企业33家。全年实现建筑业总产值31亿元，比上年增长10.4%。建筑业企业房屋建筑施工面积201万平方米，其中年内新开工面积83万平方米。全市有工作量的房地产企业32家，全年房地产开发投资完成17.5亿元，比上年增长15.6%。完成商品房施工面积159.9万平方米，增长5.0%；商品房竣工面积58.5万平方米，增长79.5%；商品房销售面积39.5万平方米，增长65.5%，其中：住宅面积36.7万平方米，增长81.1%；商品房销售额24.13亿元，增长16.4%，其中：住宅销售额20.96亿元，增长56.2%。

(市统计局 陆文龙)

【扬中市创成“国家卫生城市”】2015年3月24日，全国爱国卫生工作会议暨全国城乡环境卫生整洁行动现场会在马鞍山市召开，2012~2014周期新命名的“国家卫生城市(区)”受到表彰，扬中市榜上有名。2004年以来，扬中市将创建“国家卫生城市”作为改善人居环境、提升城市品位、增强竞争力的重要举措，坚持“惠民、合力、务实、长效”创建，持续开展城乡环境专项整治，推行数字化城管、网格化监管，强化市容环境、停车秩序、市场秩序、学校周边等综合执法。11年来，仅城市基础设施投入规模就超过100亿元，城市建管水平、城市内涵明显提升，得到市民广泛认可。 (市统计局 陆文龙)

【扬中市建成“江苏省优秀管理城市”】2015年3月20日，江苏省住建厅专家组来到扬中市，考核验收扬中市创建“江苏省优秀管理城市”工作。专家组在查阅台账、实地察看、听取汇报等后，认为扬中市达到江苏省优秀管理城市考核标准。市委书记、市人大常委会主任孙乾贵，副市长卜兴荣参加相关活动。围绕“生态宜居市、特色产业岛、江中花园城”的城市发展定位，扬中市深入推进城市环境综合整治，在市容环境、建筑工地、交通秩序等7个重点环节，开展专项整治，全面治脏、治乱、治差。近2年来，全市城市环境综合整治投入55亿元，排定的75个整治项目全部完成，城市面貌显著改善，宜居品质不断提升。“江苏省优秀管理城市”创建工作是省政府对城市管理和环境综合整治实效的综合性评价，2015年为首次评比，全省包括县级市在内，有40余家申报。经过多轮筛选，全省3个地级市和3个县级市最终入围，扬中市位列其中。 (市史志办)

【物业管理】2015年，扬中市开展全市住宅专项维修资金

省住建厅专家组现场考核验收扬中市优秀管理城市创建工作

2015 年扬中市古树名木一览表

表 27

编号	中文名	别名	树龄	树高	胸径(地径)	冠幅	具体生长位置
1	黄杨	黄杨木	220	6.5	19.7/27.6	5.4	鸣凤村 14 组
2	紫薇	痒痒树、百日红	110	4.8	15.0/16.3	4.8	会龙村南 11 组
3	银杏	白果、公孙树	265	22.8	112/132	20.5	三茅街道建设村
4	银杏	白果、公孙树	110	21	58/89	14	西来桥镇新程村
5	银杏	白果、公孙树	115	21.8	78/88	10.8	开发区双跃社区
6	雪柳	挂梁青、珍珠花	130	9.5	34.2/38.6	6	开发区德云村
7	银杏	白果、公孙树	230	15	89.5/103	17	开发区新星村
8	朴树	朴榆、朴仔树	120	21.3	81/150	17.6	新治村北 11 组
9	朴树	朴榆、朴仔树	110	16.3	51.5/64	9.3	新治村北 17 组
10	朴树	朴榆、朴仔树	110	20	44/60.5	11.2	新治村北 15 组
11	旱柳	直柳、立柳	120	20	55/64.5	12	梓阳植物园
12	榔榆	小叶榆	130	9	22/25	6	三跃社区 51 组
13	皂荚	皂角、牙皂	120	16	43/42.5	8.5	三跃社区 32 组

说明:树高、冠幅(平均值)单位米;胸径单位厘米

(市农委 姚成凤)

长江岸线环境管理

【概况】扬中市是江中岛城,四面环江,拥有长江岸线 102 公里。2015 年,长江岸线环境环境管理整体有序。5 月 1 日~6 月 30 日,扬中市实施长江河道采砂管理“护江—2015”行动。7 月 28 日,建立长江河道采砂管理综合联动机制,实行扬中水利、公安、海事、航道、财政、监察等多部门信息、人力、财力和物力资源共享。9 月 30 日~10 月 7 日,开展长江河道嘶马弯道水域开展的阶段性执法巡查活动。对照《江苏省河道范围内建设项目管理规定》要求,定期监管江苏新韩通船舶重工有限公司二期吹填工程、镇江港扬中港区长旺作业区码头二期工程、扬中海事处东新港码头等岸线施工工程。9 月 25 日,新韩通船舶重工有限公司二期吹填工程通过验收。全年征收长江河道堤防占用补偿费 174.29 万元

(市水农局 赵宇)

【长江采砂活动管理】2015 年,长江扬中航道管理处、扬中水警大队开展等部门联合开展《中华人民共和国航道法》执法活动,对辖区内采砂船舶登记建册,对采砂船舶实施动态监管;市航道管理、水利、公安、海事等部门联合开展长江河道采砂管理“护江——2015”行动,开展现场执法 50 余次,出动执法人员 160 人次,有效劝离非法采砂船舶 6 艘次,查获非法采砂船只 59 条,拆除摧毁采砂机具 13 台(套),罚款 56.39 万元。(市航道处 祝虹)(市水农局 赵宇)

现场查获非法采砂船

社会事业

文化事业

【概况】2015年,扬中市组织"文化·法治惠民"社区行巡演12场、红十字会公益演出6场,全年送文艺下乡演出32场,放映电影696场,新推广健身项目6个,送图书5000册。组建市国民体质测试站,国民体质测试2500人次。

市图书馆藏书35万册,全年借阅图书1万人次。全市农家书屋58个,藏书9万余册。完成新坝社区、英雄社区等6个社区阅读点建设,以市图书馆为中心、社区图书室为支撑的阅读网络基本建立。

至年底,全市有文化广场75个,万人拥有公共文化设施面积1498平方米,年内建成5个省级文化广场标准化示范点;西来桥镇、新坝镇文体服务中心完成整体搬迁,其中新建成的西来桥镇文体服务中心建筑面积8000余平方米,成为镇江市最大的镇级文体服务中心;国家基层综合文化服务中心建设试点稳步推进,建成集宣传文化、党员教育、科学普及、体育健身等设施于一体的基层综合性文化服务中心10个,走在镇江市前列;西来桥镇建成全市首个镇级博物馆。

举办"让历史告诉未来"纪念抗战70周年专场文艺演出、新年音乐会、"正月里来看大戏"戏曲展演、"中秋月·戏曲情"广场晚会、"我们的节日"系列广场演出等大型活动。举办扬中市第十届社区文化艺术节和农民艺术节。新坝镇组织第五届读书节,三茅街道举办2015"城市·故事"全国主题摄影展,八桥镇举办第三届青年歌手大赛,西来桥镇开办"牵手西来桥"书画名家邀请展。

扬中河豚食俗、扬中箫笛制作晋级江苏省非物质文化遗产保护代表性名录;在镇江市首届民间艺术"金麦穗"奖评比中,竹编大师耿月新创作的竹编《一带一路·圆中国梦》夺得大赛唯一金奖,箫笛、竹编、玉雕、面塑、青铜铸造5个非遗项目参加集中展示;在由文化部、重庆市人民政府共同举办的2015年中国文化馆年会上,由扬中文化工作者撰写的论文《公共文化馆服务标准化刍议》获论文评比银奖。

2015年,扬中新华书店实现营业收入1903万元,建成江苏省二星级门店。全年征订《习近平党风廉政建设和反腐败斗争论述摘编》2167册,《习近平治国理政》《讲诚信、懂规矩、守纪律》《廉洁论》《苦难辉煌》系列图书2545册,《十八届五中全会精神学习》辅导读物征订4135册,《中国共产党纪律准则处罚条例》5435册。全年中小学教材发行514万元。 (市文广体局 王桂林)(市新华书店 朱雪萍)

【2015新年民族音乐会】2015年1月2日晚,由扬中市文广体局主办的"移动之夜"2015新年民族音乐会在市影剧院拉开帷幕。音乐会由具有50多年历史的江苏省演艺集团民族乐团演奏,中国著名二胡演奏家朱昌耀领衔演绎,王爱康、陈静等江苏民乐团艺术家参加演出,表演曲目有《二泉映月》《春江花月夜》《高山流水》等经典民乐。全市艺术类考级8级(含8级)以上学生和音乐教师可获音乐会免费赠票,高水准的演出令参加音乐会的学生们赞叹不已。 (市史志办)

"移动之夜"2015新年民族音乐会在市影剧院上演

【"深入生活、扎根人民"主题实践活动】2015年2月,扬中组织全市文艺工作者广泛开展"深入生活、扎根人民"主题实践活动,通过组织开展学习教育活动、采风创作活动、文化惠民活动、文化结对活动等,组织和动员全市广大文艺工作者自觉深入群众生产生活实践中去,感受现实生活,积累创作素材,打造更多弘扬社会主义核心价值观和"扬中精神"的文艺作品,进一步推动文化扬中建设。

(市委宣传部 李敏)

【“喜迎新春·文化‘家’年华”公益音乐会】 2015年2月13日，“喜迎新春——文化‘家’年华”扬中市政府妇儿工委、扬中市妇联2015“农行之声”公益音乐会在市影剧院举办，市委组织部部长黄子来，市政府副市长、市妇儿工委主任蔡萍出席活动，并参与慰问兵妈妈、贫困儿童、空巢母亲、贫困妇女等。活动现场举办公益拍卖会，拍卖“龙凤呈祥”古筝二胡乐器组合、丰小剪纸作品《千真万确》、妇联工作人员扬中精神十字绣《上善若水》，拍卖所得25500元用于包车送淮安、邳州的流动妇女儿童回家过年。活动结束后，两辆“温暖号”专车出发，分别前往淮安和邳州。

（市妇联　吴柳）

【“正月里来看大戏”戏曲展演】 2015年2月20日（正月十三）晚，江苏省锡剧院新编的锡剧轻喜剧《状元打更》在扬中市影剧院登场，并拉开农历猴年新春戏曲展演的序幕。正月十四日晚，一场以弘扬孝道为主题的锡剧《八珍汤》又和观众见面。正月十七、十八日晚上海越剧院奉上两部经典越剧大戏《盘夫索夫》《何文秀》。正月二十、二十一晚，由安徽省安庆市黄梅戏剧院精心打造的黄梅戏《相思扣》《槐树谣》上演，不同风格的戏曲获得不同口味的观众的喜爱。

（市文广体局　王桂林）

新春戏曲特辑之《状元打更》剧照

【扬中市“2015年全民阅读日”活动】 2015年4月23日是“世界读书日”。当天上午，扬中市“2015年全民阅读日”广场宣传活动在市影剧院广场举行，市委常委、宣传部部长王继兰出席活动并讲话。市图书馆、新华书店围绕“倡导全民阅读 共创书香扬中”的主题，共同为推动书香社会建设贡献力量：现场开展优惠图书展销以及“你购书、我买单”等多项活动，市民可现场报名成为“阅读志愿者”，通过添加“扬中文体”微信号，免费获赠新鲜杂志。王继兰代表市委、市政府对此次活动的举办表示祝贺，希望全民阅读活动领导小组各成员单位各司其职，共同开展形式丰富多样、群众喜闻乐见的读书活动，真正实现阅读活动的全民化、常态化、成果化，希望广大干部群众以阅读为乐，以阅读为荣，以阅读遇见更好的自己，为家乡建设贡献更多的聪明才智。

（市史志办）

【“放歌河豚岛”专场文艺晚会】 2015年4月23日晚，“放歌河豚岛”专场文艺晚会在奥体中心开演。本次晚会是第十三届中国扬中河豚文化节子活动之一，由市河豚协会、郎酒集团主办，司麦澳（北京）文化艺术有限公司承办，市新闻中心、广电中心、奥体中心、全盛酒业协办。晚会演出阵容强大，既邀请到央视著名主持人朱军、孟盛楠联袂主持，还有“情歌王子”张信哲倾情献唱，著名男高音歌唱家阎维文、著名歌手金沙、著名器乐演唱组合玖月奇迹等数十位明星也如约登上晚会舞台，其阵容超越此前扬中市举办的所有文艺表演。（市史志办）

【丰裕小学诗朗诵《我有一把金剪刀》获全国中小学艺术展演江苏省一等奖】 2015年8月29日，扬中丰裕中心小学的诗歌朗诵《我有一把金剪刀》获全国中小学艺术展演江苏省一等奖，创造丰小艺术教育新的历史记录。《我有一把金剪刀》以丰小十余年剪纸教育实践为基础，以金剪刀为意像，用诗的语言，展示中华传统艺术的动力人魅力及丰小人弘扬传承优秀传统文化，用艺术教育点亮孩子们七彩童年的激情。作品先后参加扬中、镇江市、苏中片区、全省会演，得到教育部、省教育厅领导与专家的高度赞扬。

（市史志办）

【“让历史告诉未来”纪念抗战胜利70周年专场文艺演出】 2015年8月31日晚，扬中市委宣传部、扬中市文化广电体育局共同举办的“让历史告诉未来”专场文艺演出在市影剧院上演，纪念抗战胜利70周年。演出以八年抗战为主线，以情景剧、诗朗诵、舞蹈等艺术形式，再现抗战历史，表达对抗日英烈和遇难同胞的缅怀之情。市领导唐崇林、王

纪念抗战胜利70周年专场文艺演出

继兰、杨富森、常云,及部分抗战老战士和家属代表,各镇街区、市级机关各部门相关领导,驻扬现役官兵代表,人武干部职工、民兵代表,一同观看演出。 (市文广体局 王桂林)

【扬中河豚食俗、扬中箫笛制作列入非物质文化遗产代表性名录】2015年10月28日,江苏省文化厅公示第四批省级非物质文化遗产代表性项目名录,扬中市申报的扬中河豚食俗、扬中箫笛制作2个"非遗"项目名列其中。这是扬中继竹编后再度晋级全省非物质文化遗产项目名录。

扬中市河豚食俗源远流长,涉及捕捞、宰杀、烹饪、食用、社会交流、民间信仰等多个领域,穿插在江岛成长发展的历史中,反映出先民们生产生活的情状,对于饮食学、民俗学、民间文艺的研究,具有十分重要的价值。而河豚食俗中体现的敢于冒险的开拓精神、不断探索的科学精神、各负其责的担当精神和生死相托的诚信精神,也是扬中市最宝贵的精神财富之一。

镇江市扬中为江苏省著名的竹乡,这里制作的箫笛选料讲究,做工精细,音调高雅,音色优美,每件箫笛上都用五彩丝线缠绕,雕刻古典诗词,使箫笛成为有收藏价值的民间艺术品。其制作流程包括选料、烤料、分调、开孔、校音、装饰、微调等七个步骤,精湛非常。扬中生产的箫笛不仅被上海、北京、台湾、广东等地著名演奏家选用,还远销至日本及东南亚等地。扬中箫笛的制作传人常敦明,是一位制作民族乐器的高级工艺师。他制作的全国最大的竹笛长3.14米,创造出吉尼斯纪录。 (市史志办)

【扬中市第十届社区文化艺术节和农民艺术节】2015年10月30日晚,扬中市第十届社区文化艺术节和农民艺术节在八桥中学开幕,市镇相关领导和600余名群众一起参加活动。简短的开幕式后,举行首届社区(农民)歌手大赛决赛。本届艺术节以"展望十三五,开启新征程"为主题,自9月启动以来,先后举办6项群众文艺大赛、6场经典戏曲展演、2场精品书画展和1场"舞蹈文化与审美"主题讲座。其中,6场群众文艺大赛,是整个艺术节的重头戏,更是扬中群众文化建设成果的一次大比拼、大展示。精彩纷呈的歌舞大赛、少儿才艺和故事创作演讲大赛以及小品曲艺大赛,汇集各镇街区近年来创作的优秀作品。经评选,有23个节目获创作一二三等奖,91个节目获表演一二三等奖。12月18日晚,艺术节闭幕式暨颁奖晚会在市影剧院精彩上演。市委常委、宣传部部长王继兰,副市长蔡萍等参加闭幕式,并为部分获奖单位和个人颁奖。由艺术节中挑选的优秀节目参加展演,浓郁的地域风情,演员出色的表演,带给观众美不胜收的艺术享受。

扬中市第十届社区(农民)文化艺术节开幕式

(市委宣传部 李敏)(市文广体局 王桂林)

【2015年扬中市居民阅读状况入户调查启动】2015年11月20日,扬中市居民阅读状况入户调查工作启动,调查工作至2016年1月上旬结束。此次入户调查,由中国新闻出版研究院组织调查人员展开全面调查,测算出本年度全市居民阅读指数,为促进全民阅读工作提供决策依据。调查结果将于2016年4月公开发布。 (市史志办)

【"文化法治惠民社区行"活动】2015年,扬中市委宣传部、文明办、文广体局、司法局联合主办的"文化法治惠民社区行"活动陆续走进全市79个村社。5月16日晚,在新坝镇公信社区,拉开巡回基层演出的第一场。此次演出2小时,以歌舞、小品、戏曲、相声等为表现形式,结合发生在群众的身边事和农村实际,植入大量法治元素,在为基层群众送去文化大餐的同时,寓法治宣传于文化娱乐中。尤其是在演出过程中穿插法律知识有奖答题活动,吸引观众竞相参与,使其在无形中受到法治教育。演出吸引数百名群众观看,发放法治宣传资料近200份。 (市司法局 陈彩云)

【最具影响力的老地名普查】2015年,扬中市开展全市地名故事普查、梳理、采风工作,按照政区、街巷(村落)、水系、名胜古迹、建筑等5大类分类,坚持历史性、传承性、系统性、特殊性并重的评价原则,全面收集整理扬中最具影响力的老地名。通过社会征集、公众评选等方式,梳理出全市最具有影响的老地名保护目录,计62条,其中政区8条、街巷(村落)20条、水系14条、名胜古迹11条、建筑类9条。在此基础上,整理编撰扬中老地名故事96篇,编辑出版《扬中地名故事》。该书是首部系统汇编扬中地名故事、反映扬中地名文化的的民间文学读物,由方泽华、李跃林主编,中国文联出版社出版,分为新坝篇、三茅篇、开发区篇、油坊篇、八桥篇、西来桥篇等6个篇章,博采有关地名的正史传说、趣闻逸事,融文学和史料价值于一体,,集中展示地名文化挖掘整理的阶段性成果,图文互动,意趣横生,具有鲜明的地域特征和浓郁的乡土特色。

(市民政局 姚瑶)(市文联 方莹莹)

文艺创作

【**概况**】2015 年 1 月,扬中市举办“一水情”扬中·镇江新区书画联谊展;4 月 9 日~12 日,由王宗仁、叶延滨、徐坤、范小青、黄蓓佳、叶兆言等一行 10 余人组成的著名作家采风团走进扬中,开展为期 3 天的全方位寻访采风;2 月~6 月,举办“美在扬中”全国征文大赛活动;8 月 31 日,“让抗战精神永放光芒” 扬中市纪念抗战胜利 70 周年书画作品展开幕并举办首展,9 月在军营和部分镇街区举办巡回展;3 月~8 月,开展扬中地名故事普查采风活动;8 月,举办“牵手西来桥”书画名家邀请展;12 月 31 日,召开文联七届五次全委会。《“美在扬中”文学作品集》和《扬中地名故事》出版,“深入生活 扎根人民” 主题实践活动、“品读西来桥”征文大赛等活动顺利举办。

在镇江市第八届文学艺术奖评奖活动中,扬中市选送的小锡剧《秋果飘香》和蔡风创作的书法作品《敦煌曲》获文学艺术奖提名奖。市戏剧曲艺家协会主席杨世星被中共镇江市委宣传部、镇江市文联评选表彰为首届镇江市中青年德艺双馨文艺工作者。

2015 年,全市各文艺家协会开展文学讲座、书画笔会、文艺汇演、摄影大赛等系列文艺活动 30 场次,丰富全市群众的精神文化生活。 (市文联 方莹莹)

【 **“一水情” 扬中·镇江新区书画联谊展**】2015 年 1 月 27 日,“一水情” 扬中·镇江新区书画联谊展在镇江新区开幕并举办首展,扬中市 32 幅作品入展。“一水情”扬中·镇江新区书画联谊展由镇江市文联、镇江市书法家协会、镇江市美术家协会、镇江新区组织人事部、扬中市委宣传部、扬中市文联联合主办,旨在响应习近平总书记在文艺工作座谈会上的重要讲话精神,增进扬中、新区人民友谊,促进两地艺术交流,号召广大书画家在继承传统的基础上深入生活、探索创新,弘扬时代主旋律,推动文化大发展。此次两地书画联谊展展出书画作品 66 幅,其中扬中 32 幅、镇江新区 34 幅,展示两地绘画与书法创作的实绩与特色。2 月 4 日~10 日, 联展作品在扬中行政中心一楼大厅集中再次展出。

(市文联 方莹莹)

“一水情”扬中·镇江新区书画联谊展

副市长蔡萍(右一)陪同作家们参观滨江湿地公园

【**“著名作家扬中行”活动**】在第十二届中国·扬中河豚文化节期间,扬中市文学艺术界联合会、发展促进联合组织开展“著名作家扬中行”活动,借助名人效应,在更高层次、更广范围宣传推介扬中。2015 年 4 月 9 日~12 日,来自北京、天津、江苏等地的 10 余名著名作家齐聚扬中,开展为期 3 天的全方位寻访采风,切身感受扬中的发展成就和城市魅力。参加此次采风活动的作家分别为:中国散文学会名誉会长、解放军总后原创作室主任王宗仁,《人民日报》文艺部主任王必胜,《诗刊》主编、中国诗歌学会副会长叶延滨,《人民文学》副主任徐坤,《人民日报内参》主编李凤鸣,《北京文学》社长助理王童,天津和平区文联主席秦岭以及江苏省作家协会主席、副主席等。活动中,采风团成员实地走访第八届江苏省园艺博览会场馆、滨江湿地公园、新坝镇渡江文化园、大全集团、宜禾职业装博览馆、长鸣民间民族乐器陈列馆、新治村、西来桥镇文体中心和润粮油项目现场等有代表性的景点和企业。采风活动后,作家团成员将集中创作一批以河豚文化和扬中精神为诠释内容的文学作品。 (市文联 方莹莹)(市发促会 朱圣福)

【**“美在扬中” 全国征文大赛活动**】2015 年 3 月,“美在扬中” 全国征文大赛作为第十二届中国·扬中河豚文化节重要活动之一，在河豚节开幕前夕启动。此次大赛由扬中市文学艺术界联合会、市新闻中心和扬中发展促进会联合举办，在《文艺报》《镇江日报》《扬中日报》等媒体、网站发布征稿启事，面向全国公开征集反映扬中经济发展之美、城市建设之美、人文风貌之美、自然生态之美、江鲜美食之美等题材的文学稿件。征稿历时4个月，受到全国各地文学爱好者积极响应，收到参赛稿件500余件，其中不乏知名作家的精品力作。经专家严格评审，《太平禅寺桃花灿烂》《大心内美》等37件获奖。 （市文联 方莹莹）

【扬中市成立书画篆刻群友会】2015年5月9日，扬中市书画篆刻爱好者群友会成立仪式暨首届书画篆刻作品展在文化新村社区举行。自上年10月全市书画爱好者通过微信发起建立扬中书画篆刻爱好者微信群，到5月有省内外群友近百名，国家、省级以上专业会员20余名。此次书画篆刻作品展首次由民间组织承办，展出省内外作品近百件。展品风格多样、技艺精湛，许多作品在书体、布局、纸张、色彩等方面匠心独运，令人耳目一新，充分展示群友会书画篆刻爱好者的艺术才华。 （市史志办）

【扬中市获授"中摄协影像中国·摄影创作基地"】2015年8月8日，2015"城市·故事"江苏扬中站全国摄影邀请赛优秀作品在市奥体中心一楼展厅展出，中国摄影家协会相关领导为扬中市获奖摄影爱好者颁奖，并向扬中市颁发"中摄协影像中国·摄影创作基地"铜牌。市委常委、宣传部部长王继兰出席相关活动并发表致辞。此次"城市·故事"全国摄影邀请赛扬中站活动，吸引全市212名摄影爱好者参赛，收到参赛作品1260幅。中国摄影家协会编审、摄影家李建惠，为参加活动的摄影爱好者作关于风光摄影的专题讲座。 （市史志办）

【孙茂元《袁枚选清诗》首发式举行】2015年8月19日，扬中市作者孙茂元历时四年编著完成的《袁枚选清诗》举行首发式。孙茂元是三茅街道人，1968年毕业于扬州工业学院，自幼喜欢文学。退休以后开始潜心研究古诗词。2011年，孙茂元注意到清代诗人袁枚在著作《随园诗话》中引用许多的好诗词，便开始考证、编注书中1060多位诗人、2651首诗、81首词。该书填补国内清诗研究有关领域空白，得到凌启鸿、王步高等国内诗词大家的一致认可和高度评价。 （市史志办）

【"牵手西来桥"书画名家邀请展】2015年8月26日，西来桥镇美术馆开馆仪式暨"牵手西来桥"书画名家邀请展开幕式在西来桥镇文化体育活动中心举行。西来桥镇美术馆是在镇江市范围内率先建成的首家镇级美术馆。南京邮电大学传媒与艺术学院院长、画院执行院长王平，镇江市文联党组书记蒋宁，扬中市委常委、宣传部部长王继兰出席活动。本次活动是西来桥镇美术馆首次文化交流活动，展出南京、镇江、常州等地40余名书画家创作的书画精品。其中部分作品以展示西来桥风貌、宣传西来桥特色、反映西来桥发展为主题，笔墨丹青中融入创作者对扬中的深情厚谊和对扬中人文事业发展的美好祝愿。

（市文联 方莹莹）（西来桥镇 陈雪华）

"牵手西来桥"书画名家邀请展

【"让抗战精神永放光芒" 扬中市纪念抗战胜利70周年书画作品展】2015年8月31日，"让抗战精神永放光芒"扬中市纪念抗战胜利70周年书画作品展在扬中市行政中心一楼大厅开幕。此次书画展是全市纪念抗日战争胜利70周年系列活动之一，由市委宣传部、市文学艺术界联合会、市公安局、市双拥办联合主办。参展作品面向全市书画爱好者和书画家征集，以纪念抗战胜利70周年为主题，以反映抗战精神、扬中精神、平安扬中、警营文化等为创作内容，并在100余件征集到的作品中精选84件入展，其中10余幅作品出自一线公安干警之手。开幕式当天，扬中市公

"让抗战精神永放光芒"扬中市纪念抗战胜利70周年书画作品展开幕式

安干警代表,驻地官兵代表、所有参展作者以及部分书画爱好者约百余人参观书画展。为期一周的首展结束后,在扬中市军营和部分镇、街道、开发区举办的巡回展也顺利完成。（市文联 方莹莹）

【第二届“发展杯”征文颁奖会】2015 年 9 月 8 日,扬中市发展促进会(简称“市发促会”)、市新闻中心联合举办第二届“发展杯”征文颁奖会,活动在长江大酒店召开。市发促会会长陆朝银,市委宣传部副部长、新闻中心主任严峰出席颁奖会并为获奖人员颁奖。经过评委会认真评选,马有兵的《读〈扬中人〉有感》获得特等奖,马健的《一位奉献者的呐喊:一切为了扬中的发展》和钱吕明的随笔《珍藏》获得一等奖,另有 12 篇(首)诗文分获二等奖和三等奖。

（市发促会 朱圣福）

【“品读西来桥”征文大赛】2015 年,扬中市文学艺术界联合会,西来桥镇党委、政府,市新闻中心等单位联合举办“品读西来桥”征文大赛,彰显西来桥地域特色,挖掘民俗文化。活动面向全市征集以西来桥人文风物为创作内容、展现西来桥地域文化特色的文学作品,征稿历时一年,至 9 月收到应征稿件 60 余篇。征稿期间,部分优秀稿件选登在《扬中日报·周末》文化版。经专家评审,《西来桥烟云》《意蕴丰厚的西来桥 》等 24 件作品分获一、二、三等奖及优秀奖。（市文联 方莹莹）

【扬中市开展“江洲记忆”征文纪念国际档案日】2015 年 3 月~6 月,扬中市档案局会同市新闻中心、老干部局、党史办、文联、发展促进会等单位,联合举办“江洲记忆”征文活动,面向全市各级党政领导、离退休老干部、企业家、广大市民、在扬中工作过的领导和在外地的扬中籍人士征文。征文内容包括:一、打下时代烙印的难忘的亲身经历,比如与名人的交往史、有趣的生产生活经历等;二、回首自己建国前的峥嵘岁月;三、回顾自己决策或参与扬中重要工作、重大活动、重点工程的经历;四、追溯自己收藏的秘闻、家谱修缮和古文物面世的过程、重大技术发明的经过、民间手工艺的独门秘笈和非物质文化遗产的传承发展;五是真实的奇闻异事。活动收到来稿 161 篇,在《扬中日报》《扬中人》《扬中档案信息网》和“扬中档案微信”刊登优秀稿件 64 篇,并评出相应奖项。（市档案局 朱颖）

【扬中市特色文化家庭作品展】2015 年 10 月 28 日,扬中市特色文化家庭作品展在市妇儿活动中心举行, 市委组织部部长黄子来、镇江市妇联副主席郑迎伟出席活动,镇江市辖

扬中市特色文化家庭作品展

区妇联分管副主席及部长参加活动,来自 6 个乡镇的粽子、老虎鞋、肚兜、丝网花等十余件作品参展。（市妇联 吴柳）

【话剧《最贵重的礼物》获全国小戏小品征文大赛铜奖】2015 年 12 月, 在北京中央电视台星光梅地亚影视基地举行的第六届全国小戏小品曲艺大展中,扬中市广电中心退休记者彭纪龙创作的小话剧《最贵重的礼物》获本届大展铜奖。活动由中国文化部文化管理协会演艺工作委员会、中国文联戏剧家协会艺术发展中心联袂举办,应征大展的小戏小品文稿有 1000 余篇,前往参赛的还有 33 个小戏小品剧目演出和新创歌曲及演唱。扬中首次有作品参赛并获奖。（市史志办）

【扬中新闻网绿岛文学社工作室挂牌】2015 年 12 月 2 日,扬中新闻网绿岛文学社工作室在新华书店总部二楼挂牌。绿岛文学社通过定期组织文学沙龙、写作培训、读书会、采风等活动,扩大文友的视野,挖掘文友写作的潜力,提高写作水平, 进一步张扬文友的写作兴趣和写作方面的特长。挂牌前,文学社先后有数百篇作品被《华人时刊》《镇江日报》《京江晚报》《华商报》《扬中人》《扬中日报》 等媒体采用,连续 2 年出版《绿岛文苑作品集》,集中展示文学爱好者的创作成就。（市史志办）

【《“美在扬中”文学作品集》出版】2015 年 12 月,《“美在扬中”文学作品集》由中国文联出版社出版。《“美在扬中”文学作品集》由方泽华主编,是扬中市首部全方位展示“扬中之美”的文学作品集。该书收录 1996 年和 2015 年两次著名作家代表团到扬中采风创作的作品、“美在扬中”全国征文大赛优秀作品以及部分在外扬中籍人士讴歌家乡的美文。全书分为“名家走笔”“家园恋歌”“四海传情”三个篇章,分别收录著名作家作品、本土作者文章和外地作者来稿。（市文联 方莹莹）

【党员教育专题片《点燃梦想》被中组部评为“典型事迹片”类二等奖】2015年12月，全国党员教育电视片观摩交流活动入选作品名单发布，中共扬中市委组织部制作的党员教育专题片《点燃梦想》被中组部评为“典型事迹片”类二等奖，是镇江地区唯一获奖的作品。该片采用纪实的手法，讲述党员民警志愿者孙斌十年如一日、自发帮助中西部贫困学生完成学业的感人故事。孙斌为公益事业先后12次远赴可可西里高原、湘西古丈等偏远地区开展助学活动，他担任秘书长的“扬中麦田义工服务社”资助的孩子超过500名，筹集助学捐款400余万元，受到社会各界的一致好评，获得江苏省优秀志愿者、镇江市最美警察和扬中市道德模范等荣誉称号。（市史志办）

【2015年度主要文艺成果】2015年度扬中市主要获奖、入展、发表、出版、演出的作品如下：

文学创作方面，范继平的文学作品集《穿越故乡》由中国文联出版社正式出版；祝亚星的诗词集《忘味集》由南京出版传媒集团、南京出版社出版；武林创作的抗日题材长篇小说《战狼花》由中国出版集团现代出版社出版；杨祥生散文《夜游周庄河》获得第七届“祖国好”华语文学大赛金奖；叶贵诗词《恋情深》《卜算子》等在《诗词月刊》《中华诗词》等刊物发表；王文咏多篇散文《腊八传说》《人生路上的红绿灯》等在《新民晚报》《中华导报》等报刊上发表。

书画创作方面，王中明国画作品《家在云深处》入选由中国美协主办的首届“八大山人”全国山水画展；王成斌的篆刻作品入选第二届江苏省篆刻艺术大展；蔡风书法作品入选2015·第三届“百花争艳”宁镇扬女书画家作品邀请展；王中明作品《江湾渔影》、王伟作品《江洲春晓》入选2015新京江画派中国画双年展。

音乐舞蹈方面，市音舞家协会根据渡江照片创编舞蹈“我送亲人过大江”，根据扬中风情创编舞蹈“晒秋”、音乐作品“忆小村”。

戏剧曲艺方面，彭纪龙创作的小戏《最贵重的礼物》获得“中华颂”第六届全国小戏小品曲艺大展铜奖。

摄影创作方面，16人摄影作品在2015“城市故事”全国摄影大赛中分获一、二、三等奖，其中一等奖2人、二等奖5人、三等奖9人。

民间文艺方面，孔庆璞、王桂林的论文《公共文化服务标准化刍议》在中国文化馆协会2015年年会上获二等奖；在首届镇江民间工艺“金麦穗奖”创意作品大赛中，扬中市有19件作品获奖，其中耿月新创作的竹编作品《一路一带·圆中国梦》获得唯一金奖，扬中市民间文艺家协会获优秀组织奖；林存华创作的竹编《水果盆》夺得第五届全国残疾人技能大赛二等奖；长鸣乐器厂研发的木包竹笛子制作技艺，获得国家专利局颁发的实用新型技术专利；历时4年多，由王伟创作的彩烙画《清明上河图》成功收官，该画长8.25米，高0.45米，是烙铁画界的弘篇巨制。

7月21日，市文联文艺采风服务团走进八桥镇利民村

影视创作方面，短纪录片《咱们的老傅》获得镇江市电视社教类短纪录片一等奖。（市文联 方莹莹）

【扬中市文学艺术界联合会】2015年年底，扬中市文学艺术界联合会有作家协会、书画家协会、音乐舞蹈家协会、戏剧曲艺家协会、摄影家协会、民间文艺家协会、电影电视家协会等7个专业协会，会员总数300余人，其中国家级会员12名，省级会员60余名，镇江市级会员150余名。2015年新增国家级会员4名，分别为范继平加入中国作家协会，蔡风加入中国书法家协会，陈文、肖广华加入中国摄影家协会；新增省级会员3名，其中2人加入省摄影家协会，1人加入省民间文艺家协会；新增镇江市级会员5名，其中2人加入镇江市舞蹈家协会，3人加入镇江市民间文艺家协会。（市文联 方莹莹）

【扬中市文学艺术界联合会七届五次全委会】2015年12月31日，扬中市文学艺术界联合会召开七届五次全委会，集中学习《中共中央关于繁荣发展社会主义文艺的意见》，回顾总结市文联七届四次会议以来的工作，分析当前形势，研究部署2016年的工作，科学谋划扬中文艺发展“十三五”规划，提振精神、开拓创新，进一步动员全市广大文艺工作者以实际行动，把握历史机遇，深入生活实践，扎根人民群众，更加自信、更加自觉地推动扬中市文艺事业的大发展大繁荣。（市文联 方莹莹）

党史·地方志·档案

【《中国共产党扬中历史》第二卷、第三卷征编工作】2015年5月，扬中市委、市政府发文，将《中国共产党扬中历史》二卷本、三卷本资料征集任务分解到全市近百家单位，启动《中国共产党扬中历史》二卷本、三卷本编纂工作。同时，扬中市史志办组织编纂人员，先后前往丹阳、江阴等兄弟县市，学习考察他们的党史编纂先进经验。至年底，顺利完成资料搜集，并完成二卷本初稿。（市史志办）

【《扬中市志(1986~2006)》首发】2015年12月24日，扬中市举行《扬中市志(1986~2006)》首发式，现场表彰修志工作先进集体及个人，并举行赠书仪式。市委副书记唐崇林出席会议并讲话，市人大常委会副主任常云、市政协副主席黄成刚参加会议。《扬中市志(1986~2006)》编修工作于2007年启动，2015年进入出版程序，历时8年，数十次的修改。《扬中市志(1986~2006)》全面记载扬中1986年至2006年间的发展历程，是扬中第二部社会主义新方志，与1985年为下限的《扬中县志》相衔接。全志设39卷、208章、779节，相关链接56个；使用图照825帧、统计表642张。体例采用篇、章、节、目体志首设总述、大事记、历史彩页；后缀附录、后记，版面总字数296万字，上下两册分装。会上，新坝镇等22家单位被表彰为“扬中市修志工作先进集体”，马利顺等36人获“扬中市修志工作先进个人”称号，实验小学等14家单位接受赠书。（市史志办）

《扬中市志(1986—2006)》首发式

【扬中市志系列丛书编纂工作启动】2015年6月，扬中市政府下发文件，正式启动市志系列丛书编纂工作。《扬中市志》虽然篇幅浩大，但依然无法翔实、系统地记述全市各镇(街道、区)、村、部门、企业的历史现状、发展变化。在《扬中市志(1986~2006)》编纂告竣之际，系统开展市志系列丛书编纂，对于推进扬中市地方志工作向纵深发展，抢救历史文化，繁荣方志事业，传承人文精神，具有重大的现实意义和深远的历史意义。扬中市此轮市志系列丛书编修，全市各行政镇(街道、区)和行政村全部参加编纂，鼓励有条件的部门和企业参与。各行政镇(街道、区)分批推动本辖区内行政村启动编纂工作。在全市范围内，首批启动2个以上的行政镇(街道、区)、2~4个行政村、3~5个部门，争取2020年完成编纂工作。（市史志办）

【党史宣传教育工作】2015年是中国人民抗日战争胜利暨世界反法西斯战争胜利70周年。扬中市史志办策划利用互联网、手机等新媒体传播方式，多形式、多渠道开展宣传纪念抗日战争胜利70周年系列活动。与报社、扬中市电视台等媒体合作，组织寻访扬中境内参加过抗日战争的健在老战士和抗战遗迹，征集口碑资料，撰写、刊发纪念文章。在扬中新闻网、全市各大论坛、有关微信公众号、扬中手机报等平台上开设专栏，采用更加亲民的形式普及党史、情知识，广泛传播正能量，营造积极向上的舆论氛围，提升宣传教育实效。组织开展抗战英雄事迹报告会20场次，机关干部、消防官兵、中小学生、社区群众近千人听取了报告。利用网络平台，增设扬中市史志办公室官方网，设置信息公开、新闻动态、党史编研、方志编修、年鉴编撰等板块，强化史志工作阵地，安排专人定期上传工作动态，及时公开信息，第一时间发布部门重要活动、动态。（市史志办）

【扬中市档案学会第三次会员代表大会召开】2015年4月3日，扬中市档案学会第三次会员代表大会在市行政中心会议中心明珠厅召开，全市档案界100余名会员代表参加会议。副市长蔡萍出席会议并讲话。大会审议通过第二届理事会工作报告，讨论通过学会《章程》修正案，选举产生第三届理事会理事、常务理事、正副理事长、秘书长，聘请

抗日战争胜利70周年档案史料展

名誉理事长和顾问，局馆长郭渝当选为新一届理事长，并作表态发言。市政府副市长蔡萍充分肯定档案学会五年来取得的成绩，要求档案学会在新一届理事会的带领下，发挥群众性学术团体的桥梁、纽带和思想库作用，团结档案业务专家和骨干力量，为繁荣档案事业添砖加瓦、贡献力量。 （市档案局 朱颖）

【扬中市出台《扬中市档案管理办法》】2015年5月22日，扬中市委办公室、市政府办公室出台《扬中市档案管理办法》。该《办法》依据《中华人民共和国档案法》《中华人民共和国档案法实施办法》《江苏省档案管理条例》等法律、法规，结合扬中市实际制定，计八章，39条，详细规定档案资源、档案利用、档案安全、档案信息化等工作，为档案工作规范化、标准化和制度化提供指导性依据。 （市档案局 朱颖）

【"纪念抗日战争胜利70周年档案史料展"】2015年8月27日，"纪念抗日战争胜利70周年档案史料展"在扬中市档案馆一楼大厅举行开展仪式。市政府副市长蔡萍主持仪式，市委副书记唐崇林出席并致辞，市人大、政协、相关单位分管领导和文档人员近80人参加开展仪式。图片展以珍贵史料再现扬中军民反抗侵略、救亡图存的不屈历史，全面展现镇江、扬中地区人民在中国共产党领导下用血肉之躯抗击日军、抵御外敌的不屈精神和取得抗日战争胜利的波澜壮阔的历史画卷，用伟大的抗战精神激发建设最美扬中的强大动力。史料展为期两周，接待机关、部门党员干部10余批，并深入社区、学校开展巡回展，让更多的人接受爱国主义教育。 （市档案局 朱颖）

【扬中市档案馆创成省级中小学档案教育社会实践基地】2015年9月22日，江苏省档案局副局长顾祖根率评审组一行5人来到扬中市，评审市档案馆创建"江苏省中小学档案教育社会实践基地"工作。评审组通过听取汇报、现场察看、检查台账、综合评分，一致认为扬中市档案馆在创建省级中小学档案教育社会实践基地中，内容详实、制度健全，体制完善，活动内容不断创新，富有地方特色，深受学校欢迎，同意扬中市档案馆通过省级中小学生档案教育社会实践基地的考评验收。 （市档案局 朱颖）

扬中市法院通过全省档案工作五星级规范建设测评

【扬中市法院档案工作顺利通过省五星级测评】2015年11月24日，江苏省档案局专家组来到扬中市法院，现场测评全省档案工作五星级规范建设。测评组专家实地查看院史陈列馆、档案服务大厅和档案库房，现场调取诉讼档案和文书档案，查看档案信息管理系统的运行情况，并审核检查迎检台帐和编研材料。经过逐项检查，测评组一致认为，市法院党组高度重视档案工作，制度健全，设施设备符合管理标准；档案门类齐全、保管有序，基础业务工作扎实；档案信息开发利用优质高效，院史陈列形式多样，档案检索材料齐全，编研材料详实丰富，档案工作的社会效用得以发挥，完全符合档案工作目标管理五星级标准。省五星级是档案工作最高等级，市法院评审验收的顺利通过标志着继市检察院、公安局、地税局、国土局、供电公司后，扬中市又一家档案工作省五星级单位建成。 （市档案局 朱颖）

【扬中市档案馆征集到扬中首部院士家族谱】扬中有三位引以为傲的科学家院士：包信和、马伟明和施正荣。2015年11月26日，包信和院士所在的包氏家族第三十二世孙包智祥、包智凡将云阳"孝肃堂"《包氏族谱》计18册赠予市档案馆归档留存。《包氏族谱》，是研究扬中包氏迁徙、繁衍、发展脉络的第一手原始资料，为此谱编修，包信和慷慨解囊捐赠1万元。 （市档案局 朱颖）

【扬中市乡镇全部建成AAA级数字档案室】2015年12月，扬中市油坊镇、开发区、三茅街道综合档案室先后顺利通过档案部门评估组检查，建成AAA级数字档案室，至此，扬中市所有乡镇(4个乡镇1个街道1个开发区)全部建成AAA级数字档案室。各档案室建成文书、照片、音频、视频、专题等多个数据库，实现档案资源在线利用和共享，方便利用者快速查询的需求，提升部门档案管理现代化、科学化水平。 （市档案局 朱颖）

出版传媒

【概况】2015年，扬中市新闻中心全年组织开展"改革发展、创新图强，建设最美扬中"主题宣传，突出"企业上市"和"楼宇产业园"的专题宣传，加大"大众创业 万众创新"的典型挖掘，浓墨重彩宣传报道产业转型和项目建设。策划"河豚文化节""'守讲敢'教育实践活动""树立社会主义核心价值观”“创建省级文明城市”“纪念抗战胜利70周年”等重大宣传活动。扎实推进创建国家园林城市和省级文明城市的宣传。

年内,扬中各大主流媒体以“改革发展、创新图强”为主线,围绕长江经济带、生态文明、“大众创业 万众创新”等重大战略和企业上市、楼宇经济、重点项目建设等市委、市政府中心工作,精心策划选题和报道视角,“应对新常态、打造升级版”“2015重点项目看过来”“扶持企业上市”“发展楼宇经济、推动产业转型”等专题专栏常年不断线,通过骨干记者蹲点采访、新闻调查、系列言论、异地采访等形式,深入基层和项目一线采制各类报道600余篇,全面反映扬中在经济发展中的新举措、新亮点、新作为,提振全市上下攻坚克难、创新创业的信心和决心。

(市委宣传部 李敏)(市新闻中心 王斌)

【对外宣传工作】2015年,扬中市围绕长江经济带建设、转型升级、绿色生态、县域经济创新力全国首位等重大选题,强化对接与策划,高端媒体频频聚焦扬中。3月22日,《人民日报》一版醒目位置以《一位农民的绿色田野梦》为题,报道扬中市农民企业家童忠林发展绿色生态农业的典型事迹;4月18日、5月2日,《新华日报》分别以头版头题和倒头条形式推介扬中节庆转型、县域经济创新力经验。全年中央级媒体用稿41篇次,其中,《人民日报》用稿3篇,央视《新闻联播》用稿10篇,中央人民广播电台用稿20篇,《新华日报》头版用稿6篇。

全市各部门积极开展对外宣传工作,成效明显。如市关心下一代工作委员会全年在《人民日报》用稿1篇,省级媒体53篇次,新坝镇新治村辅导站《“重温经典故事,弘扬传统美德——2015年孝亲敬老专题教育活动计划》入编《全省校外教育辅导站优秀辅导活动计划选编》,并获全省二等奖。 (市委宣传部 李敏)(市关工委 朱华清 朱斌)

【广播电视】2015年,扬中市广电中心充分发挥主流媒体优势,坚持贴近中心、服务大局,统筹安排各项重大主题、重大活动的宣传报道,围绕经济宣传、最美扬中建设、资本上市、发展楼宇产业园、城市创建、生态文明、践行社会主义核心价值观、机关作风建设、“三农”等重点工作,通过异地采风、专家解读、本地言论、系列报道等形式,由点及面、由此及彼,在全社会大力营造支持改革、鼓励创新、争先作为的浓厚氛围。同时精心做好民生选题宣传,确保有策划、有兴奋点、接地气。年内,广播类稿件在中央台央广新闻和新闻纵横用稿16篇,在省台用稿180篇,稳居各县市台发用稿前三;电视类稿件在中央台《新闻联播》用稿13篇,其中截图5条,用稿8条,江苏卫视用稿超过120条。

(市广电中心 徐彦玲)

【微信公众平台“无限扬中”开通】2015年5月21日,扬中市广电中心开通微信公众平台“无限扬中”。通过“萌娃大赛”“星星火炬中国青少年艺术英才推选”等活动的推广,至年底,微信号吸引到5万余粉丝关注,单篇阅读量最多为7000人次。 (市广电中心 徐彦玲)

【《扬中日报》】2015年1月1日,《扬中快报》更名《扬中日报》,进一步明确其中共扬中市委机关报的定位。全年《扬中日报》出刊306期,其中《周末》58期,资讯新闻信息采发量2500个版;扬中新闻网年点击率超过190万人次;《手机报》全年播报365期,用户群进一步巩固;“掌上扬中”新闻客户端装机量拓展到3500余户;“魅力扬中”“微扬中”公众服务平台吸粉量持续增长,超过1.5万人次。组织外宣发稿1000余篇次,国家级媒体累计刊用各类稿件74篇(次),其中有6篇稿件在《人民日报》刊发,《一位农民的绿色田野梦》在《人民日报》一版刊发。省级媒体刊发各类稿件、图片150余篇(次);镇江市级新闻用稿在各辖市区名列第一,累计刊发各类稿件670篇(次)。镇江日报常年刊发头版头条24个,平均每个月2个。(市新闻中心 王斌)

【扬中新闻网第三届网民节】2015年1月25日,扬中新闻网主办“e起的时光”第三届网民节,400余名网友共同回顾和分享扬中新闻网2014年度的精彩。网民节颁出扬中新闻网2014年度十大点赞、十佳网帖、十佳网友、十佳网络问政典范单位和“微扬中”微信公众号评选出的“最美老板娘”,同时为展辉煌·启征程“20年20事”评选和雨润杯“我心中的扬中骄傲”“百姓笑脸”图文大赛颁奖。小苹果、非诚勿扰、微电影……各种流行元素集聚到同一个舞台,网友们自编自演的节目丰富多彩。 (市新闻中心 王斌)

网友节上评选出的“我心中的扬中骄傲”图文大赛一等奖作品——《蓝天2013-建设者》

【扬中新闻网获中国互联网品牌两项大奖】2015年5月20日~22日,以“网络媒体+什么”为主题的第三届全国网络媒体创新发展论坛在北京举行,“第五届中国互联网品牌大奖”同时揭晓。扬中新闻网获“中国地方网站十佳创新品牌奖”“全国最具本土传播力品牌奖”。本次论坛由全国网络媒体联盟举办。全国网络媒体联盟是由中国互联网协会支持,接受国务院新闻办、文化部、国家广电总局等有关部委政策指导,由中国互联网协会理事单位、互联网行业领先的第三方网站——中国网联网牵头发起、组建的全国互联网站共享、互动的超级平台,在全国新闻(门户)网站系统中具有较大的影响力。 (市史志办)

【扬中市特约记者培训班】2015年11月20日,扬中市新闻中心举办《扬中日报》特约记者培训班,原《南京晨报》总编、高级记者、全国百佳新闻工作者姜圣瑜应邀到扬中市做“我写,故我在”新闻业务讲座。 (市新闻中心 王斌)

【扬中市新闻中心当选中国县市报研究会理事单位】2015年12月20日~22日,中国县市报研究会第30次年会在河北省张家口市召开,会议宣布,经中国记协批准,扬中市新闻中心成为中国县市报研究会理事单位,同时被推举为中国县市报研究会新媒体发展工作委员会主任单位。

(市新闻中心 王斌)

【扬中日报“两会”特刊】2015年12月底,新闻中心出刊扬中日报“两会”特刊《亮色——向全市人民汇报》。出席扬中市十六届人大五次会议与政协九届五次会议的人大代表、政协委员们人手一本。该特刊收录“十二五”期间及2015年扬中市各领域、各战线取得的辉煌成就和崭新业绩,展示较为全面。 (市新闻中心 王斌)

【《学习参考》编辑工作】2015年,扬中市委党校加强《学习参考》编辑工作,围绕市委市政府工作中心,关注扬中经济社会发展和党员干部关心的问题,跟踪社会热点,有针对性地编辑《2014年宏观经济形势回顾与2015年发展展望》《提高领导干部运用法治思维和法治方式的能力》《“四个全面”:我们党治国理政的新思想新战略》《“一带一路”:中国深度融入世界的现实纽带》《“互联网+”:新常态下中国经济发展的新引擎》《推进创业创新 激发经济活力》《新形势下中美关系面临的机遇与挑战》和《共同捍卫我们的历史记忆——纪念中国人民抗日战争胜利70周年》《“十二五”发展回顾与“十三五”前景展望》《人民币国际化:中国崛起的必由之路》《以“四个全面”为统领 科学谋划“十三五”规划——学习党的十八届五中全会精神》《习近平法治思维的主要内容及运用》《供给侧改革:新常态下中国经济转型发展的新思路》等13期《学习参考》,印发4000余份,为干部理论学习提供参阅资料,为基层培训提供党课材料,为市委、市政府和各级领导重大决策提供信息服务和理论与智力支持。 (市委党校 赵正杰)

【“地税杯”2015年度扬中市十大新闻评选活动】“地税杯”2015年度扬中市十大新闻评选活动由市委宣传部、市新闻中心主办,市地税局协办。全市千余名市民和网友通过信件邮寄、网站投票等方式,参与评选。综合投票票数,获评2015年度扬中十大新闻的是:

1. 扬中市荣登全国县域经济创新力榜首
2. 扬中市四城同创取得圆满成功
3. 央视《走遍中国》聚焦河豚文化
4. 大全集团位列中国机械工业百强21位
5. 镇江高考文理科状元双双花落扬中市
6. 扬中籍院士马伟明获何梁何利基金最高奖
7. 扬中河豚食俗列入省非遗保护名录
8. 扬中市举办首届公益文化节
9. 新坝镇获批“江苏省扬中高新技术产业开发区”
10. 润华物流码头成为国家进口粮指定口岸

(市史志办)

体 育

【概况】2015年,扬中市建有健身路径230个,晨晚炼点246个。万人拥有公共体育设施面积2800平方米。最大的综合性体育场馆——奥体中心全面建成,投入运营。建成集宣传文化、党员教育、科学普及、体育健身等设施为一体的基层综合性文化服务中心10个,全市建成2个农民健身公园、10公里健身步道,更新室外健身路径23套,城南公园、森林公园、三桥绿园3处6套健身路径完成建设。围绕纪念抗战胜利70周年,举办“让历史告诉未来”专场文艺演出。承办全国青少年曲棍球锦标赛和省青少年女子曲棍球赛。

新曲棍球国少队训练基地工程成功立项,创成省公共体育服务体系示范区。相继承办全国青少年曲棍球锦标赛和江苏省青少年女子曲棍球赛,先后举办全民健身月、千人广场舞展示、男子篮球联赛、国际篮球对抗赛等重大活动赛事。

组建市国民体质测试站,新推广6个健身项目、336场次培训，组织国民体质测试2500人次。体育综合实力明显增强。扬中曲棍球队夺得全国青少年曲棍球锦标赛女子U15学校组第一名、U12组第二名；组队参加江苏省县级田径比赛，获甲级赛区第19名；省第十八届运动会上，扬中代表队全面完成夺金任务，扬中市文广体局和扬中市教育局荣立镇江市二等功；桔梅象棋俱乐部角逐全国、省级象棋大赛，摘得8枚金牌。在首届"浏阳河杯"全国百强县(市)男子篮球邀请赛上，扬中代表队摘得桂冠；市老年舞蹈队参加首届中华老年体育舞蹈香港国际艺术节，分别获得金奖二等奖、最佳编排奖。

体育彩票销售增势强劲，全年销售总量9800万元，超额完成全年目标任务，增幅稳居全省第一。体育扶持奖金申报有序推进，申报奥体中心体育馆、体育场和新坝镇体育馆3个项目，获得补助资金60万元。

(市文广体局　王桂林)(市统计局　陆文龙)

【2014年扬中市乒乓球年终团体总决赛】2015年1月1日，扬中市举行2014年乒乓球年终团体总决赛，包括外市代表队在内的19支代表队汇聚奥体中心，展开激烈的角逐。最终，江阴二队、超宇电器分别获得各自组别的冠军；教育一队、大方集团分别获得各自组别的亚军。

(市史志办)

【扬中市奥体中心建成运营】经过4年建设，2015年5月27日，扬中最大的综合性体育场——奥体中心全面建成、投入运营。该中心占地面积179亩，总建筑面积7.9万平方米，由万人体育场、景观塔、综合健身馆、体育馆、游泳馆5个建筑单体组成。年内奥体中心运营良好，引进室内高尔夫、谭武道跆拳道分部、坤全乒乓球俱乐部、威腾乒羽俱乐部等项目，先后举办、承办国际篮球对抗赛、扬中首届生活体验节、广电大型车展、2015"麦田计划"18公里暴走等大型活动，全年接待体育健身培训2.5万人次，人气明显集聚，影响力稳步提升。(市文广体局　王桂林)

【美国VS古巴国际篮球对抗赛】2015年5月27日晚，"绿洲新城"杯国际男子篮球对抗赛在奥体中心体育馆摆开擂台，美国男子职业篮球队和古巴国家篮球队为在场5000余名观众上演一场跨国界的顶级球赛。晚上七点半，"中国乔丹"胡卫东亲临现场为两队跳球，最终古巴队以72:85的比分输给美国队。(市史志办)

【2015年全国青少年曲棍球锦标赛】2015年7月27日，第七届全国曲棍球奥林匹克后备人才基地夏季训练营暨

2015年全国青少年曲棍球锦标赛(江苏赛区)现场

2015年全国青少年曲棍球锦标赛(江苏赛区)在扬中曲棍球训练中心落下帷幕。国家体育总局机关党委书记朱国平、国家体育总局手曲棒垒球中心副主任李高潮出席闭幕式并为获奖代表队颁奖。比赛分为U18和U15两个组别，在为期13天的赛程中，来自全国11个省市(自治区)26个单位的38支队伍、480余名选手激烈角逐，扬中曲棍球队夺得女子U15学校组冠军。(市文广体局　王桂林)

【扬中老年舞蹈队登上国际赛坛】2015年8月3日，首届中华老年体育舞蹈香港国际艺术节在香港九龙会展中心金色大厅落幕，来自世界各地的26支比赛队参赛。受香港老年体协邀请，扬中老年舞蹈队一行60人参加这一盛会，市老干部局三队夺得金奖二等奖，文化社区、中桥社区舞蹈队并列获得金奖三等奖，广宁社区炫舞队获最佳编排奖。

(市史志办)

【邹莉娟勇夺全国残运会暨第六届特奥会2枚金牌】2015年9月12日，第九届全国残运会暨第六届特奥会上，扬中市运动员邹莉娟，在女子F34级铅球、标枪比赛中，勇夺两项冠军，其中铅球项目以9.01米的成绩打破7.90米的全国记录，这个成绩同时是世界F34级铅球最好成绩。

(市残联　韩传会)

【扬中"腾祥超越者"足球队摘取泰兴城市超级联赛亚军】2015年10月6日，扬中腾祥超越者足球队在2015泰兴城市超级联赛中获得亚军，这是至2015年扬中球队外战历史上的最佳战绩，该队的张润以10粒入球获得本届联赛的"最佳射手"。本届城市联赛由泰兴市足球协会举办，邀请泰州、泰兴、扬中、南通、江阴、靖江6个地区13支球队参加。比赛从4月开始，历时近半年，于10月结束。本届联赛主办方不限制职业、专业运动员参加，众多队伍为获得佳绩，纷纷引进外援。扬中"腾祥超越者"足球队完全由纯

业余球员组成,通过努力拼搏,在12场奋力拼杀赛中取得10胜2负的骄人战绩,摘取本届城市联赛亚军。

(市史志办)

【扬中市举行第四届全民健身运动项目展演】2015年10月25日,扬中市第四届全民健身运动项目展演在奥体中心北广场前举行。市委常委、宣传部部长王继兰,副市长蔡萍以及镇江市体育局相关领导出席。该展演由市文化广电体育局主办,机关、各镇街区的16支代表队300余名队员参加展演,呈现广场舞、健身秧歌、柔力球、啦啦操、花棍等新优项目表演。 (市史志办)

【"中扬置业"杯第六届男子篮球联赛落幕】2015年10月31日,扬中市2015年"中扬置业"杯第六届男子篮球联赛冠军争夺赛在奥体中心体育馆展开,市人大常委会副主任、党组书记施健华,市委常委、宣传部部长王继兰,副市长蔡萍观看比赛,并为冠军队伍颁奖。2015年"中扬置业"杯第六届男子篮球联赛5月开赛,比赛历时6个月,12支队伍参赛。通过为期2个月的初赛,8支队伍进入决赛。江洲俱乐部、西来风驰俱乐部和华梦集团俱乐部取得联赛前三甲。这是江洲俱乐部连续三届夺得联赛冠军。

(市史志办)

【首届百强县(市)男子篮球邀请赛扬中夺冠】2015年11月29日,首届"浏阳河杯"百强县(市)男子篮球邀请赛尘埃落定,扬中代表队赢得最后胜利,摘得桂冠。在为期9天的比赛中,扬中队一路过关斩将,与山西孝义队双双杀进决赛。决赛上半场,山西孝义队超常发挥,让扬中队疲于招架,下半场扬中队凭外线射手连进2球,最终以83:79的微弱优势险胜对手。 (市文广体局 王桂林)

旅游·江鲜美食

【概况】2015年,扬中市接待游客280万人次,比上年增长10.07%;实现旅游综合收入87.6亿元,增长11.52%;旅游业综合投入19.6亿元,增长8.47%。第十二届"中国·扬中河豚文化节"期间,全市接待游客人数突破58.7万人次。

(市旅游局 黄成)

【央视《走遍中国》聚焦扬中河豚文化】2015年3月21日,中央电视台中文国际频道《走遍中国》栏目制片人王贵亮及编导一行,到扬中市实地采风调研,围绕河豚、秧草话题开展为期一周的专题片拍摄工作。市委常委、宣传部部长王继兰会见栏目组一行,并重点介绍扬中的地域特色、生态特质、河豚文化、民风民俗等特点。栏目组对扬中市独特的自然区位、优越的生态环境、神奇的河豚美食和烹饪技艺以及独有的江岛民俗文化表现出浓厚兴趣,并到现代渔业产业园、长江渔文化生态园、秧草种植加工基地、中国民族乐器陈列馆、园博园、太平禅寺等地实地考察,探访白玉兰、长顺、汇丰等名店大师顶尖的烹饪技艺和非同寻常的文化传承。相关节目于2015年4、5月,在中央四套中文国际频道播出。 (市史志办)

首届园博园樱花节

【园博园樱花节】2015年3月28日~5月10日,首届"美丽扬中·醉美樱花"樱花节在扬中园博园举行。樱花节期间,入园游客26.1万人次,旅游团队80余个,团队游客1.6万人次。 (市史志办)

【央视《美丽中国乡村行》来到扬中】第十三届中国·扬中河豚文化节期间,中央电视台7套《美丽中国乡村行》栏目组走进扬中,进行为期5天的专题片拍摄。此次拍摄的主题是:"长江两岸是我家——走进中国河豚岛·扬中"。《美丽中国乡村行》是央视7套黄金栏目,每晚18:05播出,时长25分钟。年初,该栏目策划的大型系列节目"长江两岸是我家"在长江两岸多座城市成功拍摄,影响巨大。正值第十三届河豚文化节举办之际,该栏目组走进中国河豚岛,从美食文化、节庆活动、乡村旅游等多角度拍摄扬中作为江岛型城市的特色与魅力。(市史志办)

2015 年扬中市星级饭店一览表

表 28

名称	等级	地址	联系电话
长江大酒店	四星	扬子西路 8 号	88268012
金叶大酒店	三星	扬子中路 133 号	88321678
金色港湾大酒店	三星	港东南路 45 号	88268999
周仔大酒店	三星	江洲东路 77 号	88264777
东苑大酒店	三星	环城东路 1 号	88206665
新世界大酒店	三星	新扬南路 299 号	88290998
富能大酒店	三星	开发区兴宏路 18 号	88456777
毛里求大酒店	三星	开发区兴隆桥南	88190777
铂金大酒店	三星	油坊镇明珠路 18 号	13645288666
华夏大酒店	三星	文化南路 27 号	88324511
新坝大饭店	三星	新坝镇大全路 7 号	88265999
君泰维景国际大酒店	五星(未评定)	环城北路 288 号	88218888
菲尔斯金陵大酒店	五星(未评定)	长江路 1888 号	88588000

(市旅游局 黄成)

2015 年扬中市 A 级以上景区、省星级乡村旅游点一览表

表 29

名称	等级	地址	备注
中国职业装博览馆	AAA 级景区	宜禾路	—
梓阳植物园	AA 级景区	新坝镇	—
江馨怡旅游度假村	省四星级乡村旅游点、AA 级景区	西来桥镇	2015 年,被国家旅游局评为“中国乡村旅游金牌农家乐”
长江渔文化园	省四星级乡村旅游点	三茅街道兴阳村	2015 年,被国家旅游局评为“中国乡村旅游金牌农家乐”
南湖农场	省三星级乡村旅游点	三茅街道三普村	2015 年,被国家旅游局评为“中国乡村旅游金牌农家乐”
众和生态园	省三星级乡村旅游点	新坝镇	—
水岸仙居农庄	省三星级乡村旅游点	三茅街道永和村	—
扬中宾馆生态园	省三星级乡村旅游点	油坊镇	—
浩顺生态园	省三星级乡村旅游点	新坝镇向阳村	2015 年评定
滨江生态观光园	省三星级乡村旅游点	三茅街道滨江村	2015 年评定

(市旅游局 黄成)

·第十三届中国扬中河豚文化节·

【概况】2015年3月18日~4月24日，扬中市举办第十三届中国扬中河豚文化节。本届河豚节由江苏省烹饪协会、江苏省节庆协会、扬中市河豚协会、扬中市旅游协会主办，以“相约河豚岛 共享悦生活”为主题，在更高层次、更广范围内放大“中国河豚岛”的品牌效应，达到“宣传扬中、弘扬文化、快乐百姓、活跃经济”的目的。

本届河豚节期间，扬中市全国首届河豚烹饪精英赛，评选出全国河豚烹饪大师10名以及全国河豚烹饪名师15名。举办第二届扬中樱花节、“智慧旅游、畅游扬中”、第六届寻访中国河豚岛——扬中自驾游、“中国有个河豚岛”媒体采风、“威腾杯”中国河豚岛·扬中摄影展、《东方散文》全国散文作家扬中笔会、2016年长江增殖放流活动、全民文体等系列活动，并将通过评选扬中“旅游餐饮名店”和“最美乡村旅游景点”、举办旅游系列推介会、编印“中国河豚岛——江洲实景”宣传手册及宣传画等方式，宣传展示扬中健康的生态环境与和谐的社会氛围，传播河豚文化。

本届河豚文化节以“相约河豚岛、共享悦生活”为主题，集中展示扬中魅力独特的河豚文化、秀美宜人的岛城风光、独具优势的投资环境和日新月异的发展态势，充分体现扬中人民“上善若水、自强不息”的城市精神，在更大范围放大“中国河豚岛”“中国河豚文化之乡”的知名度。

节庆期间，扬中市举办扬中国际能源互联网峰会，邀请海内外专家学者，共同研讨智能电气产业的转型道路；深化复旦大学——扬中产学研合作，组织教授、专家与企业家“面对面”互动交流；率团出访美国、加拿大、德国等国家，推介扬中、对接产业，签约人才、洽谈项目，全市开展集中推介20余场次、招商60余批次，拜访重点客商600余次。闭幕式上，全市集中签约24个项目，其中1亿美元或10亿元人民币以上重大签约项目有5个，新兴产业类项目占到67%以上，涉及新能源、装备制造、现代服务业等多个领域；与复旦大学开展产学研对接活动，签约项目6个；组织16家企业赴厦门大学、南昌大学开展产学研合作洽谈，达成合作意向10项；赴美国、加拿大经贸洽谈期间，成功签约总投资10亿美元的中美科技创新产业园和总投资2.8亿美元的薄膜双面电池及组件生产项目。

(市烹饪协会 何百彩)(市史志办)

【“梅兰春杯”中国首届河豚烹饪精英赛】2015年3月18日，由江苏省烹饪协会、江苏省节庆协会、扬中市河豚协会、扬中市旅游协会等单位联合主办的“梅兰春杯”中国首届河豚烹饪精英赛在扬中市举行。本次大赛通过国家、省市协会组织和网络公开报名的方式，收到来自全国的110

图片专辑——第十三届扬中河豚文化节

第十三届中国扬中河豚文化节开幕式

第十二届中国扬中河豚文化节闭幕上，总投资126亿元的20个重点项目集中签约仪式

“梅兰春”杯中国首届河豚烹饪精英赛现场

李传耀在青年河豚厨王争霸赛总决赛中获得“河豚厨王”称号

名选手的参赛申请，组织方对照选手入门条件，筛选出来自北京、安徽、河南、湖北、山东以及本省市的46名选手参加比赛。主办方邀请11位有关专家组评委团，并邀请80位市民参与评选，从菜品的色泽、香味、形态、口感等方面综合打分，最终评出中国烹饪大师10名、中国河豚烹饪名师15名。 （市烹饪协会 何百彩）（市史志办）

【青年河豚厨王争霸赛】2015年4月22日，由扬中市河豚协会主办的青年河豚厨王争霸赛总决赛在市君泰维景国际大酒店举行，来自仪禾大酒店和清华园大酒店的4名厨师竞相展露各自的河豚烹饪绝活，副市长于德祥现场观看比赛。参加总决赛的4名厨师分别为前四场周赛的周冠军。现场比赛要求每名参赛厨师在规定时间内以河豚为主食材，精心烹制一道体现扬中特色的红烧河豚和一道以河豚为原料的创新菜肴。比赛特邀7名具有国家级、省级评审资格的专业评委以及20名市民评委，共同对菜肴打分，同时还采取现场操作评分和菜肴作品评分相结合的方法。经过紧张激烈的比拼，来自扬中市仪禾大酒店的李传耀厨师夺得冠军。 （市烹饪协会 何百彩）（市史志办）

教 育

·综 述·

【概况】2015年，扬中市教育事业稳步发展。成立开放大学，整体搬迁市二中，腾仓搬迁市一中、青少年活动中心，完成校安工程6.1万平方米，建成“江苏省义务教育优质均衡发展市”。继续实施免农村幼儿园小班保教费政策，学前三年儿童入园率100%以上。小学入学率100%，初中入学率100%，残疾儿童少年入学率99%，高中入学率100%。高考成绩囊括镇江市文理科状元。高中一本、二本达线率列

教育部专家组调研扬中市义务教育工作

镇江市第一名。

年末，全市有小学12所，教学点2个，349个教学班，在校学生数2.51万人，专任教师2190人；有中学10所，其中高级中学2所，初级中学7所，九年一贯制学校1所；教学班初中162个、高中80个；初中在校学生数6336人，高中在校学生数3096人，教职工总数1329人，专任教师1046人。幼儿园21所，202个教学班，在园幼儿数7271人，教职工总数265人，专任教师250人。特殊教育学校1所，7个教学班，在校学生数77人，教职工总数30人，专任教师22人。职业高中1所，40个教学班，在校学生数1412人，教职工总数200人，专任教师183人。

积极构建管办评分离的教育治理新体系，试行建立教育评议会制度，加快推进现代学校制度建设，外小、兴小、联幼等学校自主管理改革开展试点。成立新课程改革领导小组，出台课程改革指导意见与实施方案，加强课程改革专项培训。承办全国课改研讨活动，邀请崔永漷、周彬、唐江澎等专家深度剖析课改。建立课改专题网站，分片召开课改座谈会。与华东师大课程改革研究所、“新学校”研究院、“新基础教育”研究所洽谈合作课改项目，与苏州、常州等地优质学校建立课改共同体。组织教师参加专项培训；建立专题网站，分片召开课改座谈会。实小的全课程试验，外小的适合教育，一中的“3+x”课程体系，二中、八中、新小等试行的部分学科分层走班等试点项目落地生根。12月，成功举办“全国课改大讲坛”交流研讨活动。

年内，扬中以现场考察和社会满意度均列全省第一的成绩，被评为首批“江苏省义务教育优质均衡发展市”，全市建成江苏省级社区教育示范区，有13家单位建成“镇江市教育现代化先进镇（街道）、学校”，教师发展中心挂牌成立并顺利通过“江苏省示范性县级教师发展中心”评估验收。 （市教育局 戴平）（市统计局 陆文龙）

【扬中市成为首批“江苏省义务教育优质均衡发展市”】2015年，在江苏省首批义务教育优质均衡发展县（市、区）评估中，扬中市以现场考察得分和社会满意度均列第一的实绩，展示出优先发展、均衡发展、优质发展区域义务教育的丰硕成果。

近年来，扬中市委、市政府先后出台12个文件，部署义务教育优质均衡发展工作，做到“教育问题优先讨论，教育经费优先安排，教育用地优先规划，教师编制优先解决”。启动新一轮教育布局调整工作，推进高中招生制度改革，全面推进城乡、校际师资交流，持续增加投入，保障义务教育经费法定增长，不断健全中小学校舍维修长效机制，持续优化投入教育实施装备，建立“三类子女”教育权利保障

机制，着力构建学校发展共同体，不断深化城区窗口学校与农村学校的对口交流，办好每一所学校，城乡之间，校际之间差距明显缩小，老百姓对家门口学校的办学质量较为满意，有效化解“择校热”。（市教育局 戴平）

【“全国农村学校艺术教育实验县”工作现场推进会】2015年4月，江苏省教育厅在扬中市召开“全国农村学校艺术教育实验县”工作现场推进会，交流实验工作的情况和经验，学习和贯彻落实全国艺术教育工作精神，推动艺术教育实验县工作的开展和江苏省艺术教育工作的改革和发展。教育部体卫艺司副司长万丽君用“有为、有人、有课、有彩”高度评价扬中市艺术教育工作成果，认为扬中在相关政策制定，师资队伍建设，课程建设，资源整合和机制保障等方面做出大量扎实有效的工作。扬中重视学校艺术教育工作，工作重点突出，以点带面，滚动发展，强化组织领导、规划引领、资金保障，进一步明晰艺术教育方向；注重内涵发展，突出师资建设、素养提升、资源整合，进一步提升艺术教育质量；注重全面推进，通过学校主动、薄弱带动，项目推动，进一步汇聚艺术教育发展合力，成为艺术教育工作的样板区和示范区。

年内，扬中市实现艺术教师区域不缺编的实验目标，全市11所小学、6所初中、3所高中艺术教育硬件设施达到江苏省技术装备一类标准水平，占学校总数的83.3%。

（市教育局 戴平）

【教育现代化建设】2015年，扬中市积极探索PPP模式，充分借助社会资本，将相关工程委托绿洲新城公司代建，有效缓解后续校安工程建设资金压力。完成校安工程建设任务6.1万平方米，校舍安全比例提高到82%。市二中实现整体搬迁；腾仓搬迁市一中、青少年活动中心；城区计划新建幼儿园3所、小学3所，改扩建初中2所，其他规划新建学校陆续开工建设。扬中市对照现代化创建的工作目标，投入近300万元用于购置电教设备、实验装置，所有中小学技术装备均达到或超过省定Ⅱ类标准，41所学校达Ⅰ类标准，20所学校通过镇江市“数字化校园”验收，率先在镇江实现全区域“数字化校园”创建。截至2015年年底，全市有13家单位创成“镇江市教育现代化先进镇（街道）、学校”，省数据中心现代化监测数据显示扬中市现代化建设综合得分为89.69分。（市教育局 戴平）

【全国生本教育理论与实践研讨会在扬中召开】2015年3月下旬，全国生本教育理论与实践研讨暨扬中市生本教育推进会在扬中召开。此次活动由市教育局与广东生本教育研究中心联合举办，来自广东、浙江、山东、四川、河南、河北等地的600余名代表齐聚扬中，走进扬中生本课堂观摩，分享交流各学科教学方法。生本教育创始人郭思乐教授出席开幕式。活动在省扬高中主会场及新坝中学、外国语中学、外国语小学、联合中心小学、兴隆中心小学等5个分会场举行。（市教育局 戴平）

全国生本教育理论与实践研讨暨扬中市生本教育推进会

【华东师范大学教授崔允漷到扬中市指导课程改革】2015年9月20日，华东师范大学课程与教学研究所所长崔允漷教授应邀到扬中市指导课程改革工作。崔允漷教授为全市近600名校长、研训员和骨干教师作《提升学校课程领导力》和《基于证据的课堂观察》的两场报告。

崔允漷教授指出，课堂观察应立足问题，制定量表，多元观察，抓大放小，抓住教学目标，抓住教学底线。好课是多样性的统一，因人而异，各有不同，但都体现课程标准，都有底线；评课要基于证据，而不是跟着感觉走，要换位思考，找出教师的优势所在，要关注学生的学习状态，提高技术含量；教师要进行课前研究、课后反思，这样才能提高执教水平。（市史志办）

【扬中成立教师发展中心】2015年2月，扬中市教师发展中心挂牌成立。这是扬中市教育综合改革的一项重大举措，标志着全市教育资源整合迈出新的一步。2015年暑期，扬中市教师发展中心完成教育局教研室、教师进修学校和电教装备中心三方优质资源整合，实行中心主任负责制，实现以研带训、以研促训、研训结合的教师专业发展共同体，实现“教科研训”四位一体的运作模式，进一步提高全市教育工作质量和效益。2015年年底，市教师发展中心接受“江苏省示范性县级教师发展中心”评估验收。

（市史志办）

【教育经费保障】2015年，扬中市财政性教育经费9.98亿

著,各项工作走在全省前列。（市教育局 戴平）

【省专家组检查扬中市特殊教育发展工程情况】2015 年 11 月初,江苏省特殊教育专业委员会部分领导、专家视察扬中市第二实验小学和特殊教育中心校,深入了解扬中特殊教育发展工程的有关情况。检查组一行仔细视察第二实验小学的资源教室,了解随班就读教学活动,考察特殊教育中心校的办学情况,重点查看运动康复室、律动教室、烹饪室、康复训练中心等功能教室,并深入特教中心新校区规划用地调研，实地察看规划用地地面附着物以及周边情况。检查组肯定扬中市的特殊教育工作,认为扬中市高度重视特殊教育工作,资金投入大、管理制度健全、工作成效显著,各项工作走在全省前列。（市教育局 戴平）

市长潘早云(右三)慰问残疾学生

【扬中市领导慰问残疾学生】2015 年 5 月 15 日,扬中市市长潘早云带领三茅街道、市残联等部门领导,专程来到市特殊教育中心学校,慰问残疾儿童和奉献在残疾人事业一线的工作人员。潘早云一行走进运动、语言、蒙台梭利、感觉统合、孤独症等康复课堂,看望正在接受康复训练的孤独症和脑瘫儿童。潘早云对智障儿童经过一定时间的康复训练后,语言、运动、精细动作等情况均得到不同程度改善表示赞赏,对学校“康教结合、补偿缺陷、开发潜能”为主的办学思路和办学成果给予肯定,潘早云要求,要进一步加强学校师资力量配备,不断完善硬件配套设施建设,让残疾儿童享受更好的康复训练和教育。各相关部门要整合资源,优势互补,认真落实好各项残疾人政策,提高助残服务能力。要在社会上积极倡导扶残助残良好社会风尚,帮助残疾儿童家庭重新树立信心,推进整个社会关注与支持残疾儿童康复事业。（市教育局 戴平）

·中等职业教育·

【概况】2015 年，江苏省扬中中等专业学校加大实训基地建设力度,建成实训基地 5 个,其中省级实训基地有 2 个：数控技术应用、光伏技术应用实训基地,新创成会计电算化省品牌专业一个,自此拥有 3 个省级品牌特色专业。在 2015 年江苏省职业学校技能大赛中,扬中职业教育中心 2 位老师获网络综合布线技术一等奖,2 位老师获计算机辅助设计(工业产品 CAD)三等奖,2 位分获数字影音后期制作技术三等奖和电子产品装配与调试三等奖,取得“一金四铜”的好成绩。大力实行工学结合、校企合作、顶岗实习的人才培养模式,建立“双基地”办学模式,10 多家企业在省扬中专建立职工培训基地,学校在企业建立“顶岗实习基地”。探索“工学交替”教学模式。将企业的产品引入学校,让学生进入车间直接生产,实现学校、学生、企业“互惠互利多赢”。（市教育局 戴平）

·成人教育·

【概况】2015 年，扬中市成人教育紧紧围绕教育富民这一重点目标,继续大力开展教育培训,办学规模和效益稳步提升。全市建成以社区培训学院为龙头,社区教育中心为骨干,居民学校为基础的三级教育网络,硬件建设和内涵发展大幅提升。全市 6 所社区教育中心均创成省标准化社区教育中心和镇江市现代化学校,新申报创建 9 所省标准化居民学校,10 月扬中市向省教育厅申报创建国家级社区教育实验区和江苏省社区教育示范区,并积极开展台账资料和现场迎检的各项准备工作。成立扬中开放大学,开通“扬中学习在线” 平台，率先创成江苏省级社区教育示范区。2015 年,扬中市社区居民培训人数 19.83 万人次,社区居民的培训率 63.53%,从业人员的年培训率 70%以上,农村劳动力转移培训率 51%，农民实用技术培训率 35.98%,下岗待业人员技能培训率 89.7%，外来务工人员适应性培训率 58%,弱势人群提高生存技能培训率 43.1%。老年人教育及文化娱乐活动参与比率 32.46%。社区居民接受社区教育服务的满意率 92%。（市教育局 戴平）

【扬中市成立开放大学】2015 年 11 月 18 日,扬中市社区教育工作推进会暨开放大学成立仪式在江苏省扬中中等专业学校举行。扬中市社区培训学院更名为“扬中市开放大学”,挂“扬中市社区培训学院”牌子。近年来,扬中市不断创新举措、强抓落实,有序推进社区教育各项工作,取得较好实效,全市社区教育网络体系基本形成。扬中市建成省标准化社区教育中心 6 个、居民学校 33 个,新坝镇创成全国社区教育示范乡镇,八桥镇创成江苏省社区教育示范乡镇;全市所有优质教育基地有序对社区居民开放,推动社区

扬中开放大学成立仪式

与学校开展项目共建，社区教育工作向纵深发展。

（市教育局 戴平）

·教师队伍建设·

【概况】2015 年，扬中市有在编教职工 3051 人，其中在岗专任教师 2573 人，专任教师队伍中，45 周岁以下 1989 人，占 77.3%。高中教师平均年龄 39.5 岁；初中教师平均年龄 41.6 岁；小学教师平均年龄 37.6 岁；幼儿教师平均年龄 33.6 岁；中等专业学校教师平均年龄 37.3 岁，教师队伍年龄结构呈年轻化趋势，结构合理，素质精良。全市有特级教师 9 名，正高级教师 6 名，两级学科带头人 99 名，两级骨干教师 337 名。有 47 人次在镇江市级以上教学比赛中获奖，其中省特等奖 1 人，一等奖 12 人；90 多人次在镇江市级以上论文竞赛中获一等奖，其中全国一等奖 5 人，省级一等奖 33 人。继续执行《关于建立扬中市中小学在职教师师德师风检查制度的通知》，严格实行师德师风建设责任制和责任追究制度。组织开展"寻找身边的感动"评选、"铸就新辉煌"教师节表彰等活动，做好镇江市优秀教育工作者、十佳教师、优秀班主任、德育先进工作者的推荐工作；继续开展"优秀教师志愿导学"活动，打造教育惠民品牌。

（市教育局 戴平）

医疗卫生

·综 述·

【概况】2015 年年末，扬中市有各类卫生机构 89 个，卫生机构床位数 1050 张。卫生技术人员 1646 人，其中医生 738 人，注册护士 645 人。全市医疗机构完成业务总收入 5.46 亿元，门诊 204.02 万人次，住院 29.23 万床日，比上年增长 9.42%、5.04%和 8.66%。建立和完善"三大体系"即基本药物保障供应体系、基层医疗服务体系、基本公共卫生服务体系，探索"一项改革"（公立医院改革），积极打造整岛一体化的医疗卫生服务新格局。全市建立电子居民健康档案 29.4 万份，建档率 86.8%；开展 65 岁以上老年健康体检 10 万余人；发放农村孕产妇住院分娩补助 1619 人，补助金额 80.95 万元；完成农村妇女"两癌"筛查 33198 人。各级各类发证医疗卫生机构 82 所，包括公共卫生机构 2 所、妇幼保健机构 1 所、综合医院 1 所、中医院 1 所、乡镇卫生院 5 所、城市社区卫生服务中心 1 所、专病防治机构 4 所、门诊部 5 所、护理院 1 所，村卫生室 40 所、城市社区卫生服务站 7 所、诊所（含中医坐堂诊所）14 所，其中政府办非营利性医疗机构 63 所、社会资本办非营利性医疗机构 4 所、营利性医疗机构 15 所。全市医疗机构设置总床位 1050 张，其中市人民医院 600 张、市中医院 150 张、乡镇卫生院（社区卫生服务中心）220 张，护理院 80 张。全市卫生从业人员 1861 人，其中卫生技术人员 1491 人，执业（助理）医师 743 人，注册护士 645 人。全年全市各医疗卫生单位完成门急诊 203.98 万人次、住院 3.38 万人次，实现业务收入 5.03 亿元（不包括财政补助收入），实现业务收支结余 4253.75 万元。2015 年，创建成"全国基层中医药工作先进单位"，扬中市被全国爱卫会表彰命名为"国家卫生城市"。

（市统计局 陆文龙）（市卫计委 张 军）

【医药卫生体制改革】2015 年，扬中市继续深化公立医院改革，全面实施医药价格综合改革。年内，市人民医院、市中医院药占比为 34.37%，平均住院床日比上年减少 0.49 天，门诊均次费用降低 3.57%，住院均次费用增长 6.66%。继续落实基本药物制度，全年让利群众 3609.14 万元；实施医院内部管理机制创新，市人民医院、市中医院全面开展

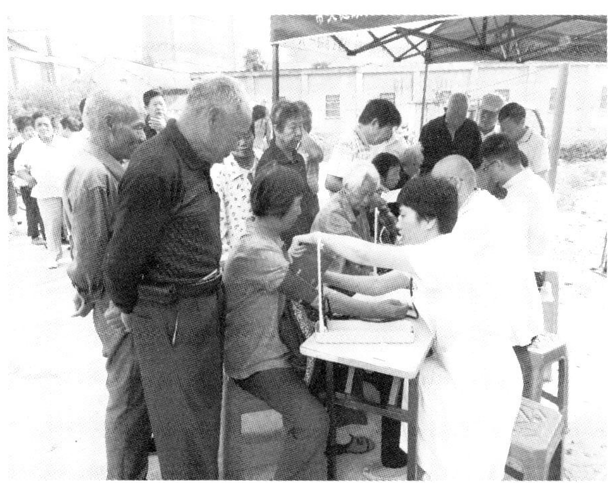

新坝中心卫生院开展 2015 年"世界高血压日"义诊咨询活动

"品管圈"活动，市人民医院组圈12个，市中医院组圈5个,其中,市人民医院有1个"品管圈"获得镇江市二、三级医院品管圈竞赛二等奖。市人民医院完成中层管理竞岗和医院现代管理知识培训，市中医院全面落实岗位和制度管理。完善院前急救体系建设,市中医院加入120急救体系。继续推进医疗卫生重心下移、资源下沉工作:市临检中心开展各项临床检验服务4.07万人次，其中特殊检验2295人次;市影像中心为基层开展CT、MR、乳腺钼靶等检查服务1460人次,远程审核摄片质量和报告质量2.15万人次，对407份报告驳回修正;市消毒供应中心为基层集中供应消毒包399只,其中植入性器械1.25万件。继续基层医疗卫生机构标准化建设,乡镇卫生院(社区卫生服务中心)省级示范率100%,省级示范村卫生室总数17个。村卫生室执业(助理)医师拥有率100%。继续推进分级诊疗和双向转诊,全年上转病人507人次,下转病人244人次。全市设立康复联合病房30张,接收病人210人。落实城市医院对口支援基层卫生工作机制，下派13名医生到基层医疗卫生机构开展支援服务。启动乡镇卫生院"名誉院长"工作，选派市人民医院6名医疗骨干和12名护理骨干组成的团队,参与乡镇卫生院的坐诊、查房、带教及管理等,每周至少一天。（市卫计委 张军）

【卫生系统行风建设】2015年8月，扬中市卫生局与市计划生育委员会实行部门整合,全市卫生计生系统建立"两个责任"分解落实制度,明确"两个责任"清单,分别与10位分管领导、9个业务科室和12个市直单位负责人签订落实党风廉政建设"两个责任"的责任书,逐层逐级将党风廉政建设"集体责任""个人责任"落实到班子成员、业务科室和市直单位。集中对用药量排名前30的药品供应商和部分医用器材供应商实行警示约谈,提出整改要求,规范其经营行为;对有廉政与行风倾向性问题的人员实行警示约谈,增强广大医务人员廉洁从业的自觉性。深入基层,广泛听取卫生工作中存在的问题意见和建议,落实整改征集查摆出的120条意见和建议。深化行业专项整治,坚决查纠大处方、滥检查和乱收费等违规行为。（市卫计委 姚裕林）

·医政管理·

【医疗行业监管】2015年，扬中市卫生系统依法做好医疗机构准入、校验、审查等工作。新批设门诊部3个,完成72所医疗机构校验审核工作,暂缓校验1所,对71个医疗机构落实不良记分管理。做好医师资格考试审核、执业注册管理等工作,完成58名执业医师的注册、变更、注销备案工作,完成47名医师资格考试人员审核,完成新获执业资格的5名医师、27名护士执业资格审核、注册,完成17名注册到期护士再注册,5名医师获批多点执业。完成726人的2013~2014年度医师定期考核工作。

（市卫计委 张军、尹越）

【医疗服务改善工作】2015年,扬中卫生系统严格落实《江苏省改善医疗服务24条具体措施》、改善医疗服务行动计划和疾病应急救助等工作。年内,市人民医院开展"人文素养提升年"主题活动,安排14个方面的活动,推出24条管理新举措,征集97条"金点子",推行"医护患一体化服务"模式创新,开通微信平台,实行分层挂号、收费,设立楼层导诊服务,开设慢病门诊和慢病取药窗口,实行电子排队和叫号，开设专家会诊中心，推行多学科协作诊疗模式(MDT),落实弹性工作和预约诊疗制度等;市中医院改造门诊楼,功能分区、服务流程、诊疗环境全面优化,落实分层挂号、收费、导诊和预约诊疗服务,开设康复病区。继续落实优质护理服务工作,全面开展"优质护理服务示范病房"创建活动,市人民医院、市中医院A类病房分别达13个、4个,三茅街道社区卫生服务中心综合病区、八桥中心卫生院一病区获得"扬中市基层医疗机构优质护理病房"称号;实施"年轻护士素质提高行动",完成二级医院护士长培训32人,培养专科护士22人。

（市卫计委 张军、朱丹）

兴隆卫生院以务实、贴心、周到的医疗服务悉心呵护精神疾病患者

【医疗质量】2015年，扬中市卫生系统继续落实医疗核心制度,持续开展"三基""三严"训练,市中医院医务人员"三基"考试在镇江组织的二、三级医院的考试中合格率、及格率均为100%，位居镇江市第一；市人民医院合格率为90%、及格率为95%,位居镇江市第四;各乡镇卫生院(社区卫生服务中心)"三基"考试平均合格率85.41%、及格率100%。市人民医院、市中医院住院病历质量在镇江市组织的病历质控检查中甲级率均为100%。2015年,市人民医院

落实临床路径病种 58 个，临床路径病种住院人数 4896 例，入组率 86.62%，完成率 93.38%；市中医院落实临床路径病种 16 个，进入临床路径管理 714 例次，入径率为 10.15%，完成率 93.84%。市人民医院平均住院床日 8.7 天，比 2014 年下降 0.4 天，市中医院平均住院床日为 7 天。市人民医院门诊患者抗菌药物处方比例为 17.62%，住院患者抗菌药物使用率为 57.07%，抗菌药物使用强度(DDD)69 DDDs；市中医院门诊患者抗菌药物处方比例为 20.49%，住院患者抗菌药物使用率为 76.10%，抗菌药物使用强度(DDD)60DDDs。全年未发生医院感染事件。临床成分输血符合率 100%。 （市卫计委 张军、朱丹）

注："三基"即：基本理论、基本知识、基本技能。"三严"即：严格要求、严密组织、严谨态度。

【中医药管理】2015 年，扬中市卫生系统继续实施"基层中医药服务能力提升工程"，全面推行中医综合治疗区建设，全市 4 个单位通过镇江验收。积极推广中医适宜技术，村卫生室(社区卫生服务站)配备 TDP 神灯，针灸针、拔罐、刮痧板等基本中医设备。市中医院"中医脾胃科、中医儿科"建成镇江市级中医临床重点专科；开发区兴隆卫生院中医科获"江苏省乡镇卫生院示范中医科"称号；油坊镇卫生院中医科列入创建单位。 （市卫计委 张军、朱丹）

【平安医院创建】2015 年，扬中市卫生系统推进平安医院建设，召开平安医院联席会议 1 次。市级医院设立警务室 2 个。全面落实医疗责任险制度和医疗安全责任状制度，全市累计投保 80 万元。建立医疗纠纷第三方调解处理机制，全年累计受理第三方调解申请 38 起，调解成功 35 起，成功率 92.1%。 （市卫计委 张军、朱丹）

·卫生科技与教育·

【卫生科技】2015 年，扬中市卫生计生系统获得江苏省级卫生科研立项 1 项，获得省中医管理局经费支撑 1 项，镇江市卫生重点科技立项 3 项，获得经费资助 1 项，镇江市科技立项 7 项，扬中市科技立项 2 项。积极完成各类科技项目结题和验收鉴定工作，年内完成 2 项，未完成项目结题的全部完成阶段小结。各级医学专业杂志发表科技论文 101 篇，其中，SCI 级 2 篇，国家级(含中华级)40 篇，省级 59 篇。开展医疗新技术和新业务 34 项，医疗协作中心组织新增 2 个(心电诊断中心和病理诊断中心)，总数 5 个)。培养镇江市级学科带头人 19 人，培养扬中市级学科带头人 89 人。积极组织落实科技进步奖申报工作，申报 3 项，其中一等奖 1 项，二等奖 1 项。积极参与镇江市名中医评审，3 人获得名中医称号，市肿瘤防治所华召来获扬中市第二届优秀科技工作者提名。 （市卫计委 张军、朱丹）

【卫生人才、专科建设】2015 年，扬中市出台《优秀卫生专业技术人才及重点专科建设奖励基金实施意见》，设立优秀卫生专业技术人才及重点专科建设奖励基金 50 万元，落实人才战略。全市卫生系统现有镇江市级学科带头人 19 人，培养扬中市级学科带头人 89 人。现有镇江市级临床重点专科 5 个(市人民医院肿瘤科、胸外科、消化内科、市中医院脾胃病科、中西医结合儿科)；专科建设单位 2 个(市人民医院肾内科、临床护理专业)。现有扬中市级临床重点专科 4 个(市人民医院神经内科、普通外科、医学检验科、医学影像科)；扬中市级中医临床重点专科 2 个(市中医院中医儿科、针灸推拿科)；扬中市级临床特色科室 5 个(三茅社区卫生服务中心肛肠科、八桥中心卫生院腹腔镜专科和体外碎石专科、开发区兴隆卫生院骨伤科和精神科)，其中，开发区兴隆卫生院骨伤科被评为省级乡镇卫生院特色科室，获得省奖资金 30 万元。 （市卫计委 张军、朱丹）

市中医院有关人员到常州市武进区中医院参观学习康复科建设

【继续医学教育】2015 年，扬中市卫生系统组织开展镇江市级医学教育培训 17 期次；举办省级规范诊疗讲座 1 期，镇江市基层培训班 1 期，举办基层医疗机构适宜技术培训班 4 期，累计培训近 5000 人次。新近 10 名医务人员，全部参加住院（全科）规范化培训培养，落实骨干医师培养 9 人，全科转岗培训 1 人，组织 34 名乡村医生参加为期 4 个月的在岗培训。 （市卫计委 张军、朱丹）

·疾病预防控制·

【传染病防治】2015 年，扬中市网络报告乙类传染病病种 9

种 410 例，发病率 119.57/10 万；丙类 5 种 528 例，占法定传染病报告总数的 56.29%；各医疗单位肠道门诊登记腹泻病例 2441 例，病原检索率为 24.25%(592/2441)，全人口检索率 1.73‰；报告并处置聚集性手足口疫情 22 起，重症病例 7 例。(市卫计委 王毓彬、王伟)

【**血吸虫病防治**】2015 年，扬中市完成钉螺调查 1825 万平方米，发现钉螺 252.4 万平方米，灭螺 505.1 万平方米，钉螺死亡率 91.23%，活螺密度下降率 92.21%，有效降低钉螺密度，控制钉螺扩散，完成各类人群血吸虫病检查 13792 人次，化疗(含扩大化疗)99 人次，连续 43 年未发现急性血吸虫病感染病人。(市卫计委 王毓彬、王伟)

【**艾滋病防治**】2015 年，扬中市卫生系统开展多形式的性病艾滋病预防知识宣传，发放各类宣传材料 10 万余份，初筛实验室、快检点检测 3.9 万人次，初筛阳性 12 例，累计管理艾滋病感染者/病人 72 人，治疗 54 例，32 人纳入社区管理。(市卫计委 王毓彬、王伟)

新坝中心卫生院走进新坝中学开展青少年预防艾滋病专题健康教育讲座

【**结核病防治**】2015 年，扬中市卫生系统继续推行现代结核病控制策略，落实中盖项目，发现活动性肺结核病人 193 例，其中新发涂阳 46 例，复治涂阳 11 例，涂阳病人占活动性病人 23.9%；上一自然年新涂阳病人治愈率 78.69%。(市卫计委 王毓彬、王伟)

【**慢性非传染性疾病防治**】2015 年，扬中市累计登记高血压患者 3.74 万人，规范管理 3.21 万人，规范管理率 85.9%，重性精神病患者规范管理 1113 人，规范管理 971 人，规范管理率 87.24%。(市卫计委 王毓彬、王伟)

链接

扬中市入围第三批国家慢性病综合防控示范区

2014 年 12 月 26 日，国家卫生计生委办公厅在其官网公布"第三批国家慢性病综合防控示范区"名单，扬中市慢性病防控工作取得新荣誉，在入围的全国 125 个县（市、区）中，榜上有名。

扬中市自 2011 年启动"慢病综合防控示范区"创建以来，市委、市政府不断加大扶持慢病防控工作的力度，从慢病监测、健康促进、基本公共卫生均等化等入手，完善工作机制，强化部门协作，动员社会参与，有重点、有计划、有步骤地开展一系列慢性非传染性疾病的防治工作。

3 年来，市卫生部门通过电视、报纸、手机短信、户外广告牌、户外电子显示屏、宣传栏、宣传单、音像资料、横幅标语展板等多种形式，大力宣传慢性病防治健康知识。组织健康讲师团进企业、进社区、进农村、进学校开展健康专题讲座 1305 场次。建成健康场景 10 余个，开展卫生日广场宣传、咨询、义诊 150 余场次。

全民健身运动深得人心，在全市机关企事业单位推广的工间操取得积极进展，群众性健身蓬勃开展，太极拳、秧歌舞、广场舞随处可见，农村和社区健身点基本实现全覆盖。开展"迎新年长跑"、环岛自行车接力赛、男子篮球联赛、农民运动会、千人秧歌大赛等活动。平衡膳食、限油少盐的饮食理念逐步家喻户晓。全市所有医疗卫生机构建成无烟单位，学校和公共场所控烟成效显著，建成无烟单位 43 家。每两周一节的健康教育课在全市中小学实现全覆盖。

全市医疗机构实行 35 岁以上首诊测血压，测血压率 98%以上。全市职工体检覆盖率 87.67%，65 岁以上老年人免费体检率 83.16%。全市设立健康指标自助检测点(含健康小屋)33 个。积极开展农村妇女"两癌"免费筛查和上消化道肿瘤筛查，3 年累计筛查妇女近 10 万人，早诊率在 94%以上；累计筛查上消化道肿瘤重点对象 6648 人，发现食管癌 38 例，胃癌 37 例，癌前病变 314 例，患者均得到及时治疗。由村卫生室(社区卫生服务站)责任医生牵头，定期开展慢性病患者健康教育讲座，帮助患者管理和控制病情。

【**免疫规划**】2015 年，扬中市卫生系统推进数字化计免门诊建设，覆盖率 85.71%，开设预防接种周末门诊。完成各种常规免疫接种，单苗接种率大于 95%。完成 13 所小学、19 所托幼机构的预防接种证查验督查。

(市卫计委 王毓彬、王伟)

【**乡村医生签约服务**】2015年，扬中市卫生系统依托“3+X”家庭健康责任团队和网格化管理体系，在江苏省首批开展乡村医生签约服务试点工作。2015年，全市累计签约5.06万户16.8万人，完善居民健康档案25.28万份，有偿签约9042人，其中健康体检型3505人，血糖监测295人，胰岛素代购152人，糖尿病精细化管理1380人，高血压精细化管理3696人。（市卫计委 王毓彬、王伟）

【**生活饮用水监测管理**】2015年，扬中市卫生系统对各类水质设立监测点，对全市10家生活饮用水供水单位常规分析12项，丰枯水期检测34项指标，并按国家省市要求网络直报枯水期监测结果，全年无错误点。2015年，全市累计监测各类样品194份（其中出厂水95份、管网水60份、二次供水25份、水源水14份），合格188份，合格率为96.91%；检测项次3630项，合格项次为3622项，项次合格率为99.78%。（市卫计委 王毓彬、王伟）

·卫生监督执法·

【**卫生行政许可及处罚**】2015年，扬中市卫生系统受理各类卫生许可330件，其中公共场所271件，生活饮用水4件，放射诊疗13件，建设项目审查4件，其他38件，因现场审核设施不符合要求退办19件。办理行政处罚案件76起，一般程序行政处罚案件35起，其中公共场所案16例、非法行医案16例、传染病防治案3例。全年未发生行政诉讼和行政复议案件。1件行政处罚卷宗获省三等奖，1件行政处罚卷宗获镇江市一等奖，1份行政许可卷宗获镇江市二等奖。（市卫计委 郭炜）

【**打击非法行医**】2015年，扬中市卫生系统开展多部门联动检查7次，出动执法人员80余人次，出动监督车15辆次，取缔无证行医24户次，受理无证行医案件20起，移交食药监部门1起，移送公安部门3起，实施行政处罚案件16起（其中听证程序3起），公告送达4起，申请法院强制执行1起，没收违法所得1.62万元，没收药品、器械324件价值约4837元，罚款人民币21.65万元。（市卫计委 郭炜）

市卫生监督所开展打击非法行医宣传周活动

【**公共场所卫生监管**】2015年，扬中市卫生系统建立公共场所单位档案689户（纸质和电子），建档率100%。完成旅店业、美容美发业、沐浴业、足浴业、公共场所控烟、游泳场所和集中空调通风系统7项专项整治和公共场所监督抽检快检任务。专项检查做到有要求、有计划、有措施、有成效，监督覆盖率100%。检查住宿场所179家，美容美发场所237家，沐浴场所74家，足浴业单位39家，游泳场所6家，使用集中空调通风系统的公共场所单位12家，公共场所控烟检查689家。开展卫生监督监测，随机抽取游泳场所6家、住宿业5家、美容美发业6家、沐浴场所3家、商场（超市）2家、体育场馆1家、影剧院4家、歌舞厅2家、音乐厅1家、候车（机、船）室1家、集中空调通风系统1家、饭馆（餐厅）2家，合格率100%。开展现场快速检测，随机抽取住宿业57家、美容美发业87家、沐浴场所34家，游泳场所6家，合格率100%。量化分级实施率达100%。（市卫计委 郭炜）

【**生活饮用水监管**】2015年，扬中市卫生系统对全市集中式供水单位开展拉网式检查（含原各镇集中式供水单位），结合协管站点分析全市末梢水监测数据，及时发现扬中市集中式供水中存在的问题和隐患，并将问题通报住建部门，联合住建部门、各镇（街道）政府提出具体整改要求，并按期检查验收，消除饮用水安全隐患。全年检查涉水管材管件生产企业11家，配合镇江市卫生监督所监督抽检其中1家单位管材管件。（市卫计委 郭炜）

【**放射诊疗监督**】2015年，扬中市卫生系统检查放射诊疗机构11家（省级发证1家），放射卫生技术服务机构1家，均建立职业健康监护档案，开展个人剂量监测，并建立个人剂量监测档案。11家放射诊疗机构防护用品配备齐全，均有相关部门出具的放射诊疗设备防护性能和放射工作场所的检测报告。（市卫计委 郭炜）

·妇幼卫生·

【**妇女保健**】2015年，扬中市产妇2929人，活产数2973人，建卡2929份，建卡率100%；其中非本省居住（1年以下）活产数362人，建卡孕产妇数356人，建卡率99.9%；早建数2883人，早建率96.9%；产前检查2827人，检查率100%，产前五次检查2889人，五次率97.2%；产后访视2926人，访视率100%；孕产妇无死亡；通过系统管理发现高危孕妇1252人，高危管理1252人，高管率100%，高危筛选率44.7%；住院分娩率100%；全市助产医疗机构活产数2809人，全年剖腹产1718人，剖腹产61.1%；新生儿出生缺陷7人，出生缺陷率2.49‰。（市卫计委 梁勇、朱红芳）

【儿童保健】2015年，扬中市新生儿2868人，建卡2868人，建卡率100%；筛出体弱儿829人，筛选率28.9%，体弱儿专案管理率100%；纯母乳喂养2473人，纯母乳喂养率86.3%。全市0~2岁儿童7659人，按"四二程序"系统管理7286人，系管率95.1%；3~6岁儿童1.07万人，健康管理1.07万人，健康管理率100%；全市新生儿死亡2人，死亡率0.67‰；婴儿死亡4人，死亡率1.35‰；5岁以下儿童死亡7人，死亡率2.35‰。（市卫计委 梁勇、朱红芳）

新坝中心卫生院为新坝镇中小学生开展免费健康体检

【托幼机构管理】2015年扬中市托幼机构卫生保健合格率100%；开展托幼机构保教人员和入园新生健康体检，保教人员体检596人，体检率100%；儿童入托体检2263人，体检率100%；完成6603名在园儿童健康体检，体检率100%。（市卫计委 梁勇、朱红芳）

【新生儿疾病筛查】2015年扬中市市新生儿听力筛查2624人，筛查率98.9%，筛查出疑似阳性7例，确诊3例；新生儿代谢性疾病筛查2631人，筛查率99.2%，发现甲状腺机能低下1例。（市卫计委 梁勇、朱红芳）

【婚前医学检查】2015年，扬中市完成1347对适龄青年婚前保健服务，婚前保健率85.6%。

（市卫计委 梁勇、朱红芳）

【重大妇幼卫生项目】2015年，扬中市完成2.9万名35岁~64岁农村妇女两癌检查，确诊宫颈癌5例，乳腺癌9例；免费发放叶酸2118人；为2083名农村产妇发放住院分娩补助，累计104.15万元；孕产妇艾滋病病毒、乙肝病毒、梅毒螺旋体抗体免费检测率100%。（市卫计委 梁勇、朱红芳）

·爱国卫生·

【爱国卫生】2015年扬中市卫生系统深入开展爱国卫生运动，不断巩固和发展卫生创建成果。3月份扬中市被全国爱卫会表彰命名为"国家卫生城市"，并于4月正式授牌。实施"健康扬中"行动，加大健康促进队伍建设力度，深入开展健康教育"五进"（进农村、进学校、进机关、进企业、进社区）活动，开展爱国卫生月暨第五届健康教育宣传周活动。全年开展各类健康素养讲座295场次，其中市级巡讲11场次、镇级64场次、村级220场次。印制发放健康入户资料12种24万份。启动全国健康促进县试点建设，逐步完善创建工作机制，有序推进创建工作，健康政策开发取得突破，7大类243个健康促进细胞工程建设进展顺利，健康促进活动深入开展。加强控烟宣传教育，巩固无烟医疗机构创建成果，定期开展全市公共场所控烟情况督查，建成1个国家级戒烟门诊。开展春季、夏秋季集中病媒生物防制活动，发放鼠药500余公斤、粘鼠板600张、蟑螂颗粒剂2000余包、饵贴1000余盒。加强生活饮用水卫生监测，全年开展生活饮用水常规分析12次，合格率100%，检验项次合格率100%。开展市容环境卫生专项整治，加强对机动车和非机动车的管理，规范停车秩序；规范户外广告设置和

5月31日是第28个"世界无烟日"，市有关部门在文景广场举办宣传活动。一位烟民接受一氧化碳呼气检测

横幅、条幅的管理；加强建设工地和渣土车辆的管理；完善环卫设施设置，建成城区建筑垃圾中转场；以卫生镇村创建和村庄环境整治为载体，开展环境卫生整治活动，疏通河道、清理“四害”孳生地。 （市卫计委 王志明）

·医疗卫生机构选介·

【扬中市人民医院】扬中市人民医院（以下简称市人民医院）有职工748人，其中在编职工562人；专业技术人员502人；有高级专业职称115人，中级技术职称243人。开放床位600张，医院总资产4.04亿元，资产负债率21.68%。2015年，医院全年完成业务总收入3.02亿元，门急诊患者65.7万人次，出院病人2.38万人次，住院手术6594人次，病床使用率98.38%。

2015年，市人民医院医改工作稳步推进。与南京市第一医院、常州一院的专家协作（坐诊、查房、手术等）实现常态化；上海胸科医院肿瘤中西医结合科专家每半个月来医院坐诊，开展中西医结合的特色肿瘤综合治疗；与南京中医药大学基础学院医教研基地合作，积极开展科研项目。全年上级合作医院专家在市人民医院诊疗2220人次。2015年，市人民医院积极开展联合病房和双向转诊服务，建立专职医护人员定期下乡查房制度和康复联合病房月报告制度，全年下转康复联合病房患者193例；选派耿兴荣、郭红、朱晓云、刘鸿飞、郭伟、魏建军等6名专科技术骨干分别到西来、八桥、油坊、兴隆、三茅和新坝卫生院担任名誉院长，组建医护团队，每周到挂职医院开展业务指导、坐诊、查房、手术，进一步畅通双向转诊通道。

2015年，市人民医院组织申报省卫生厅科研项目2项、镇江市科技局社会发展项目7项、镇江市卫生局卫生科技重点项目1项。获扬中市科技进步奖一、二等奖各1项，完成科研项目鉴定2项。顺利通过现有5个镇江市级临床重点专科和建设单位的年度考核工作，全年发表论文62篇，其中SCI 2篇，国家级14篇，省级35篇。在扬中市第四期专业技术带头人“321工程”培养对象评定中，市人民医院1人被评为省级专业技术带头人，12人被评为镇江市级专业技术带头人，6人被评为扬中市级专业技术带头人；2名省级专科护士完成结业答辩，新录取3名省级专科护士，培养1名省级导乐分娩师、1名省级护理康复训练师、1名国家级二级心理咨询师、1名国家级三级公共营养师。 （市人医）

市人民医院、市中医院、三茅街道社区卫生服务中心等医疗机构选派的卫生人员开展援疆医疗工作

市人民医院在春柳小区开展专家义诊活动

【扬中市肿瘤防治研究所】2015年，扬中市肿瘤防治研究所顺利通过镇江市级医学临床重点专科复评，年内发表SCI论文1篇，国内核心期刊论文8篇，承担和参与的科研项目《卡培他滨治疗晚期食管-胃交界处腺癌维持治疗的有效性和安全性研究》《幽门螺杆菌与慢性肾脏病的相关性研究》分别于2015年8月、11月通过镇江市科学技术局组织的科技成果鉴定，其中《幽门螺杆菌与慢性肾脏病的相关性研究》获2015年度扬中市科学技术进步一等奖。2015年，1人获评“扬中市321工程”省级专业技术带头人，并获得“扬中市优秀科技工作者”表彰。2015年，顺利通过全国早诊早治督导组验收及省疾控中心肿瘤登记检查，4人获得全国上消化道癌早诊早治“先进工作者”表彰，2人获得上消化道癌早诊早治图像质量竞赛“优秀奖”。承担国家医改重大项目、扬中市重大公共卫生项目“上消化道肿瘤早诊早治”10年来，完成1.92万名适龄群众胃镜普查，查出上消化道肿瘤150余例，癌前期病变510余例，经积极干预和治疗，患者均取得良好的治疗效果。 （市人医）

【扬中市中医院】2015年，扬中市中医院占地面积1.7万平方米，建筑面积2.09万平方米。编设病床200张，实际开放病床180张，现有在编职工172人，全日制合同工80人，

链接

“德勤50强”

德勤50强于1995年创办于美国硅谷，于2005年进入中国，每年在全球数十个国家同步举行，被誉为“全球高成长企业的标杆”。“江苏高科技高成长30强”评选中，德勤根据企业过去三年收入增长率，评选出江苏地区30强企业，参选企业不限制行业，但必须是高科技公司。

2015年度扬中市获批高新技术企业一览表

表30

序号	企业名称	镇(街、区)
1	江苏华强新能源科技有限公司	新坝镇
2	江苏新韩通船舶重工有限公司	八桥镇
3	江苏华鹏电缆股份有限公司	新坝镇
4	江苏海天微电子科技有限公司	八桥镇
5	江苏华太电力仪表有限公司	八桥镇
6	镇江市沪扬电器成套有限公司	八桥镇
7	镇江丰源新能源科技有限公司	油坊镇
8	江苏成城电气有限公司	新坝镇
9	江苏大津重工有限公司	西来桥镇
10	扬中市南方矿用电器有限公司	三茅街道
11	江苏中兴新泰物联网科技园有限公司	三茅街道
12	江苏华联电力器材有限公司	三茅街道
13	扬中牧乐药业有限公司	开发区
14	江苏中远环保科技有限公司	新坝镇
15	江苏利奥新材料科技有限公司	油坊镇
16	中电电气(江苏)股份有限公司	三茅街道
17	江苏瑞欧宝电气有限公司	开发区
18	江苏耐尔特钻石有限公司	三茅街道
19	江苏博力新能源有限公司	开发区
20	江苏神力电源科技有限公司	西来桥镇
21	镇江裕太防爆电加热器有限公司	油坊镇
22	江苏绿艳高分子材料有限公司	三茅街道
23	江苏文昌电子化工有限公司	开发区

(市科技局 曹霞)

2015 年度扬中市获批后备高新技术企业一览表

表 31

序号	企业名称	镇(街、区)
1	扬中新亚自控工程有限公司	三茅街道
2	镇江力帆防爆电器有限公司	新坝镇
3	江苏天地人新材料有限公司	开发区
4	江苏海航电气科技有限公司	新坝镇
5	镇江市清安电气有限公司	八桥镇
6	江苏津荣激光科技有限公司	八桥镇

（市科技局 曹霞）

2015 年度扬中市获批省高新技术产品一览表

表 32

序号	产品名称	承担单位
1	高抗电弧高安装密度 Blokset 型低压成套开关柜	向荣集团有限公司
2	变速箱 PCD 复合钻铰刀	江苏扬碟钻石工具有限公司
3	中速磨煤机石子煤全自动正压气力输送系统	江苏中能电力设备有限公司
4	高效环保石子煤全密封等压排放装置	江苏中能电力设备有限公司
5	ZYHB 型油气回收处理装置	江苏中远环保科技有限公司
6	高性能低温直焊聚氨酯漆包线漆	江苏恒兴制漆有限公司
7	G6 型多晶炉铸太阳能级 R3 硅片	镇江荣德新能源科技有限公司
8	基于顶置冷却单元系统的模块化通信机房	江苏香江科技股份有限公司
9	通信机房用分布式电源储能配电机柜	江苏香江科技股份有限公司
10	数据中心轻型直入式智能插接母线	江苏香江科技股份有限公司
11	XGNG1(DQG)-12 箱型固定式交流金属封闭开关设备	江苏大全长江电器股份有限公司
12	XJ-DKD 型智能精密配电检测系统	香江科技股份有限公司
13	SPX2-XJ06D 型冷通道底置微模块通信机房	香江科技股份有限公司
14	一体化数控激光切割机床	江苏津荣激光科技有限公司
15	快轴流大功率 CO2 激光器	江苏津荣激光科技有限公司
16	GM-Z 中压树脂浇注绝缘母线	江苏威腾母线有限公司
17	核电核级隔膜截止阀	江苏星河阀门有限公司
18	核级波纹管仪表截止阀	江苏海纳机电集团有限公司
19	600 吨 LNG 动力运输船	江苏大津重工有限公司
20	中兴智慧城市云架构下智慧社区综合管理系统软件	江苏中兴新泰物联网科技园有限公司
21	SCMS 杂散电流监测系统	镇江大全赛雪龙牵引电气有限公司

续表 32

序号	产品名称	承担单位
22	纤维增强树脂复合芯软铝型线绞线	江苏省威能达电线电缆有限公司
23	废橡胶粉改性沥青	江苏文昌新材料科技有限公司
24	AP1000 核电涂料	江苏欣安新材料技术有限公司
25	磨煤机动静叶结合型动态分离器	江苏中能电力设备有限公司
26	KYN28-12 交流金属封闭开关设备	江苏大全长江电器股份有限公司
27	脱硫石灰石粉制备系统	镇江市电站辅机厂有限公司
28	新型高效袋式除尘器	镇江市电站辅机厂有限公司
29	双面 C 形铜排	扬中凯悦铜材有限公司
30	GF80-380/1000 污氮电加热器	镇江飞利达电站设备有限公司
31	建筑管线新型装配式支吊架	镇江奇佩支吊架有限公司
32	气力式锅炉床料添加系统	镇江纽普兰气力输送有限公司
33	机械式锅炉床料添加系统	镇江纽普兰气力输送有限公司
34	甲基氯硅烷生产用超细铜粉催化剂	江苏大方金属粉末有限公司
35	高压可拆换型防爆电加热器	江苏裕兴电器有限公司
36	高平坦度纳米级 6 吋蓝宝石衬底	江苏吉星新材料有限公司
37	HEM 法 170 kg 蓝宝石晶体	江苏吉星新材料有限公司
38	气体绝缘金属封闭高压开关设备	现代重工(中国)电气有限公司
39	智能高效 029 系列太阳能接线盒产品	江苏通灵电器股份有限公司
40	XR-APF 有源电力滤波器	向荣集团有限公司
41	HG3-600℃以上超耐高温防腐涂层材料	江苏荣昌新材料科技有限公司
42	FDMX 风力发电导电轨	江苏瑞欧宝电气有限公司
43	SM-KGS-10 户用光伏智能管理系统	江苏万丰光伏有限公司

(市科技局 曹霞)

·科技计划·

【概况】扬中市获批省级以上科技计划 34 项，镇江市级科技计划 25 项，总共获取经费 5000 余万元，实施扬中市级科技创新专项 48 项。

(市科技局 曹霞)

2015 年度扬中市获批国家火炬计划项目一览表

表 33

序号	项目名称	承担单位	金额（万元）
1	基于智能电气特色产业的共性技术研发平台	扬中智能电气研究院有限公司	60
2	中速磨煤机石子煤高效环保输送排放系统	江苏中能电力设备有限公司	—
3	GM-Z 核电专用中压树脂浇注母线的研制	江苏威腾母线有限公司	—
4	高效率低能耗 G6 多晶硅片	江苏美科硅能源有限公司	—
5	550kV 气体绝缘金属封闭高压开关设备	现代重工(中国)电气有限公司	—

(市科技局 曹霞)

2015年度扬中市获批省级科技项目一览表

表34

项目类别	序号	项目名称	承担单位	金额（万元）
科技成果转化专项资金	1	核电用核级波纹管仪表截止阀系列产品研发及产业化	江苏星河集团有限公司	1000
	2	高良率大尺寸蓝宝石晶体生长和加工关键技术研发及产业化	江苏吉星新材料有限公司	1000
	3	冷凝-吸附耦合法有机废气资源化装置研发与产业化	江苏航天惠利特环保科技有限公司	1000
	4	长江刀鲚生态繁养关键技术研发及产业化	镇江江之源科技有限公司	800
重点研发计划（产业前瞻与共性技术领域）	5	智能微电网关键技术研究及装备研制	大全集团有限公司 江苏海航电气科技有限公司	560
重点研发专项资金	6	GM-Z中压树脂浇注绝缘母线产品研发	江苏威腾母线有限公司	100
工程技术研究中心	7	江苏省智能输配电干线系统工程技术研究中心	江苏士林电气设备有限公司	—
	8	江苏省分布式光纤测控设备工程技术研究中心	金海新源电气江苏有限公司	—
	9	江苏省橡胶减震制品工程技术研究中心	江苏荣昌机械制造集团有限公司	—
研究生工作站	10	江苏亿能电气有限公司企业研究生工作站	江苏亿能电气有限公司	—
优秀工程技术中心	11	江苏省太阳能级硅材料工程技术研究中心	江苏环太集团有限公司	15
	12	江苏省水性涂料工程技术研究中心	江苏荣昌新材料有限公司	15
自然科学基金	13	石墨烯-硫复合材料电化学储能研究	江苏津谊新能源科技有限公司	20
	14	M3O4(M= Sn, Co)/g-C3N4异质结的优化设计、可控构筑及光催化制氢的协同行为和机理研	江苏和纯化学工业有限公司	20
	15	可见光响应型g-C3N4基异质结构体系的制备及其电催化降解微囊藻毒素过程机理研究	扬中宏基新型建材有限公司	10
	16	金属离子印迹埃洛石纳米管钛基复合光催化剂的制备及深度光催化降解油品中含硫化合物的行为和机理研究	江苏联合化工有限公司	10
	17	基于水杨酸残留高选择性吸附的分子印迹膜的制备及分离行为机理研究	江苏程祥新材料科技有限公司	10
科技型企业技术创新资金	18	智能中医推拿机器人	扬中中科维康智能科技有限公司	30
	19	新型高性能铝基及锌铝基复合钎料	镇江市锶达合金材料有限公司	25
专利奖	20	专利:201210106192.5	江苏和成显示科技股份有限公司	—
高价值专利培育计划	21	江苏省高价值专利培育计划项目	大全集团有限公司	400
“正版正货”	22	省“正版正货”示范创建街区	扬中商城	20
战略推进	23	2015年度江苏省企业知识产权战略推进计划重点项目	江苏和成显示科技股份有限公司	100
	24	2015年度江苏省企业知识产权战略推进计划一般项目	江苏康祥集团公司	30
	25	2015年度江苏省企业知识产权战略推进计划一般项目	向荣集团有限公司	30
	26	2015年度江苏省企业知识产权战略推进计划一般项目	江苏天辰新材料有限公司	30
专利专项资助资金(PCT)	27	和成显示8件PCT申请补贴		11.6
专利专项资助资金(国内专利)	28	发明授权		14.9

（市科技局 曹霞）

2015年度扬中市获批镇江市级科技项目一览表

表35

项目类别	序号	项目名称	承担单位	金额（万元）
重点研发计划	1	四鳃鲈鱼引进与高效生态养殖技术研究	镇江江之源渔业科技有限公司	15
	2	高效绿色无抗生物饲料添加剂关键技术研究及产品创制	镇江天和生物技术有限公司	20
	3	基于物联网的水稻生产智能化管理决策系统	江苏华瑞农业科技有限公司	15
	4	金花菜微生物加工处理关键技术研究与产品开发	扬中市锦润农业科技有限公司	15
国际合作	5	大型高频臭氧发生器	江苏康尔臭氧有限公司	40
工程技术研究中心能力提升	6	?镇江市高温高压仪表管件阀门工程技术研究中心能力提升	江苏海纳机电集团有限公司	10
	7	镇江市橡胶减震制品工程技术研究中心能力提升	江苏荣昌机械制造集团有限公司	10
众创空间	8	CTU空间	扬中市新坝科技园开发区有限公司	5
农业科技示范园后经费资助	9	镇江江蟹生态高效养殖科技示范园	镇江浩顺生态养殖有限公司	25
	10	镇江市绿野农业科技示范园	扬中市绿野秧草专业合作社	10
	11	镇江市雪蓝蛋鸡养殖科技示范园	扬中市大庆禽业有限公司	25
社会发展指导性项目	12	CPR反应蛋白联合凝血六项检测在胃癌中的应用研究	扬中市人民医院(陆斌)	—
	13	宫颈上皮内瘤变Ⅰ级患者HPV持续感染及消退亚型特异性	扬中市人民医院(苏莉)	—
	14	高度近视产妇顺产前后黄斑区视网膜厚度变化的相关分析	扬中市人民医院(傅同胜)	—
	15	氧驱动雾化缓解放射性食管炎的护理研究	扬中市人民医院(黄玲)	—
	16	慢性重金属超标及中毒的临床治疗研究	扬中市人民医院(朱阳春)	—
	17	腹部震动加定向推移法在维持性血透析患者慢性便秘中的应用	扬中市人民医院(易娟)	—
	18	瑞芬太尼复合笑气在无痛肠镜中的研究应用	扬中市人民医院(徐贤惠)	—
工程技术研究中心	19	镇江市高性能电源连接线工程技术研究中心	镇江市华银仪表电器有限公司	—
	20	镇江市超硬材料刀具工程技术研究中心	江苏扬碟钻石工具有限公司	—
	21	镇江市建筑管线支撑系统工程技术研究中心	镇江奇佩支吊架有限公司	—
	22	镇江市有机废气资源化工程技术研究中心	江苏航天惠利特环保科技有限公司	—
国家、省优秀专利奖	23	专利:201210106192.5 专利权人:江苏和成显示科技股份有限公司		15
专利密集型企业培育项目	24	银佳集团		20
贯标合格奖励	25	江苏天辰新材料科技股份有限公司		1

（市科技局 曹霞）

·产学研合作·

【概况】2015年，扬中市科技局梳理出工业企业100项创新需求，赴深圳、成都、重庆、北京、沈阳、上海、西安等对口高校研究所考察对接，组织各类大型政产学研活动10场次，全面巩固深化与广大高校科研院所的交流与合作促进院校的科研优势转化为扬中的生产力优势。

1月，扬中市25家科技型企业北上与首都地区9所高校开展政产学研对接。6月，“扬中—首都高校院所对接”活动顺利举办。两批次对接活动中，扬中市企业与40余位首都地区高校专家深入洽谈，达成合作协议16项。同时，全市8家重点企业负责人赴中科院沈阳分院举办“扬中-中科院沈阳分院产学研合作洽谈会”。

8月，扬中市依托新疆在“一带一路”战略中的支点地位，与华北电力大学、新疆建设兵团在乌鲁木齐就新能源微电网合作项目签订战略协议，开发100兆瓦渔光互补光伏电站和22兆瓦国家新能源微网示范中心项目。

10月，扬中市组织22家企业参加“第五届中国江苏产学研合作成果展示洽谈会”，向国内外知名高校院所发布技术需求48项，对接科技成果和专家团队54次，签约10项。扬中市省产学研协同创新基地、和成科技和津谊新能源展示推动产学研协同创新、激发创新创业活力的最新成果。

6月下旬，开发区组织银佳、巴威等14家企业分别赴上海交通大学、上海大学、浙江大学开展产学研对接活动，与高校达成合作意向10项。7月上旬，新坝镇召开华北电力大学与新坝镇智能电气产业项目专场对接会。7月中旬，14名厦门大学博士团与油坊镇开展新能源产业对接。

（市科技局　曹霞）

【扬中市获批省产学研产业协同创新基地】2015年2月，扬中市成功获批省产学研产业协同创新基地。该基地的核心区位于江苏省智能化电力电器科技产业园内，是扬中市智能电气产业发展的先导区。该基地获批后，不仅能获得省重大创新载体等专项资金的支持，也将作为“两部一省”科教结合产业创新基地的培育点，争取科技部、教育部的支持，推动国家级创新资源向基地集聚。（市科技局　曹霞）

【新坝镇与北京大学共建产业结群教学研究实践基地】2015年6月27日，新坝镇与北京大学政府管理学院合作成立产业结群教学研究实践基地，开展智能电气产业规划项目的调研工作。该实训基地的建立有效促进扬中以及新坝与北京大学就项目申报、经济研究课题等方面的合作，利用扬中现有智能电器产业集群的成熟平台，以及北京大学在国内外学术和人脉资源上的影响力，实现强强结合，把更多更好的新兴产业和理念引入到扬中来，同时把扬中产业集群的优势推广到全国和全世界。（新坝镇　于云霞）

·科技创新平台·

【复旦科技园扬中技术转移中心签约】2015年11月11日，扬中市与复旦科技园扬中技术转移中心举办签约仪式。近年来，扬中市与复旦大学建立深入持久的合作关系，复旦大学（扬中）国家大学科技园一期于2015年12月投入运营。“十三五”期间该技术转移中心将利用复旦智库重点加强产业公共技术研发平台建设，加速知识产权交易，加快新型现代服务业发展，促进扬中创新型城市建设。签约仪式上，复旦科技园为复旦大学信息学院原院长陈良尧教授颁发聘书，聘请其担任复旦科技园扬中园区复旦公共技术研发平台主任。

（市科技局　曹霞）

【扬中市新坝科创服务有限公司建成“国家级科技企业孵化器”】2015年12月，扬中市新坝科创服务有限公司获得国家科技部火炬中心2015年度“国家级科技企业孵化器”认定。

（市科技局　曹霞）

【众创空间建设】2015年，扬中市科技局联合人社、团委等部门，创办扬中市智能电气科技创业服务中心、发展“CTU”、大学生创业园等众创空间3家。新坝“CTU”众创空间还获镇江市众创空间认定。年内，全市顺利形成综合孵化与专业孵化互动、科技孵化与产业化互联，多层次、多样化的企业孵化器群体。

（市科技局　曹霞）

扬中市党政代表团赴华北电力大学产学研合作

2015年扬中市新增省级研发机构一览

表36

研发机构类型	序号	企业名称
省工程技术研究中心	1	江苏士林电气设备有限公司
	2	金海新源电气江苏有限公司
	3	江苏荣昌机械制造集团有限公司
省企业研究生工作站	4	江苏亿能电气有限公司
省级企业技术中心	5	江苏新韩通船舶重工有限公司
	6	江苏太阳集团
	7	扬中市阀门厂有限公司
省级工程中心	8	和成显示科技股份有限公司

(市科技局 曹霞)

·科技成果·

【概况】2015年,扬中市创新成果不断涌现,有21个项目分别获得江苏省、镇江市、扬中市科学技术奖。

(市科技局 曹霞)

【"170kg高良率蓝宝石晶体"诞生】2015年4月8日,江苏吉星新材料有限公司举行 "170kg高良率蓝宝石晶体"新品发布会,宣布亚洲尺寸最大、良率最高蓝宝石晶体诞生,该产品直径430毫米、重170公斤,平均可加工出2英寸LED级晶棒长度7800毫米,最高可达8600毫米。这是江苏吉星继2011年7月成功生长出亚洲第一颗超百公斤(101.35公斤)的蓝宝石晶体和2012年10月研制出115公斤的蓝宝石晶体后,产品在重量和良率上的又一次重大突破。

(市史志办)

【世界首套新型板式蒸馏淡化装置问世】2015年6月23日,由国家海洋局天津海水淡化与综合利用研究所与江苏巴威工程技术股份有限公司合作开发的世界首套新型板式蒸馏淡化装置在扬中市问世,这一国内暂无行业标准的科技新品借助先进工艺处理,为沙漠干旱地带居民生活用水提供极大便利。国内西部沙漠地带淡水资源严重缺乏,却蕴含丰富的地下苦咸水,通过与国家海洋局天津海水淡化与综合利用研究所对接合作,江苏巴威工程技术股份有限公司创新研发的该套设备,具有拆卸方便、维护快速、使用寿命长等特点,能够将沙漠下苦咸水收集后,通过加热沸腾、蒸发冷凝等有关工序,最终输出可饮用淡水。首台设备顺利发往新疆奇台托甫油田。

(市史志办)

【大力城电气产品通过国家铁路产品质量监督控制中心测试】2015年11月16日,江苏大力城电气有限公司自主研发的电气化铁路接触网恒张力弹簧补偿装置顺利通过国家铁路产品质量监督控制中心测试,产品成功转型。

(市史志办)

【镇江奇佩支吊架有限公司获中国安装协会科技进步二等奖】2015年11月27日,中国安装协会在江苏宜兴市召开2014~2015年度科学技术进步奖颁奖大会。镇江奇佩支吊架有限公司申报的《装配式综合管线系统集成应用》获二等奖,是该公司首次获得的国家级层面科技进步大奖。本届会议在全国范围内有109个项目参与申报,经过8个专业审查组、24位专家,历时30天的严格评审,形成初步审查报告。经过专业审查组组长交叉审查、集中讨论,形成"专家组审查报告"。在此基础上再经过评审委员会最终审定,确定74个项目获得本届科技进步奖。其中一等奖5项,二等奖12项,三等奖37项。获奖单位多数是央企或国字号建筑安装企业,扬中奇佩公司首次参加申报,取得二等奖,充分体现该公司科技应用能力迈上新台阶。

(市史志办)

【江苏华中电器有限公司研发海洋专用防腐桥架】2015年,江苏华中电器有限公司联合国内10余家科研单位,经过13年研发,研制出MGG系列高防腐、高强度铝锰海洋专用桥架。该桥架比重轻,能够大幅降低近海装置、远洋平台的总体重量,且具有较高性价比,比不锈钢桥架低30%以上。该桥架填补国内、国际海洋专用桥架领域一项空白。

(市史志办)

【科学技术奖奖项】

2015年扬中市获得第十七届中国专利优秀奖一览表

表37

序号	名称	承担单位
1	液晶组合物及其显示器件 专利:201210106192.5	江苏和成显示科技股份有限公司

(市科技局 曹霞)

2015年扬中市获各级科学技术奖项目一览表

表38

级别	奖项	序号	项目名称	企业
江苏省	三等奖	1	纳米级超光滑4吋HEM法蓝宝石衬底	江苏吉星新材料有限公司
镇江市	二等奖	2	GM-Z核电用中压树脂浇注绝缘母线系统	江苏威腾母线有限公司、中广核工程有限公司
		3	基于商务智能和数据集中管控的集团企业信息化管理服务平台的研发与应用示范	大全集团有限公司
	三等奖	4	大型电站燃烧制粉系统环保节能运行关键技术及装备研发及产业化	江苏中能电力设备有限公司、西安热工研究院有限公司
		5	MBS轨道交通直流成套开关设备	镇江大全赛雪龙牵引电气有限公司
		6	核级硅酮防火封堵材料	江苏欣安新材料技术有限公司
		7	高效率低能耗G6多晶硅片	江苏美科硅能源有限公司
		8	高效率低能耗G6多晶硅片	江苏海纳机电集团有限公司
		9	核电核级隔膜截止阀的研发	江苏星河集团有限公司、江苏星河阀门有限公司
		10	WPU-060水性环氧无毒防腐蚀涂料	江苏荣昌新材料科技有限公司
		11	变速箱PCD复合钻铰刀的研发及产业化	江苏扬碟钻石工具有限公司
扬中市	一等奖	12	XGNG1(DQG)-12箱型固定式交流金属封闭开关设备	江苏大全长江电器股份有限公司
		13	FGM风电管型母线产业化	江苏士林电气设备有限公司
		14	幽门螺旋杆菌感染与慢性肾脏病的相关性研究	扬中市人民医院
		15	小型板式蒸馏淡化装置	江苏巴威工程技术股份有限公司
		16	高效绿色猪用促生长中草药饲料的研制	镇江天和生物技术有限公司
	二等奖	17	尼可地尔对缺血性胸痛病人心功能的影响	扬中市人民医院
		18	KS100K3—光伏并网逆变器	金海新源电气江苏有限公司
		19	钍基熔盐核能系统换热装置	镇江市三维电加热器有限公司
		20	超薄液晶玻璃专用磨轮的开发研制	江苏美杰磨具科技有限公司
		21	200J54M—6001b型内平衡式氧气截止阀	江苏亿阀集团有限公司

(市科技局 曹霞)

·知识产权·

【概况】2015年,扬中市全年专利申请总量3658件,发明专利和实用新型专利授权272件、745件,万人有效发明专利达20.29件,在江苏省处于领先地位。(市科技局　曹霞)

【大全集团获批江苏省高价值专利培育计划】2015年,大全集团成为镇江市唯一获批2015年度江苏省高价值专利培育计划的企业,全省仅有7家。高价值专利具备五个指标特征:发明创新难度大、专利文献披露度高、同族专利数量多、权利要求保护范围宽、技术适用方案程度广。

(市科技局　曹霞)

【扬中商城创建江苏省正版正货示范街区】2015年6月下旬,扬中商城成功创建省级"正版正货"示范街区。截至2015年年底,扬中市拥有通达商厦、扬中商城2家省级"正版正货"示范街区,占镇江市总数的50%。(市科技局　曹霞)

【百家知识产权优势企业培育工作】2011年,扬中市出台《扬中市知识产权优势企业培育计划管理办法(试行)》,计划每年培育20家知识产权优势企业,项目期为5年。每个项目资助额度不低于5万元,立项时拨付50%~60%,项目验收合格后拨付剩余资金。截至2015年度,这100家知识产权优势企业技术创新活力足,知识产权产出能力强。企业年申请发明专利均在6件以上,逐步掌握和拥有本行业核心技术,企业销售的产品60%以上具有自主知识产权。

(市科技局　曹霞)

【和成显示获中国专利优秀奖】2015年,江苏和成显示科技股份有限公司获第十七届中国专利奖。此次获奖专利为"液晶组合物及其显示器件",主要针对液晶组合物设计及工艺优化、液晶纯化生产线设计、液晶配方设计等关键技术进行攻关,带动全国整个平板显示行业的技术进步与发展水平,使"中国制造"的液晶材料跻身国际先进水平。

(市科技局　曹霞)

【扬中市通过江苏省知识产权示范市验收】2015年,扬中市成功通过江苏省知识产权示范市验收。近年来,全市万人发明专利拥有量节节攀升,由2010年3.17件上升至20.29件,位居全省前列,获得中国专利优秀奖2项,获批省高价值专利培育中心计划1项,知识产权管理体系基本建成,知识产权保护与运用能力明显增强。

(市科技局　曹霞)

·科技金融·

【概况】2015年5月,扬中市科技局与市财政、工投、金融等部门联动,健全科技金融服务工作协调机制,在"苏科贷"的基础上开展"镇科贷""投联贷"。全年发放"苏科贷"9200万元,惠及38家企业。新启动的"镇科贷"是镇江市科技局、扬中市科技局以及南京银行镇江分行合作开展的新型科技金融产品,可以支持扬中市处于成长期、成熟期的科技型企业,贷款额度最高可达5000万元,放贷规模达1亿元;"投联贷"是扬中市科技局、南京银行、城投公司共同合作开展,开辟扬中市科技型拟上市企业融资新渠道,创新科技创业风险投资新方式。(市科技局　曹霞)

2015年扬中市"苏科贷"发放暨"镇科贷""投联贷"启动仪式

【扬中北鹏创投基金落地】2015年7月,扬中首个政府引导创投基金—扬中北鹏中小企业创业投资基金成功落地。此次中小企业创业投资基金总体规模2个亿,基金在扬中实际投资额度不低于基金投资总额的70%。该基金的设立增强众多中小企业的资本意识和规范意识,为企业发展注入"血源",助力更多企业"新三板"上市,实现跨越发展。

(市科技局　曹霞)

·科技惠民·

【农业科技项目】2015年,围绕江鲜新品种引进、秧草种植及微生物加工处理等重点,推进农产品生物制造和高技术育种规模化繁育基地建设。2015年申报省重点研发计划3项,镇江市重点研发计划7项,"长江刀鲚生态繁养关键技术研发及产业化"获省重大成果转化项目,实现农业领域该项目零的突破。(市科技局　曹霞)

【农业科技培训】2015年,扬中市举办农业职业技能培训班8期,培训735人。其中,开展以稻麦高产栽培技术为主要内容的农艺工培训6期，培训农民612人，重点推广水稻高产栽培技术规程、机插高产栽培技术等实用技术；开展水产养殖专业培训1期，培训农民59人，推广长江特色水产品种；开展园艺种植专业技能培训班1期，培训农民64人，传授园艺种植新品种、新技术，并组织现场观摩，效果显著，反响良好。完成初级农艺工鉴定80人。

（市农委 李文骅）

【农业科技入户】2015年，扬中市以粮食高产创建、特色农业建设为主题，分别实施稻麦种植、园艺种植和畜禽养殖科技入户工程，全市遴选89名农技人员作为技术指导员，其中稻麦种植类指导员52人、畜禽养殖类指导员27人、高效园艺类指导员10人，在全市66个行政村（社区）遴选1300户农户作为农业科技入户示范户，做好农业科技示范推广工作。按照项目要求全面推进村级农业科技服务站建设，全市66个村全部建成村级规范化农业科技服务站，其中10个村建成村级农业科技示范站。重点建设八桥镇利民村扬中现代农业（稻麦）科技综合示范基地和油坊镇油坊村扬中市众康养殖有限公司畜禽养殖示范基地等2个示范基地，起到较好的示范效果。（市农委 李文骅）

【民生科技领域】2015年，扬中市实施"3G智能防控管理平台、数字化城市管理平台、信息化技术在防汛工程中的运用"等社会发展科研攻关项目，开展数字化医疗信息计划研究与示范，推广和应用工业和城市污水治理、节能建材与绿色施工技术，提高城市发展的科技含量和可持续发展能力，推进智慧城市建设。（市科技局 曹霞）

【防震减灾】2015年，扬中市继续做好强震动台的日常管理，确保仪器设备正常运转，相关信号正常传输，观测记录及时、准确、真实，确保异常现象能够及时上报处理。选择西来、油坊、新坝为安装点，开展地震预警和烈度速报系统建设，完成设备安装调试，并开始运行。

（市地震局 薛安清）

·科普宣传·

【科普工作】2015年11月，扬中市工程师学会成立。至年底，全市有学会19家。年内，市科协开展扬中市"优秀乡村科普员"评选表彰和青少年科技创新活动，举办2015年科普宣传周大型科普广场宣传活动；成立江苏省首家县级市工程师学会；与新坝镇联盟社区合力建成1家社区科普馆；依托海智基地举办6场海智视频推介会，与新坝镇高新区

市长潘早云（中）观看科普展示

合作新建"海智科技咖啡馆"，定期邀请院士、科技大师、海智人才到扬中交流。启动第二届优秀科技工作者评选表彰活动，修改完善《扬中市优秀科技工作者评选表彰奖励办法》。（市科协 郭明霞）

【科普示范市创建】2015年7月，扬中市通过全国科普示范市创建镇江市的初评和省级检查验收，获得"2016~2020"年度省级科普示范市命名。全市建成省级科普示范镇1个、科普示范村3家、科普示范社区2家，省级科学教育特色学校2家，1人获科普惠农兴村计划先进个人，1人获农村科普带头人称号，1人获优秀社区科普志愿者称号。

（市科协 郭明霞）

【八桥镇建成"江苏省科普示范镇"】2015年，八桥镇顺利创建江苏省科普示范乡镇。创建工作开展以来，八桥镇建立健全科普网络，培养和选就高素质的科技队伍；实施科技培训计划，搞好科普示范工作；筹措资金、确保科技资金投入；以协会建设为重点、促进农业和农村经济结构调整；完善科技示范服务体系，提高科技辐射能力，科普示范乡镇创建工作顺利通过省级检查验收，获得命名。

（八桥镇 施超）

【英雄社区建成江苏省科普示范社区】2015年1月，三茅街道英雄社区通过江苏省科普示范社区验收。省科技厅专家组认为，英雄社区通过科普示范社区建设，完善社区科普知识的传播体系，居民素质明显提高；创建社区科普网站、电子阅览室和培训学校；举办多期科技培训、科普讲座；成立社区科普志愿者队伍，社区科技科普类图书5000余册。通过具有自主知识产权的太阳能光伏产品、网络信息平台技术和先进的垃圾分类处理技术的推广应用，社区内太阳能路灯、草坪灯、灭蚊灯覆盖率90%，建有完善的智

能网络服务系统,生活垃圾、污水处理率100%。

(三茅街道 于雅婷)

【第二届优秀科技工作者评选表彰活动】2015年10月,扬中市科学技术协会(以下简称市科协)启动第二届优秀科技工作者的评选表彰活动,修改完善《扬中市优秀科技工作者评选表彰奖励办法》。活动经过自主申报、材料审核和专家评审,确定20名入围优秀科技工作者,在《扬中日报》、扬中新闻网、扬中科协网等媒体上开展宣传和发动投票活动。2016年1月,全市“十佳”优秀科技工作者顺利评出,并获得市委、市政府给予表彰,每位“十佳”优秀科技工作者还获得5万元奖金;其他10名获得提名的优秀科技工作者,由市科协、市人社局、市人才办、市科技局联合表彰,每人获得1万元奖金。(市科协 郭明霞)

【院士工作站管理工作】2015年,扬中有8家省级院士专家工作站,1家市级院士专家工作站。通过企业开展科技专利推广应用事项以及向省科技厅、省发改委等单位申报科技项目,全年为有关企业争取无偿资助资金近2300万元,其中获省成果转化资金1200万元。12月,农业企业“江之源”与中科院水生生物研究所桂建芳院士在武汉签定合作协议,企业投资2亿余元,用地3000余亩,开展河豚、刀鱼等名贵鱼种养殖育种研发。(市科协 郭明霞)

【镇江市首家社区科普体验馆成立】2015年11月,扬中市科学技术协会、新坝镇联盟社区联合投资20万元,在新坝镇联盟社区建成镇江市首家社区科普体验馆。该馆占地面积180平方米,馆内设立生态环境、卫生健康、防震减灾和食品药品安全等科普展台,全天候免费向居民开放。

(市科协 郭明霞)

【扬中市工程师学会成立】2015年11月20日,扬中市工程师学会成立大会暨第一次会员代表大会召开,成为江苏省第一个成立的县市级工程师学会。大会表决通过《扬中市工程师学会章程》,选举产生学会首届理事会。首届理事会由50名理事组成,其中会长1名,副会长7名,秘书长1名,有能集团董事长、高级工程师倪道宏当选会长。扬中市工程师学会首批会员由各个镇区、街道,市级机关部门和金山职业技术学院推荐,汇集全市工程技术专家、工程教育专家和工程管理专家,首批会员185名。第一届理事会理事包含教授、高级工程师,以及一批市内工程技术领域重点企业董事长、总经理、总工程师。产业覆盖机械、化工、电子、电力、船舶等传统产业和支柱产业,同时也涵盖节能环保、新一代信息技术、新能源、新材料等江苏重点发展的新兴产业。扬中市工程师学会以促进全市工程专业资格的国际互认、工程科学技术的传播推广为目的,为全市的工程技术人员与国内外同行开展学术交流搭建平台,畅通广大工程师与行业、企业联系的渠道,为企业提供技术和人才咨询服务。(市科协 郭明霞)

社科研究

【概况】2015年,扬中社科工作继续深化理论研究,“社会主义核心价值观体系下的扬中精神研究”项目获得2015年度“省社科应用研究精品工程”市县专项课题立项资助,调研文章《以阳光心态激发领导干部正能量——扬中市镇局级领导干部心态状况调研》获得镇江市第十届哲学社会科学优秀成果三等奖,《打响“中国河豚岛”城市品牌》获优秀奖;搭建社科阵地,以“弘扬实干精神、建设最美扬中”“楼宇经济”“文化产业发展”和“谋划‘十三五’”为主题,编印四期《江洲论坛》特刊;开展社科普及,整合科协、教育、文化等部门资源,开展多项社科活动,扬中依法治市办“法治宣传普及活动”获得省社科联2015年度社科普及活动专项经费资助。

市委党校严一线教师撰写理论文章10余篇,其中《习近平同志“四个全面”战略思想重大理论价值初探》一文在中央党校编印的《中国领导干部治国理政的理论与实践》一书发表,产生较好的社会反响。其中《国家治理现代化:当代中国政治现代化的方向和路径——习近平总书记治国方略探析》《县域法治建设路径研究——以“法治扬中”建设为例》《扬中产业“三集”发展研究》《扬中推进生态文明建设研究》《扬中打造优质金融生态研究》《人民代表大会制度研究》等6个调研课题获省市党校立项,涉及扬中经济发展、社会管理、生态文明和党的建设等方面,《国家治理现代化:当代中国政治现代化的方向和路径——习近平总书记治国方略探析》《县域法治建设路径研究——以“法治扬中”建设为例》获省委党校立项,《扬中城乡一体化发展研究》被省委党校确定为重点课题结项。

(市委宣传部 李敏)(市委党校 赵正杰)

社会群体

企业职工和农民工

【概况】2015年年末，扬中市全市城镇就业人口18.73万人。截至2015年，扬中市建有692家基层工会，其中独立建会企业578家，村(社区)联合工会74家，行业工会6家。6个镇(街、区)全部建立总工会，此外还有20个局(公司)工会工作委员会，14个直属基层工会。年内，江苏大津重工有限公司、大航集团有限公司、扬中市润龙客运有限公司等13家企事业单位成立基层工会。开展大型在建工程项目、建筑装潢企业工会组建工作，在三茅街道永和村、八桥镇利民村和长胜村举办农民工集中入会行动，全年新发展农民工会员2万余名，年末有农民工会员6万余人。

在基层工会中开展"双诺双评"及"我爱我家"三微(微展示、微感言、微建言)征集活动，征集职工之家感言、建言、展示1000余条，让职工参与到建家、管家、评家的全过程。

2015年，全市有569家独立建会企业、74个行政村(社区)、4个行业开展工资集体协商，完成合同签订、报审工作。推进全市200人以上企事业单位开展职代会"对标提质"活动，组织开展职代会制度建设达标检查，提出整改意见和建议300余条。大全集团有限公司、扬中市供电公司获得"全省厂务公开民主管理先进单位"荣誉称号。

8月15日，由市总工会、市人社局、西来桥镇联合举办的扬中市"亿阀杯"车工职业技能竞赛举行。本次竞赛有24名选手参加，经过理论考核和实际操作两轮角逐，江苏亿阀集团的朱建国获得一等奖，并被授予"扬中市技术能手"荣誉称号

市总工会进一步贯彻落实"两个办法"(《扬中市特困职工帮扶救助办法》《扬中市总工会困难职工临时救助办法》)，开展"春送岗位、夏送清凉、金秋助学、冬送温暖"系列活动，为全市233名困难职工和109名特困职工送去慰问金和慰问物资70余万元。推进职工互助保障扩面增效工作，全年完成参保职工5万余人。开展"我的青春·我的梦"金秋助学活动，发动社会力量为50余名困难职工家庭子女募集助学金18万元。会同市城管局在城区设立13家环卫工"安康驿站"，大全集团建立首家"母婴温馨小屋"。

(市总工会 何欣珈)

【扬中市总工会召开十三届十二次全委(扩大)会议】2015年1月16日，市总工会十三届十二次全委(扩大)会议在市行政中心会议中心明珠厅召开。会议总结2014年工会工作，研究部署2015年工作任务。市委常委、组织部部长黄子来，市总工会领导班子成员出席会议。会议听取并审议市总工会主席陈廷荣代表常委会所作的工会工作报告以及经费审查委员会主任常三五作的经费审查工作报告，并表彰扬中市2013~2014年度模范职工之家和优秀工会工作者。 (市总工会 何欣珈)

【扬中市工会第十四次代表大会】2015年3月12日~13日，扬中市工会第十四次代表大会在市行政中心市政大礼堂召开，245名代表出席大会，110名老工会工作者、镇街区党(工)委书记、市各部门负责人等特邀嘉宾出席大会开幕式。镇江市政协副主席、总工会主席王荣正及扬中市领导孙乾贵、潘早云、冯锦跃、张宇轩、唐崇林、王继兰、王成明、杨富森、黄子来、陆彩明、宫金生等出席会议。大会选举产生35名扬中市工会第十四届委员会委员，7名扬中市工会第十四届经费审查委员会委员。 (市总工会 何欣珈)

【中华全国总工会职工医疗保险调研组在扬中召开座谈会】2015年4月9日，中华全国总工会保障工作部副部长凌萍、副巡视员肖敏、保险处处长王永华一行，到扬中市专题调研职工医疗保险工作。市总工会党组书记、主席陈廷荣主持调研座谈会。调研组分别听取扬中市医疗保险工作情况汇报、扬中市职工帮扶服务工作情况汇报。大全集团、有能集团作为扬中市规模骨干企业代表在会上作交流发言。会上，凌萍充分肯定扬中市职工帮扶服务工作，希望扬中市总工会继续关注职工生产生活状况，及时了解职工需求，注重加强与人社、医保等部门的合作，为广大职工提供贴心服务，使工会组织真正成为广大职工的“娘家”。

（市总工会　何欣珈）

【江苏大津重工有限公司农民工加入工会】2015年5月，江苏大津重工有限公司召开第一届第一次职工（会员）代表大会。公司1000余名农民工全部加入工会，有了自己的“家”，有了维权的依靠。（市史志办）

【三茅永和村开展农民工集中入会行动】2015年8月26日，三茅街道永和村联合工会开展农民工集中入会行动，永和村新入会农民工会员代表近百人参加活动。会上，永和村联合工会首先作工会工作报告，并带领66名该村新入会农民工进行入会宣誓，市总工会向农民工会员代表发放“工会会员大礼包”，包括工会会员证、农民工入会宣传折页、夏季清凉用品等。（三茅街道　于雅婷）

8月26日，三茅街道永和村联合工会开展农民工集中入会行动

青少年群体

【概况】至2015年年底，扬中市有14岁~28岁青年4.5万人，其中共青团员1.67万人；全市各级共青团组织786家，团干部790人；全市“小青萌”青年志愿者3万人。

举办“萌动你我 show 风采 自强不息致青春”青春风采展示会、“核心价值观记心中”主题教育活动、“弘扬中华美德，传承良好家风”主题征文比赛活动、“向上向善好少年”少先队入队仪式、“小青萌”网络文明志愿者成立仪式、“三行情诗献祖国”有奖征集活动、“树家风 正党风”青年干部演讲比赛等大型主题活动，全市逾万人参加。各基层团组织广泛开展青年诗歌朗诵比赛、文化艺术节、恳谈思辨会、党史知识竞赛、“六一”集体生日等各类主题活动，进一步提升共青团的吸引力和凝聚力。

开展创业就业培训班、青年创客沙龙百余场，促进青年就业创业。筹集资金18万元，资助达二本线以上的贫困学子27名、全市中小学贫困学子87名。组织近万名“小青萌”志愿者开展“学雷锋服务月”活动，成立“小青萌”法治志愿者团队、“小青萌”心理志愿者团队，为全市重点青少年群体常态化开展法治宣讲、心理咨询、亲情陪护、学业辅导、素质提升等各类活动。开展“萌在春天”绿化植树活动、“迷你菜园”系列活动、护卫城市保护环境活动、“世界环境日”环保宣传活动、“世界无车日”绿色骑行活动。严格选树青年文明号集体典型，广泛开展“萌芽呵护”青春达人技能评比活动，大力开展“爱的萌动”青年交友活动。

（团市委　丁莹）

【共青团扬中市十八届四次全委（扩大）会议】1月29日，团市委召开共青团扬中市十八届四次全委（扩大）会议。市委常委、组织部部长黄子来参加会议，并充分肯定团市委2014年的工作成效，希望各级团组织在2015年里要把以青年为本、为青年服务的工作导向贯穿始终，在服务大局上要有新的作为，在青年就业上要有新的业绩，在自身建设上要有新的发展。团市委书记张皓玮作题为《弘扬新精神，适应新常态，努力推动扬中共青团工作迈上新台阶》的工作报告。会上，2014年度扬中市团工作标兵单位、优秀团干部标兵、团工作先进单位、十佳团干部受到表彰。

（团市委　丁莹）

1月29日，共青团扬中市十八届四次全委（扩大）会议召开

"争当网络好青年·传播青春正能量""小青萌"
网络文明志愿者集中行动

【"争当网络好青年·传播青春正能量""小青萌" 网络文明志愿集中行动】2015 年 3 月 6 日,扬中团市委开展"争当网络好青年·传播青春正能量""小青萌" 网络文明志愿集中行动。团省委副书记蒋敏,团省委青农部部长卞胜平,镇江团市委书记贾敬远,镇江团市委副书记陈秋明,扬中市委常委、组织部部长黄子来,镇江团市委党组成员、办公室主任、组织部部长戚研出席此次活动。全体"小青萌"网络文明志愿者宣誓,做网络文明支持者和传播者。一年来,全市"小青萌" 网络文明志愿者队伍扩大至近万人, 广泛开展"三行情诗献祖国""志愿者招募""青年观点大家谈" 等网络文明传播活动,并利用线上线下平台,不断提高青少年网络信息甄别能力,号召广大青少年网友站在网络舆论斗争最前沿,主动发声,及时发声,弘扬向上主旋律,自觉抵制负能量,发出理性客观、善良美好、积极向上的"青春好声音"。 (团市委 丁莹)

【纪念"五四"运动 96 周年暨"扬中农商银行杯"青春风采展示会】2015 年 4 月 29 日, 扬中团市委在市行政大礼堂举办纪念"五四"运动 96 周年暨"扬中农商银行杯"青春风采展示会。市委书记、市人大常委会主任孙乾贵发表讲话,寄望全市广大青年高擎"五四"精神旗帜,敢做善为、创新担当,在建设最美扬中的伟大实践中,谱写更加恢弘壮美的青春乐章。展示会上,市领导与全市各级团组织负责人、团干部、少先队辅导员、小青萌志愿者、优秀团员青年和大学生村官代表一起观看《萌动青春风采 SHOW》视频短片,共同欣赏由团员青年表演的精彩节目,并表彰"2014 年度全市先进基层团组织""小青萌" 创业帮办服务先进集体、"小青萌" 优秀青年公益组织、"优秀团干部""优秀共青团员"等先进集体和个人。 (团市委 丁莹)

纪念"五四"运动 96 周年暨"扬中农商银行杯"
青春风采展示会

【"最美少先队辅导员" 评选】2015 年 6 月 15 日~7 月 15 日,扬中团市委、市教育局、市少工委联合开展扬中市"最美少先队辅导员"评选活动,并利用"扬中青年"微信公众平台展播少先队辅导员的事迹视频、开展网络投票,最终评选出 10 名扬中市最美少先队辅导员。 (团市委 丁莹)

【"小青萌"青年聚社成立】2015 年 6 月,扬中团市委精心打造"小青萌 I hope"青年聚社交流阵地,通过五个方面的活动内容 (Interflow 交流、Health 健康、Occupation 职业、Public benefit 公益、Emotion 情感),针对团干部、大学生村官、企业青年和新扬中青年等各类群体,每期围绕一个主题,开展一次青年聚社活动,让不同领域的青年以一种更为开放和包容的方式聚集在一起,分享彼此的故事,结识志同道合的朋友,发掘自身的价值。一年来,开展 10 场"小青萌"青年聚社活动,内容涉及心理讲座、金融理财知识培训、"读书学法"座谈、插花培训、新兴媒体与基层共青团工作大家谈、青春故事分享会等多个方面, 覆盖青年达 300 人次。 (团市委 丁莹)

【"Hello,老外"关爱新市民子女】"希望来吧"阵地是由扬中团市委与供电公司团委共同打造的关爱新市民子女阵地,每周五邀请"小青萌"青年志愿者开展学业辅导、亲情陪伴、感受城市、自护教育、爱心捐助等各类关爱新市民子女活动。10 月 15 日,麦田义工服务社的志愿者与在扬的外教老师一起来到"希望来吧",开启"hello,老外"活动,每月为新市民子女用英文对话的方式开展趣味教学、音乐剧、体育锻炼等互动,该项目将作为希望来吧又一项特色活动常态化开展。 (团市委 丁莹)

【"立德守法,真善美伴我行"主题教育活动】2015 年,扬中市关工委以纪念中国人民抗日战争暨世界反法西斯战争胜利 70 周年为契机,认真开展"立德守法,真善美伴我行"

【新坝镇建成扬中市首个省级社区戒毒示范点】2015年9月，扬中首家省级社区戒毒（康复）示范点在新坝镇成功创建。新坝镇党委和政府高度重视社区戒毒（康复）工作，强化对社区戒毒（康复）工作的领导，形成“一把手”亲自抓、分管领导具体抓的良好工作局面。为打造具有新坝特色的社区戒毒（康复）“品牌”，该示范点摸索出一套“12345”工作法，即建立1个帮教小组；区别社区戒毒和社区康复2种帮教对象；分家庭成员和本人吸毒及个性调查掌握情况、家庭成员沟通、本人接触谈话教育三步走；采取思想教育、生活关心、就业安置、约法三章四种措施；坚持定期回访、定期尿检、定期报到、定期考验、定期回归，有效减少复吸率。（市史志办）

链接

扬中的禁毒行动

扬中为江中小岛，岛内民风淳朴，人称“太平洲”。然而，自1998年扬中发生首例涉毒案件查获4名吸毒人员后，扬中原有的宁静与太平被打破，至此扬中的禁毒形势日益严峻。1998年至2008年，扬中公安机关共查获涉毒人员84人，扬中本地籍人员为57人，2009年至2015年，扬中公安机关查获涉毒人员789人，新增扬中本地籍人331人，其间，内公安机关查获的涉毒人员是此前10年的近10倍，扬中本地籍吸毒人员增幅5.8倍。2015年年底，全市登记在册吸毒人员518人，其中扬中本地籍人388人，若将隐形吸毒人员考虑在内，扬中本地籍吸毒人员总数近2000人。

近年来，扬中市以海洛因为代表的传统型毒品的滥用势头得到遏制，而以冰毒为代表的新型毒品滥用人数则迅速增加。2015年查获的80余名吸毒人员中，其滥用毒品种类均为冰毒。与此同时，由于青少年作为一个特殊群体，由于其辨别和判断力不强、意志力较弱，和很多其他地区一样，扬中市吸毒人员呈低龄化发展趋势。

民警深入寄递物流企业，检查寄递物品是否夹带毒品，全力堵塞销售毒品渠道

【《扬中市未成年刑事被害人社会保护工作实施意见》出台】2015年12月，由扬中市人民检察院牵头，联合市教育局、民政局、妇联等三部门共同签署《扬中市未成年刑事被害人社会保护工作实施意见》。该意见规定扬中市未成年刑事被害人保护工作的范围、原则、方式等，并细化各部门工作职能、相互协作、沟通机制等内容，建立“家庭、政府、社会”三位一体的刑事被害人保护的工作格局，构筑保护未成年人的社会屏障。（市检察院 朱孟超）

【《关于进一步做好道路交通事故社会救助基金追偿工作的实施意见》出台】2015年，扬中市检察院积极构建协作追偿机制，与市法院、公安局等六部门会签《关于进一步做好道路交通事故社会救助基金追偿工作的实施意见》，建立联席会议制度，实现信息共享。深入推进垫付资金专项清理，全面追偿长期不偿还垫付资金的交通事故责任人。全年追偿168件205万余元，2011年~2013年垫付款全部清理完毕，件数和金额均居全省首位。（市检察院 李旭）

【扬中法院清晨执行行动震慑“老赖”】2015年，扬中法院打破常规办案时间规律，利用节假日、周末以及清晨、午后、晚间等当事人在家机率大的时机，突击执行拒不履行法律义务的“老赖”。7月，在“清晨执行”行动中，除4起因被执行人不在家外，其余7起案件的被执行人全部依法被带至法院。经过承办法官的沟通教育，4起案件的被执行人或当场履行义务或与申请执行人达成和解协议，另外3起案件被执行人因拒不履行债务被依法处以15天的司法拘留。（市法院 林星）

【民间借贷案件审理情况新闻发布会】2015年11月20日，扬中法院召开民间借贷案件审理情况新闻发布会。来自江

民间借贷案件审理情况新闻发布会

南时报和扬中本地的报社、电台、电视台、新闻网等新闻媒体记者以及部分人大代表、政协委员、人民陪审员等社会各界人士参加会议。发布会通报2014年以来审理民间借贷案件的基本情况及特点和审理的民间借贷案件的典型案例，就9月1日起施行的《最高人民法院关于审理民间借贷案件适用法律若干问题的规定》(简称《规定》)给法院民间借贷案件裁判思路带来的新变化做简要分析，重点就《规定》中有关民间借贷利率和利息的内容进行解读。扬中法院旨在通过新闻发布的形式，进一步普及市民民间借贷法律知识，提升风险防范意识，有效预防和化解民间借贷纠纷。

(市法院 常文金)

·公共安全·

【概况】2015年，扬中市公共安全总体保持稳定，社会公众安全感95.5%，名列镇江市第一。深化社会治安防控体系建设，在省、镇江市打造扬中整岛智能巡防建设品牌。市镇村三级综合服务平台进一步规范，建成一级村(社区)综治办14个。综治信息系统电脑账号开通率118.80%，手机账号开通率144.16%，实现全覆盖和全面形成实战运用的工作目标。牵头开展危爆物品寄递物流清理整顿和矛盾纠纷排查化解专项行动，做到底数清、情况明。深化平安法治联合创建，14所学校创建成依法治校示范校，初步形成省级平安校园建设示范市的格局。连续第12年被评为"全省平安县(市、区)"，获评江苏省"无邪教示范市"。

(市政法委 姚梅)

【严打整治专项行动】2015年，扬中市公安局始终保持对刑事犯罪活动主动进攻的态势，以"打击侵财性犯罪质效提升年""打击盗窃电动车和电动车电瓶""打击通讯网络诈骗'净网行动'"等专项行动为载体，集中打击多发性侵财犯罪和地域性职业犯罪，因地制宜组织开展打击侵财犯罪"双快"竞赛活动，先后破获省公安厅挂牌的"8.22"QQ诈骗专案、利用伪基站发送诈骗短信等大要案件。不断组织对娼赌毒等社会治安重点问题的专项治理，净化社会风气。2015年，查处治安行政案件3282起1122人，抓获涉赌人员408人，涉毒人员199人，涉娼人员33人。

(市公安局 陆浩然)

【现代化社会治安防控机制建设】2015年，扬中市公安局以技防城升级改造工程为基础，充分整合警力和科技信息资源，着力深化立体化、现代化社会治安防控体系建设。构建"网格化"城区主控巡防网，强化联勤巡防，提升社会面布警密度，提高见警率、管事率和群众安全感。全年市公安机关通过巡防工作抓获违法犯罪嫌疑人485名，成功处置"4·12"持刀劫持人质案件，得到镇江市委主要领导的批示肯定。以"3G智能防控平台"为支撑，在省、镇江市打造扬中整岛智能巡防建设品牌，在年内省公安厅组织开展的"四项建设"竞赛考核中，市公安局的指挥调度实地考核项目在全省名列第一。

(市公安局 陆浩然)

【民意警务】2015年，扬中市公安局从夯实基层基础、联系服务群众做起，努力打牢社会平安、群众满意的根基。组织开展"夏雷行动1"基础防范宣传、防范通讯网络诈骗"夏雷行动III"安全防范警示教育宣讲活动，落实进社区和村庄、进学校、进金融网点、进媒体网络、进公共场所等"五进"宣传措施，向群众发放宣传资料12万余份，张贴户外防范宣传广告1.12万份，开展设点宣传24场，面向全市150余名企业财会人员开展防骗知识培训。建立挂钩联系企业制度，先后帮助企业解决治安问题100余个，破获涉企案件13起，为企业挽回经济损失200余万元。10月，开通"扬中公安"微信公众号，群众通过公众号可以预约办证、获取安全防范常识、交通路况提醒等便民利民服务，进一步提升人民群众对公安机关的满意度。至年底，公众号粉丝数近2万人，得到群众的一致好评。

(市公安局 陆浩然)

民意警务宣讲活动

【扬中首次给予未成年社区矫正人员治安管理处罚】2015年1月12日，扬中市公安局对油坊镇未成年社区矫正人员王某作出行政拘留3天的决定，这是扬中首次对违反社区矫正监督管理规定的未成年人实施治安管理处罚。王某，男，1998年11月出生，因犯强奸罪被判处有期徒刑三年缓期三年执行。该犯自接受社区矫正以来，屡次违反监督管理规定先后三次警告处分，公检法司多次联合训诫效果不佳，经心理评估有重新再犯罪的可能。2014年11月至12月期间再次严重违反监管规定脱离监管21天，鉴于其

2月26日~28日，市人力资源市场连续举办3场招聘会，吸引近300家用人单位前来招贤纳才，为求职者提供7500余个岗位

易、制造业、创业类等多个方面；吸纳9个创业项目进驻孵化室、12个项目入驻创业苗圃。

实施农村“创业富民”计划，在原有61个农民创业园基础上，各镇(街道、开发区)各自打造1个~2个工业、农业、文化艺术类等具有本地特色的创业示范园，全市创业载体更加科学、合理，新增农民创业249人，带动就业3150人。 (市人社局 陈欢)

【退役士兵专场招聘会】2015年2月28日，扬中市人社局和民政局联合主办退役士兵专场招聘会，有能集团、亿能电气等30家用工单位提供就业岗位近1000个，涉及机械、电子、导游、销售等多个行业多个工种。400余名新老退役士兵参加专场招聘会，报名登记350余人次，现场初步达成意向者180余人。用人单位表示，退伍军人综合素质高、纪律性强，具有吃苦耐劳的品质和甘于奉献的精神，一些退伍军人还掌握一技之长，希望多招一些这样的人才。从2009年开始，扬中市在镇江地区率先举办退役士兵专场招聘会，六年不间断，搭建平台帮助退役士兵就业，累计帮助300余名退役士兵稳定就业。 (市史志办)

【扬中市大学生创业园在新坝开园】2015年11月7日，由扬中市人社局和新坝镇共同打造的首个大学生创业实体平台“扬中市大学生创业园”开园。该创业园立足公益性、示范性、专业性的建设原则，从创业实践到创业孵化再到创业加速，努力帮助创业大学生实现“节节高”式的成功跨越。2014年，扬中市启动大学生创业园建设工作，1年后，园区建设基本到位，各项配套措施全部落实。至年底，全市有20余大学生创业团队入驻创业园。 (新坝镇 于云霞)

【人力资源及人才事务】2015年年末，扬中市人力资源总量5.2万人，比“十一五”期末增加1.6万人，其中专业技术人才和高技能人才总量分别为1.7万人和1.4万人，比“十一五”期末分别增长42%和36%，每万名劳动力中高技能人才数668人。至2015年，扬中市入选国家“千人计划”18人、高层次人才(团队)320人次，落实省“双创”项目55个、省“六大人才高峰”项目2个、镇江“331”项目60个。建成博士后工作站6个，省级留学回国人员创业园1家，技能大师工作室1个。 (市人社局 陈欢)

【公务员职务与职级并行、职级与待遇挂钩制度】2015年，根据上级统一部署，扬中市推行公务员职务与职级并行、职级与待遇挂钩制度。此举可以显著拓展基层公务员晋升空间，激励作用显著，解决此前公务员提高待遇主要靠晋升职务，级别的激励作用没有得到充分发挥，特别是在县以下机关，公务员受机构规格等因素限制，职务晋升空间小、待遇得不到提高的矛盾更为突出等问题。

(市人社局 陈欢)

【劳动关系维权执法】2015年，扬中市人事劳动部门巡查用人单位1260户，调处劳动争议案件540件，认定工伤494起，审批不定时工作制企业25家。全年持续开展6轮工资类排查和巡查督促行动，重点检查工资支付存在较大

扬中市大学生创业园

隐患的企业，督促178家企业支付3196名职工工资报酬2137万元。

（市人社局 陈欢）

【部门联动助167名民工讨要工资285万元】2015年1月29日，江苏某建设集团代表到扬中市信访局上访，要求支付被拖欠的工程款1375万元。该集团承包扬中某公司开发的商业项目，该项目早已竣工并投入使用，开发商尚未支付其工程款，导致该建设集团无法给农民工发放工资。开发商以该集团虚报工程量及工程有瑕疵为理由，要求对项目审计后再行结算。经过初步协商该集团表示无力支付167名民工工资285万余元。初步协调未果，一百余名未领到工资的农民工连续多日到市政府集体上访，情绪十分激动，扬言如果领不到工资将采取过激行为。市司法局、信访局、公安局、住建局等相关部门立即成立联合处置工作组，经过连续多日的协商沟通，双方终于达成一致意见，通过变通手段，由开发商暂时先支付建筑单位600万元工程款。承诺待审计后剩余款项将在节后陆续付清，167名民工节前拿到应得的工资踏上返乡的旅程。

（市司法局 陈彩云）

【扬中市被评为江苏省劳动保障监察“两网化”管理示范市】2015年，扬中市人事劳动和社会保障局建立覆盖城乡用人单位的劳动保障监察监管网，建立全市职工信息数据库平台，将监察网络延伸到6个一级网格和81个二级网格，切实落实“两网化”（“两网化”，即以网格化和网络化为管理手段，对辖区内劳动保障执法对象做到动态掌握、全面监管）。年底，扬中市被省人事劳动和社会保障厅授予省劳动保障监察“两网化”管理示范市荣誉称号，全市5个镇（街、区）均被评为全省劳动监察示范网格。

（市人社局 陈欢）

注：劳动保障监察的“两网化”，是指网格化和网络化，网格化是以一个社区为一个网格单位，劳动保障监察机构将全部用人单位的用工和社保情况建立电子档案，劳动监察可以对用人单位采取动态管理；网络化是指建立网络信息平台，实行用人单位和职工情况网络化管理，建立信息平台，及时汇总分析企业用工信息及劳动者的状况。

（市史志办）

【劳动者技能素养建设】2015年，扬中市50余家规模企业参与镇江市百家企业创新升级劳动竞赛，激发职工的创新创造活力；举办“大全杯”焊工、“亿阀杯”车工、“华美杯”缝纫工、“有能杯”成套电气总装配工等全市一类技能竞赛5场，提升职工队伍的业务素质和技能水平；开设职工大讲堂，1500余名职工参加技能培训；1.5万名职工参加全省“中国梦·劳动美”职工学法用法知识竞赛，提升企业职工的法治素养。大全集团及荣德公司组织职工参加镇江市总工会“书香企业”的评比，并获得镇江市总工会命名。

（市总工会 何欣珈）

社会保障

【“五大”社会保险体系】2015年，扬中市“五大”社会保险（养老、医疗、失业、工伤、生育）覆盖率均在98.9%以上。截至12月底，全市有2233家企业，10.5万名职工参加企业职工基本养老保险；4.4万人参加城乡居民养老保险，覆盖面100%。启动机关事业单位养老保险制度改革，完善职业年金相关制度，全市282家机关事业单位有在职人员0.89万人，全部参加机关事业养老保险。全市1.78万名企业离退休人员、4000名机关事业单位离退休人员实行养老金社会化发放；按月领取城乡居保养老金人员5.2万人；发放被征地农民社会保障金6.5万人。

截至12月底，全市职工基本医疗保险参保单位1534家，10.5万人，覆盖面99%；居民基本医疗保险参保17.56万人，覆盖面99%；全市参加社会医疗保险的总人数278918人，占户籍人口数的99%以上。

全市5.32万人参加失业保险，覆盖面98.1%；5.55万人参加生育保险，覆盖面98.9%。

全市7.55万人参加工伤保险。

实施生育保险制度改革，企业职工生育保险费率从6‰降至5‰，统一全市企事业单位职工生育费用报销待遇，二级医院顺产提高至3100元、剖宫产提高至4800元。

年内城乡居保养老待遇人均增资15元；企业退休人员养老金人均增资194.4元，人均养老金水平约1775元。居

2月，在市医保中心服务大厅报销2014年居民医疗大病保险费用的市民

民医保三级财政补助标准提高至430元。学生医保年度可结算费用封顶线提高至12万元，新增6类门诊视作住院慢性病种，将医疗费用结算口径更改为自然年度。

年内，扬中市出台《进一步做好建筑业工伤保险工作意见的通知》，要求建筑施工企业为相对固定的职工，按照项目工程总造价的1.5‰缴纳工伤保险费。出台《扬中市定点零售药店配购药管理办法》，定点零售药店实施购销存管理，有效预防以药换药现象的发生，全年药店刷卡基金支出比例下降6%。 （市人社局 陈欢）

【特殊困难群体救助】2015年，扬中市完善"金保工程"建设，发放社会保障卡16万张。实施特困人群托底工程，加大对残疾人、困境儿童、低保、失业人员等群体帮扶力度，发放慈善救助资金500万元。基本消除人均年纯收入低于7000元的低收入户。5.5万人城乡低保提标至每人每月610元，全年发放低保金1008.66万元，低保对象3003人；发放重残救助金1104.2万元，重残救助对象2643人。全市拥有社会福利院1所，福利院床位数150张，供养122人；敬老院6所，敬老院床位数710张，供养403人，集中供养率73.45%；民办养老机构20个，床位数1612张，入住老人760人。全市养老床位数2936张，每千名老人拥有床位数42.98张。 （市民政局 姚瑶）

人口与老龄化

【概况】2015年年末，扬中市户籍总人口为281606人，较上年282570人相比减少964人。年内报出生2708人，省内迁入1049人，省外迁入565人，合计增加4322人；死亡2384人，迁出省内2254人，迁出省外648人，合计减少5286人。总人口中男性为137962人，女性为143644人，男女性别比例为96.04:100。

随着经济的发展，城乡居民生活水平的提高，医疗卫生条件的改善，生育率和老年人口死亡率同时大幅下降，扬中市人口老龄化现象较为突出，人口金字塔呈现倒金字塔型。2015年，全市老年人口近7万人，呈现出基数大、增速快、寿龄高、空巢多等特点。

人口老龄化的迅速发展，对养老、医疗保障体系的完善，对政府社会管理和公共服务职能的加强，对老年文化、教育、卫生、体育事业的发展，都提出新的更高的要求。2015年，扬中市有养老服务机构27家，其中公办7家、市老年公寓1家、镇（街区）敬老院6家、民办养老机构20家。年底全市有养老床位数2938张，每千名老人拥有床位数43张。年内，扬中市民政部门集中开展两期养老护理员培训，强化养老机构的安全监管，坚持高标准高要求推进养老机构管理，不断提升养老服务水平。

依据江苏省《社区老年人助餐点建设标准》，制定并实施《扬中市社区老年人助餐点建设标准（非正式稿）》等系列规范文件，积极指导全市老年人助餐点加快建设进度，年底全市建成14家助餐点。

年内，市政府出台《关于加快发展养老服务业完善养老服务体系的实施意见》，科学规划引领全市养老服务发展；配套编制《市居家养老服务业标准化体系》《虚拟（智能）养老服务规范》等制度规范；起草《关于加快医疗卫生与养老服务融合发展的实施意见》，助推"医养融合"发展。

按月足额发放尊老金，全年发放近670万元，惠及1.4万名老人。重要节日期间，主动走访慰问全市百岁老人，大力弘扬敬老爱老的传统美德。

积极弘扬敬老爱老的优良传统，增加敬老活动密度，配合市老年协会开展"环保杯"知识竞赛、"质监杯"扑克牌比赛、扬中市纪念抗日战争胜利70周年"人防杯"老同志革命歌曲比赛等系列活动。开展第二届"敬老文明号"评选，启动"敬老模范社区（村）"和"最佳养老护理员"等评选活动，评选出20家"敬老文明号"、10家"敬老模范社区（村）"和10名"最佳养老护理员"，扬中市八桥镇施积元被全国老组委评为"全国孝亲敬老之星"。

（市公安局 陆浩然）（市民政局 姚瑶）（市史志办）

【扬中市海阳智慧养老服务中心揭牌运营】2015年8月，扬中市海阳智慧养老服务中心揭牌运营，全面开启扬中市智慧养老服务新模式。至年底，市居家养老综合信息平台和日间照料中心实现主城区全覆盖，可为居家老人提供智能化、多样化服务，包括生活帮助、家政服务、紧急救援、政策咨询、健康管理、精神关爱、志愿者服务、文体活动、助餐等。新型养老服务模式初见成效，老人普遍反响良好。

（市民政局 姚瑶）

海阳智慧养老服务中心投入运营

【友好村入户登记老年人能力评估基本信息】2015年7月，三茅街道友好村以发放的老年人能力评估基本信息表为依据，入户登记老年人基本信息。老年人能力评估基本信息表主要包括老年人的基本情况、社会生活环境参数、日常生活活动、认识能力、情绪行动五个方面。按照实际需求，该村积极响应街道要求，分片入户调查，对每一位老年人及其家属详细地询问信息表中的内容，确保信息的准确，全村800余位老年人信息基本登记到位。

（三茅街道 于雅婷）

【三茅街道敬老院护理大楼土建工程完工】2015年3月，总投入3500万元、总建筑面积8600平方米的三茅敬老院护理楼工程土建部分全部完工，春节过后开展全面装修，预计2016年6月即可投入使用。届时，仅护理楼就可提供床位300张，有意向来此安度夕阳的老年人，可以享受到集养老、医疗、康复于一体的全方位养老服务。

（三茅街道 于雅婷）

【扬中市庆祝全国第三个老年节】2015年10月21日，重阳节之际，扬中市专题召开庆祝全国第三个老年节暨全市老干部情况通报会，老领导、老同志欢聚一堂，共度佳节、共话发展。市委书记、市人大常委会主任孙乾贵通报当前扬中经济社会发展的基本情况，以及“十三五”发展的初步设想。市委常委、组织部长黄子来主持会议。10个单位被授予全市离退休干部先进集体，15人获评离退休干部先进个人，20个单位被授予“第二届敬老文明号”称号。10个敬老模范社区(村)和10名最美养老护理员受到表彰。

（市史志办）

扬中市召开庆祝全国第三个老年节暨全市老干部情况通报会，老领导、老同志欢聚一堂，共度佳节、共话发展

民政事务管理

【江苏省民政工作座谈会暨民政信息化工作推进会在扬中市召开】2015年11月27~29日，江苏省民政厅在扬中召开全省民政工作座谈会暨民政信息化工作推进会。会议贯彻落实中共十八届五中全会和省委十二届十一次全会精神，回顾2015年以及整个“十二五”时期江苏民政工作，重点围绕社会救助、养老服务、社会治理、优抚安置、慈善事业等社会高度关注的重点工作，思考谋划2016年乃至今后一段时期江苏民政转型升级之路。各设区市及省管县民政局主要负责人及办公室主任、厅各处室局和直属单位主要负责人参加会议。这是全省首次由县级市承办此项会议。

（市民政局 姚瑶）

【社会组织管理】2015年，扬中市全年新办社会团体1家，民办非企业单位15家，办理社会组织无主管直接登记10家，办理民办养老机构13家，同步做好社会组织登记管理工作。至年底，全市有社会组织273家。

（市民政局 姚瑶）

【镇江市首家县级法学会成立】2015年6月24日，扬中市召开法学会成立暨第一次会员代表大会。来自镇、街道、开发区、综治、法治成员单位、大专院校的法律、法学工作者，计93名会员代表参加大会。市委、市人大、市政府、市政协分管领导出席会议，市委常委、政法委书记沈大银主持大会。镇江市法学会专职副会长王宏宣读省法学会贺信。镇江市委政法委副书记、镇江市法学会常务副会长李明洪致辞，就加强市法学会建设，提出希望。扬中市委书记、市人大常委会主任孙乾贵参加大会开幕式并作讲话。

法学会第一次会员代表大会选举产生41位理事会理事、24位常务理事，选举扬中市委常委、政法委书记沈大银为市法学会第一届理事会会长，扬中市委政法委副书记、市国安办主任吴国彬等7人为副会长。会议表决通过《法学会筹备工作报告》《关于实施中国法学会章程的决议》《关于大力发展新会员的决议》《关于朱亚平等二位同志任法学会副秘书长的决议》4项决议。 （市政法委 戚金林）

【福利彩票】2015年，扬中市福利彩票销售逆势上扬，销售总额突破7200万元，年增长率8.3%，募集彩票公益金600万元。在全省范围内率先出台《福利彩票公益金管理办法》，为更好开展福彩公益服务夯实基础。

（市民政局 姚瑶）

社区建设

【政社互动"减负提效"工程】2015年，扬中市扎实开展政社互动"减负提效"工程，建立社区(村)绩效考评机制，梳理形成《社区(村)协助政府部门工作事项》和《社区(村)依法履行职责事项》两份清单，实施"履职考核、履约双向评估"等基本程序，实行公共事务准入制度。机关部门进村工作事项，必须经审批列入目录清单，村级原则上不建立考核评比专门台账等。由此，全市村级事务挂牌台账明显减少，不再为迎接各类检查、准备台账资料所累，可以腾出更多精力为群众办实事。 （市民政局 姚瑶）

【试点"三社联动"】2015年，扬中积极推行"社区+社工+社会组织"为内容的"三社联动"服务新模式。年内，以三茅街道文化新村社区为试点，设立"阳光社工工作室"，推进并通过镇江市考核验收。江洲路社区、新扬社区也同步先创先试，启动"心的阳光""青春护航站"等社区公益项目，全面提升社区公益服务能力，社会效益显著。

（市民政局 姚瑶）

【农村社区自治功能改革】2015年，扬中修订《扬中市农村社区建设标准》，全面理清政府和基层组织"行政权力"与"自治权利"的界限。6月，扬中市农村社区建设被树为江苏典型，副市长宫金生在"全国农村社区建设试点工作推进会"上作经验交流。 （市民政局 姚瑶）

扶贫与救助

【全面消除经济薄弱村】2015年，扬中市力争全面消除村级经济稳定性收入100万元以下的经济薄弱村。市农委在对全市74个村及涉农社区2012年村集体经济收入调查摸底的基础上，积极引导行政村因地制宜，制定长远发展规划，选择合适发展路径，加快发展步伐，并通过发展物业经济、村企联建、部门帮扶等形式，进一步提高村级集体经济收入，全市村级集体经济经营性收入实现100万元以上。 （市农委 朱凌）

【低收入户脱贫工作】2015年，扬中市对低收入户通过社会保障、就业培训、"阳光助学""巾帼扶贫行动"、农村妇女"双学双比""慈济慈善""4+1"帮扶等活动，提高就业率，增加经济收入，全面消除人均纯收入7000元以下的低收入

7月，新坝镇丰乐桥村金伟残疾人扶贫基地举办农业实用技术培训班，引导引导有能力和意向的残疾人脱贫致富

人口。全市每一贫困户都建成数据档案，实行动态管理。截至年底，全市投入贫困户帮扶资金3000余万元，各类帮扶项目160余个，消除人均收入在7000元以下的贫困户3907人，脱贫率100%。 （市农委 朱凌）

【困难群体救助】2015年年底，扬中市有城乡低保1743户3003人，其中农村低保1491户2481人；散居孤儿12人；五保对象419人，其中集中供养343人，集中供养率达82%以上；实施临时生活救助324人次近35万元；流浪乞讨救助71人次，就地安置3人。 （市民政局 姚瑶）

【特困人群托底工程】2015年7月起，扬中民政继续实施"特困人群托底工程"，城乡低保标准提升至每人每月610元；散居孤儿养育津贴提高至每人每月1300元。全年发放节日慰问补助和春节专项补助144万元，惠及7211人次。

（市民政局 姚瑶）

【国家级综合减灾示范社区创建工作】2015年，扬中市积极开展国家级综合减灾示范社区创建，通过搭建组织网络、完善应急预案、丰富活动载体，有效增强基层综合减灾防灾能力，着力提升居民的防灾意识和技能。年内，新坝镇新治村、开发区三跃社区建成国家级综合减灾示范社区。至年底，全市国家级综合减灾示范社区累计8家。

（市民政局 姚瑶）

【低收入群体住房保障】2015年，扬中市棚改安置房项目为城东安置房二期，9月新开工338套，开工房源建筑面积5.77万平方米。全年出售经济适用房1套，廉租房租出1套，公共租赁房租出60套，其中中低下收入群体21套，新

就业群体33套，外来务工群体6套，货币化补贴1户。

（市住建局 俞文清）

【危房改造】2015年，扬中市按照“因户而异、注重实效、逐年实施”原则，通过翻建、维修、置换、提前拆迁安置等形式实施危房改造，全年拨付各类补助资金近150万元，实施危房改造64户，有效改善农村困难群众住房条件，提升防灾抗灾能力。

（市民政局 姚瑶）

精神文明建设

【城镇精神文明建设】2015年，扬中市以创建育民，以创建惠民，在文明创建中实现市民素质提升和城市文明程度提高。将省级文明城市创建作为首要任务，全面推进各项创建达标工作，高质量完成江苏省城市文明程度指数测评工作。以2012年度~2014年度镇江市级文明创建为契机，全面提升文明行业、文明单位、文明村镇、文明社区创建内涵和层次。引导创建单位围绕社会主义核心价值观的培育和践行开展富有成效的创建活动，提升市民素质，有效巩固文明创建的基础。年内，全市创成19个镇江市文明行业、4个镇江市文明镇、16个镇江市文明村、6个镇江市文明社区、83个镇江市文明单位。

（市委宣传部 李敏）

【农村精神文明建设】2015年，扬中市进一步深化农村精神文明建设。建设成新坝镇新治村等五个镇江市级“乡风明德文化墙”示范村，建设新坝大港、三跃港等核心价值观长廊，将乡风美景和体现社会主义核心价值观的村规民约、乡贤好人等，利用书法、绘画等艺术手段“上墙”，在一步一景中将核心价值观融入群众的生产生活场景。以“八位一体”运行机制为抓手，不断优化美化农村人居环境。利用道德讲堂、农家书屋、群众讲师团等阵地载体，深入开展“理论惠民”活动，开展“送政策、送法律、送文化、送卫生、送科技”五下乡活动，突出培育和践行社会主义核心价值观，用好农村文化广场，组织“欢乐乡村行”活动，活跃农村群众文化生活，以文化人，推动社会主义核心价值观在乡村深深扎根。开发区双跃村高分当选第三届“江苏省最美乡村”。

（市委宣传部 李敏）

【“金字塔”型荣誉体系建设】2015年，扬中市建立常态化典型培植机制，常年在媒体开展“寻找身边的好人”“小小身边事 大大正能量”等新闻行动。构筑市镇村三级荣誉体系，在市级层面举行道德模范奖典礼和美德少年评选表彰活动，各镇街区、村组纷纷开展道德典型评选表彰活动，教育、妇联、医疗、团委等各行业各领域开展“师德标兵”“好家庭”“医德标兵”“最美辅导员”“创业先锋”等评选表彰活动。探索建立礼遇机制，对道德模范、身边好人和优秀志愿者开展社会礼遇，出台《扬中市志愿者社会礼遇办法》，发放社会礼遇卡，组织各行各业开展关爱“好人”活动，在就业培训、就医就学、尊崇礼遇等多方面细化分解，一系列具体化、项目化的关爱措施让好人有好报。全年，陆茂生当选“中国好人”，唐红梅、施贤才、王绿英当选“江苏好人”，柴昊森当选“江苏省最美大学毕业生”，缪柯言当选“江苏省百名美德少年”。

（市委宣传部 李敏）

【“道德之光”第三届扬中道德模范表彰活动】2015年1月7日，扬中市文明委在市政大礼堂举行“道德之光”第三届扬中市道德模范表彰活动，表彰孙斌、施贤才、苏祥娟等十位道德模范以及潘榴红等十位道德模范提名奖。典礼现场，通过情景剧、快板、短片等多种形式生动展示道德典型的凡人善举，他们的事迹平凡质朴、感人至深，诠释扬中精神的深刻内涵，在全社会引发巨大的反响，“学道德典型 做身边好人”成为新的文明风尚。典礼前，市领导亲切会见道德模范，并举行座谈会。

（市委宣传部 李敏）

“地税杯”扬中市第三届道德模范颁奖典礼

【“志愿服务乡村行”】2015年3月7日，扬中市文明办联合多家部门举办“学雷锋树新风 志愿服务乡村行”主题活动，启动2015年“志愿服务乡村行”活动。面向农村、农民全年规划17个助老、助残、助农、助学、助医、助困以及美化乡村环境的志愿活动，让广大农村地区成为志愿服务的受益者、参与者、推进者。通过“心桥工程”，公开征集志愿服务项目，各类志愿服务组织有效对接，“一张床的温暖”“六圩港公益林”“特困残障人士结对帮扶”等项目得到办理。“网友义工团”“麦田计划”“三叶草”“阳光行”等公益组织开展“微公益”活动40次，为400余个贫困家庭圆梦。

（市委宣传部 李敏）

【三茅街道举行“最美三茅人”评选表彰活动】2015年4月9日，三茅街道首届“最美三茅人”评选表彰活动在市影剧院举行，市委副书记张宇轩，市委常委、宣传部部长王继兰出席活动，并为获奖者颁奖。颁奖过程中，三茅街道以大屏幕“微电影”、原型小品、歌舞相结合的方式，生动诠释和再现“最美村官”陈永明、“最美乡亲”戎恒其等10名“最美三茅人”入围奖获得者的先进事迹和感人故事。“最美院长”戴梅英、“最美民警”司马信言等10名提名奖获得者也一一上台领奖。颁奖活动受到市民的强烈关注，现场座无虚席。 (三茅街道 于雅婷)

【第三届“美德少年”评选】2015年7月3日，扬中市第三届美德少年颁奖典礼在省扬高中大礼堂举行。李洁等10人被授予“美德少年标兵”称号，杨庆等20人被授予“美德少年”称号，市领导孙乾贵、张宇轩、王继兰、常云、蔡萍、蒋相根出席颁奖典礼并为美德少年颁奖。3月以来，以培育和践行社会主义核心价值观，倡扬崇德向善为主旨，市文明委在全市组织开展扬中市第三届美德少年评选表彰和学习宣传活动。活动开展以来，各镇街区、各中小学校以及社会各界广泛推荐，推选出122名好少年参与评选，评审委员会从中遴选出30名美德少年向社会公示。全市各级踊跃投票，收到网络投票7000余张，纸质投票近6万张，体现出极高的社会关注度和参与度。颁奖典礼以专题片、诗朗诵、舞蹈、歌曲等多种形式，生动展示10名美德少年标兵尊师孝亲、勤学创新、团结助人、诚实正义、自强励志的先进事迹，让在场的学生和家长代表们充分感受到小小少年身上蕴藏的大大正能量。 (市委宣传部 李敏)

7月3日，扬中市第三届美德少年颁奖典礼在省扬中高级中学青春剧场举行

【双跃村当选第三届“江苏最美乡村”】2015年10月29日，江苏省省农村精神文明建设工作推进会上，省文明办命名表彰第三届“江苏最美乡村”，扬中市开发区双跃村获得表彰。这是扬中连续两届有行政村获此荣誉。双跃村地处开发区，多年来，在大力发展村级经济的同时，以“美丽乡村”建设为抓手，大力培育和践行社会主义核心价值观，涵育乡风文明，涌现出“江苏好人”张元进等一批先进典型，连续六年被评为江苏省文明村。 (市史志办)

【油坊镇举行亲情油坊好家庭颁奖典礼暨亲情油坊建设推进会】2015年11月7日，油坊镇隆重举行“亲情油坊好家庭”颁奖典礼暨亲情油坊建设推进会。油坊镇党委、政府在全镇范围内开展“亲情油坊好家庭”评选活动，经过广大家庭的积极参与，以及油坊各村、企事业单位、社会各界的积极推荐，最终，评选产生“孝老爱亲、诚实守信、热心公益、创业致富、文化书香、睦邻友好、情系家乡、绿色环保”八个类别的18户“好家庭”。 (油坊镇 徐莺)

社会公益

【概况】2015年，扬中市志愿服务事业继续蓬勃发展，公益志愿行动遍及城乡，全市形成以志愿者行动协调领导小组为统领，以志愿者协会及志愿者服务总(分)站为纽带，以24支专业服务小分队为依托，以分布于全市各乡镇的2.6万名注册志愿者队伍为基础的金字塔型志愿服务网络，为推动志愿服务的深入开展提供坚实的组织保障。

全市2.6万名志愿者高举“奉献、友爱、互助、进步”的旗帜，用闪光的爱心、无私的奉献，向社会诠释扬中的“小城大爱”。“麦田义工服务社”“网友义工团”“岛城先锋·党员义工联盟”等一批社会志愿服务组织，打造出“一双球鞋的暴走”“社会妈妈”“爱心一元捐”“知心姐姐”等志愿品牌，成为最美扬中的最靓丽风景。

(市委宣传部 李敏)(团市委 丁莹)(市民政局 姚瑶)

链接

扬中志愿者服务事业

扬中的志愿服务事业起源于1994年，当时是以青少年为主体，开展学雷锋做好事的志愿服务形式。根据形势发展的需要，2003年10月，由扬中团市委牵头，与民政局、原扬中日报社、原广电局、电信局等单位联合组建，成立扬中市志愿者服务总站。总站面向社会常年招募志愿者，提供扶贫助困、尊老助残、青少年援助、科技推广、医疗保健、环境保护等便民、利民服务，相继成立28个社区志愿者服务分站，组建24支志愿者服务分队，上门开展志愿服务或接

受电话和网络救助。在全社会的共同关心和支持下,全市志愿者队伍迅速扩大,参加志愿服务的人数也越来越多。截至2015年年底,全市注册志愿者人数突破2.6万人。

2014年起,团市委将扬中市青年志愿者队伍统一命名为"小青萌"青年志愿者队伍,以品牌强活动,以品牌强服务,结合志愿者专长,形成"小青萌"法制宣传志愿者、"小青萌"心理志愿者、"小青萌"网络文明志愿者、"小青萌"应急志愿者等众多队伍。

【扬中市首个"青春护航站"在新扬社区成立】2015年4月8日,扬中市首个"青春护航站"在三茅街道新扬社区挂牌成立,为涉罪的未成年人提供关怀性帮教服务,促进失足少年参与社会生活。首批12名青春护航站导师由新扬社区组织报名并推选,由市检察院通过书面审查个人资料、面试等方式筛选后聘任。借助社区图书室、志愿者站、就业服务站,发挥青年导师的作用开展帮教,让涉罪未成年人在社区帮教活动中感受社会温暖,有助于提高涉案未成年人对主流社会认同。 (三茅街道 于雅婷)

【三茅街道营房村成立扬中市首家村民互助基金】2015年5月9日,营房村成立扬中市首家村民互助基金,当日筹得善款13.39万元,并当场向村里的5户困难家庭发放救助金,让募捐村民亲眼见证善款的使用,剩余善款存入营房村慈善工作站专属账户。 (三茅街道 于雅婷)

【"中华颂·中国梦"教育讲堂在扬中市开讲】2015年6月7日,一场主题为"中华颂·中国梦"的公益教育讲堂在扬中市长江大酒店精彩开讲。"中华颂·中国梦"教育讲堂是全国促进传统文化发展工程工作委员会、德育教育研究开发工作委员会共同组织的"立德树人家校共育"工程其中的一个主题。该项工程以经典国学文化为载体,以德育为目的,一方面加深儿童、青少年的文化底蕴,提高他们的道德修养,另一方面引导家长更新家庭教育观念,树立以德育人的思想,促进子女的全面健康发展。活动当天,主讲人李红老师(学生德行教育专家、国学资深教授、中国儿童素质教育推动者)从上午9点开始,为广大感兴趣的市民连续作3场演讲。 (市史志办)

【微慈善】2015年6月18日,扬中市召开志愿服务"微慈善"项目推进会,发布了"扬中慈善网""扬中慈善微信公众号"志愿者活动网络新平台,全面推进全市志愿者服务质态提升,推动"微慈善"活动蓬勃开展、形成风尚。市委常委、宣传部长王继兰,副市长宫金生出席会议。会上,"社会妈妈"等10个慈善项目和徐红月等14名优秀义工受到表彰,并推出"一张床的温暖""共享美德阳光""关爱自闭症儿童"等11个"微慈善"项目。通过"扬中慈善网""扬中慈善微信公众号"平台,市慈善总发布全市志愿者组织活动信息;各慈善组织或个人可以发布项目信息,并向社会招募志愿者;求助者可以发布求助信息;爱心人士也可以在平台上直接向求助对象捐赠款物。市民政部门加大政策扶持力度,支持"微慈善"项目,全年支出慈善救助金逾500万元,全市81家村(社区)实现慈善工作站全覆盖。

(市民政局 姚瑶)

【镇江市首个网友义工团网络党支部在三茅街道江洲路社区成立】2015年6月26日,三茅街道江洲路社区第五党支部——网友义工团网络党支部成立,该党支部的成立是扬中市网络义工团工作的一项创举,在镇江市范围内独此一家,旨在弘扬社会主义核心价值观,促进党建和义工服务完美结合,让更多的党员加入到义工团体。

(三茅街道 于雅婷)

【扬中首届公益文化节】2015年9月29日~10月18日,扬中市文明委、扬中市委宣传部主办,扬中市文明办承办全市举办首届公益文化节。开幕式上,市委书记、市人大常委会主任孙乾贵致开幕词,市长潘早云,市委副书记唐崇林,市委常委、宣传部部长王继兰为扬中志愿者LOGO揭幕,市领导黄子来、常云、宫金生为受表彰的首批优秀志愿者代表颁发"扬中市志愿服务社会礼遇卡"。本次公益文化节围绕"小城大爱,爱传大家"的主题,公益文化专场演出、"一双球鞋的暴走"、公益共享会、公益创意项目大赛等4项活动贯穿始终,全市20多个志愿者组织和社会公益社团积极参与。志愿者们自编自演,演绎公益故事,传播志愿文化,并吸引1万余人参与,开展公益项目30余个,惠及8000余个特殊家庭和人员,关爱孤老、贫弱、幼残,惠及弱势群体近万人。

文化节期间,市文明办联合扬中市慈善总会、民政局、红十字会、残联发起成立扬中公益创投资金——扬中市慈善总会公益项目专项资金,首期启动资金50万元,吸引社会捐赠20万元;出台《扬中志愿服务社会礼遇办法》,建立志愿服务星级认定机制,成立百家志愿服务爱心商家联盟,营造"好人有好报"社会氛围。开通志愿服务微信公众平台"扬中益友",成立"岛城先锋·党员义工联盟"等,推动志愿服务工作迈上制度化、品牌化、常态化、社会化新台阶,成为社会治理创新的重要力量。 (市委宣传部 李敏)

【"一双球鞋的暴走"大型公益体验活动】2015年10月5

图片专辑——扬中公益事业蓬勃发展

在扬中市首届公益文化节开幕上，通达商厦现场认捐100万元冠名基金

9月28日，中桥社区举办以“居民互助”为主题的慈善募捐活动，短短两个小时，筹集善款近20万元，让人们充分感受到了爱的力量

市奥体图书室一角。该图书室管理员由面向社会各界招募、自愿提供公益性文化服务的“阅读志愿者”担任

市妇联、网友义工团联合开展“公益100变形计”岳西行第二季活动

积极响应市公益文化节“小城大爱，爱传大家”的活动主题，通达商厦举行慈善义卖和“爱国歌快闪”活动

三茅街道城管中队全体党员利用中午休息时间，在丰裕集镇开展“庆七一”党员公益活动

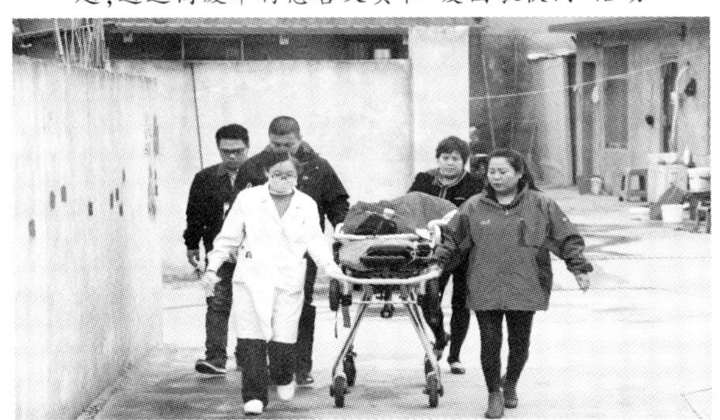

自幼身患小儿麻痹症、肢体一级残疾、长期的卧床的陆美向网友义工团求助，希望能够带她去医院做检查。在网友义工团的帮助下，她顺利去做了检查

11月26日，“江洲大讲堂”公益讲座之“远古的民风——《诗经》”在市外国语中学报告厅开讲

日,3325名志愿者齐聚市奥体中心体育场,为爱暴走18公里,只为给山区贫困孩子募集一双他们期盼已久的新球鞋。活动募集善款25万余元。此次活动由市委宣传部、市文明办、团市委、市新闻中心、市广电中心主办,扬中麦田义工服务社承办,奥体中心协办,威腾母线提供赞助,有200余名全国各地的志愿者来到扬中参与活动。这是自2012年以来,扬中是连续第四年举办的“18公里暴走活动”。本次活动规模超过上海的“一只鸡蛋的暴走”,成为全国最大的公益暴走活动。 (市史志办)

链接

扬中麦田

“中国·麦田计划”成立于2005年6月,是纯民间助学团队,以“给贫困孩子一个机会,给自己一份快乐”为活动宗旨,致力于改善中国贫困山区孩子的教育环境,包括为贫困山区中小学生提供读书资助、兴建校舍、成立图书室等。2011年9月11日,麦田计划扬中团队举行成立仪式,并在华润苏果广场举办“山那边的孩子”纪实图片展。麦田计划发起人莫凡参加成立仪式,并与在场的20余名扬中志愿者代表亲切交谈。江苏天力钢结构有限公司总经理朱鸿钧先生成为扬中麦田第一位捐款人,为“一人一本书”项目捐款5000元。2015年4月26日,扬中麦田召开扬中麦田义工服务社成立暨第一届社员大会。

2015年,扬中麦田举办包括“一双球鞋的暴走”在内的各类公益活动近40场次,筹集善款100余万元,募集各类物资20余吨,发放5000双球鞋,让更多的爱心通过扬中麦田,源源不断传递到大山里的孩子们身边。

【扬中市首届社会组织社区公益服务创投大赛】2015年8月起,扬中市首届社会组织社区公益服务创投大赛启动。此次大赛紧紧围绕“展示公益风采、塑造服务品牌、共建美好扬中”这一主题,面向全市广大社会组织征集优秀社区公益服务项目,并通过福彩公益金“以奖代补”形式,积极引导社会组织参与基层管理和服务,充分发挥优秀社区公益服务项目的典型引领作用。凡在民政部门注册登记且近年年检合格的社会组织均可参加,注册登记的基层社区社会组织可优先考虑。申报的项目必须符合广泛性、针对性、公益性、可操作、可持续的标准,具有一定的示范引领作用。大赛评选出个社区公益服务优秀项目和创意项目,每个项目奖励1万元~4万元不等的扶持资金。此次大赛2个阶段进行:第一阶段,项目申请书初评。第二阶段,选手现场答辩。选手按照出场顺序作简单介绍并接受评委现场提问。11月,经评选委员会现场评审,最终市文化新村社区服务站、市太极拳协会、市健身秧歌协会等10家社会组织分获公益服务优秀项目和创意项目。 (市民政局 姚瑶)

【三茅中桥社区举办居民互助基金募捐现场会】2015年9月19日,三茅街道中桥社区举行居民互助基金募捐现场会,社区全体党员干部、企业家,以及部分居民积极捐款、奉献爱心,当天募集互助基金近20万元,并向社区内6户比较困难的家庭捐赠爱心善款。 (三茅街道 于雅婷)

【“知心姐姐”“3+N”帮教模式】1995年至2015年,扬中市检察院五任“知心姐姐”爱心接力,真情关爱全市青少年20年。2015年以来,“知心姐姐”进一步完善“3+N”帮教模式,在镇江检察系统率先成立“青春护航站”“心海护航工作室”“彩虹桥工作站”等3个职能清晰的帮教场所,组建“知心姐姐矫治小组”“心理咨询师”“青年导师”等3个专业化帮教团队,创设“学法懂法教育”“传统文化教育”“理想前途教育”等3个递进式帮教阶段,引入多方社会力量(N)参与帮教,接受帮教的28名涉罪未成年人顺利回归社会。12月,举办“知心姐姐”热线开通二十周年新闻发布会,广泛宣传“知心姐姐”先进事迹,首发根据真实帮教案例拍摄的《成长·相伴》微电影,引导全社会共同关心涉罪未成年人。“3+N”帮教模式获得上级检察机关充分肯定,受邀出席全国未检工作会议,并做经验交流发言,获得全国同行一致好评。 (市检察院 朱孟超)

【《扬中志愿者礼遇办法》出台】2015年扬中首届公益文化节期间,扬中市出台《扬中志愿者礼遇办法》,按照相关标准表彰和奖励志愿者,给予生活困难的志愿者适当的物质帮扶,让优秀志愿者享有良好的政治、经济、精神礼遇,从政策上让志愿者感受到温暖,营造全市“人人争当志愿者”“好人就有好报”的社会氛围。 (市史志办)

【威腾母线与扬中网友义工团签订公益战略合作协议】2015年11月26日,威腾母线与扬中网友义工团签订公益战略合作协议,并启动“威爱夕阳红”“腾飞助学梦”公益项目,威腾母线将连续十年支持上述公益项目。市委常委、宣传部部长王继兰出席活动。“威爱夕阳红”旨在关爱空巢老人,项目费用预计5万元一年,项目主要活动为借助中秋、重阳、春节等重要节日走访慰问老人;老人生日当天为老人送去一份生日祝福;每月固定开展敬老活动;网友义工与空巢老人结亲并发掘、记录、传播老人的荣耀记忆。“腾飞助学梦”旨在帮助寒门学子,项目第一年最少预计费用2

图片专辑——“一双球鞋的暴走”大型公益体验活动剪影

“一双球鞋的暴走”现场书画展示活动

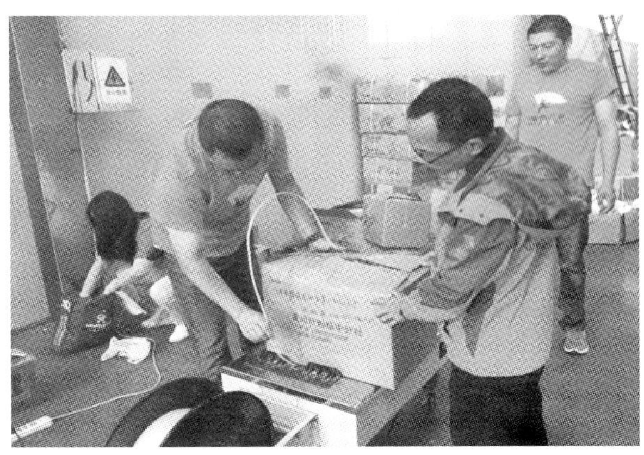

活动募集到的3000余双球鞋奔赴各地

万元并逐年增加，项目主要活动为每年资助部分考取一本的寒门学子2000元的助学金；为已考取大学，家境贫寒却又品学兼优的学生，提供学习优异奖金；学生学成归来后，威腾母线将优先提供就业机会。 （市史志办）

【“麦田计划”创始人莫凡作公益讲座】2015年11月27日，在扬中市妇女儿童活动中心会议室里，各镇（街、区）、市级机关各部门团委（支部）书记和一众麦田志愿者齐聚于此，参加“江洲大讲堂”公益讲座，“麦田计划”创始人莫凡以其自身的公益历程、心得和独特的公益视角，为众人带来一场精彩的公益讲座。莫凡从“童年”“在远方”“山楂熟了”等6个主题与众人分享麦田计划的发起、发展以及麦田教育基金会的成立和未来发展方向等，并以上百幅麦田活动照片和数据多方面展示麦田计划创办以来的公益实事和暖心成果。 （市史志办）

【“每周三去哪儿”公益项目获得全国青年志愿服务项目大赛银奖】2015年12月3日，在团中央主办的第二届中国青年志愿服务项目大赛决赛中，扬中推送的“每周三去哪儿”公益项目作为镇江地区唯一入围全国决赛的项目，获得全国青年志愿服务项目大赛银奖。“每周三去哪儿”公益项目是由扬中市公安局交巡警大队女子特勤中队发起，每周三下午，带领市特教中心部分学生以参加社会实践活动为平台，引导和帮助他们树立正确的世界观、人生观、价值观的一项青年公益志愿服务活动。全市各镇（街、区）、部门、学校的“小青萌”青年志愿者积极参与该项活动。

（市史志办）

【八桥镇开展“厚德广善、大爱八桥”慈善募捐活动】2015年，八桥镇在镇领导、机关全体工作人员的带头下，全镇上下纷纷慷慨解囊，扶贫济困，将自己的一份心意投入捐款箱，所筹到的善款八桥镇设立专项基金，实施安居工程、希望工程、助医工程、助孤工程、优抚工程、助残工程、敬老工程、关爱工程。截至11月底，八桥镇慈善分会收到50家企业捐款124.94万元，9个村捐款54万元，镇机关工作人员及社会群众168人个人捐款10.5万元，全镇入账捐款189.44万元。12月11日，八桥镇举行“厚德广善大爱八桥”慈善活动颁奖典礼。 （八桥镇 施超）

【见义勇为表彰】2015年1月27日，扬中市见义勇为基金会召开会议，表彰2014年度涌现出的9名见义勇为先进个人。5月14日下午，中华见义勇为基金会常务理事长李顺桃到扬中市，慰问扬中市2名见义勇为人员，并了解扬中市见义勇为工作情况。年内，全市表彰见义勇为先进人员32人，发放奖金、慰问金、补助金11.2万余元。其中，洪锋等9名人被扬中市人民政府授予“见义勇为先进分子”称号。 （市公安局 陆浩然）

链接

扬中市见义勇为基金会

扬中市见义勇为基金始成立于1994年，正式挂牌于2007年。2007年基金总额为500万元，至2015年达到1470万元。成立以来，该会围绕扬中见义勇为人员的表彰奖励、权益保护、医疗救助、抚恤帮助、基金募集、资金管理监督等开展制定和完善工作，努力推进见义勇为工作制度化、规范化，在促进扬中市社会治安综合治理等方面起到积极作用。至2015年，基金会累计表彰全市见义勇为先进人员381人，发放奖金、慰问金、补助金36.29万元，有力推动“见义想为、见义敢为、见义就为、见义勇为”的良好社会风尚形成。

【见义勇为人员困难帮扶】2015年，扬中市有关部门帮助见义勇为人员解决实际困难26人次，帮扶资金5.8万元。

省见义勇为英雄陆明才，对见义勇为事业做出重大贡献，但由于本人是农民，又无固定收入，随着年龄的增长（1940年9月生），生活较为困难。通过市见义勇为基金会争取，八桥镇政府破例将其作为村退休定额干部对待，每月发给400元的退休金，确保其晚年生活。

省见义勇为先进分子朱绪春，在抓获犯罪分子时负伤，又未评残，无儿无女，单身一人生活，而且身患多种疾病，丧失生活能力（1947年3月生）。市见义勇为基金会多次向当地政府有关部门汇报情况，争取支持，最终帮其办理低保、医疗保险，确保其正常的生活、治疗。

省见义勇为先进分子李玲，家住城区，在农村小学教书。由于丈夫时常出差，很少照顾到家庭，虽然她生活无忧，但女儿上学却成为她一道大难题。为此，市见义勇为基金会多次走访教育部门，最终促使教育部门破例将其调至市实验小学教书（市教育部门规定，如教育部门需要增加市区学校老师，凡在农村小学教书的老师，必须按名额比例抽签，抽中后参加考试，择优录取）。（市公安局 陆浩然）

表 40

扬中市历年见义勇为工作情况统计表

年份	奖励人数（人）		颁发奖金（万元）		募集基金（万元）			工作站总数	本年度帮助解决实际问题情况（人）						
	本年度	累计	本年度	累计	本年度募捐	本年度政府预算资金	累计		低保	就业	助学	抚恤伤残补助		医补	其它
												人数	总额		
2015 年	32	399	5.69	38.54	—	—	1470	7	2	1	4	32	6.2 万元	1	1
2014 年	18	367	2.25	32.85	10	—	1470	—	—	—	—	—	—	—	—
2013 年	12	349	4.21	30.6	—	—	1460	—	—	—	—	—	—	—	—
2012 年	21	337	1.84	26.39	425	—	1460	—	—	—	—	—	—	—	—
2011 年	14	316	1.55	23.37	135	—	1035	—	—	—	—	—	—	—	—
2010 年	26	302	1.95	20.72	—	—	900	—	—	—	—	—	—	—	—
2009 年	25	276	2.17	18.76	350	—	900	—	—	—	—	—	—	—	—
2008 年	26	251	2.42	16.59	50	—	550	—	—	—	—	—	—	—	—
2007 年	24	225	2.69	14.17	—	—	500	—	—	—	—	—	—	—	—

说明：1.历年表彰统计表是根据镇江市见义勇为基金会 2006 年统计基数填写的；

2.累计数为见义勇为基金会成立以来表彰的总人数；

3.2007 年至 2015 年是省公安厅、省民政厅批准设立扬中市见义勇为基金会以来的正式统计报表

（市公安局　陆浩然）

【扬中红十字会】 2015 年，扬中红十字会开展“博爱万人捐”“爱心一元捐”募捐活动，募集善款 42 余万元。继续实施博爱助医、助困、助学工程，组织实施“博爱送万家”活动，全年救助大病家庭和困难群众 218 人次，发放救助款 33.7 万元。联合市教育局举办“爱心一元捐”救助资金发放仪式活动，救助全市 35 名患大病和遭受意外伤害的学生，发放救助金 8.95 万元。开展救护培训“进学校、进企业、进社区、进农村”的“四进”活动，全年完成初级救护员培训 784 人，普及性救护培训 8026 人。

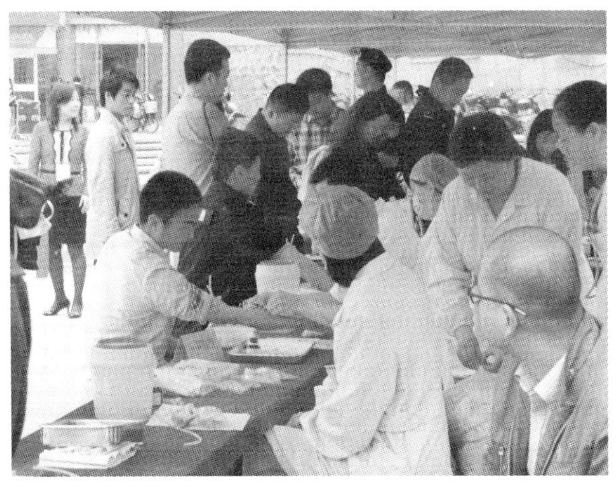

文景广场造血干细胞采集现场

2015 年 5 月 9 日，以纪念第 68 个“世界红十字日”活动为契机，扬中市红十字会联合市文明办、团市委、市卫生局等单位，在文景广场举办“汇聚爱的力量，建设最美扬中”捐献造血干细胞志愿者招募活动，采集造血干细胞血样 67 份，并为全市实现捐髓的 4 位志愿者颁发“扬中市捐献造血干细胞知识宣讲团宣讲员”聘书。10 月，油坊镇邻丰村黄贤良老人实现遗体捐献。全年扬中市参与无偿献血 2086 人次，采血 66.75 万毫升。

2015 年，扬中红十字会积极推进项目化救助，实施“红十字爱心家园”救助项目，获得省红会博爱项目救助金 8 万元。通过建立“爱心家园”基地，设立贫困学生助学金和奖学金，开设“博爱超市”，定期组织学生参加各项志愿服务等活动，关爱高校贫困大学生。项目向 13 名优秀贫困大学生发放奖学金 1.3 万元；向 34 名贫困大学生发放慰问金 5.1 万元；为贫困学生提供勤工俭学岗位 78 个，发放勤工俭学费 2.9 万元。

（市红十字会　刘彩霞）

【扬中市慈善总会】 2015 年，扬中市慈善总会本级决算总收入 902.69 万元，其中 68 家冠名基金利息 442.5 万元、“慈善

一日捐”活动127.4万元、26家福利企业捐款6.4万元、企业和个人捐款4.15万元、母本基金储存利息311.3万元、市财政拨付人员经费10.94万元。全年向社会提供各类救助款554.13万元,主要用于6个方面:

1.实施施氏家族“慈心医疗”工程3项救助项目,支出75万元;发放“扬中市慈善总会·慈善血透项目救助卡”60万元,全部用于资助在扬中市人民医院血透中心血透的困难尿毒症患者;支付10万元用于家庭困难的外来务工子弟学校学生和特教中心学生伙食补贴;支付5万元用于全市贫困家庭老人白内障免费治疗。

2.支付22.9万元用于家庭特别困难的白血病患者实施特殊救助。

3.重症青少年疾病救助23.5万元,救助对象及标准按“扬中市重症青少年关爱基金管理和使用办法”执行。其中白血病患儿黄唯宸和戴骏杰因骨髓移植分别获得救助金8万元和10万元。

4.常规性救助支出294.74万元。其中助学52.66万元,用于全市193名特困大学生上学资助;助医183.01万元,其中支出158.01万元用于全市农村低保户和其他特困户中较大疾病患者救助,支出15万元用于救助88名特困家庭生急病且住院治疗的患者,支出10万元用于资助困难家庭330名精神病患者购买常规治疗药物;助老58.3万元,用于生活特别困难的孤寡老人,并帮助部分敬老院改善入住老人的生活住居条件;助残0.77万元,用于困难残疾人安装假肢。

5.围绕助困开展三项救助活动,支出80.8万元:安排2万元用于特困老劳模救助,安排3万元救助贫困妇女,安排75.8万元支持市民政局改造农村39户危房。

其他支出57.19万元。其中对新建的村(社区)工作站,按“以奖代补”办法给予适当资助,支出36万元;支持慈善超市3万元;失独家庭人寿保险和95岁以上老人意外保险等支出8.19万元;资助慈善公益项目专项基金10万元。

(市慈善总会 王成华)

民 族

【概况】2015年,扬中市有19个少数民族,分别为土家族、回族、壮族、满族、侗族、蒙古族、瑶族、布依族、彝族、黎族、朝鲜族、苗族、仡佬族、土族、达斡尔族、白族、东乡族、撒拉族、维吾尔族等族别,人数400余人。扬中市民族团结促进会,会员有32人。全市有伊香源清真拉面馆17家、清真电烤饼店2家、新疆烧烤店1家、西域名优特产店1家,其中扬中市惠众花苑伊香源拉面馆是江苏省清真食品基本供应点。

(市民宗局 施勇)

宗 教

【概况】2015年,扬中市有佛教、基督教、伊斯兰教三大教派。佛教信众1万余人,基督教信众1600余人,伊斯兰教90余人。全市经政府正式批准设立的宗教活动场所18处,其中佛教4处,分别是太平寺、新坝镇老甸庙、新坝镇联合念佛堂、观音禅院;基督教13处,分别是新坝镇2个,三茅街道1个,油坊镇6个,八桥镇1个,开发区3个;伊斯兰教临时礼拜点1处。宗教活动场所现有教职管理人员69人,其中佛教23人,基督教45人,伊斯兰教1人,基督教中参加过市以上培训的13人,分别领到传道证和义工证,各宗教活动场所都成立管理小组,分别负责传教、财务、宣传等各项事务。全市有宗教团体2个,市佛教协会长由心和担任,市基督教三自爱国运动委员会主席由徐和娣担任。

(市民宗局 施勇)

【太平禅寺举办第六届“祈福迎新年”撞钟活动】2015年元旦,扬中市太平禅寺举办第六届“祈福迎新年”撞钟活动。20余名僧侣在太平禅寺方丈心和法师的主持下,举行祈颂法会及启钟仪式。部分市四套班子领导和众多社会贤达、居士千余人参加撞钟活动。

(市民宗局 施勇)

【扬中市基督教召开第三次代表大会】2015年11月30日,扬中市基督教召开第三次代表大会,大会代表52名。会上,由上届基督教协会会长徐和娣作该会五年来的工作总结回顾以及今后工作的建议;选举新一届基督教协会的会长、副会长、秘书长;新当选的会长徐和娣对今后如何做好基督教工作作表态发言。扬中市政府副市长宫金生出席并作讲话。

(市民宗局 施勇)

【扬中市基督教中心教堂、太平寺被评为镇江市首批“四星级宗教活动场所”】2015年,扬中市各宗教场所根据上级文件要求,积极开展星级宗教活动场所创建活动。年底,经过场所申请、宗教团体和宗教部门审核推荐、考评小组考评、认定委员会投票表决、向社会公示等程序,扬中市基督教中心教堂、太平寺被评为镇江市首批“四星级宗教活动场所”。

(市民宗局 施勇)

组织机构及领导人

中共扬中市委员会

书　记　孙乾贵
副书记　潘早云
　　　　徐申锋
　　　　张宇轩(7月免)
　　　　唐崇林(7月任)
常　委　姚敬源(12月免)
　　　　沈大银
　　　　王继兰(女)
　　　　庄　旭(12月任)
　　　　王成明
　　　　杨富森
　　　　艾晓辉(7月任)
　　　　黄子来
　　　　孙　健
　　　　王汉英(8月任)
　　　　陆彩明(4月免)

市委办公室

主　任　陈　军
副主任　范选华
　　　　郭连志
　　　　张克祥
　　　　左　杰(3月任)

机要保密局

(市委办管理)
局　长　郭连志
副局长　陈　薇(女)
　　　　左　杰(3月免)

督查室

主　任　郭建中

台湾工作办公室

主　任　陆纪云(女)
副主任　朱家生

组织部

部　长　黄子来
副部长　徐昌桂
　　　　周春林
　　　　姚新春
　　　　张小华(女,12月任)
保留副科职待遇　张芙蓉(女)

企业工委

书　记　徐昌桂
副书记　吴昌松
　　　　孙　伟(5月任)

组织员办

主　任　高　剑

市领军人才办

主　任　朱　阳(女)
副科级组织员　杨　娟(女,7月任)

宣传部

部　长　王继兰(女)
副部长　严　峰
　　　　管拥军
　　　　方学建

精神文明建设指导委员会办公室

主　任　管拥军

市网信办

主　任　黄　勇(10月免)
　　　　郭泰莱(11月任)

新闻中心

主　任、党支部书记　严　峰(兼)
党支部副书记、纪检组长　夏福洪
副主任　谢春玲(女)
　　　　蔡小俊
　　　　徐子平(3月免)

市委政法委

书　记　沈大银
副书记　孙廷俊
　　　　吴国彬

市综治办

主　任　孙廷俊
副主任　戴振东
　　　　祝　玲(女,3月任)

市国安办

主　任　吴国彬

市法治办

副主任　王晓雪(3月免)
　　　　蒋丰华(3月任)
政治处主任　倪其兵

统一战线工作部

部　长　蒋相根
副部长　瞿廷辉
　　　　张　俊
　　　　杨全贵

民族宗教事务局

局　长　瞿廷辉
副局长　张　俊

机关工委

书　记　吴昌连
副书记　徐美琴
机工委书记　司晓玲
副书记　王乔林

市委党校

党校校长　张宇轩(7月免,兼)
　　　　唐崇林(7月任,兼)
常务副校长　孙国荣(主持工作)
副校长　张广武
　　　　张跃平
　　　　陈定春
副校级校委　郭伟英

行政学校

校长　唐崇林(7月免,兼)
　　　　艾晓辉(7月任,兼)

机关事务服务中心

主　任　朱华根
副主任　蔡爱华
　　　　倪明霞(女)

纪检组长 薛 丽(女,3月任)
副主任 封 光(6月任)

信访局

局 长 常纪成
副局长 王国平
何光林
于敏华
纪检组长 吴江霞(女,5月任)

档案局

局 长 郭 渝(女)
副局长 徐凤琴(女)
郭纪波
姚纪才

市委老干部局

局 长 徐锦余(12月免)
张小华(女,12月任)
副局长 陈 均
赵 洁(女)

史志办公室

主 任 冯鸿鸣
副主任 朱怀林

扬中市人民代表大会常务委员会

主 任 孙乾贵
党组书记、常务副主任 施健华
副主任 戴少华
常 云
蒋金龙

办公室

主 任 张 伟
副主任 施正裕
董泽富(4月免)
郭伟国(5月任)

研究室

副主任 高 飞(4月免)

财经经济委

主 任 毛海金

内务司法委

主 任 张 林
副主任 朱美玲(女,4月免)
冯煜蘋(女,4月任)

环境资源城乡建设委

主 任 何尔平
副主任 张红兵

科教文卫工委

主 任 王世华(4月免)
祝晓东(4月任)
副主任 黄海燕(女)

人事代表联络工委

主 任 李德才
副主任 何继荣(3月免)
何 敏(女,5月任)

农业和农村经济工委

主 任 徐桂平
副主任 顾启伟

扬中市人民政府

市 长 潘早云
副市长 唐崇林(7月免)
艾晓晖(7月任)
陆彩明(4月免)
蔡 萍
卜兴荣
于德祥
李祖健(4月免)
宫金生
王川芳(4月任)
刘金秋(8月免)
刘 鹏(10月任)

办公室

主任、党组书记 仲 泉
副主任 孙万华
常纪成
彭全胜
耿晓晴(女)
张晓阳(5月免)
殷 晗
陈小锋
唐 健
马意俊
薛 兵
林 帅
纪检组长 姚俊洪

法制办公室

主 任 孙万华(8月免)
政府办党组成员 蔡国庆(1月任)

金融办公室(挂牌)

主 任 彭全胜

侨务办公室

主 任 沈 勤(女)

接待办

主 任 唐 健(3月免)
孙春祥(3月任)

发展改革和经济信息化委员会

主任、党委书记 吴玉青
副主任 潘贤道
庄同顺
朱光辉
金红伟(女)
黄贤成
曹广金
孙显文
纪委书记 陈丽明(女)

物价局

局 长 庄同顺
副局长 虞阳升
施荣祥
王 琪
市纪委派驻物价局纪检员 潘大军

政务服务管理办公室

主 任 梅稳山
副主任 施积信
徐 剑

纪检组长 李成明
副主任 姚荣生
公共资源交易中心主任 施 云

人力资源和社会保障局

局长、党委书记 周春林
副局长 马娅红(女,4月免)
崔 晶(女,4月任)
党委副书记 刘国斌
副局长 吴 敏(女)
金舜之
周 斌
杨长秀
宗加洪
刘 刚(4月免)
蒋长春(4月任)
纪检书记 宗加洪(4月免)
鄂彩华(女,4月任)

机构编制委员会办公室

主 任 周春林
副主任 吴 敏

就业管理中心

主 任 李荣林

社会保险管理中心

主 任 戴伟柱(4月任)

医疗保险管理中心

主 任 马娅红(女,4月免)
崔 晶(女,4月任)
副主任 张拥军
黄高伟
冷新星

人才服务中心

主 任 蓝厚国(11月任)

事业单位登记管理局

局 长 —

统计局

局长、党组书记 司信年
党组副书记、副局长 王 清
纪检组长 缪玉明
副局长 陆文龙
汤小丰

调查局

局 长 王丰硕

安全生产监督管理局

局长、党组书记 童 中(5月任)
副局长 黄贤华
朱建中
张泽民
吴章华
纪检组长 蒋长春(3月免)
蒋丰庆(3月任)

商务局

局长、党委书记 常本宽
副局长 张 锋(3月免)
张庆平
党委副书记、副局长 包勇军
党委副书记 印永洪(12月任)
副局长 莫纪奎
张孝明
郭明华
纪委书记 章 琴(女)
党委委员 方 勇
招商中心主任 袁 进

粮食局(粮食收储中心)

局长、主任 章光祖 11月免
印永洪 11月任
副主任 赵文俊
副主任 黄 馨
副主任 王 洁
副主任 郭马莉(女)
纪检书记 瞿靖承

旅游局

局 长 张庆平
副局长 郭 翔
陈太昌

外贸公司

经 理 张 峰 (4月免)
郭明华 (4月任)
副经理 王 华 (4月免)
黄 成 (4月任)
顾 兵 (4月任)

工业(集团)总公司

经理、党组书记 何 勇
副经理 刘 生
刘良福
魏 奇
纪检组长 徐秋霞
副总经理 郭纪俊

供销总社

主任、党委副书记 陈宝瑞
党委书记、副主任 赵徐平(女)
副主任 杨迎春
陆 俊
施晓晖(女)
纪委书记 黄 刚(4月任)

商业(集团)总公司

总经理、党委书记 包良俊
党委副书记、副总经理 金 红(女)
副总经理 陈国梅(女)
郭玉生
缪剑刚(5月任)
纪委书记 朱 枫(女,5月任)

住房和城乡建设局

局长、党委书记 周丁文
副局长 满江春
党委副书记、副局长 耿海铭
党委副书记 倪留章
祝瑞平
副局长 姜金龙
卢 健
刘 祥
王笃龙
张开华
翟 骏(3月任)
纪委书记 马万喜

市拆迁办

主 任 成枝松

人民防空办公室

主 任 满江春

副主任　汤士云

市政园林工程处

主　任　周丁文
党组书记 倪留章
副主任　朱新耀
　　　　张建荣
　　　　唐纪彬
　　　　杨晨辉
　　　　景书红
纪检组长 方　敏

城市建设投资发展总公司

董事长、党委书记　方正和(8月任党委书记,10月任董事长)
总经理、党委副书记　孙万华(8月任党委副书记,10月任总经理)
副总经理、党委副书记　凌　松(14年12月免副总经理)
　　　　徐　跃(3月免)
　　　　姚俊岭(3月任)
副总经理 何新明
　　　　朱信洪
　　　　陈纪岚(女)
　　　　王东升
　　　　陶旭红
　　　　姚俊岭(5月免)
　　　　曹　瑞(12月免)
纪委书记 蔡　艳(女)

规划局

局长、党组书记　王明华
党组副书记、副局长　祝晓东(4月免)
　　　　杨庆林(4月任)
纪检组长 朱志林
副局长　徐万军
　　　　郭荣庆
　　　　周亚东
党组成员 奚有根

规划管理处

主　任　贾　燕(女)

环境保护局

党组书记、局长　童　中(5月免)
　　　　郑鲁军(5月任)
党组副书记　朱春耕
副局长　黄　勇
　　　　钱建平
　　　　陈　刚
　　　　范　彬
　　　　肖勇泉
　　　　朱慎康(10月免)
纪检组长 陆真贵

城管局

局长、党组书记　匡越石
副局长、党组副书记　陆元国
副局长　沈俊禄
　　　　孙显华
　　　　吴　涛
　　　　赵　阳
　　　　王家金
纪检组长、城管行政执法大队大队长
　　　　朱中宏
城管行政执法大队党支部书记
　　　　孔红梅(女)

交通运输局

局长、党委书记　陈泰鸿
副局长、党委副书记　施荣华(3月免)
　　　　林鹤亭
副局长　张　华
　　　　祝明伦
　　　　朱爱锋
　　　　何柏进
　　　　孙　军
纪委书记 顾锦川
总　工　王中和
党委委员 孔祥熔

运输管理处

主　任　王　俊
党支书记 张跃峰

公路管理处

主　任　张　华
党支书记 柴亚林

地震局

局　长　陈学兵
副局长　王小东

财政局

局长、党委书记　周鹤军
党委副书记、副局长　田启发
党委副书记　姚红梅(女,3月任)
副局长　吴跃峰
　　　　张秉昌
　　　　陆红艳(女)
　　　　印邦宁(6月任)
纪委书记 姚红梅(女,3月免)
　　　　高　飞(3月任)
新坝分局局长　丁　燕(女)
三茅分局局长　施　稳
油坊分局局长　周　英(女)
八桥分局局长　刘效兵

会计服务中心

主　任　张秉昌
副主任　狄明娣(女)
　　　　印邦宁(5月免)
　　　　郭殿中(5月任)
　　　　常佳忠(3月免)

住房公积金管理中心

主　任　秦　云(女,3月任)

国有资产管理委员会办公室

副主任　薛　萍(女)

审计局

局长、党组书记　杜成福
副局长、党组副书记　宗秋生
副局长　蒋晓梅(女)
　　　　沈　健
　　　　施转建
纪检组长 张德贵

农业委员会

主任、党委书记　印　斌
党委副书记　刘乔龙
纪委书记 徐友明
副主任　仲纪跃
　　　　陆　军(3月任)
　　　　彭　君
　　　　何　玫(女)
　　　　顾春健

农业推广中心

主　任　施积文

党支部书记 张 俊(3月任)

良种场

场 长 郭如彬

水利农机局

局长、党总支书记 刘 俊
副局长、党总支副书记 杨怀康(4月免)
副局长 汤树良
施周泉
郭 峰
副局长、纪检组长 耿明华(女)
副局长 黄裕文(4月任)
马小平

防汛抗旱办公室

主 任 黄健芳(8月任)

科技局

局长、党组书记 朱 勇
副局长 陈学兵
鞠 勇
朱发平
纪检组长 马晓梅(女)

教育局

局长、党委书记 张源泉
副局长 戴凤云(女)
王 祥(3月免)
王家新
杨卫群
冯丽娟(女)
纪委书记 王 震

市政府教育督导室

主 任 戴凤云(女)

文化广电体育局

局 长 黄声亮
副局长 胡敏生
蒋丰华(3月免)
戴桂平(3月任)
杨 敏(女)
孙 平
纪检组长、副局长 蒋陈超
副局长 潘 洁(女)

广播电视中心

主任、党组书记 陈吕明
副主任 郭春松
戴维平
左菁华(女)
郭 岚(女)
纪检组长 徐 飞

网络中心

主 任 顾永生

卫生局(~9月)

局长、党委副书记 郭国平 (9月免)
党委书记、副局长
周春燕(女,9月免)
副局长、党委委员 崔晶 (女,3月免)
副局长、党委副书记
张贵福 (9月免)
纪委书记、党委委员 方礼兵 (9月免)
副局长 吴永忠(9月免)
副局长、党委委员 朱冠华 (9月免)
朱戌申(9月免)
贾美红(9月免)

人口计生委(~9月)

主任、党组书记 张小华(女、9月免)
副主任、党组副书记 陈太全(9月免)
纪检组长 施薇 (女、9月免)
副主任 傅法新(9月免)
杨国荣(9月免)

卫计委(9月~)

主任、党委书记 周春燕(女,9月任)
党委副书记、副主任 张贵福(9月任)
陈太全(9月任)
纪委书记 方礼兵(9月任)
副主任 吴永忠(9月任)
朱冠华(9月任)
朱戌申(9月任)
傅法新(9月任)
施 薇(女,9月任)
杨国荣(9月任)
贾美红(9月任)
原卫生局局长、党委副书记 郭国平(9月免)
原卫生局副局长、党委委员 崔 晶(9月免)
原计生委主任、党组书记 张小华(女,9月免)

市疾病预防控制中心

主 任 张庆东
党支部书记 朱 文(女)

卫生监督所

所 长 张开祥

公安局

局长、党委书记、督察长(兼)
李祖健(5月免)
吴明成(5月任)
党委副书记、政委 仲纪华
党委委员、副局长 赵成祥
党委委员、副政委 姜洪才
党委委员、副局长 孙桂林(11月免)
卞为民
党委委员、政治处主任 祝瑞平
党委委员、副局长 冯太伟
王昌法
钱学友
党委委员、纪委书记 刘良珍
党委委员、刑侦大队大队长 童国际
党委委员、指挥中心主任、办公室主任
孔 勇

维稳办

(在市公安局挂牌)
主 任 孙桂林(11月免)
副主任 徐正平
倪嘉聘

市委"610"办

(在市公安局挂牌)
主 任 姜洪才
副主任 杨全兵
陈留生

应急办

(在市公安局挂牌)
主 任 卞为民
副主任 孙晓根
左昌宇

指挥中心

主 任 孔 勇
教导员 顾鸣鹤

公安局政治处

主 任 祝瑞平

经济犯罪侦查大队

大队长　黄良保
教导员　吴国标

交通巡逻警察大队

大队长　何　龙
教导员　陆纪权

刑事侦查大队

大队长　童国际
教导员　王　平(5月免)
　　　　王小中(5月任)

水上警察大队

大队长　蒋元海
教导员　张炳华

治安警察大队

大队长　孙德洪
教导员　孙　帆(5月任)

国内安全保卫大队

大队长　朱嵘臻
教导员　蒋道文

警务督察大队

大队长　肖　峰

法制大队

大队长　吴蓉梅(女)
教导员　崔卫东

网络安全保卫大队

大队长　马万军
教导员　王顺祥

司法局

局　长　仲　斌
党组副书记、副局长　蔡巧珍(4月任)
副局长　王春荣(4月免)
　　　　杨　军
　　　　张　华
　　　　王晓雪(4月任)
　　　　孙小华
纪检书记 姚俊洪(4月免)
　　　　朱霞萍(6月任)
市社会矛盾纠纷调处服务中心主任
　　　　黄贤勇(6月任)

民政局

局长、党组书记　李跃林
党组副书记、副局长　黄保年
副局长　魏晓明
　　　　张雨冬(女)
纪检组长 陆永生
副局长　张正全
　　　　常扣岚

政协扬中市委员会

主席、党组书记　冯锦跃
党组副书记、副主席　陆国平
副主席　吴昌荣(11月免)
　　　　汤树良
　　　　蒋相根
　　　　黄成刚
秘书长　姚中庆

办公室

主　任　姚中庆
副主任　方日新
　　　　胡　婕(女)

研究室

主　任　张初明

经济科技委

主　任　兰云林
副主任　蔡华明

建设法制委

主　任　杨庆林(4月免)
　　　　杨怀康(4月任)
副主任　张贵龙(4月免)

文教卫生委

主　任　卢正华
副主任　左志鹏

提案联络委

主　任　施朝阳
副主任　孙　可(女,4月任)

学习文史委

主　任　唐桂林
副主任　蒋丰庆(4月免)
　　　　张　勇(7月任)

中共扬中市纪律检查委员会

书　记　姚敬源(12月免)
　　　　庄　旭(12月任)
副书记　郑鲁军
　　　　何世平
常　委　姚庆富
　　　　王东升
　　　　赵　斌
　　　　丁建东

市监察局

局　长　郑鲁军(5月免)
　　　　何世平(8月任)
副局长　姚庆富
　　　　王东升
　　　　张孝明(5月任)

人民武装 检察 审判机构

人武部

部　长　王东浩
政　委　杨富森
副部长　张建华

人民检察院

检察长、党组书记　司马兆二
党组副书记、副检察长
　　　　张　春
　　　　赵明生
副检察长 倪　军
纪检组长 于有龙
政治处主任　张正祥
检委会专职委员　施正矛
反贪污贿赂局局长　朱静波
检委会专职委员　姚　俊
反渎职侵权局局长 朱文霞(女,3月任)

人民法院

院长、党组书记　汤国生
党组副书记、副院长　祝纪网
副院长　倪月妹(女,9月免)
　　　　杨佳龙
　　　　朱小中
政治处主任　陈　前
纪检组长 周　荣
审委会专职委员　朱亚平
　　　　陈　明

执行局局长 王 彤

社会团体

总工会

主席、党组书记 陈廷荣
副主席 王德洲
方文忠
施春燕(女)
纪检组长 王 凤
副局级党组成员 常三五

团市委

书记、党组书记 张皓玮
副书记 王 丹(女)
包熙鹏

妇女联合会

主席、党组书记 黄红兰(女)
副主席 祝志平(女)
鄂彩华(女,3月免)
段欢欢(女)

妇儿工委

主 任 祝志平(女,3月免)
奚 彩(女,3月任,党组成员)

市归侨侨眷联合会

主 席 居春霞(女)
副主席 朱秋敏(女,3月任)

红十字会

常务副会长 耿晓晴(女)
副会长 张 慧(女)

工商业联合会

主 席 兰云林
党组书记 瞿廷辉
副主席 王 梅(女)

科学技术协会

主席、党组书记 何明根
副主席 吴春福
方 云(女)

文学艺术界联合会

主席、党组书记 方泽华
副主席 王中明

残疾人联合会

理事长、党组书记 姚久荣
副理事长 严久霖
张咏梅(女)
纪检组长 李卫国(5月任)

学校 医院

省扬高中

校 长 王成杰
副校长 杜庆宏
黄安彪
朱小明

第二高级中学

校 长 刘新春

省扬中中等专业学校

校 长 奚必政
党总支书记 陈 霞

教师发展中心

主 任 蔡华新

人民医院

院长、党委书记 朱阳春
正科职干部 郭国平(9月任)
党委副书记 薛恒川(3月免)
王晓芳(女,3月免)
胡红云(女,8月任)
副院长 陆 洋
朱进华
瞿彩平
蒋纪祥

镇、开发区、街道

新坝镇

党委书记 王成明
副书记、镇长 潘 杰(8月免)
陶建国(8月任)
副书记 印永洪(11月免)
姚建华
人武部长 唐建华(3月免)
徐晓静(3月任)
党委委员、副镇长 张正荣
政法委员 周中华
纪委书记 祝 华
宣传委员 陈泽坤
组织委员 祝启彤
统战委员 陆 春(女)
人大主席 张庆林
副镇长 顾小春
王义波
张 珏
徐 静(女)
蔡巧珍(女,3月免)
徐子平(3月任)

大航集团

董事长 薛 军
副总经理 施建中
陈 晔

油坊镇

党委书记 文层耕
副书记、镇长 陶建国(9月免)
瞿惠辉(9月任)
副书记 童 峰
党委委员、副镇长 朱建兰(女)
人武部长 王存峰
宣传统战委员 薛 为(女)
政法委员 张林根(3月免)
何桂根(3月任)
纪委书记 丁照霞(女)
组织委员 姚 星(3月免)
白玉卿(3月任)
人大主席 黄克良
副镇长 王宇峰
戴桂平(3月免)
周小波
徐 跃(3月任)
姚 星(3月任)
聂云峰(8月免)
陈国云(8月任)
杨 波(3月任)

八桥镇

党委书记 孙冬梅(女)
副书记、镇长 杨友军
副书记 杨立维
党委委员 王耀辉
政法委员 朱红军
党委委员、副镇长 高 琴(女)
党委委员、纪委书记 刘 平
宣传委员 潘菊梅(女)

组织委员 钱道兵
党委委员、人武部长 包智风(4月任)
人大主席 姚永洪
副镇长 陈为民
蔡 华
何耀武(4月任)
陈 雄(9月任)
陆 军(4月免)
殷 晗(5月免)
江 屏(挂职)

西来桥

党委书记 林成春(8月免)
潘 杰(8月任)
党委副书记、镇长 曹学松
党委副书记 董三明
王晓东
人武部部长 曹德友
副镇长 常加玲
纪委书记 陆 庆
组织委员 邹东平
政法委员 陆学兵
宣传委员、统战委员 汤仁文
副镇长 郭 波
陈金海
王 华(3月任)
李培志

三茅街道

党工委书记 王汉英
副书记、办事处主任 季广华
副书记、政协联络委主任 童 涛
副书记、科技新城管委会主任 孙 斌
副书记 潘金东
政法委员 孙小平(4月免)
缪 剑(4月任)
人武部长 陈兰林
纪工委书记 钱廷伟
党工委委员、办事处副主任 陈小平
宣传统战委员 杨淑静(女)
组织委员 瞿惠辉(9月免)
贾子彬(10月任)
人大工委主任 陈益俊
办事处副主任 郭永龙(4月免)
宦建明
林晓宁(女)
马 云(女)
祝元元(女)
吴培枫
朱红芸(女)
姚文笋
科技新城管委会副主任 奚松平
周艳阳(女)
付德军
左邵阳

开发区(兴隆街道)

党工委书记 翟德智
副书记、管委会主任 祝寒冰(7月免)
林成春(7月任)
副处职干部 祝寒冰
副书记、兴隆街道工委书记 杨 亮
党工委委员、管委会常务副主任、政协联络委员、经济发展部部长;街道党工委副书记、办事处主任 蔡爱国
区党工委副书记 黄 勇(9月任)
区人大工委主任、街道人大工委主任
徐卫星
区党工委委员、党群工作部部长、党政办主任;街道党工委副书记 田广权
区党工委政法委员,街道党工委政法委员 陆学文
区党工委委员,街道党工委委员、副主任 马万红
区党工委宣传统战委员,街道党工委委员、副主任、宣传统战委员 李 波
区纪工委书记,街道纪工委书记
姚恒志
区党工委委员,街道党工委委员、副主任 高绍海
区党工委委员、园区服务部部长,街道党工委委员、副主任 朱天森
区党工委委员、管委会副主任、招商一部部长 奚松峰
区党工委委员、管委会副主任、规划建设部部长 王俊杰
区党工委组织委员,街道党工委组织委员 李茂福
区党工委委员、人武部部长,街道党工委委员、人武部长 蔡 文
区党工委委员、管委会副主任、财务部部长 钱 宏
市科创中心主任 黄克勇(3月任)

银行 保险

中国人民银行扬中市支行

行 长 季步胜
副行长 纪检组长 张辉
副行长 乔后春

中国农业发展银行扬中市支行

行 长 谭 文

中国农业银行扬中市支行

行 长 魏灿斌

中国工商银行扬中支行

行 长 顾宏平

中国银行扬中支行

行 长 祝鸿洲

中国建设银行扬中支行

行 长 朱 春

江苏扬中农村商业银行

董事长 陈幼元
行 长 施正峰

邮政储蓄银行扬中支行

行 长 徐 纲

中国交通银行扬中支行

行 长 袁 伟

江苏银行扬中支行

行 长 马海兵

江苏太仓农村商业银行扬中支行

行 长 周士龙

扬中恒丰村镇银行

行 长 潘 春

浦发银行扬中支行

行 长 奚俊松

民生银行扬中支行

行 长 王雪梅

中信银行扬中支行

行 长 陆 斌

中国人民财产保险公司扬中支公司

总经理 徐立红

中国人寿保险公司扬中支公司

总经理　黄　波

中国太平洋财产保险股份有限公司扬中支公司

总经理　陈志斌

中国太平洋人寿保险股份有限公司扬中支公司

总经理　田　军

人民人寿保险公司

经　理　张卫民

条线管理部门

国　税

党组书记、局长:刘万龙
副局长　解庆红
　　　　周生和
　　　　何文革
纪检组长 党传钰
副局长　朱未彦

地　税

局　长　王金龙
副局长　张达峰
　　　　孙　玉(女)
　　　　马剑华
纪检书记 丁勇林
稽查局局长　孙桂凤(女)
一分局分局长 陶国清
二分局分局长 张孝龙
三分局分局长 赵中洋
四分局分局长 王国庆
五分局分局长 李国全
契税所所长　施　军

市市场监督管理局

局　长　兰乔根(6月任)
副局长、党委书记　陈　兵(6月任)
副局长　杨恒春(6月任)
　　　　唐　立(6月任)
　　　　王　成(6月任)
　　　　吴振军(6月任)
　　　　李　红(6月任)
　　　　姚　俊(6月任)
副局长、纪委书记　杨国泉(6月任)
副局长　陶书斌(6月任)
　　　　陈佩银(6月任)
城区分局分局长　朱爱文(5月任)
八桥分局分局长　杨怀龙(5月任)
兴隆分局分局长　张有斐(5月任)
油坊分局分局长　方　军(5月任)
新坝分局分局长　陈永祥(5月任)
西来桥分局分局长　王秋平(5月任)

国土资源局

局长、党组副书记　殷新华
党组书记、副局长　何跃兵
党组副书记、副局长、土地储备中心主任
　　王文生
党组成员、副局长　王中连
党组成员、纪检组组长　唐发荣
党组成员、副局长　毛艳阳(女)
　　张恒平
党组成员、土地储备中心副主任
　　陶华平

气象局

局　长　杨健全
副局长　缪士荣

中国电信扬中分公司

总经理　张明乔
副总经理 方广春
　　　　施红敏(女)
　　　　刘　力

中国邮政扬中分公司

总经理、党委书记　冷　健
副总经理、纪委书记　管　刚(7月任)
副总经理、工会主席　陈洪阳

中国网通扬中分公司

总经理　邵　文

中国移动扬中分公司

总经理　张伟俊
副总经理 顾明清

中国联通扬中分公司

总经理　邵　文(12月免)
　　　　朱健峰(12月月任)
副总经理 高　磊

供电公司

经　理　马文捷
党委书记 徐向东
副经理　周　健
　　　　张小玲
　　　　白少锋
纪委书记工会主席　张　毅

长江南京航道局扬中航道处

处长、书记　包兴富
副书记、工会主席　王晶晶(女)
副处长　陆　华
　　　　张芝铭(女)

石油公司

经　理　朱联民
副经理　朱年明

烟草专卖局

局长、经理　翟兆春
副局长　张顺涛
副经理　吴　军

盐务局

局　长　李明良

荣 誉

·扬中市第三届道德模范·

孙斌 市交巡警大队综合中队指导员

网名江风，作为麦田计划扬中分社负责人，他组织麦友们开展助学帮困活动，通过网络与现实社会互动的形式，以经济资助、物资捐助、精神辅导等多种方式，帮助全国各地贫困失学儿童。先后组织开展了“画出彩虹”书画义卖、山区教师培训等活动，还组织开展了“每周三去哪儿”等志愿服务活动项目，协助扬中市特教中心学生开展社会实践活动。2012 年起，组织“一双球鞋的暴走” 公益助学活动，从第一年的 600 人参与到 2013 年的 1300 余人、2014 年的 2800 余人参与，从第一年的募资 16 万元到 2013 年的 28 万元、2014 年的 36 万元，吸引了越来越多的扬中市和全国各地爱心人士，累计有 1.3 万人次贫困学生获得资助，麦田计划扬中分社的暴走活动已经成为扬中公益活动品牌，在全国形成了一定影响。

冷志平 西来桥派出所联防队队长

2007 年 1 月从事保安辅警工作至今，冷志平勤勤恳恳、踏实肯干、并凭借丰富的经验抓获多名犯罪嫌疑人，取得了骄人的成绩，赢得了领导和群众的一致好评。作为一名辅警，他始终坚持高度负责的态度和任劳任怨的工作作风，积极主动，做好民警助手，并充分发挥自身优势，参与调解各类矛盾纠纷；在面对不法分子时，他英勇果断，与歹徒搏斗。自工作以来，他在工作中发现、提供破案线索 10 余条，协助民警破获案件 47 起，巡逻中协助民警抓获各类违法犯罪嫌疑人 36 人，其中逃犯 3 人。

孙六生 油坊镇鸣凤村村民

年轻时孙六生许下承诺，要一心为农民，帮助他们致

富。数十年来，他推广蔬菜新品种 118 个，62.51 万株，新增效 2300 万元；致力于科普志愿义务宣讲，个人举办科技讲座 200 多场，受训 1.3 万多人，自费印发技术资料 30 多种，1.5 万多份，免费赠送种苗 1 万余株；每年自带种苗、照片、资料、站牌参加市、镇科普宣传周活动，科普宣讲累计 600 余场，听众 12 万人。他不仅践行“带领农户干，帮着百姓赚”的承诺，近几年来，他又说：“我要发挥余热，不仅要帮助农民鼓了口袋，还要帮助农民富了脑袋，我要将党的政策宣传到底。”说到就做到，他用一个老党员的诚实守信优秀品格感染着身边的每一个人。

苏祥娟 市城管局环境卫生管理处环卫一所所长

以 “宁愿一人脏、换来万家净”的精神，苏祥娟深深扎根在苦、脏、累的环卫保洁一线，一干就是 22 年。她爱岗敬业，无私奉献，累计加班 1200 多天，在马路上清扫保洁的里程达到 4 万余公里，相当于绕地球走了一圈。在担任环卫一所负责人以来，她每天起早贪黑，带领环卫工人认真做好城东片区 49 万平方米的保洁工作，在“致力创卫攻坚、建设最美扬中”的实践中发挥了重要作用。凭借优异的工作表现，她多次受到市政府嘉奖，2011 年、2012 年、2013 年连续三年获得市人事局考核优秀等次。

宋冬英 新坝镇向阳村村民

宋冬英的丈夫彭绍军在工地坠落 6 楼造成颈椎骨折、高位截瘫。原本就不富裕的家庭失去了它的顶梁柱与主要劳动力，当时他们的女儿才刚刚 3 岁。面对出院后沉默寡言、绝望、失去了生活的斗志的丈夫，这位当时年仅 26 岁的农村女性，没有被困难的情况压垮，用她柔弱的肩膀扛起了家里的重担，用实际的行动诠释了不离不弃的真

扬中市四通物流有限公司
镇江雨润中央商场购物广场有限公司
扬中恒丰村镇银行股份有限公司
中国农业银行股份有限公司扬中市支行
扬中市通达商业总公司
苏果超市(扬中)有限公司
扬中商城
江苏长江大酒店有限公司
镇江华康大药房连锁有限公司

附件3

2014年度"五强"房地产企业名单

江苏恒中房地产开发有限公司
扬中长江置业有限公司
扬中中扬申品置业有限公司
江苏上水置业有限公司
扬中市新飞明城城市开发有限公司

中共扬中市委 扬中市人民政府 关于表彰2014年度市级机关作风建设和目标管理"十佳单位"以及涉企涉农优质服务科室的决定

扬发〔2015〕7号

各镇党委、政府,各街道党工委、办事处,开发区党工委、管委会,市委各部委办局,市各委办局,各人民团体,市直各单位:

2014年,市级机关各部门对照机关作风建设和目标管理的总体要求,紧紧围绕市委、市政府中心工作,进一步创优作风、创新思路,务实进取、积极作为,服务效能不断提高,机关形象不断提升,为圆满完成全年各项目标任务,推动扬中经济社会发展作出了积极贡献。

根据《关于修订完善〈扬中市市级机关作风建设和目标管理考核评比办法〉及其相关实施细则的通知》(扬办发〔2014〕34号)的规定,经市考核领导小组综合考评,共评出一等奖单位21个,在此基础上,经市党政联席会议票决,决定授予市人社局等10个单位"2014年度扬中市市级机关作风建设和目标管理'十佳单位'"荣誉称号,授予市人社局社会保险科等6个科室"2014年度扬中市市级机关涉企涉农优质服务科室"荣誉称号。

希望受表彰的单位珍惜荣誉、提升标杆,再树新形象、再创新业绩。市级机关其他部门要以先进为榜样,自我加压,奋发作为,以最优作风推进最美扬中建设迈上新台阶。

附1:2014年度扬中市市级机关作风建设和目标管理考核一等奖单位名单

附2:2014年度扬中市市级机关作风建设和目标管理"十佳单位"名单

附3:2014年度扬中市市级机关涉企涉农优质服务科室名单

2015年2月17日

附1:

2014年度扬中市市级机关作风建设和目标管理考核一等奖单位名单

第一序列(12个):

市人社局	市委政法委	扬中地税局
市城管局	市审计局	市司法局
市民政局	市国税局	市委宣传部
市科技局	市市场监督管理局	市文广体局

第二序列(9个):

市委党校	市总工会	团市委
市妇联	市委老干部局	市新闻中心
市科协	市农商行	市委统战部

另经考核,市委办公室、市人大办公室、市政府办公室、市政协办公室、市纪委、市委组织部、市委市级机关工委、市发改经信委享受一等奖单位待遇,不参与排名。

附 2：

2014 年度扬中市市级机关作风建设和目标管理“十佳单位”名单

市人社局	市委政法委	市委宣传部	市城管局
扬中地税局	市审计局	市委党校	市总工会
市司法局	市国税局		

附 3：

2014 年度扬中市市级机关涉企涉农优质服务科室名单

市人社局社会保险科	市物价局价格认证中心
市财政局农财科	市发改经信委固定资产投资科
市国税局征收管理科	市政务服务中心环保局窗口

关于表彰 2014 年度机要工作先进集体和先进个人的通知

扬办发〔2015〕10 号

各镇党委，各街道党工委，开发区党工委，市委各部委办局，市各委办局、各人民团体、市直各单位党委、党组、总支（或支部）：

2014 年，全市各涉报单位和机要联络员紧紧围绕全市经济社会发展大局和机要工作各项目标任务，开拓进取，扎实工作，较好地完成了文件收发、网络传输等各项任务，为实现“两个绝对确保”作出了积极的贡献。为树立典型表彰先进，进一步推动工作开展，经综合评议，决定授予新坝镇党政办公室等 5 家单位“2014 年度机要工作先进集体”称号，授予何旭冉等 5 名同志“2014 年度机要工作先进个人”称号。

希望受表彰的单位和个人珍惜荣誉，戒骄戒躁，开拓创新，再创佳绩。各涉报单位和机要联络员要以先进典型为榜样，进一步提升工作标杆，扎实开展工作，为全市机要工作发展作出新的贡献。

附：2014 年度机要工作先进集体和先进个人名单

2015 年 2 月 15 日

附：

2014 年度机要工作先进集体和先进个人名单

一、机要工作先进集体（5 个）

新坝镇党政办公室
西来桥镇党政办公室
开发区党政办公室
市公安局指挥中心
市发改经信委办公室

二、机要工作先进个人（5 名）

何旭冉　油坊镇党政办公室
陈九文　八桥镇党政办公室
吴小萍　西来桥镇党政办公室
方　英　三茅街道党政办公室
高玉娟　市委政法委办公室

中共扬中市委 扬中市人民政府 关于表彰创建国家卫生城市特别贡献奖单位、有功单位、先进集体、先进个人的决定

扬发〔2015〕20号

各镇党委、政府，各街道党工委、办事处，开发区党工委、管委会，市委各部委办局，市各委办局，各人民团体，市直各单位：

自开展国家卫生城市创建以来，我市各级各部门始终坚持科学创建、务实创建、惠民创建的理念，举全市之力，集全民之智，发扬“不畏艰辛、务实担当、坚韧不拔、众志成城”的创卫精神，持续发力，攻坚克难，扎实推进，顺利摘取了国家卫生城市这一“金字招牌”。通过创卫，城市功能不断完善，基础设施得到加强，人居环境有了新的改善，城市综合竞争力和人民群众幸福指数大幅提升，全市人民的自信心、自豪感和凝聚力进一步增强，为最美扬中建设增添了新的动力。在创卫工作中，涌现出了一大批辛勤工作、成绩突出的先进集体和先进个人。

为肯定成绩、表彰先进、树立典型，进一步激发广大干部群众投身“四城同创”的积极性、主动性和创造性，推动全市改革发展再上新台阶、再创新业绩，市委、市政府研究决定，授予市城管局等3家单位“创建国家卫生城市特别贡献奖单位”荣誉称号，授予市纪委等11家单位“创建国家卫生城市有功单位”荣誉称号，授予市人大办等46家单位“创建国家卫生城市先进集体”荣誉称号，授予丁昌胜等184名同志“创建国家卫生城市先进个人”荣誉称号(具体名单详见附件)。

希望受表彰的先进集体和先进个人珍惜荣誉、再接再厉、再创佳绩。全市各级各部门各行业要以先进为榜样，激扬斗志，开拓进取，扎实工作，奋力夺取“四城同创”的最后胜利，为最美扬中建设谱写新的华彩篇章！

附：创建国家卫生城市特别贡献奖单位、有功单位、先进集体、先进个人名单

2015年5月7日

附：

创建国家卫生城市特别贡献奖单位、有功单位、先进集体、先进个人名单

创建国家卫生城市特别贡献奖单位

市城管局　三茅街道　市卫生局

创建国家卫生城市有功单位

市纪委　市委办　市政府办　市委宣传部
市公安局　市水农局　市住建局　市市政园林工程处
市环保局　市规划局　市市场监管局

创建国家卫生城市先进集体

市人大办　市政协办　市委组织部　市委政法委
市委统战部　市人武部　市财政局　市市级机关工委
市商务局　市公路管理处　市国土局　市安监局
市人社局　市文广体局　市交通运输局　市教育局
市农委　市科技局　市新闻中心　市广电中心
市城投公司　市绿洲新城公司　新坝镇　开发区
市公安局交巡警大队　市疾病预防控制中心
市卫生监督所　市人民医院
市城市管理行政执法大队　市环境卫生管理处
市渣土管理所　市市场服务中心
新坝镇联盟村　三茅街道中桥社区
三茅街道建设社区　三茅街道港联社区
三茅街道英雄社区　三茅街道企东村
三茅街道广宁社区　三茅街道滨江村
三茅街道新扬社区　三茅街道新民社区
三茅街道新胜社区　三茅街道文化新村社区
三茅街道江洲路社区　开发区三跃社区

创建国家卫生城市先进个人

(按姓氏笔画排列)

丁昌胜　于忠诚　马　云　仇家军　孔红梅　方道宽
王义波　王小冬　王巧珍　王国平　王　俊　王秋平
王笃成　王笃明　王虹霞　王留根　王　唯　王毓彬
包连生　左方生　田　青　田勇平　刘久扬　刘国斌

刘 忠 刘盛贤 匡存宝 印永良 印德林 孙 华
朱习平 朱戊申 朱伟华 朱华兵 朱纪才 朱纪双
朱孝卫 朱秀亭 朱 玮 朱洪亮 朱冠华 朱春林
朱春荣 朱美玲 朱 健 朱晓平 朱照明 严 岭
严 炜 何广金 何云峰 何文华 何宇华(公安局)
何宇华(城管局) 何跃兵 冷江东 冷红梅 冷培前
冷跃华 吴昌松 吴振军 吴晓芳 吴跃成 张广柏
张正美 张 伟 张 军 张庆东 张庆荣 张纪军
张怀东 张 杰 张贵龙 张振红 张 敏 张菊红
张 勤 张瑞松 张 雷 时建富 李小健 李 波
李恒芳 杜成福 杨怀康 杨恒春 杨 健 沈俊禄
狄 勤 苍 靖 苏景国 陆元国 陆 军 陆廷荣
陆纪龙 陆纪祥 陆国顺 陆学龙 陆 峰 陆 静
陈 伟 陈兰林 陈永珍 陈永福 陈向荣 陈克银
陈 健 陈留生 陈 琴 陈 露 季广华 季茂华
季 春 杭国培 林晓宁 范永忠 范选华 范 彬
姚庆富 姚 森 姚裕林 宦建明 恽 然 施红根
柏 林 胡张林 赵云良 骈雨中 倪其兵 唐 立
唐 玲 奚华勇 奚有根 奚彩金 徐卫明 徐先纯
徐兴龙 徐存飞 徐红月 徐阳云 徐美琴 徐 菲
殷庆斌 殷学鹏 秦安荣 耿兴国 耿建明 耿晓晴
莫纪奎 袁立美 贾美红 郭兰彪 郭永龙 郭玉妹
郭纪才 郭纪新 郭国平 郭建中 郭俊峰 郭 健
郭道元 钱廷伟 陶书斌 陶旭红 高正法 高 燕
崔 晶 曹冬云 曹佩红 曹 磊 梁 勇 盛 艳
黄永华 黄伟良 黄克斌 黄贤华 黄春华 黄爱民
彭 君 童 中 蒋 勇 蒋恒华 谭银美 魏佩云

关于表彰2014年扬中市见义勇为先进分子的决定

扬政发〔2015〕13号

各镇人民政府,各街道办事处,开发区管委会,市各委办局,市直各单位:

2014年,我市涌现出一批见义勇为先进分子,他们在关键时刻临危不惧、挺身而出,与各种违法犯罪和灾害事故作斗争,保护了人民群众生命财产安全,以自己的实际行动,践行了社会主义核心价值观,为建设“最美扬中”作出了重要贡献。

为表彰先进、弘扬正气,根据《江苏省奖励和保护见义勇为人员条例》有关规定,市政府决定授予洪锋等9名同志“扬中市见义勇为先进分子”荣誉称号。

希望受表彰的同志珍惜荣誉、再接再厉,继续发扬见义勇为、无私奉献精神,为弘扬社会正气、构建平安扬中再立新功。希望全市广大干部群众以先进为榜样,自觉维护国家和集体利益,保护人民群众生命财产安全,为促进社会和谐稳定作出新的贡献!

特此决定。

附件:2014年扬中市见义勇为先进分子名单

扬中市人民政府

2015年1月27日

附件

2014年扬中市见义勇为先进分子名单

洪 锋	扬中市三茅街道文化新村社区
兰凤鸣	扬中市八桥镇幸福村
范公锋	扬中市八桥镇永胜村
印宏太	扬中市西来桥镇东来村
田荷生	扬中市西来桥镇西来村
潘金保	扬中市西来桥镇西来村
季广章	扬中市西来桥镇东来村
冯全华	扬中市西来桥镇幸福社区
朱 鹏	扬中市开发区兴隆社区

关于表彰2014年扬中市市长质量奖获奖企业的决定

扬政发〔2015〕20号

各镇人民政府，各街道办事处，开发区管委会，市各委办局，市直各单位：

为引导和激励各类组织加强质量管理、追求卓越绩效，推动全市经济发展方式转变和质量总体水平提升，根据《关于加快推进质量强市建设的意见》(扬政发〔2013〕32号）和《关于印发<扬中市市长质量奖管理办法>的通知》(扬政办发〔2013〕62号)，经企业申报、资格审定、材料评审、现场评审、专家论证、征求意见、审议公示等程序，市政府决定授予有能集团有限公司、江苏环太集团有限公司2014年扬中市市长质量奖。

希望获奖单位珍惜荣誉，充分发挥标杆引领作用，努力在新的起点上争创更大成绩。各镇(街、区)、各部门和广大企业要认真学习借鉴获奖单位的经验，坚持把创新驱动作为质量发展的强大动力，把以质取胜作为质量发展的核心理念，切实发挥质量主体作用，不断增强质量优势和竞争优势，为推动质量强市、建设最美扬中作出积极贡献。

扬中市人民政府

2015年2月16日

扬中市人民政府 扬中市人民武装部 关于表彰全市征兵工作先进单位和先进个人的通报

扬政发〔2015〕49号

各镇人民政府，各街道办事处，开发区管委会，市各有关部门：

在2014年度夏秋季征兵工作中，各地、各部门认真贯彻上级征兵命令，以对军队建设高度负责的精神，加强组织发动，坚持廉洁征兵，严把兵员质量，狠抓工作落实，圆满完成了征兵工作任务，为新时期国防和军队建设作出了积极贡献。为表彰先进，鼓舞干劲，进一步推动我市征兵工作再上新台阶。经研究，决定对油坊镇人民政府等15个单位和王金城等15名个人予以通报表彰。

希望受表彰的单位和个人珍惜荣誉，再接再厉，再创佳绩。各地、各部门要学习先进，扎实工作，坚持依法征兵，坚持开拓创新，推动征兵工作不断迈上新台阶。

特此通报。

附件：全市征兵工作先进单位和先进个人名单

扬中市人民政府

扬中市人民武装部

2015年7月6日

附：

全市征兵工作先进单位和先进个人名单

一、先进单位(15个)

油坊镇人民政府

八桥镇人民政府

西来桥镇人民政府

三茅街道办事处

开发区管委会

市财政局

市交通运输局

市广电中心

市人民医院

新坝镇联合村

油坊镇老郎村

西来桥镇新程村

三茅街道建设社区

三茅街道江洲路社区

开发区三跃社区

二、先进个人(15名)

新坝镇五一村　王金城

新坝镇新坝社区　杨振华

油坊镇鸣凤村　唐育群

八桥镇红光村　李富军

西来桥镇东来村	毛秀龙	市纪委	丁建东
三茅街道滨江村	张广柏	市委宣传部	朱　玮
三茅街道三桥村	顾文进	市人民医院	钱家新
三茅街道友好村	许荣华	西来桥镇派出所	黄贤义
开发区福源村	唐培华	开发区派出所	陈加根
兴隆卫生院	姚冬保		

关于表彰《扬中市志(1986~2006)》编纂工作先进集体和先进个人的通知

扬政发〔2015〕86号

各镇人民政府,各街道办事处,开发区管委会,市各有关部门:

自2008年启动《扬中市志(1986~2006)》编纂工作以来,各级各部门鼎力支持,精心组织,广大修志工作者和市志编纂工作人员无私奉献,辛勤耕耘,保质保量完成了编纂工作任务,为记录扬中历史、弘扬扬中文化、传承扬中文明作出了突出贡献。为表彰先进,树立典型,经研究,决定授予新坝镇等22家单位"扬中市修志工作先进集体"称号,授予马利顺等36名同志"扬中市修志工作先进个人"称号。

希望受表彰的单位和个人珍惜荣誉,发扬成绩,再创佳绩。全市各级、各部门要以先进为榜样,求真务实,爱岗敬业,为建设"强富美高"的新扬中作出新的更大贡献!

特此通知。

附件:1.扬中市修志工作先进集体

2.扬中市修志工作先进个人

扬中市人民政府

2015年12月22日

附件1

扬中市修志工作先进集体

新坝镇　西来桥镇　三茅街道　市委办　政府办
组织部　宣传部　人武部　法　院　史志办
财政局　国土局　环保局　住建局　农　委
水农局　教育局　文体局　总工会　档案局
物价局　新闻中心

附件2

扬中市修志工作先进个人

(排名按姓氏笔画排序)

马利顺　王　霞　王永和　王秀萍　方日新
石馥苓　田芝龙　朱务清　刘芙蓉　孙芳华
严荣国　吴金宝　何尔文　何百彩　张大恒
张广武　张立武　陆文龙　陈旭文　陈锦怀
陈锦根　范明宝　周加祯　施荣本　姚安东
凌京育　顾启伟　倪昌国　郭洪智　唐华龙
唐镇宝　黄寿年　常　征　虞阳升　缪士荣
戴成立

基金科学与技术进步奖”“何梁何利基金科学与技术创新奖”和“何梁何利基金科学与技术成就奖”，每年评奖一次。其最高奖项“科学与技术成就奖”旨在授予长期致力于推进国家科学技术进步，贡献卓著，历史上取得国际高水准学术成就者；在科学技术前沿，取得重大科技突破，攀登当今科技高峰，领先世界先进水平者；推进技术创新，建立强大自主知识产权和自主品牌，其产业居于当今世界前列者。此前，王大珩、王淦昌、钱学森、朱光亚、苏步青等30余位科学家获得“何梁何利基金科学与技术成就奖”。

【傅军获得“江苏最美警察”提名奖】2015年12月4日，第三届“江苏最美警察”评选结果揭晓仪式在南京举行，扬中市看守所民警傅军获提名奖。1994年7月，刚刚高中毕业的傅军在市公安局向社会公开招考警员中，以总分第二名的成绩加入警察行列。在扬中大桥派出所治安卡口，他一干就是8年。且不说春夏秋冬，季节交替；且不说白昼黑夜，雨雪风霜；且不说车流滚滚，尾气熏天。傅军盘查出凌晨盗骑摩托车、盗开轿车的小贼老盗；机智擒获中巴车上7名哑巴流窜盗窃团伙；倾力劝解因感情纠纷企图跳江自杀的女子……直到2001年年底，傅军在体检中肝部发现有4个恶性肿瘤。在家休息8个月，乐观开朗、生龙活虎的傅军又回到工作岗位。考虑到大桥卡口工作任务比较繁重，2004年，傅军被调到看守所。对他来说，这无疑是个全新的人生舞台。傅军以满腔的热情投入到新工作中，平均每天要提押在押人员从监房到提讯室60余趟，每趟400米，一天下来要走超过20公里的路。傅军边摸索，边学习，很快就练就一双“火眼金睛”，仅2015年，就查获违禁品58件、危险品17件，纠正法律文书差错35处。（市史志办）

【扬中籍科学家钱锋当选中国工程院院士】2015年12月7日，扬中籍科学家、华东理工大学信息科学与工程学院钱锋教授，当选为中国工程院化工、冶金与材料工程学部院士。他是继2001年扬中籍科学家马伟明当选为中国工程院院士、2009年扬中籍科学家包信和当选为中国科学院院士后，从扬中市走出的又一位科学骄子。

钱锋（中）在企业调研

钱锋1961年出生于扬中经济开发区，1982年毕业于南京化工学院（现南京工业大学），1988年获得华东化工学院（现华东理工大学）工业自动化专业硕士学位，1995年获得华东理工大学工业自动化专业博士学位，2015年任中国石油和化工自动化应用协会副理事长、中国自动化学会过程控制专业委员会副主任、中国系统工程学会过程系统工程专业委员会副主任、华东理工大学副校长等职务。

钱锋教授长期从事教学科研工作，其主要研究方向为化工过程物质与能量高效利用的系统运行行为智能调控和实时集成优化理论方法与技术研究。他完成国内首项自主创新的乙烯装置优化运行技术与软件研发，并在国内乙烯行业全面推广应用，打破国内乙烯行业先进控制与优化技术长期依赖国外引进的局面；在国内率先开展精对苯二甲酸装置全流程优化运行技术研究，取得多项填补国内空白的独创性成果，为大型PTA装置成套技术自主创新作出重要贡献；发明的汽油在线管道调合优化运行技术达到国际领先水平。相关研究成果在20余套大型石化装置上成功应用，保障其高效、低耗、长周期平稳运行，取得显著的经济和社会效益。（刘帆）

【扬中籍科学家周晓龙候选2015中国科学年度新闻人物】2015年12月，中国科学年度新闻人物评选拉开序幕，扬中籍科学家周晓龙位列其中，成为技术创新和科技成果转化杰出者候选人之一。周晓龙为华东理工大学教授，他带领的团队经过研究，采用催化裂化油浆为降粘剂，发明乳化橡胶改性沥青；同时，制备一种质优价廉的道路沥青再生剂，用于老化道路沥青的性能恢复。2015年，建成20万吨/年的生产装置，生产的橡胶改性沥青应用在扬中市旧S238省道三栏路等道路的铺设中，完成道路约45公里，使用约5500吨混合料，相当于再利用11万条家用小轿车的废旧轮胎。（市史志办）

【扬中市妇保所周华英获评全国最美妇幼天使】2015年12月23日，“爱在基层·最美妇幼天使”典型活动在北京人卫酒店举行，天津等五省市获得“最美妇幼天使”集体先进典型称号，扬中市妇幼保健所群体保健科科长周华英等32人获“最美妇幼天使”典型个人称号。（市史志办）

国民经济与社会发展主要指标

表 42

指　　标	单位	2015 年	2014 年
一、行政概况			
镇政府	个	4	4
街道办事处	个	2	2
经济开发区	个	1	1
村民委员会	个	58	58
村民小组	个	2269	2271
二、土地面积	平方公里	331	331
年末耕地面积	千公顷	9.1	9.2
三、人口			
总户数	户	105240	105709
总人口(户籍)	人	281606	282570
男	人	137962	138591
女	人	143644	143979
年平均人口	人	282088	282178
全年出生人数	人	2708	2601
出生率	‰	9.60	9.22
全年死亡人数	人	2384	2141
死亡率	‰	8.45	7.59
人口自然增长率	‰	1.15	1.63
常住人口	万人	34.21	34.16
四、人口密度	人/平方公里	851	853
城镇化率	%	60.45	59.0

续表 42

指　　标	单位	2015 年	2014 年
五、地区生产总值	亿元	475.8	445.35
第一产业增产值	亿元	11.87	10.86
第二产业增加值	亿元	249.82	237.90
# 工业增加值	亿元	240.57	228.89
第三产业增加值	亿元	214.11	196.59
人均地区生产总值	元	139082	130486
六、工农业总产值	万元	16420337	15210861
# 农业总产值	万元	235365	216900
工业总产值	万元	16184972	14993961
七、财政总收入	亿元	71.20	72.13
# 公共财政预算收入	亿元	34.03	30.72
财政支出	亿元	59.26	59.88
# 地方一般预算支出	亿元	38.58	34.67
八、进出口总额	亿美元	5.62	5.59
# 出口总额	亿美元	4.79	4.48
进口总额	亿美元	0.83	1.11
新批三资企业个数	个	5	12
实际利用外资	万美元	13073	11553
九、社会消费品零售总额	万元	1267800	1142235
十、全社会固定资产投资额	万元	2561921	2160897
# 全社会工业性投资额	万元	2193719	1757480
十一、粮食总产量	万吨	9.84	10.27
十二、全年用电量	万度	168372	164466
# 工业用电量	万度	121794	120571
城乡居民生活用电量	万度	24084	21917
十三、邮电业务总量	万元	42489	42818
客运量	万人/次	445	449
货运量	万吨	426	420
十四、保费收入	万元	94852	81938
财产险	万元	22219	19422

续表 42

指　　标	单位	2015 年	2014 年
人寿险	万元	72633	62516
赔款和给付	万元	27786	25298
财产险	万元	13149	10940
人寿险	万元	14637	14358
十五、人民生活			
城镇居民人均可支配收入	元	42407	39237
城镇居民人均生活消费支出	元	22486	20972
农村居民人均可支配收入	元	21885	20078
农村居民人均生活消费支出	元	14890	13669
十六、年末金额机构存款余额	万元	4756847	4359900
#城乡居民储蓄存款余额	万元	2611125	2426933
年末金融机构贷款余额	万元	3853125	3331617
城乡居民人均储蓄款余额	元	76010	69965
十七、教育、卫生			
普通中学在校学生数	人	9423	9513
小学在校学生数	人	14171	13977
幼儿园在园幼儿数	人	7271	6860
卫生机构数	个	88	80
医院、卫生院技术人员数	人	1174	1133
十八、年末从业人员	万人	21.58	21.54
#第一产业	万人	1.37	1.41
第二产业	万人	11.79	11.94
#工业	万人	10.36	10.48
第三产业	万人	8.42	8.19
#交通运输	万人	0.55	0.55
批发和零售业	万人	1.81	1.83
年末从业人员中:个体从业人员	万人	2.34	2.05

各镇(区)社会经济指标一览表(一)

表43

	单位	新坝镇		三茅街道		油坊镇	
		2015年	2014年	2015年	2014年	2015年	2014年
年末总人口	人	47511	47971	110980	109774	42167	43250
年平均人口	人	47741	47887	110377	109609	42708	43104
地区生产总值	亿元	153.26	135.52	94.10	86.28	55.55	49.68
#第一产业增加值	亿元	2.43	2.19	2.93	2.68	2.71	2.50
第二产业增加值	亿元	108.66	93.90	32.51	30.97	38.34	34.17
第三产业增加值	亿元	42.17	39.43	58.65	52.63	14.49	13.01
工农业总产值	万元	6467383	5740017	3450958	3412486	1707575	1490166
#工业总产值	万元	6428812	5705219	3403757	3369404	1664084	1450086
农业总产值	万元	38571	34798	47201	43082	43491	40080
行政区域面积	公顷	4920	4920	7716	7716	4593	4593
年末常用耕地面积	公顷	1774	1781	1841	1899	2104	2100

各镇(区)社会经济指标一览表(二)

表44

	单位	八桥镇		西来桥		开发区	
		2015年	2014年	2015年	2014年	2015年	2014年
年末总人口	人	33357	33601	17798	17920	29793	30054
年平均人口	人	33479	33566	17859	17916	29923	30096
地区生产总值	亿元	36.40	32.42	18.49	16.34	47.32	42.63
#第一产业增加值	亿元	1.96	1.82	0.94	0.87	1.51	1.34
第二产业增加值	亿元	21.37	19.27	11.96	10.62	34.91	32.04
第三产业增加值	亿元	13.07	11.33	5.59	4.85	10.90	9.25
工农业总产值	万元	1481257	1442348	472123	415647	2805461	2675580
#工业总产值	万元	1449849	1413419	457190	401802	2781280	2654031
农业总产值	万元	31408	28929	14933	13845	24181	21549
行政区域面积	公顷	3458	3458	1950	1950	2740	2740
年末常用耕地面积	公顷	1533	1549	756	777	1021	1026

工业基本情况(一)

表 45 单位:个、万元、人

项目	单位数	现价产值	职工人数
总计	4036	16184972	104133
其中:2000 万元以上企业	468	12559098	78446
2000 万元以下企业	3568	3625874	25687
村以下企业			
全部工业产值分组			
村以下工业			
2000 万元以下工业	3568	3625874	25687
2000~3000 万元	227	516799	13099
3000~4000 万元	58	198167	3750
4000~6000 万元	45	217715	3786
6000~8000 万元	16	114583	1531
8000~10000 万元	14	124658	2151
10000 万元以上	108	11387176	54129

工业基本情况(二)

表 46 单位:个、人、万元

镇区	单位数	职工人数	工业总产值
合计	468	78446	12559098
新坝	117	30634	5741277
三茅	122	15417	2175639
油坊	74	9226	1213687
八桥	52	6936	1047446
西来桥	26	2831	378046
开发区	77	13402	2003003

工业基本情况(三)

表 47 单位:万元

镇区	产品销售收入	利税总额	其中:利润总额
合　计	12066463	1353099	827995
新　坝	5503330	632559	395220
三　茅	2066725	192444	122484
油　坊	1196838	159704	97771
八　桥	983921	73992	52308
西来桥	363079	29554	15516
开发区	1952570	264846	144696

规模工业分行业情况

表 48 单位:个、万元

行业名称	单位数	工业总产值	销售收入	利税总额
合　计	468	12559098	12066463	1353099
工程电器	263	7896524	7555307	801144
其中:桥架等金属制造业	118	1381842	1321302	116362
开关柜	103	6128555	5871970	632383
其它	42	386128	362035	52399
新能源产业	31	2755079	2670455	370617
其中:光伏产业	30	2330749	2246322	390048
装备制造业	55	826154	779897	88714
其中:船舶制造	7	567536	534558	77208
纺织、服装及鞋帽制造业	17	139675	131592	16938
化工及医药制品制造业	23	193155	197714	16448
木、纸制品及文体用品制造业	16	151919	154851	7764
四氟、塑料制品制造业	40	188918	191573	19688
砂布、焊料等非金属制造业	19	316579	300783	22881
冶金制造业	1	73202	65339	6559
水、电及燃气的生产供应业	3	17893	18951	2345

农林牧渔业总产值(一)

表 49

单位:万元、%

	总计			种植业			林业		
	2015 年	2014 年	%	2015 年	2014 年	%	2015 年	2014 年	%
合计	235365	216936	8.50	115247	105771	8.96	8673	8236	5.31
新坝	38571	34798	10.84	22541	20356	10.73	2189	2162	1.25
三茅	47201	43082	9.56	23418	22097	5.98	1746	1654	5.56
油坊	43491	40080	8.51	21675	19792	9.51	1858	1671	11.19
八桥	31408	28929	8.57	17836	16788	6.24	859	769	11.70
西来	14933	13845	7.86	6879	6698	2.70	624	546	14.29
开发区	24181	21549	12.21	12711	11130	14.20	646	593	8.94
场圃	35580	34652	2.68	10147	8909	13.90	751	841	-10.70

农林牧渔业总产值(二)

表 50

单位:万元、%

	畜牧业			渔业			农业服务业		
	2015 年	2014 年	%	2015 年	2014 年	%	2015 年	2014 年	%
合计	31283	30346	3.09	36437	31489	15.71	43765	41094	6.50
新坝	4386	4163	5.36	6360	5535	14.91	3095	2582	19.87
三茅	8226	7709	6.71	10229	8422	21.46	3582	3200	11.94
油坊	6971	6650	4.83	9156	8439	8.50	3831	3528	8.59
八桥	5225	4739	10.26	4384	3804	15.25	3104	2829	9.72
西来	2254	2131	5.77	2416	1985	21.71	2760	2485	11.07
开发区	4196	4028	4.17	3640	3080	18.18	2988	2718	9.93
场圃	25	926	-97.30	252	222	13.51	24405	23752	2.75

农林牧渔业增加值(一)

表 51

单位:万元、%

	总计			种植业			林业		
	2015 年	2014 年	%	2015 年	2014 年	%	2015 年	2014 年	%
合计	149182	137242	8.70	74260	68225	8.85	5272	4980	5.86
新坝	24328	21890	11.14	14533	13131	10.68	1331	1307	1.84
三茅	29381	26767	9.77	15098	14254	5.92	1061	1000	6.10
油坊	27179	25004	8.70	13975	12767	9.46	1129	1010	11.78
八桥	19619	18078	8.52	11499	10829	6.19	522	465	12.26
西来	9421	8723	8.00	4435	4321	2.64	379	330	14.85
开发区	15112	13423	12.58	8195	7179	14.15	393	359	9.47
场圃	24116	23357	3.25	6525	5744	13.60	457	509	-10.22

农林牧渔业增加值(二)

表 52

单位:万元、%

	畜牧业			渔业			农业服务业		
	2015 年	2014 年	%	2015 年	2014 年	%	2015 年	2014 年	%
合计	15479	15020	3.06	23734	20462	15.99	30415	28555	6.51
新坝	2170	2061	5.29	4143	3597	15.18	2151	1794	19.90
三茅	4070	3816	6.66	6663	5473	21.74	2489	2224	11.92
油坊	3449	3291	4.80	5964	5484	8.75	2662	2452	8.56
八桥	2585	2346	10.19	2856	2472	15.53	2157	1966	9.72
西来	1115	1055	5.69	1574	1290	22.02	1918	1727	11.06
开发区	2076	1994	4.11	2371	2002	18.43	2077	2718	-23.58
场圃	14	457	-96.94	163	144	13.19	16961	16503	2.78

农村住户人均收支情况

表 53

指标名称	单位	2015 年	2014 年	±%
常住人口	人	351.0	346.0	1.4
农村常住居民可支配收入	元	21885.5	20078.4	9.0
(一)工资性收入	元	14028.6	12901.3	8.7
(二)经营净收入	元	4442.8	4216.5	5.4
(三)财产净收入	元	1225.6	1003.0	22.2
(四)转移净收入	元	2188.6	1957.6	11.8
生活消费支出	元	14889.9	13668.7	8.9
1.食品烟酒	元	4824.3	4538.0	6.3
2.衣着	元	1340.1	1237.0	8.3
3.居住	元	2412.2	2269.0	6.3
4.生活用品及服务	元	744.5	262.8	18.8
5.交通通信	元	1682.6	1503.6	11.9
6.教育文化娱乐	元	2695.1	2453.5	9.8
7.医疗保健	元	759.4	656.1	15.7
8.其他用品和服务	元	431.8	384.7	12.2
恩格尔系数	%	32.4	33.2	2.4
文教娱乐系数	%	18.1	18.0	0.6
期末耐用消费品情况				
1.家用汽车	辆	25	22	13.6
2.摩托车	辆	22	22	—
3.助力车	台	145	145	—
4.洗衣机	台	98	98	—
5.电冰箱(柜)	台	98	98	—
6.微波炉	台	84	83	1.2
7.彩色电视机	台	196	194	1.0
8.其中:接入有线电视	台	168	164	2.4
9.空调	台	167	165	1.2
10.热水器	台	93	93	—
11.其中:太阳能热水器	台	87	87	—
12.消毒碗柜	台	2	2	—

续表 53

指标名称	单位	2015 年	2014 年	±%
13.洗碗机	台	—	—	—
14.排油烟机	台	23	22	4.5
15.固定电话	线	80	80	—
16.移动电话	部	254	254	—
17.其中:接入互联网	部	88	85	3.5
18.计算机	台	69	67	3.0
19.其中:接入互联网	台	66	64	3.1
20.摄像机	台	—	—	—
21.照相机	台	23	22	4.5
22.中高档乐器	架	1	1	—
23.健身器材	台	8	8	—
24.组合音响	套	13	13	—

城镇住户人均收支情况(一)

表 54

指标名称	单位	2015 年	2014 年	±%
常住人口	人	338.8	339.8	-0.3
城镇常住居民可支配收入	元	42406.8	39237.0	8.1
(一)工资性收入	元	26758.7	25268.6	5.9
(二)经营净收入	元	8057.3	6984.2	15.4
(三)财产净收入	元	1908.3	1765.9	8.1
(四)转移净收入	元	5682.5	5218.3	8.9
生活消费支出	元	22486.4	20971.9	7.2
1、食品烟酒	元	7285.6	6805.4	7.1
2、衣着	元	2945.7	2705.4	8.9
3、居住	元	2743.3	2527.1	8.6
4、生活用品及服务	元	1124.3	985.7	14.1
5、交通通信	元	2316.1	2160.1	7.2
6、教育文化娱乐	元	4115.0	3816.9	7.8
7、医疗保健	元	1169.3	1237.3	-5.5
8、其他用品和服务	元	787.0	734.0	7.2

续表 54

指标名称	单位	2015 年	2014 年	±%
恩格尔系数	%	32.4	32.5	–0.2
文教娱乐系数	%	18.3	18.2	0.5
期末耐用消费品情况				
1.家用汽车	辆	54	51	5.9
2.摩托车	辆	29	28	3.6
3.助力车	台	131	131	—

表 55

城镇住户人均收支情况(二)

指标名称	单位	2015 年	2014 年	±%
4.洗衣机	台	107	107	—
5.电冰箱(柜)	台	105	105	—
6.微波炉	台	102	102	—
7.彩色电视机	台	232	232	—
8.其中:接入有线电视	台	225	225	—
9.空调	台	237	237	—
10.热水器	台	121	121	—
11.其中:太阳能热水器	台	98	98	—
12.消毒碗柜	台	14	14	—
13.洗碗机	台	3	3	—
14.排油烟机	台	85	84	1.2
15.固定电话	线	110	110	—
16.移动电话	部	251	251	—
17.其中:接入互联网	部	196	196	—
18.计算机	台	121	121	—
19.其中:接入互联网	台	119	119	—
20.摄像机	台	13	13	—
21.照相机	台	61	61	—
22.中高档乐器	架	9	8	12.5
23.健身器材	台	28	27	3.7
24.组合音响	套	26	26	—

全社会固定资产投资完成情况

表 56　　　　单位：万元

项　　目	2015 年	2014 年
固定资产投资	2561921	2160897
一产投资	1500	100
二产投资	2193719	1823884
三产投资	366702	336913
投资总额中：产业投资	2301888	1936534
工业投资	2193719	1823884
工业技改投资	856162	556485
新兴产业投资	1965996	1757480
文化产业投资	91450	87872
房地产投资	174728	151104
投资总额中：亿元以上项目投资	2052918	2009793

财 政 收 入

表 57　　　　单位：万元

预算科目	2015 年	2014 年
财政收入	712033	721301
中央财政收入	173635	163226
增值税(75%)	127034	119579
消费税	156	154
企业所得税(60%)	32615	30803
个人所得税(60%)	13830	12690
地方财政收入	538396	558075
#公共财政预算收入	340328	307186
#各项税收	292189	262290
#增值税(25%)	42345	47931
营业税	148026	127851
企业所得税(40%)	21743	20535
个人所得税(40%)	9220	8460

扬中市统计局关于2015年国民经济和社会发展的统计公报

2015年,全市上下面对错综复杂的国际形势和不断加大的经济下行压力,坚持稳中求进工作总基调,主动适应引领新常态,以新理念指导新实践,以新战略谋求新发展,不断创新宏观调控,深入推进结构性改革,扎实推动"大众创业、万众创新",国民经济保持了稳中有进、稳中有好的发展态势。

一、综　　合

综合实力进一步增强。全年实现地区生产总值(GDP)475.8亿元,可比增长10.3%。其中,第一产业增加值11.87亿元,增长4.4%;第二产业增加值249.82亿元,增长9.6%;第三产业增加值214.11亿元,增长11.8%。人均地区生产总值13.9万元(按常住人口计算),比上年增长6.6%,按现行汇率折算为21082美元。结构调整取得新进展,经济运行质量稳步提高。三次产业构成由2014年的2.4:53.4:44.2调整为2015年的2.5:52.5:45.0,公共财政预算收入占GDP比重为7.2%。列"全国县域经济最具创新力50强"第1名、"全国中小城市综合实力百强县(市)"第24位。

民营经济发展较快。全年新办民营企业1312家,新增注册资本260.94亿元,吸纳民资114亿元。

二、农　业

农业经济发展平稳。全年完成农、林、牧、渔业总产值23.53亿元,比上年增长8.49%。其中:种植业产值11.52亿元,增长8.90%;林业产值0.87亿元,增长5.31%;牧业产值3.13亿元,增长3.09%;渔业产值3.64亿元,增长15.71%。粮食种植面积12.93千公顷,比上年减播4.14%;粮食总产量9.84万吨,比上年减产4.15%,其中秋粮产量6.38万吨,减产3.27%。油料种植面积0.65千公顷,比上年减播5.67%,油料总产量1575吨,减产8.54%。蔬菜面积3.54千公顷,比上年增加150公顷。在主要农产品中,肉类产量9094吨,比上年下降4.46%;出栏家禽93.04万只,下降2.51%;蛋类产量3288吨,下降2.03%;水产品总产量7550吨,增长3.34%。

扎实推进绿化造林。全市共完成绿化造林面积3782亩,完善提高农田林网1.5万亩,完成四旁植树30万株,顺利通过镇江市造林验收;共完成59个村庄的村庄环境综合整治,累计完成河渠路绿化177条,绿化长度达246公里,新建围庄林面积534亩,完成5个省级村庄绿化示范村及2个森林示范村建设,顺利通过省级验收;全面启动第九次森林资源清查,完成28个样方林木清查外业及内业工作,顺利通过国家及省市验收。全市林木覆盖率达20.46%。

水利建设迈上新台阶。全年完成水利工程总投入1.9亿元,完成土方112.5万立方米,石方3.5万立方米、混凝土3.2万立方米。完成"小农水重点县"项目投入3424万元,新建排涝泵站4个,翻建8个,整治排水沟道24.84公里,新建机耕桥17座,新建翻建涵洞27座、维修35座,新建固定提水灌溉泵站69座,新建砼防渗衬砌渠道19.99公里;维修堤顶道路修补16000米、挡浪墙维修1700米、江堤滑坡治理870米。新建了建设河、滨江大道等城区泵站。实施了雷公岛坍江治理800米,九十三圩坍江治江工程正在进行中;东新港闸翻建工程顺利竣工,沙家港闸站翻建工程即将开工,思议港闸站翻建工程通过了竞争立项。中小河流治理重点县项目正在进行中。

农业节能减排效果明显。农用化肥施用量3725吨,下降2.31%;农膜使用量138吨,下降4.17%;农药使用量246吨,下降4.66%;农用柴油使用量439吨,下降6%。

三、工业和建筑业

工业经济稳步增长。全市定报工业企业实现产值1357.74亿元,增长12.09%;完成工业增加值306.77亿元,可比增长11.8%。定报工业企业实现销售收入1305.08亿元,比上年增长12.54%;定报工业实现利税150.64亿元,增长13.09%。全年全社会用电量16.8亿千瓦时,比上年增长2.37%,其中工业用电量12.18亿千瓦时,增长1.01%。

主导产业支撑有力。工程电器、新能源、装备制造三大支柱产业规模突破千亿元,达1238.85亿元,占规模工业比重的91.4%。工程电器在创新转型上又有新突破,产业规模达853.7亿元,比上年增长12.48%;装备制造业产业规模89.3亿元,其龙头企业新韩通船舶重工年销售38亿元;光伏行业稳定增长。全年光伏产业实现产值251.9亿元,比上年增长13.87%,生产硅片18.1亿片。

重点企业发展稳健。年末销售亿元以上工业企业达到112家,10亿元以上企业21家,大全集团产值、销售达到196.2亿元、188.7亿元。作为工业中坚力量的30强企业,在稳定发展中持续发力,"压舱石"作用凸显。全市"三十强"企业实现销售790.5亿元,占规模工业的比重为61.2%。新韩通、环太、荣德等重点企业增势迅猛,成为支撑全市工业增长的中流砥柱,领军、带动、辐射作用突出。

科技创新能力进一步提高。全市高新技术产业规模达到1000亿元,占规模工业的比重为75.1%,比重比上年上升0.1个百分点;全市科技孵化总面积超33.28万平方米,企业研发经费支出占GDP比重达2.78%。

建筑业发展稳步增长。全市资质以上建筑企业33家,全年实现建筑业总产值31亿元,比上年增长10.4%。建筑业企业房屋建筑施工面积201万平方米,其中本年新开工面积83万平方米。

四、固定资产投资

固定资产投资增长较快。全年完成固定资产投资256.2亿元,比上年增长18.8%,增幅比上年同期回落2.9个百分点。其中,完成工业投资219.4亿元,增长20.3%,占全市投资比重为85.6%,增幅比上年同期回落6.8个百分点;完成服务业投资36.7亿元,增长8.8%,占全市投资比重为14.3%,增幅比上年同期回落3.8个百分点。完成亿元以上项目投资205.3亿元,增长2.1%;完成新兴产业投资197.0亿元,增长11.9%;完成文化产业投资9.1亿元,下降6.6%。

房地产市场拉动有力。全市有工作量的房地产企业32家,全年房地产开发投资完成17.5亿元,比上年增长15.6%。完成商品房施工面积159.9万平方米,增长5.0%;商品房竣工面积58.5万平方米,增长79.5%;商品房销售面积39.5万平方米,增长65.5%,其中:住宅面积36.7万平方米,增长81.1%;商品房销售额24.13亿元,增长16.4%,其中:住宅销售额20.96亿元,增长56.2%。

五、国内贸易

消费品市场保持稳定。全年实现社会消费品零售总额126.77亿元,比上年增长11%,增幅位列镇江市第三位。分地域看,城镇市场实现零售额115.18亿元,比上年增长8.8%,占社会消费品零售总额的90.8%;农村市场实现零售额11.59亿元,比上年增长39.1%。分行业看,批发零售贸易业实现零售额106.32亿元,比上年增长10.1%,其中零售业实现零售额92.69亿元,比上年增长12.8%;住宿餐饮业实现零售额20.45亿元,比上年增长15.7%,其中住宿业实现零售额2.64亿元,餐饮业实现零售额17.81亿元。分规模看,限额以上单位实现零售额54.03亿元,增幅10.2%;限额以下单位实现零售额72.74亿元,比上年增长11.6%。

六、开放型经济

持续扩大对外开放。整合招商资源,组建专业化招商机构8个,开展派驻招商、委托招商、精准招商,全年实际利用产业类外资1.31亿美元,比上年增长13.2%。完成外贸进出口总额5.62亿美元,增长0.4%,其中出口总额4.8亿美元,增长7.1%,服务外包执行额1.2亿美元。港口建设步伐加快,新建万吨级泊位3个,润华物流码头成为国家进口粮指定口岸,建成扬中首家公用型保税仓库。

七、交通运输、邮电业

交通运输业平稳发展。全年完成客运量388万人,比上年下降1%,客运周转量2.38亿人公里,下降3.6%;货运量415万吨,持平,货运周转量4.52亿吨公里,下降1.3%。年末全市公路里程超1000公里。

信息化水平进一步提升。全年邮电业务实现收入4.25亿元,其中邮政业务收入0.92亿元;电信业务收入3.33亿元;年末拥有邮政局(所)13处,邮政线路总长度达98公里;全市电话普及率达346部/百户,移动电话用户34.6万户,信息化发展水平90%。

八、财政、金融和保险业

公共财政预算收入稳步增长。全市完成财政总收入71.2亿元,比上年下降5.12%,完成公共财政预算收入34.03亿元,增长10.8%。在公共财政预算收入中,税收收入29.22亿元,增长11.3%,税收占比为85.85%。全年财政支出59.3亿元,下降1.63%,其中公共财政预算支出38.6亿元,增长11.15%。

金融存贷规模继续扩大。年末全市金融机构本外币存款余额475.68亿元,比年初增加39.69亿元,比上年增长7.0%,增幅比上年回落1.16个百分点。其中:居民存款余额261.11亿元,比年初增加18.42亿元,同比增长9.3%,比上年提高5.6个百分点。金融机构本外币贷款余额385.31亿元,比年初增加45.38亿元,增长15.65%,增幅比上年提高2.43个百分点。其中中长期贷款136.35亿元,比年初增加44.25亿元,增长48.02%;短期贷款241.25亿元,比年初增加3.82亿元,增长1.6%。

保险事业平稳增长。2015年年末,全市拥有保险企业29家,全年保费收入9.49亿元,比上年增长15.76%。财产险收入2.22亿元,增长14.4%;人身险收入7.27亿元,增长16.18%。赔付额2.78亿元,比上年增长9.83%,其中财产险赔付1.32亿元,增长20.19%;人身险赔付1.46亿元,增长1.94%。

九、科学技术和教育

科技创新综合实力进一步增强。系列科技工作指标继续保持全省领先。高新技术产业产值占规模以上工业产值比重为75.1%,全年发明专利申请1383件,万人发明专利拥有量达20.29件,全社会R&D占GDP比重2.78%,科技进步贡献率达61.09%。搭建"扬中众创空间",大学生创业园投入使用。引进国家"千人计划"6人、高层次人才(团队)100个,每万名劳动力中高技能人才数达668名。科技项目建设成效显著。全年获批高新技术产品43项,省后备高新技术企业6家,新增高新技术企业23家,全市高新技术企业总数达到117家。新坝镇创成江苏省高新技术产业开发区,与华北电力大学合作共建智能电气研究院。建立了复旦大学科技园扬中技术转移中心,新增"众创空间"1家、企业省级以上研发机构新增8家。引进高校院所先进技术成果30项,获批省级科技计划项目34项,其中4项省科技成果转化计划获得资金资助3800万元,立项数、资金数占镇江市50%。加强特种水产规模化繁育基地建设,江之源水产品养殖获省科技成果转化项目,实现了农业领域该项目零的突破。在肿瘤早期预防、智能化防汛决策系统等领域开展了关键技术研究,惠及百姓民生,推进智慧城市建设。

各级各类教育稳步发展。成立开放大学,整体搬迁市二中,腾仓搬迁市一中、青少年活动中心,完成校安工程6.1万平方米,创成"江苏省义务教育优质均衡发展市"。继续实施免农村幼儿园小班保教费政策,学前三年儿童入园率100%以上。小学入学率100%,初中入学率100%,残疾儿童少年入学率99%,高中入学率达到100%。高考成绩取得突破,囊括镇江市文理科第1名。高中一本、二本达线率列镇江市第一名。

现有小学12所,教学点2个,349个教学班,在校学生数25073人,专任教师2190人;现有中学10所,其中高级中学2所,初级中学7所,九年一贯制学校1所;教学班初中162个、高中80个;初中在校学生数6336人,高中在校学生数3096人,教职工总数1329人,专任教师1046人。幼儿园21所,202个教学班,在园幼儿数7271人,教职工总数265人,专任教师250人。特殊教育学校1所,7个教学班,在校学生数77人,教职工总数30人,专任教师22人。职业高中1所,40个教学班,在校学生数1412人,教职工总数200人,专任教师183人。

十、文化、体育和卫生

文化体育设施建设加快推进。经过四年多建设,扬中史上最大综合性体育场馆——奥体中心全面建成、投入运营,我市体育设施实现历史性跨越。文化广场提档升级稳步推进,建成集宣传文化、党员教育、科学普及、体育健身等设施为一体的基层综合性文化服务中心10个。建成2个农民健身公园、10公里健身步道,完成城南公园、森林公园、三桥绿园3处6套健身路径建设。重大文体活动好戏连台。围绕纪念抗战胜利70周年,举办"让历史告诉未来"专场文艺演出,让市民在分享艺术的同时,受到了一场别开生面的爱国主义教育。承办全国青少年曲棍球锦标赛和省青少年女子曲棍球赛。积极创新活动模式,实现城乡之间、地区之间的文化互动,发挥了基层的主动性、积极性。基层文体服务高效优质。扎实推进文艺下乡活动。组织"文化·法治惠民"社区行巡演12场、红十字会公益演出6场,累计送文艺下乡演出32场,放映电影696场,新推广健身项目6个;组建市国民体质测试站,国民体质测试2500人次。举办艺术、读书、健身等共28项、336场次培训,推动了全民健身运动的蓬勃开展。

卫生事业取得新进展。全市以深化新一轮医药卫生体制改革为核心,强化责任,突出重点,各项工作都取得了明显成效。建立和完善"三大体系"即基本药物保障供应体系、基层医疗服务体系、基本公共卫生服务体系,同时探索"一项改革"即公立医院改革,积极打造整岛一体化的医疗卫生服务新格局。全市共建立电子居民健康档案29.4万余份,建档率达86.8%;累计开展65岁以上老年健康体检10万余人;发放农村孕产妇住院分娩补助1619人,补助金额80.95万元;完成农村妇女"两癌"筛查33198人。全市拥有各类卫生机构89个,卫生机构床位数1060张。卫生技术人员1646人,其中医生722人,注册护士599人。全市医疗机构完成业务总收入5.46亿元,门诊204.02万人次,住院29.23万床日,同比增长9.42%、5.04%和8.66%。

十一、城市建设和环境保护

城乡管理日益完善。不断健全规划体系,编制完成镇村布局、综合交通等规划。优化城乡管理机制,深化相对集中城乡规划管理行政处罚权工作,拆除违章建设6.37万平方米。高标准完成城市环境综合整治三年计划,改造城郊结合部片区4个、城中村2个、老旧小区3个,创成全省首批优秀管理城市。健全物业管理联席会议制度,全面落实"八位一体"农村公共服务运行维护机制,建成省"美丽乡村示范点”3个、镇江市“美丽宜居村庄”2个。

基础设施建设加快。建成扬子东路东延一期、扬子西路延伸、翠竹北路延伸等工程,加快推进新民南路延伸、同心路西延、中电大道北延,启动建设238省道改线西来桥段工程,改造农村公路27公里、堤顶公路20公里、农桥19座。公共自行车二期、110千伏联合变投入运营,新增(优化)城乡公交线路3条、新能源汽车28辆。启动园丁路南侧、扬子新村等片区旧城改建,中扬康居苑二期、城东、城西、园丁路安置房交付使用。

生态环境更加宜居。创成国家卫生城市、国家园林城市,国家环保模范城市通过考核验收。建成城南公园、森林公园,提标改造园博园,新增城市绿地18.85万平方米。编制“五水联治”实施方案,完成备用水源地、扬子河水环境整治一期、小农水重点县工程,建成兴隆污水处理厂二期、东新港闸站和11座沿江排涝泵站,整治低洼易淹易涝片区3处,新增污水管网19.5公里。积极防治大气污染,改造停用燃煤锅炉126台,淘汰老旧机动车619辆、“黄标车”169辆。基本完成金属表面处理行业专项整治,转型重组化工企业2家。

十二、人口、人民生活和社会保障

人口规模略有下降。年末全市户籍人口281606人,比上年减少了964人,其中男性人口137962人,女性人口143644人。全年人口出生率9.6‰,比上年上升0.38个千分点;死亡率8.45‰,比上年上升0.86个千分点;人口自然增长率1.15‰。年末全市常住人口34.21万人,城镇化率60.45%。

居民收入稳步增长。据城乡住户一体化调查,全市全体居民人均可支配收入32728元,比上年增长8.4%。其中:城镇居民人均可支配收入42406.8元,增长8.1%;农村居民人均可支配收入21885.5元,增长9.0%。年末城乡居民人均储蓄存款余额76326元,比上年增加6300元。居民消费水平继续提高。人均生活消费支出18903.5元,增长7.9%。其中城镇居民22486.4元,增长7.2%,农村居民14889.9元,增长8.9%。居民生活持续改善,旅游休闲和健身娱乐活动消费已成为居民生活新时尚。恩格尔系数(食品支出占人均生活消费支出的比重)32.4%,较上年下降0.3个百分点,其中城镇下降0.1个百分点,农村下降0.8个百分点;文化娱乐教育支出占人均消费性支出的18.2%,比上年提高0.1个百分点,其中城镇提高0.1个百分点,农村提高0.2个百分点。

社会保障体系进一步健全。全市积极创建“全国健康促进县”,推进优质医疗资源下沉,康复联合病房实现全覆盖。建成智慧养老综合信息服务平台,智慧养老服务覆盖主城区。扶持创业697人,新增城镇就业1.07万人,城镇登记失业率控制在1.35%以内。完善社会保障待遇调整机制,提高城乡居民养老保险待遇、企业退休人员养老金、居民医保财政补助标准。完善“金保工程”建设,发放社会保障卡16万张。实施特困人群托底工程,加大对残疾人、困境儿童、低保、失业人员等群体帮扶力度,发放慈善救助资金500万元。基本消除人均纯收入低于7000元的低收入户。全市企业养老保险参保人数10.5万人,覆盖面98.9%,城乡居民养老保险参保人数4.4万人,覆盖面100%,机关事业单位养老保险参保人数0.9万人;职工基本医疗保险参保人数10.4万人,覆盖面99%,居民基本医疗保险参保人数17.56万人,覆盖面99%;失业保险参保人数5.32万人,覆盖面98.1%;生育保险参保人数5.5万人,覆盖面98.9%。

社会救助工作进一步完善。城乡低保提标至每人每月610元,全年发放低保金1008.66万元,低保对象3003人;发放重残救助金1104.2万元,重残救助对象2643人。全市拥有社会福利院1个,福利院床位数150张,供养122人;敬老院6个,敬老院床位数710张,供养403人,集中供养率73.45%;民办养老机构20个,床位数1612张,入住老人760人。全市养老床位数达到2936张,每千名老人拥有床位数42.98张。

附　录

报　告

创新克难　担当奋进
全力开启最美扬中建设新征程

——在中共扬中市委十一届六次全会上的报告

孙乾贵

2015年12月28日

同志们：

这次全会的主要任务是：深入贯彻落实党的十八届五中全会、中央和省经济工作会议、省委和镇江市委全会精神，回顾总结今年及"十二五"的工作，谋划明年及"十三五"的发展，动员全市上下创新克难，担当奋进，全力开启最美扬中建设新征程。

现在，我代表市委常委会，讲四个方面的意见。

一、今年的工作和"十二五"的发展

今年来，全市上下牢牢把握发展主线，积极应对风险挑战，扎实做好稳增长、促转型、推改革、惠民生、防风险各项工作，保持了稳中奋进的良好态势。全年预计（下同）完成GDP490亿元，增长10%；公共财政预算收入33.95亿元，增长10.5%；列"全国中小城市综合实力百强县（市）"第24位。

一是经济平稳健康发展。实体经济保持较快增长，1-11月份实现应税销售476.16亿元，增长8.5%；工业应税销售426.75亿元，增长8%。全年工业增加值302亿元，增长11.8%；工业用电量10.8亿千瓦时，增幅3.69%。项目投入进展顺利，44个市级重点产业项目累计完成投入145.47亿元，北斗·智慧长江服贸融总部项目等投资10亿元以上重大项目成功落户；产业类实际利用外资1.3亿美元；外贸进出口5.79亿美元，增长4.3%。企业上市实现强势突破，排定上市后备企业50多家，签订挂牌协议23家，6家企业分别在新三板和上股交挂牌成功。"三集"工作持续镇江领先，园区建设整体提标升级，新增（盘活）楼宇产业园55万m^2、投入使用40万m^2。重点企业运行向好，大全、有能、荣德、环太、新韩通等企业业务订单饱满，产销势头旺盛，"60强"工业企业累计完成应税销售310亿元，增长9%。互联互保等潜在风险得到有效防控，全年新增贷款61.6亿元，新增社会融资142亿元，再次获评"江苏省金融生态优秀县"。

二是创新活力不断增强。列"全国县域经济最具创新力50强"首位，获批筹建省级高新区，全社会研发经费支出占比、高新技术产业产值占比、万人发明专利拥有量等关键指标继续位居全省前列。创新转型成效显现，与华北电力大学共建智能电气研究院，复旦科技园在扬中设立技术转移中心，全市新增省级以上研发机构8家，新增国家"千人计划"人才6人、省"双创"人才13人，获批省重大成果转化项目4个。以"微电网"开发、"金屋顶"计划为龙头，推动工程电气与光伏能源跨界融合、集成创新，建成分布式光伏电站21兆瓦。"绿色能源岛"[1]实施方案获省能源局批准，正在申报国家试点。

三是城市品质不断提升。较好地完成了城市环境综合整治三年计划，创成国家园林城市、全省首批"优秀管理城市"。南部新城总体规划、镇村布局规划获批，城乡空间建设框架全面拉开。中扬康居苑等安置房交付使用，扬子新

村片区等旧城改造项目加速推进，金源时代购物广场等城市综合体开工建设，农村公共服务“八位一体”[2]运行维护机制深入开展，“江中绿岛、水韵芳洲”的城市形象逐步彰显。

*四是群众生活明显改善。*城乡居民人均可支配收入分别增长8.3%、9.6%，全面消除年人均纯收入低于7000元的低收入户。创成“江苏省义务教育优质均衡发展市”，成立市开放大学，高考创历史最好成绩。入选首批“全国健康促进县”试点市。居家养老服务中心和慈善工作站实现村(社区)全覆盖。文化建设得到加强，河豚习俗、箫笛制作技艺入选省级非物质文化遗产名录。承办第七届全国青少年曲棍球锦标赛，创成“省公共体育服务体系示范区”。“六五”普法全面完成，信访绩效考核位居镇江前列，公众安全感和法治建设满意度继续保持全省领先。

*五是党建活力持续增强。*扎实开展“三严三实”[3]和“守讲敢”[4]主题教育活动，突出理想信念教育，严明政治纪律和政治规矩。积极践行社会主义核心价值观，评选表彰第三届“道德模范”和“美德少年”，举办首届公益文化节，文明城市通过省级考核验收。从严从实强化干部队伍建设，“为官不为”、“为官乱为”等问题得到有效遏制。深入实施联系服务群众“六项工程”[5]，全面推行“双型”党支部[6]建设，创新非公企业党建工作，基层党组织战斗堡垒作用不断增强。严格落实党风廉政建设“两个责任”，构建起部门自查、重点督查、专项巡查和年底考核相结合的过程管理机制，党风政风为之一新。

今年以来，市人大、市政协始终坚持围绕中心工作，主动建言献策，实施有效监督，有力推动了经济社会各项事业的稳步发展。统战、群团、党校、人武、史志、科协、档案、老龄、老干部、关工委以及发展促进会、群众工作研究会等部门和团体的工作，也都取得了新的业绩。

2015年的工作，为“十二五”发展划上了圆满的句号。回望过去五年，奋斗的历程历历在目。

五年来，跨越发展的步伐更加稳健。2015年GDP是“十一五”末的2倍，年均增长12.2%；公共财政预算收入是“十一五”末的2.3倍，年均增长18.15%；工业和服务业增加值分别是“十一五”末的1.7倍和1.85倍。

五年来，项目投入的势头更加强劲。累计完成全社会固定资产投资912亿元，是“十一五”期间的2.5倍，其中，工业性投入年均增长21%，服务业投资年均增长16%；贷款余额上升到385.04亿元，是“十一五”末的2.3倍。

五年来，绿色宜居的特色更加彰显。“四城同创”圆满收官；城市建成区面积扩展到13.9平方公里，比“十一五”末增加4.1平方公里；“一岛五桥、一环两纵”的交通格局基本形成，岛内外交通更加便捷；单位GDP能耗比“十一五”末下降10%，主要污染物排放强度持续降低。

五年来，安康富足的获得感更加鲜明。城乡居民人均可支配收入分别比“十一五”末增加16915元、9490元；居民人均储蓄余额达到7.56万元，比“十一五”末净增3.04万元；“五大保险”覆盖率均达到98.9%以上，在镇江率先实现城乡低保并轨；人均期望寿命达到81.22岁，比“十一五”末提高2岁。

回首五年来的发展，每一项成绩都是在困难挑战明显增多的形势下取得的，非常来之不易。尤其是面对新常态下发展模式、发展动力的转换，干部群众思想观念、作风效能、责任担当、干事氛围都发生了悄然转变。这种无形的变化为扬中未来可持续发展注入了强大力量，更值得倍加珍惜。

我们抓机遇不迟疑，赢得了新的发展优势。这五年，面对苏南国家自主创新示范区、全面深化改革等一系列重大机遇，我们敏锐把握、精准研判、超前对接，因地制宜推进发展转型。从最美扬中发展目标的提出，到“经济强、百姓富、环境美、社会文明程度高”发展内涵的丰富，我们的发展思路一直和中央、省市的导向同频同向。从“一主一副”城乡布局确定，到港产城融合发展，我们的决策部署在新型城镇化、城乡一体化的大格局中不断丰富完善。从泰州大桥、扬中三桥的成功通车，到园博园的建成开放，再到“四城同创”的全面收官，我们的城市形象在强势投入中持续提升。从简政放权“三项清单”[7]公布实施，到投融资平台实体化运行，再到部分镇街区管理体制改革，我们的发展活力在全面深化改革中得到增强。

我们解难题求突破，创造了新的发展业绩。这五年，国际国内形势都在发生着深刻变化，世界经济深度调整，国内经济增速换档，扬中的光伏、船舶等主导产业也在经受着暴风骤雨般的“洗礼”。但由于我们沉着应对，不断创新思路、破解难题，仍然保持了良好发展态势，创造了新的发展业绩。面对产业层次不高、抗风险能力不强的现状，实施创新驱动战略，加速产业转型提升，产业结构逐步优化，光伏、船舶等行业成功走出“寒冬”。针对部分企业互联互保风险加大、融资和运行成本上升的问题，我们启动了“上市突破年”，推动企业通过挂牌上市构建现代企业制度、积蓄持久发展活力，目前“到资本市场去”正在成为扬中企业家的共识，做长青树型的优秀公众企业正成为扬中企业界共同的价值追求。围绕区域面积小、建设用地越来越少的特殊市情，我们以楼宇产业园提升“三集”层次，不断拓展资源利用新空间。正是因为采取了这一系列创新克难的举措，扬中的发展连续几年在镇江综合排名保持最前列，取得了令人刮目相看的好成绩。

我们促团结聚合力，打开了新的发展局面。这五年，尽管经济形势复杂多变，发展压力持续增大，但是我们在困难面前展示了扬中人勇于创新、敢于担当的精神风貌，全市上下心往一处想、劲往一处使，干一件成一件，一步一个脚印，合力推动既定发展目标的实现。各级领导干部把又好又快发展作为应尽之责，带领干部群众全力开辟“富民强市”的新路径。各镇街区发掘自身优势，探索最新路径，描绘出竞相发展的“最美图景”。市级机关各部门立足自身职能、服务转型发展，齐声唱响建设最美扬中的大合唱。广大企业家顺应市场规律、应对金融风险，成为产业转型升级的中坚力量。全市人民群众在拆迁安置方式转变、农贸市场搬迁、园博会承办等重点工作中服从大局、积极配合，展示出“大爱扬中、众志成城”的精神风貌。

五年来取得的成绩，是省委、镇江市委科学决策、正确领导的结果，是历届市委、市政府创新图强、开拓奋进的结果，是全市上下团结一心、自强不息的结果。在此，我代表市委常委会，向奋战在发展一线的所有党员干部群众，向关心、支持、参与扬中建设发展的各界人士，表示衷心的感谢，并致以崇高的敬意！

在看到成绩的同时，也要清醒认识扬中未来发展面临的困难和挑战：面对“中国制造2025”的新标杆，产业创新转型任重道远；面对土地减量化的趋势，用地紧缺的问题越发严峻；面对节能减排的要求，环境承载的约束更加凸显；面对经济、政治新常态，党员干部的精神状态需进一步提振、领导能力需进一步提升。对这些问题，必须高度警醒、高度重视，切实有效加以解决。

二、“十三五”发展的形势研判和总体要求

“十三五”时期，世界经济处在“深度调整期”，中国发展仍将处在“战略机遇期”，全省即将进入“加速转型期”，扬中的发展既面临着全球大势所带来的下行压力，也面对诸多机遇叠加所形成的重大利好。我们必须沉着应对深度调整，科学把握战略机遇，积极推动转型提升，进一步创新克难、担当奋进，不断开创扬中发展新境界。

*1.要准确把握“稳中求进”的发展趋势。*从中央、省委对“十三五”的研判来看，发展仍然是第一要务。近段时期以来，习近平总书记对中国经济多次作出“四个没有变”的战略判断。刚刚召开的中央经济工作会议，强调战略上要坚持稳中求进，把握好节奏和力度，战术上抓好去产能、去库存、去杠杆、降成本、补短板五大任务，为保持经济增长注入新活力。全市上下一定要清醒认识到国家稳增长的信心决心，以扬中良好的产业为基础，在改革创新、企业上市、“互联网+”、楼宇产业园建设等方面紧密对接国家政策导向，在保质量、增效益的前提下，确保发展速度“换挡更提速”。

*2.要准确把握“动力转换”的发展趋势。*国家层面已经密集出台了一系列“精准化”、“导向化”的政策措施，主要目的就是要加快培育发展新动力。尤其要重点关注“供给侧改革”，认真研究这一“适应和引领经济发展新常态的重大创新”，切实将扬中的“产品供给”与市场需求精准对接，抑制低效益的产能扩张冲动，降低企业成本，防范金融风险。同时，我们还要放大扬中创新能力强、创业热情高的优势，持续推动“大众创业、万众创新”，加快经济结构调整和发展方式转变，让创新成为驱动扬中经济社会发展的最强引擎。

*3.要准确把握“区域融合”的发展趋势。*区域面积小、人口少、资源匮乏一直是制约扬中发展的瓶颈。“十三五”期间，从国家到地方一系列区域融合发展战略的实施，将为我们打破空间瓶颈制约提供难得机遇。尤其值得关注的是，镇江已经把扬中与新区、丹阳沿江乡镇作为镇江东部“金三角”区域，致力打造镇江产业发展高地。相比周边地区，扬中拥有得天独厚的岸线资源，尚待开发的岸线占苏南地区未开发岸线总量的一半以上；拥有便捷的交通区位优势，是连接宁镇扬、锡泰常两大城市圈的交通链核；拥有丰厚的创新资源，是全国知名的智能电气岛，创新力在全国县级城市中排名第一。我们一定要放大自身优势，大力增强要素集聚功能，有效拓展发展空间，在区域融合发展中先人一步、快人一拍，占据主动、引领发展。

基于上述分析，扬中“十三五”发展的总体要求是：深入贯彻党的十八届五中全会以及中央、省市有关会议精神，坚持“四个全面”战略布局，突出“强富美高”四个定位，认真践行“创新、协调、绿色、开放、共享”的发展理念，持续推进改革创新，加快推动产业转型，大力统筹城乡发展，切实增进民生福祉，努力将扬中打造成创新驱动的引领区、城乡一体的先行区、宜居宜业的样板区、港产城融合的示范区，推动最美扬中建设不断迈上新台阶。

——创新驱动引领区，就是要大力弘扬“四千四万”的创业精神，积极拓展众创空间，持续推进“大众创业、万众创新”，加快培育形成以创新型经济为主导的发展模式。到2020年，研发经费支出占比达国际领先水平，高新技术产业产值占比保持在70%以上，科技进步贡献率提高到65%以上，形成完善的、有利于创新发展的机制。

——城乡一体先行区，就是要坚持城乡统筹、协调发展，加快推动城市优质资源向农村延伸，逐步建立高效完

善、城乡一体的城乡建管体系和公共服务体系，不断提高新型城镇化和城市现代化水平，到2020年常住人口城市化率超过72%。

——宜居宜业样板区，就是要坚持绿色、低碳发展，更加重视生态环境保护和生态文明建设，努力让自然环境更加优美、居住环境更加宜人，实现生产生活生态的和谐统一、相得益彰。确保万元GDP能耗和主要污染物排放量年均下降2%左右，空气质量达二级标准的天数比例不低于80%，地表水优于III类水质的比例达70%。

——港产城融合示范区，就是要依托区位、岸线、港口、产业优势，以港兴业、以业促城、以城育港，进一步优化港口布局，加快高端产业集聚，完善南部新城功能，打造长江中下游最具特色的港口新城。

三、2016年度工作的安排

明年是“十三五”规划实施的第一年，各项工作必须早谋划、快推进、强突破，谋求“十三五”发展良好开局。明年经济社会发展总体目标是：继续保持综合考评镇江领先。预期目标是：地区生产总值增长9.5%以上，工业应税销售增长10%，公共财政预算收入增长9%以上，城乡常住居民人均可支配收入分别增长8.5%和9.6%以上。重点在五个方面下功夫：

1.兴实体、稳增长，努力提升经济质效。

一是做大做强实体经济。强化规模培扶。加大规模企业培扶力度，引导企业聚焦主业，力争应税销售超亿元企业达110家，新增规上企业50家以上。强化标准支撑。加快实施制造业标准化提升工程，引导企业采用国际标准组织生产，在智能电气等重点领域开展综合标准化工作，逐步健全质量认证、产品鉴定、检验检测等认证认可体系。提高产品质量。普及先进生产管理模式，持续加大对假冒伪劣产品的打击力度。鼓励大全集团等优势企业争创中国质量奖和省(市)长质量奖，不断提升扬中制造的知名度和影响力。打造知名品牌。实施名品名牌创建工程，力争更多的企业争创省著名商标、省名牌产品，积极创建“全国中低压工程电气产业知名品牌示范区”。

二是稳步实施金融创新。抢抓注册制改革机遇，支持更多企业进入主板、创业板、新三板资本市场和证券市场，大力推动间接融资向直接融资转变，明年要确保进入上市辅导期18家，新增上市挂牌企业10家以上，成功发行多种形式的债券，全年实现直接融资60亿元，初步形成资本市场的“扬中板块”。创新政银企合作模式，大力开发绿色金融、科技金融、文化金融、小微企业及“三农”金融产品，拓宽金融支撑经济发展的通道，确保全年银行融资总量780亿元，增长10%以上。创新财税扶持方式，推进财政扶持资金从无偿给予向股权投资、定向融资担保等有偿使用方式转变。强化国资监管和资本运作，引导政府平台差异竞争、错位发展，统筹运作资源、资产、资本、资金，让政府调控发挥最佳效应。

三是切实加大有效投入。狠抓项目招引。围绕国家战略导向和扬中产业基础，大力引进创新型、龙头型、延长产业链、提高附加值的优质项目，确保全年引进一批投资10亿元以上的项目。加快项目建设。加快推进际华园、中兴产业园等项目建设，大津清洁能源装备产业园、智能化配电网设备、粮油产品加工集中区等项目必须投产达效，全市竣工项目年新增产出210亿元以上。注重技术改造。鼓励企业引进、应用具有国际先进水平的生产设备，建成一批智能工厂和数字化车间，全年技改投入占工业投资的40%以上。

四是高端提升载体功能。高水平建设省级高新区，加速完善园区运作机制，加紧落实各项扶持政策，鼓励支持园区探索体制创新、科技创新、功能创新，全力打造创新发展的新高地。高层次发展楼宇产业园，丰富园区业态，逐步形成一批产业集中、功能明确的特色产业楼宇，提升楼宇产业园运营绩效。高起点探索创新创业孵化模式，重点加强开发区国家级科技孵化器、新坝智能电气产业协同创新基地建设，不断拓展符合“高精尖”经济发展方向的“众创空间”。高标准建设互联网创新平台，通过网络平台向各类创新创业主体提供技术、开发、营销、推广等服务，让互联网融入我们的生产生活，成为拓展发展空间的重要载体。

2.抓创新、促开放，持续推进转型升级。

一是推动产业结构持续优化。先进制造业要大力倡导以“工匠精神”提升“精细制造”、“智能制造”水平，充分满足市场多样化、个性化、高端化的需求，不断提升“扬中制造”的“话语权”和“定价权”。现代服务业要大力发展物联物流、研发设计、科技服务等高端生产性服务业，重点推进北斗·智慧长江服贸融总部等智慧产业项目建设；要努力引进大数据基地、物联网、云计算等新兴产业，引导企业工业化和信息化相融合。现代农业要用好用活河豚、秧草、江蟹等国家地理标志商标，依托省级现代渔业产业园等高端载体，大力发展特种水产养殖及深加工、休闲观光农业、“互联网+农业”等新型业态，走出扬中特色的现代农业发展新路。

二是推动创新实力持续增强。大力培育具有国际竞争力和较强产业带动效应的创新型领军企业，确保高新技术企业总数达到130家以上。提升企业研发机构建设水平，规模以上工业企业研发机构建有率超过50%,实质运行华北电力大学(扬中)智能电气研究院,发挥北京大学—扬中产学研合作办公室和复旦大学科技园扬中技术转移中心的作用,加快从校企"点对点"合作向校地"点对面"合作转变。提高知识产权运用水平,争创国家专利导航产业发展实验室。实施"百家高企百名博士"和"平台与人才共增"行动计划,确保引进国家"千人计划"人才4名、高层次人才(团队)100名以上,力争更多科技、人才成果在扬中转化。

三是推动开放水平持续提升。大力集聚和培育高端人才、高端技术、高端产业,积极引进境外资金和先进技术,引进在全球产业链、价值链中处于中高端的产业,更有效地促进经济转型升级。提升智能电气、光伏应用等主导产业的国际竞争力,增加外贸出口中的高端化制造份额,推动外贸出口由量的扩张向质的提升转变,进一步提升"扬中制造"的国际贸易影响力。支持和鼓励优质企业主动对接"一带一路"、长江经济带等战略,以直接投资、合资合作、海外上市等多种方式,更大步伐"走出去"。积极开展科技创新、项目对接、信息交流、人才资源开发等多方面国际合作,培育一批跨国企业。紧抓长江深水航道疏浚、沿江码头口岸布局、长江经济带海关区域通关一体化等重大机遇,加快港口腹地联动开发,进一步完善港口查验配套服务和交通、物流、信息网络等体系建设,实现与周边地区的互联互通。

3.治环境、优生态,更好实现绿色发展。

一是启动"绿色能源岛"建设。大力发展绿色产业、绿色建筑,运用绿色建材和节能产品,减少化石能源耗用。深入实施"金屋顶"计划,推行政府发动、市场化运作的模式,鼓励党政机关、企事业单位、居民小区应用屋顶分布式光伏发电。探索落实"四碳"机制,打造一批省级、国家级低碳示范镇、低碳示范园区和低碳示范企业。

二是打造优质生态环境。运用"四城同创"的成功经验及坚韧不拔的工作干劲,加快落实"五水联治"(8)实施方案,健全工作机构,完善顶层规划设计,科学、具体、严督每一项治水工程,确保所有项目都经得起历史检验。持续开展城乡环境综合整治和"美丽宜居镇村"建设,建成更多的"美丽宜居小镇"和"美丽宜居村庄"。

三是提升生态保护水平。强化各类生态红线区域保护,实施分级分类管理,建立健全生态红线保护机制。完善危险化学品环境管理、企业环境风险分级管理、污染防治、事故应急、环境与健康风险评估制度,增强环境风险防范能力,严厉打击生态环境违法犯罪。

四是倡导绿色低碳生活。加强绿色价值观的宣传,增强市民环保意识,不断强化"绿色、自然、和谐"的生活理念。推进生态办公,倡导低碳出行,加快智慧公共交通系统建设,引导全社会形成绿色消费、勤俭节约的生活习惯。

4.重统筹、促融合,着力打造精品城市。

一是完善城乡规划体系。进一步优化"主城、副城+新型社区"的城乡规划布局,加强主城、科技新城控规动态维护,主动对接省沿江开发总体规划和镇江市主体功能区规划,努力打造镇江"金三角"的"主城区"。

二是稳步推进城乡建设。探索实施海绵城市及地下综合管廊建设,建立地下管线信息系统,有序开发地下空间。启动南部新城建设,先期实施核心区基础设施、生活设施建设及周边土地开发整理。加快实施238省道全线改造贯通工程,启动雷公岛直达快速通道建设。加快旧城改造和城市综合体建设,使城市更加繁荣。有序推进危房改造和农村居民点建设,改善居住条件,提高居住品质。

三是提升城乡服务功能。以"智慧停车"项目为切入点,整合和共享各类信息资源,升级数字化城管系统,探索推进"智慧扬中"建设,形成一批智慧楼宇、智慧园区、智慧社区。推进城市管理向村(社区)延伸,实现城市管理"全覆盖"。落实多元化的安置方式,鼓励货币化安置,逐步消化存量房源,实现"先安置后拆迁"。

四是创新城乡投入机制。强化经营城市的理念,探索基础设施资产证券化运用;运用PPP模式,引入各类社会资本参与城乡建设;积极与金融机构对接合作,不断创新投融资方式,争取国家、省市投资建设计划,走出良性滚动发展新路。

5.惠民生、促和谐,切实增进民生福祉。

一是拓展持续增收渠道。充分发挥创业带动就业的"放大效应",实施全民创业工程,增加拓展居民经营性、财产性收入。不断完善职业技能培训体系,努力扩大就业规模,提升工资性收入。大力发展村级集体经济,积极稳妥推进农村集体土地股份制改革,让更多农民从改革中得益。

二是提供优质公共服务。以苏南教育现代化县级示范区创建为统领,优化教育布局,深化课程改革,提升教学质量。深化医药卫生体制改革,全面落实分级诊疗体制机制,推进"互联网+智慧医疗",建设"健康扬中"。全面落实"二孩政策",促进优生优育。基本建成残疾人托养中心、康复中心和特教中心。市场化筹建一批养老中心,大力推进医养融合,不断健全完善以居家为基础、社区为依托、机构为补充的多层次养老服务体系。健全落实各项安全生产制度,强化"党政同责、一岗双责"责任体系,有效防范、坚决遏制重特大安全生产事故。

三是着力抓好底线民生。大力发展社会福利和慈善事业,持续提高社会服务水平;巩固居民医保、大病保险、大病救助、商业补充保险的保障体系，切实缓解群众因病致贫、因病返贫问题；坚持精准扶贫、精准脱贫，不断提升贫困人口自我解困能力；提高社会救助水平，全面消除人均纯收入低于8000元的低收入户。

四是持续强化法治保障。紧紧抓住依法执政、依法行政、公正司法、公民守法四大环节，坚持依法执政与依法行政共同推进，法治政府与法治社会一体建设，全力推动法治建设由过程领先向水平领先转变，努力建设更高水平的法治扬中。

五是切实增强文化引领。完善文体设施，高标准规划建设文化中心，建立健全公共文体服务网络，实现国家基层综合文化服务中心全覆盖。挖掘文化资源，探索应用“文化+”，推动文化与科技、文化与休闲旅游等相关产业的融合发展，打响红色文化、河豚文化等文化特色品牌。深化对“上善若水、自强不息”新时期扬中精神的挖掘和传播，加强社会主义核心价值观宣传教育，不断提振干部群众干事创业的精气神。扎实做好第八次创建双拥模范城各项工作，增强市民国防观念、浓厚拥军氛围。

四、从严从实推进党的建设

推动蓝图落地，建设最美扬中，关键在于加强党的领导，在于党员干部担当作为。立足新的起点、肩负新的使命，全市各级都要把抓好党的建设作为最大的政绩，深入贯彻全面从严治党的新要求，不断提升党建科学化水平，为扬中“十三五”强势开局提供坚强保障。

一要大力激发创新图强、开拓奋进的昂扬斗志。进入以创新驱动为主引擎的“十三五”，谁能在思想解放上先人一拍，就能在区域竞争中抢占先机、赢得主动、增创优势。全市上下要大兴学习研究之风，在思想、行动、服务各个领域全面革故鼎新，以新的状态引领新的发展。理念创新要先人一拍，围绕“十三五”各项既定目标及重点工作，掀起头脑风暴、拓展工作思路，以更多、更新的认知成果推动国家战略落地生根，全力拓展扬中转型跨越的新空间。实践创新要快人一步，紧贴发展形势变化，敢于突破传统观念、思维定势和路径依赖，以新的思路谋发展、以新的办法抓落实、以新的举措解难题，让“创新力”体现在改革发展的方方面面。服务创新要优人一筹，摒弃患得患失的狭隘思想，严格落实“三项清单”，进一步简化行政审批程序，完善中小企业网络服务平台，推动实现“多评合一”[9]。加大中介机构管理力度，严控行政事业性收费，切实减轻企业负担，用新的服务激活市场、惠及民生，让“强政府”强在服务上、强在作风上、强在执行上，以党员干部的工作创新引导社会创新、引领万众创新，用党员干部的“创新指数”推高最美扬中的发展指数。

二要全力打造务实担当、真抓实干的干部队伍。全市各级要激扬自强不息的干劲、磨砺克难奋进的心劲、秉持久久为功的韧劲，以“舍我其谁”的责任心、“马上就办”的执行力、“功成不必在我”的使命感，推动各项工作快速突破。要以鲜明的导向激发担当动力，坚持习总书记提出的好干部标准，注重凭实绩选用干部、用实干考量干部、在一线选任干部，让更多担当型干部脱颖而出、成长成才。要以创新的举措筑牢担当之基，对照“六强六过硬”[10]的标准，扎实开展市镇两级党委及村(社区)“两委”换届工作，深入推进“双型”党支部建设，持续深化联系服务群众“六项工程”，打造作风过硬、实绩突出、群众信任的基层党组织，激发基层党建新活力。广泛运用信息化手段加强党员教育培训，推动各级党员干部强化专业思维、专业素养，不断提升引领转型发展、做好群众工作、驾驭复杂局面的能力水平。积极拓展干部监督进社区活动内涵，深入开展“好家风”活动，引导各级党员干部修身立德，用好家风正党风、优作风，让担当精神铭刻心间、蔚然成风。要以严格的管理浓厚担当氛围，聚焦干部履职担当，建立权力清单、程序清单和责任清单，全力扫除不想作为的“懒政思想”、不敢担当的“推诿心理”、不愿较真的“好好先生”，加快构建能者上、劣者汰的从政环境。坚持制度设计和心理关爱同向发力，探索构建“容错机制”，设立“免责清单”，为干部担当干事提增底气，用党员干部的“动力指数”提升最美扬中的发展高度。

三要着力优化遵规守纪、勤政清廉的政治生态。巩固“三严三实”和“守讲敢”专题教育成果，以更严的标准和更实的举措约束干部、匡正作风、惩治腐败，以反腐倡廉的实际成效净化队伍、取信于民。要从严从实增强党性。强化正面引导，深入宣讲习总书记重要讲话精神，全面解读十八届五中全会以及《条例》《准则》等重要政策制度，守好政治舆论和道德风尚的主阵地，让党的声音深入人心，成为引领发展的主旋律。各级党员干部要自觉挺纪在前，坚守政治纪律和政治规矩，主动学讲话、学党章、学党规，做合格共产党员。要从严从实巩固防线。建立以“4321”[11]为主体的“两个责任”落实机制，进一步串起管党治党的责任链、编密制度反腐的监督网。对照“六大纪律”[12]要求，认真抓好巡视反馈意见和专题教育问题清单整改，持之以恒纠“四风”、正行风、树新风。强化廉政风险防控机制建设，出台公共资源交易等相关规范性文件，加大权力运行监管、监察力度，为廉洁用权套上紧箍咒。深入实施“清廉村风”工程，形成对村级事权、财权运行的全流程监督。要从严从实惩治腐败。保持惩腐肃贪的高压态势,探索科技反腐新模式,完善问题线索排查及考核激励机制,让腐败现象无所遁形,巩固提升清廉、清明、清朗的政治生态,用党员干部的"廉洁指数"保障最美扬中的发展实效。

同志们,过去的五年,扬中用激情成就了梦想、用实干铸就了辉煌。面对充满希望的"十三五",让我们坚定信心、乘势奋进,创新图强、实干担当,奋力开创"强富美高"发展新局面,激情续写最美扬中建设的精彩篇章!

注释:

(1)绿色能源岛:利用太阳能、风能、生物质能等清洁能源代替传统不可再生能源,实现全岛生产方式、消费方式、生活方式绿色化

(2)八位一体:对河道保洁、垃圾收运、绿化管护、农村道路养护、生活污水处理、村容村貌"三乱"整治、村级综合服务中心维护、文体活动设施管护等工作实施的一体化长效管理机制

(3)三严三实:严以修身、严以用权、严以律己,谋事要实、创业要实、做人要实

(4)守讲敢:守纪律、讲规矩、敢担当

(5)六项工程:村级集体经济"升档进位"工程、村干部队伍"源头活水"工程、"政社互动"减负提效工程、"四个一"机制"深化拓展"工程、"四式"服务"规范提升"工程、三级联动"作风转改"工程

(6)"双型"党支部:"法治型、服务型"党组织

(7)三项清单:政府行政权力清单、行政审批事项目录清单、行政事业性收费目录清单

(8)五水联治:治污水、防洪水、排涝水、引活水、保洁水

(9)多评合一:统一受理、统一评估、统一评审、统一审批的企业投资项目审批改革

(10)六强六过硬:强引领,作用发挥过硬;强素质,队伍建设过硬;强发展,小康业绩过硬;强规范,乡村治理过硬;强投入,基础保障过硬;强督导,责任落实过硬。

(11)4321:四查(自我检查、季度检查、重点督查、专项巡查)、三约谈(定期约谈、提醒谈话、诫勉谈话)、两报告(主体责任报告、监督责任报告)、一考核(党风廉政建设责任考核)

(12)六大纪律:政治纪律、组织纪律、廉洁纪律、群众纪律、工作纪律、生活纪律

扬中市人民政府工作报告

——2016年1月6日在扬中市第十六届人民代表大会第五次会议上

市人民政府市长 潘早云

(审议稿)

各位代表:

现在,我代表扬中市人民政府,向大会作工作报告,请予审议,并请市政协各位委员和其他列席人员提出意见。

2015年工作情况和"十二五"简要回顾

2015年,在市委的坚强领导和市人大、市政协的监督支持下,政府及其各部门团结依靠全市人民,大力弘扬"上善若水,自强不息"的新时期扬中精神,协调推进政治、经济、文化、社会、生态建设,较好地完成了全年各项目标任务。预计(以下均为预计)完成地区生产总值490亿元、财政总收入77亿元、一般公共预算收入33.95亿元。列"全国县域经济最具创新力50强" 第1名、"全国中小城市综合实力百强县(市)"第24位。

一、突出转型升级,经济质态稳步提升

经济运行稳中有进。智能电气品牌集群优势放大,光伏行业加速回暖,船舶制造业订单饱满,工业经济量质并举,应税销售、工业增加值分别达480亿元、302亿元,增幅在镇江保持领先。城乡市场日益繁荣,实现社会消费品零售总额127亿元,服务业、文化产业增加值占GDP比重分别达44.7%、4.3%。新增高效设施农业5150亩、高标准基本农田5000亩,新型农业经营主体规模经营比重达57.1%。

项目建设持续推进。全年完成固定资产投资255亿元,其中工业技改投入86亿元。金源时代购物广场、红星国际生活广场等项目开工建设,雷公岛高端旅游度假区、中海粮油等项目进展顺利,大津重工、江之源河豚工厂化养殖等项目建成运营。大力发展楼宇产业,全年新建(盘活)企业楼宇55万平方米、运营40万平方米,入驻率达80%。

特色发展效益彰显。实施"企业上市突破年"行动,设立1.13亿元创新投资引导基金,23家企业签订挂牌督导

协议,和成显示、通灵股份等6家企业实现挂牌上市。启动“绿色能源岛(太阳岛)”建设,全面推进“金屋顶计划”[①],在全省率先对光伏发电项目实行地方补贴,总装机容量达35.72兆瓦。新坝镇推动产业高端转型和融合发展,“微电网”[②]市场快速拓展;三茅街道现代服务业加速集聚,综合实力持续增强;开发区启动“第三次创业”,招商选资实现新突破;油坊镇强化企业技改,内部挖潜成效明显;八桥镇注重企业培扶,发展效益不断提高;西来桥镇加快盘活存量资产,产业规模持续壮大。

园区建设步伐加快。“三集”园区全面提档升级,规模体量稳步壮大,产业“三集”发展水平位居镇江前列,获批筹建省高新区。多模式推进园区市场化运作,中国工程电气博物馆建设步伐加快,智能电气研究院、国家级斑点叉尾鮰与河蟹种质创新中心等投入运行。完成园区基础设施投入10.5亿元,建成标准化厂房41.2万平方米,新入驻企业39家。

二、突出改革创新,发展活力不断释放

全面深化体制改革。加快机构改革步伐,组建卫生和计划生育委员会、不动产登记局。行政审批改革深入推进,“三集中三到位”“三证合一、一照一码”“多评合一”“并联审批”“四全”服务模式[③]等工作全面开展。推进村集体财务“双代理”[④],完成农村土地承包经营权确权登记颁证和小型水利工程管理体制改革工作。深入开展政银企合作,多措并举解决企业融资问题,稳步有序化解互联互保风险,“苏科贷”[⑤]规模突破1亿元,新增社会融资142亿元、贷款61.6亿元,再次获评“省金融生态优秀县”。

持续扩大对外开放。整合招商资源,组建专业化招商机构8个,开展派驻招商、委托招商、精准招商,实际利用产业类外资1.3亿美元。完成外贸进出口总额5.8亿美元,其中出口5亿美元、增长11%,服务外包执行额1.2亿美元。港口建设步伐加快,新建万吨级泊位3个,润华物流码头成为国家进口粮指定口岸、建成扬中首家公用型保税仓库。

加速推进科技创新。实施创新驱动战略,设立3000万元苏南国家自主创新示范区建设专项资金,新增省级以上研发平台8家、高新技术企业23家、省重大科技成果转化项目4个,全社会研发经费支出占GDP比重达2.78%,万人发明专利拥有量18件。搭建“扬中众创空间”,大学生创业园投入使用。引进国家“千人计划”6人、高层次人才(团队)100个,每万名劳动力中高技能人才数达668名。

三、突出城乡统筹,人居环境持续改善

城乡管理日益完善。不断健全规划体系,编制完成镇村布局、综合交通等规划。优化城乡管理机制,深化相对集中城乡规划管理行政处罚权工作,拆除违法建设6.37万平方米。高标准完成城市环境综合整治三年计划,改造城郊结合部片区4个、城中村2个、老旧小区3个,创成全省首批优秀管理城市。健全物业管理联席会议制度,全面落实“八位一体”农村公共服务运行维护机制,建成省“美丽乡村示范点”3个、镇江市“美丽宜居村庄”2个。

基础设施建设加快。建成扬子东路东延一期、扬子西路延伸、翠竹北路延伸等工程,加快推进新民南路延伸、同心路西延、中电大道北延,启动建设238省道改线西来桥段工程,改造农村公路27公里、堤顶公路20公里、农桥19座。公共自行车二期、110千伏联合变投入运营,新增(优化)城乡公交线路3条、新能源汽车28辆。启动园丁路南侧、扬子新村等片区旧城改建,中扬康居苑二期、城东、城西、园丁路安置房交付使用。

生态环境更加宜居。创成国家卫生城市、国家园林城市,国家环保模范城市通过考核验收。建成城南公园、森林公园,提标改造园博园,新增城市绿地18.85万平方米。编制“五水联治”[⑥]实施方案,完成备用水源地、扬子河水环境整治一期、小农水重点县工程,建成兴隆污水处理厂二期、东新港闸站和11座沿江排涝泵站,整治低洼易淹易涝片区3处,新增污水管网19.5公里。积极防治大气污染,改造停用燃煤锅炉126台,淘汰老旧机动车619辆、“黄标车”[⑦]169辆。基本完成金属表面处理行业专项整治,转型重组化工企业2家。

四、突出民生保障,人民福祉日益增进

保障水平逐步提高。扶持创业697人,新增城镇就业1.07万人,城镇登记失业率控制在1.35%以内。完善社会保障待遇调整机制,提高城乡居民养老保险待遇、企业退休人员养老金、居民医保财政补助标准。完善“金保工程”建设,发放社会保障卡16万张。实施特困人群托底工程,加大对残疾人、困境儿童、低保、失业人员等群体帮扶力度,发放慈善救助资金500万元。城镇、农村居民人均可支配收入分别达4.25万元、2.2万元,基本消除人均纯收入低于7000元的低收入户。

社会事业全面发展。成立开放大学,整体搬迁市二中,腾仓搬迁市一中、青少年活动中心,完成校安工程6.1万平方米,创成“省义务教育优质均衡发展市”。高考成绩取得突破,囊括镇江市文理科第1名。积极创建“全国健康促进县”,推进优质医疗资源下沉,康复联合病房实现全覆盖。建成智慧养老综合信息服务平台,智慧养老服务覆盖主城区。新坝镇、西来桥镇文体活动中心投入使用,更新室外健身路径23套,建成省级文化广场标准化示范点5个。全面运营奥体中心,成功承办第七届全国青少年曲棍球锦标赛,创成“省公共体育服务体系示范区”。

社会管理不断创新。开展“道德模范”“美德少年”等评选活动,城市文明指数和市民素质得到提升。积极推进“政社互动”“三社联动”[⑧],开展全国第二次地名普查、1%人口抽样调查。加大打击高利贷、非法集资、环境污染力度,积极预防处置企业欠薪欠保,提升应急处置能力。深入推进食品安全社会共治、利民市场综合执法管理,开展服装加工行业安全隐患整治行动。深化“平安扬中”“法治扬中”建设,全面完成“六五”普法工作,健全矛盾纠纷排查化解机制,信访绩效考核、公众安全感和法治建设满意度继续保持全省领先。

五、突出依法治市,政府自身建设不断加强

践行全面依法治国理念,把法治政府建设贯穿行政审批、行政服务和行政执法等工作,依法依规推进征地拆迁、环境保护、民生保障,动态管理行政权力、行政审批、行政事业性收费清单。积极推进行政机关负责人行政诉讼出庭应诉,建立政府法律顾问制度,依法行政意识普遍增强。扎实开展“三严三实”“守讲敢”等活动,加强廉政建设和审计监管,逐月督查推进“515”项目[⑨],行政效能得到提升。主动接受监督,办理人大代表建议293件、政协委员提案170件,满意和基本满意率达100%,“12345”政府服务热线来电办结率和满意率分别达99.5%、98.4%。

各位代表,刚刚过去的2015年为“十二五”画上了圆满的句号,过去的五年是发展极不平凡的五年,是战胜严峻挑战的五年,是经济建设、城乡发展、民生事业取得显著成绩的五年。

五年来,我们直面经济下行压力,思危奋进,转型发展,综合实力持续增强。“三集”发展特色鲜明、领跑领先,三大主导产业总量突破千亿元,入选全国首批“产业集群区域品牌建设试点”。高新技术产业产值占比列全省第一,第8次被评为“全国科技进步先进市”。连续多年入选“全国中小城市综合实力百强县(市)”,位次不断前移。

五年来,我们抢抓城乡建设机遇,科学规划,建管并重,城市形象持续改善。统筹城乡一体化发展,构建“一主一副”城市架构,新一轮城市总体规划获得省政府批准。转变拆迁安置方式,稳步实施“双城联动”“产城融合”,内涵功能不断提升。建成泰州大桥、扬中三桥、新238省道、滨江大道等重要交通工程,形成“一岛五桥、一环两纵”交通格局。成功举办第八届省园艺博览会,“四城同创”圆满收官,生态宜居品质得到彰显。

五年来,我们顺应群众期盼关切,以民为本,共建共享,幸福指数持续攀升。城乡居民收入、社会保障、公共服务水平及公交客运一体化、文明城市创建、社会治安综合治理等工作走在全省前列,先后创成“全国义务教育发展基本均衡市”“国家药品安全示范市”“国家慢性病综合防控示范区”“全国文化工作先进市”,民政、供销、科普、阳光计生、司法所建设等工作被评为全国先进。

五年来,我们坚持强化问题导向,践行群众路线,狠抓作风建设,执政水平持续提升。深入实施行政审批制度改革,取消行政权力、行政审批、行政事业性收费事项121项。实施全口径预算管理,稳步推进预算公开,“三公”经费累计下降41.6%。严格执行中央“八项规定”精神,精文减会,深入基层,倾听群众心声,政府工作更加透明务实高效。物价、新闻、海事、航道、气象、粮食、盐务、石油、工会、档案、人防、边检、国检、侨务、地方志、红十字、共青团、文学艺术、妇女儿童、民族宗教、邮电通信、防震减灾、行政学校、发展促进、群众工作、关心下一代、机关事务服务、援藏援疆、南北挂钩等各项工作都取得了新成绩。

各位代表,“十二五”期间我市经济社会发展所取得的成就,是上级党委、政府和市委正确领导,市人大、政协监督支持,全市人民精诚团结、务实奋进的结果,也是政府各部门扎实工作、高效服务的结果。在这里,我代表市人民政府向全市人民,向人大代表、政协委员,向民主党派、工商联、人民团体,向离退休老同志,向驻扬部队、武警官兵,向驻扬单位,向所有参与、支持和关心扬中建设与发展的市内外朋友,表示衷心的感谢并致以崇高的敬意!

在肯定成绩的同时,我们也清醒地认识到存在的问题和不足,主要表现在:部分企业运行偏紧、效益下降,融资环境尚未根本好转,互联互保风险还没有彻底化解,质量效益与创新能力还有待加快提升;产业层次偏低,核心竞争力不强,转型升级、结构优化的任务仍很艰巨;城乡管理还存在薄弱环节,居(农)民建房、环境保护、物业管理等方面问题还比较突出,长效机制需进一步强化;政府效能与工作作风还需持续改进,少数部门和工作人员存在懒政怠政现象,张家港河道整治等民生实事未达序时。在今后的工作中,我们将积极研究,努力加以解决。

“十三五”发展目标和总体思路

在认真学习中央、省、镇江市“十三五”规划纲要和广泛征求意见的基础上,市政府编制了《扬中市国民经济和社会发展第十三个五年规划纲要(草案)》,提请本次大会审议。

“十三五”期间,国际形势更加复杂多变,国内环境也面临深刻变革,机遇与挑战并存,我们将积极顺应世界竞争态势,把握经济社会发展新常态,紧紧抓住生产生活方式变革和新一轮科技产业革命的机遇,顺势而为,进一步加快结构调整,推动转型升级,加速经济社会持续健康发展。“十三五”时期,我市经济社会发展总的指导思想是:深入贯彻党的十八大和十八届三中、四中、五中全会及习近平总书记系列重要讲话精神,以“四个全面”战略布局为指引,以加快转变经济发展方式为主线,以改革创新为动力,以绿色发展为引领,以保障和持续改善民生为宗旨,努力将扬中打造成创新驱动的引领区、城乡一体的先行区、宜居宜业宜游的样板区、港产城融合的示范区,推动“最美扬中”建设不断迈上新台阶。

“十三五”时期国民经济和社会发展的主要目标是:

——综合实力。2020年,全市工业经济总量达2000亿元,地区生产总值达760亿元,人均地区生产总值达22万元,经济发展质量和效益明显提升。

——经济结构。形成以先进制造业和现代服务业为重点的产业结构,新兴产业销售占规模以上工业销售比重达70%,服务业增加值占GDP比重达48%。

——科技创新。自主创新体系逐步完善,全社会研发经费支出占GDP比重达3.2%,万人发明专利拥有量达32件,高新技术产业产值占比保持在70%以上,科技进步贡献率达65%以上,全民科学素质达标率达15%以上。

——生态文明。加大环境污染综合治理力度,实施生态保护和修复工程,大力推动绿色发展,主要污染物排放总量持续下降,生态环境质量明显改善。

——城乡统筹。建立高效完善、城乡一体的公共服务体系,城镇化和城市现代化水平进一步提高,新农村建设取得明显成效,城乡发展一体化取得实质性进展,常住人口城市化率达72%,户籍人口城镇化率达65%。

——人民生活。到2020年,城镇、农村居民人均可支配收入分别达6.4万元、3.5万元;城镇登记失业率控制在2%以内,努力实现居民收入增长和经济发展同步、劳动报酬增长和劳动生产率提高相协调。

——社会事业。教育现代化建设水平全省领先,医疗卫生服务体系进一步完善,每千人拥有医生数达2.5人;人均拥有公共文化体育设施面积达3.1平方米;社会救助体系更加完善,城乡基本社会保险覆盖率稳定在99%以上;民主法制更加健全,依法行政能力显著增强,社会管理机制更趋完善,公共法律服务惠及全民,法治建设满意度保持在90%以上。

我们将紧紧抓住重要战略机遇,奋力将美好蓝图变成现实,“十三五”期间重点把握以下五个方面:

第一,践行创新发展理念,更大力度加快转型升级,打造产业竞争优势。积极适应和引领经济新常态,深入实施创新驱动战略,加速项目集聚,做强做大战略性新兴产业,推动制造业向智能化发展、服务业向高端化发展、农业向高效化发展,努力实现有质量有效益的持续稳定增长。

第二,践行协调发展理念,更高水平统筹城乡建设,增强城市承载能力。深入推进新型城镇化和城乡一体化,科学谋划港产城融合的空间格局。建设“智慧扬中”,推动城市更新,加快城市优质资源向农村延伸,建立健全城乡建管体系和公共服务体系,着力彰显宜居宜业宜游的城市品质。

第三,践行绿色发展理念,更严要求加强生态保护,持续改善人居环境。始终不渝推动绿色发展、循环发展、低碳发展,持之以恒实施城乡环境综合整治、水环境治理,严格源头管控和责任追究制度,努力让扬中水更清、天更蓝、地更绿、环境更优美。

第四,践行开放发展理念,更深层次推动改革开放,激发区域发展活力。坚持问题导向,加大重要领域、关键环节的改革攻坚力度,谋求更大改革红利,抢占更多发展先机。积极融入“一带一路”、长江经济带、苏南国家自主创新示范区等国家战略,拓展开放领域,深化国际合作,打造更具活力的开发开放平台。

第五,践行共享发展理念,更宽领域促进民生改善,提高群众幸福指数。重点围绕教育、就业、收入、社保、医疗卫生、食品安全等与群众密切相关的领域,持续加大民生投入,推进公共服务均等化,不断提高改善民生的普惠性和针对性,增强人民群众的安全感和幸福感。

2016年主要工作

2016年,我们将积极适应经济发展新常态,坚持创新驱动,致力改革开放,把握稳中求进的工作基调,抓住机遇,奋发作为。全市国民经济和社会发展的预期目标是:地区生产总值增长8.5%,固定资产投资增长15%,服务业增加值占GDP比重达45%,一般公共预算收入增长8%;城镇、农村居民人均可支配收入分别增长8%、9%。

重点办好以下10件为民实事:

1.加强居家养老服务中心(站)标准化建设,新增标准化居家养老服务中心(站)6家。

2.在大型商场、超市和农贸市场建设食品快速检测室10个。

3.基本完成残疾人托养中心、康复中心和特教中心联建工程。

4.建设省扬中专实训大楼,规划建设幼儿园3所、小学3所,改扩建初中2所。

5.建设市人民医院医技综合楼,启动建设市精神病防治院、妇幼保健院。

6.深化"智慧扬中"建设,实现城镇主要公共区域免费WIFI全覆盖,建设"智慧停车"系统,新增公共停车泊位500个。

7.运营公交主枢纽,新建公交次枢纽站,实现建成区公交站点500米半径全覆盖、全省公交"一卡通"。

8.有序推进"五水联治"工程,启动实施广宁河南侧片区雨污分流改造;建成农村小型污水处理设施14个、管网27公里;建设沙家港闸站,新建(改建)沿江泵站4座、城区排涝站8座。

9.实施238省道改线西来桥段,维修养护238省道八桥段。

10.大力推进"绿色能源岛(太阳岛)"建设,深入实施"金屋顶计划",新建分布式光伏发电装机容量40兆瓦。

围绕全年目标任务,将着重抓好以下六个方面工作:

一、以项目建设为抓手,构建更有效益的产业体系

实施扬中制造提升计划。贯彻落实《中国制造2025》战略部署,培育壮大新兴产业,推进"两化"深度融合,推动制造业创新转型,加快实现"智能制造""精准制造"。引导智能电气行业错位竞争,优化资源配置,增强核心竞争力,抢占智能电网、高铁出海等新兴市场。装备制造业瞄准清洁能源装备生产,加快拓展市场,实现高端竞争。加大区域品牌、行业品牌、企业品牌建设,新增省著名商标8件以上、省名牌产品3个以上,主导制订、参与修订国家标准和行业标准1个以上。重点实施大津清洁能源装备产业园二期、智能化配电网设备等项目,技改投入达100亿元。

转型提升实体经济。深化挂钩联系企业制度,有针对性地开展政府服务、要素协调,政企携手共克时艰。深入落实各项政策措施,放大"营改增"、二三产分离成效,规范企业税负,培植涵养优质税源。贯彻有关降低实体经济成本的要求,及时落实降低企业成本的行动方案。加快企业上市步伐,新增10家企业上市,企业直接融资规模占比达12%。引导企业抢抓"互联网+"机遇,加快线上线下融合,推进业态创新和商业模式创新。积极运用市场、经济、法治手段化解过剩产能,坚决淘汰落后产能,对少数资不抵债、扭亏无望的企业加快兼并重组步伐,妥善安置企业员工,盘活存量发挥应有效益。积极鼓励和支持企业"走出去",开拓国际市场,力争外贸进出口增长15%以上。

推进港产城融合发展。积极融入"一带一路""长江经济带"等战略,调整完善扬中港区规划,优化港口功能布局,健全通关机构。发挥岸线资源优势,加快岸线资源合理、有序利用,提高招商选资水平与层次,全年力争引进10亿元以上项目10个,实际利用外资1.3亿美元。实施润华物流、北斗智慧长江服贸融总部等项目,搭建推进开发区临港园区、科技创新园等载体,集聚壮大临港产业。

推动现代服务业做优做特。优先发展研发设计、能源管理、信息化服务、检验检测等行业,提升省配电设备产品质量监督检验中心等机构服务能力,推动生产性服务业专业化。创新发展现代商贸、现代物流、专业市场、城市综合体等业态,积极推进金源时代购物广场、红星国际生活广场、纺织品市场、苏瑞大市场、欧尚超市等项目建设,实现多元化的消费性服务。鼓励和扶持发展特色旅游、休闲度假、养老养生等产业,加快建设际华园、雷公岛高端旅游度假区等项目,提供便利化的生活性服务。以园博园、奥体中心为载体,积极引进各类文体赛事活动,办好河豚文化节。探索应用"文化+"的发展新模式,培育壮大新兴文化产业。

二、以创新创业为驱动,增添更富活力的发展要素

深入推进大众创业、万众创新。强化政策引导,深化"三证合一、一照一码""多评合一""并联审批",大力清理"红顶中介",优化创新创业环境。实施大学生创业引领、农村创业富民、城镇失业人员创业促进、海外人才引进创新创业等四大行动计划,扶持创业500人,新增城镇就业9500人。完善扶持政策,鼓励创新工场、创客空间等平台建设与发展,建成创业创新公共平台9家,产业楼宇面积达100万平方米,打造低成本、便利化、全要素、开放式的服务平台。

优化园区载体建设。充分放大全国知名品牌创建示范区效应,持续推进"三集"产业园区建设,增强园区吸纳承载能力。支持园区探索体制创新、科技创新、功能创新,争取设立镇江国家高新区扬中园区,高标准建设省高新区、科创中心二期,打造复旦科技园、中兴智慧城市物联网产业园等一批科技园。主动呼应省沿江产业技术创新带战略,支持企业大力开展政产学研合作,引导企业深化研发机构建设,加快研发攻关,提高创新水平,加快形成以创新企业为骨干的创新型企业集群。新建省级以上研发机构8家,规模以上工业企业研发机构建有率达47%。

加快深化改革步伐。进一步优化政务服务,改造政务服务大厅,整合窗口职能,加快实施"三集中三到位"。扩大政府购买公共服务范围,加快政府非行政职能向社会转移。完成公车改革任务,启动实施新一轮出租车更新。积极探索农村集体产权制度改革,筹建农村产权交易平台。全面实施"二孩"政策,持续深化户籍制度改革,提高户籍城镇化水平。加快推进河湖管理体制机制创新改革,有序实施重点水利工程划界确权工作。加快城投公司、绿洲新城等平台资源整合、实体化运作步伐,组建水投集团,合理控制各类债务，有序推进政府债券发行和政府债务置换，鼓励社会资本参与基础设施和公用事业的建设运营。

加强各类要素保障。加快高层次人才队伍建设，引进国家“千人计划”4人，高层次人才(团队)100个。建立政府、银行和担保机构合作机制，引进银行机构2家。进一步抓好“金融生态市”创建工作，完善促进金融机构开展中小微企业金融服务的激励机制，特别是在转贷、担保等方面拿出有效办法，使金融服务实体经济更有成效。推动银企深化互信、抱团取暖，稳步化解企业互联互保风险。树立土地“减量化”思维，积极探索科学用地方式和弹性供地机制，鼓励各类企业向空中和地下发展，提高土地利用率，新增建设用地2100亩，盘活存量土地3200亩。

三、以绿色发展为引领，培育更可持续的发展优势

统筹推进“五水联治”。计划利用8年左右时间，实现5个100%的目标[10]。兴隆污水处理厂承接主城区生活污水，新建西来桥镇工业污水处理厂，建设工人路、翠竹路、文化路等污水收集管网，维修城区污水合流管网40公里，不断提高污水收集处理能力。完成扬子河、绿柳河等水环境治理，整治新扬路、春柳路等低洼易淹易涝片区。沟通明珠湾-联丰港、思议港-红旗河水系，完成小农水重点县、中小河流治理重点县项目。推进坍江治理、堤防除险加固等工程，逐步提升防洪保安能力。修编全市水系规划和蓝线规划，全面落实“河长制”，加强河道管护，营造优良的河港生态景观环境。

着力打造“绿色能源岛”。鼓励党政机关、企事业单位、居民小区应用屋顶分布式光伏发电，积极争创新能源应用全国试点示范。加强光伏行业资源整合、内部挖潜，抢占技术制高点，增强市场竞争力。加速智能电气与光伏新能源集成应用、协同发展，建设“省微电网示范县(市)”。推广应用新能源和清洁能源，实施节能和循环经济项目4个，新坝镇创建国家级低碳示范镇，开发区争创国家级生态工业园区。倡导绿色消费、绿色出行，有序推进新能源汽车运用，逐步构建新能源交通系统。

突出抓好环境保护。严格执行生态红线区域保护制度，建立生态补偿机制，强化环保网格化管理，开展行业性、区域性专项整治，确保污染物稳定达标排放。大力实施“蓝天工程”，加强秸秆综合利用，加快淘汰黄标车，完成燃煤锅炉整治；开展建设工地扬尘集中整治，规范渣土运输车辆管理。推进公园绿地建设和绿化造林，加强滩涂湿地保护、自然生态修复。实施油坊镇新能源产业园西片区环境整治，关闭提升化工企业2家以上，着力解决一批群众反映强烈的热点难点环境问题。

四、以提升品质为导向，打造更具魅力的宜居之城

健全完善规划体系。改革规划管理体制，推进“多规融合”?，建立全市域“规划一张图”应用系统，加快形成统一衔接、功能互补、相互协调的城乡一体化发展规划体系。加快主体功能区建设，优先划定永久基本农田保护红线，优化空间布局，加强耕地保护，合理确定城市开发边界。编制地下管网综合规划，建立地下管线信息系统，探索地下综合管廊建设。

有序推进城乡建设。完善城乡路网，建成新扬南路延伸、新民南路延伸、同心路西延、中电大道北延等道路工程，适时启动雷公岛直达通道建设。有序实施南部新城核心区基础设施，启动建设纬二路、疏港路南延，建成兴港路、疏港路、新材料物流园区连接线。推进“四好农村路”?创建，实施农村公路提档升级和安全防护工程，完成江堤公路维修。推进扬子新村、园丁路等片区旧城改造，实施城东安置房二期、港湾新城二期、幸福花苑三期等城乡安置房工程。完善多元化安置模式，不断提高货币化安置比例，逐步消化房地产库存，稳定房地产市场。

持续提升管理水平。巩固“四城同创”成果，探索万米单元网格管理，升级数字城管系统，健全常态运行机制。积极开展优秀住宅小区创建，提升物业规范管理水平。深入推进交通秩序治理，加强环境卫生、市容市貌长效管理。强化居(农)民建房监管，坚决查处违法违章建设行为。改革城市管理体制，相对集中行政处罚权，推进城市管理重心下移、管理职能向村(社区)延伸。

统筹发展农业农村。依托现代渔业园区，加快万亩特种水产基地建设，重点发展以河豚、刀鱼、江蟹为主体的特色水产养殖，打造长江名贵鱼繁育基地。积极培育新型农民，规范土地流转，扶持发展多种形式的适度规模经营。大力发展“互联网+农业”，推进“一村一品一店”，引领农业走生态、高效、特色、质量、品牌发展之路。完成村(社区)换届选举，拓宽村集体增收渠道，确保村均收入增长8%以上。有序开展农村居民点和美丽乡村建设，建成省“美丽乡村示范点”3个、镇江市“美丽宜居小镇”1个。

五、以民生幸福为目标，完善更加和谐的保障机制

健全社会保障体系。积极推进新业态从业人员、农民工参保，规范灵活就业人员参保缴费政策，全力帮扶低收入困难群体参保，巩固扩大社会保险覆盖面。坚持精准扶贫、精准脱贫，完善“5+1”帮扶体系，力争消除人均纯收入低于8000元的低收入户。完善社会救助体系，大力发展慈善、社会福利事业，引导社会组织、企业等志愿力量参与，促进政府救助和社会救助相结合。

完善提升公共服务。深化课程改革，优化教育布局，建成苏南教育现代化示范区。统筹管理城乡医疗资源，落实分级诊疗和双向转诊机制,加快建设"健康扬中"。整合乡镇卫生院、敬老院资源,推进医养融合,完善养老服务体系。进一步加强基层公共文化服务体系建设,规划建设新文化中心,新建国家青少年曲棍球训练基地、广电塔。办好"社区艺术节""农民艺术节",持续开展"城乡结对、文化共建"、文化"三送"等活动,打造"江洲大讲堂""书香扬中"等文化品牌,创成"2016~2020 年全国科普示范市"。

切实加强社会治理。深化社会信用体系建设,规范民间融资行为,完善"一企一档"信用档案,控制企业信用风险,建设诚信社会。推进社区管理模式创新,严格落实社区事务准入制。加强社会组织培育引导,激发社会组织活力,新增 3A 级以上社会组织 3 家。创新社会治安防控体系,强化群防群治,完善自防自治,不断增强人民群众安全感。加强事中事后监管,全力做好安全生产、市场秩序等方面的监管工作,创建省食品安全城市。夯实基层群众工作基础,健全社会矛盾预警排查、利益诉求、协商沟通机制,引导群众依法合理维权,妥善化解各类社会矛盾。

六、以群众满意为宗旨,建设更高水平的人民政府

深入推进依法行政,全力打造法治政府。牢固树立法治观念,启动实施"七五"普法,运用法治思维和法治方式深化改革、推动发展、化解矛盾、维护稳定。坚持政府法律顾问制度,完善重大行政决策合法性审查和集体讨论决定程序。自觉接受人大法律监督和政协民主监督,高度重视舆论监督和社会监督,高质量办理人大代表建议和政协委员提案。

切实加快职能转变,全力打造高效政府。全面推进信息公开,规范行政权力网上公开透明运行,推进网络问政、网上办事和信息共享,切实保障群众的知情权、参与权、表达权。进一步落实一次性告知、服务承诺、首问负责、限时办结等制度,强化责任追究,严格行政问责,推动政府各项工作提速、提质、提效。

持续狠抓作风建设,全力打造务实政府。严格执行中央、省市相关规定,坚持从严从俭,厉行节约,强化预算刚性约束,严控一般性支出和政府性债务。进一步精文减会,把更多的精力用到服务一线项目、解决重点难点问题上。深化部门绩效管理,加大抓落实和绩效考核兑现的力度,坚决整治各种慵懒散行为,切实做到知实情、讲实话、干实事、求实效,确保政令畅通、执行有力。

始终坚持阳光执政,全力打造廉洁政府。紧紧扎住制度围栏,完善责任审计制度,加大对重要领域、关键岗位的行政监察和审计监督力度,加强国资监管,规范公共资源交易,做到权力在阳光下操作、资金在网络上监管、风险在流程内控制、资源在市场中配置。强化领导干部"一岗双责",管好自己、带好队伍、树好形象,切实做到干部清正、政府清廉、政治清明。

各位代表,扬中正处于承前启后、跨越发展的重要节点。让我们在市委的坚强领导下,在市人大、市政协的监督支持下,振奋精神、攻坚克难、开拓创新、求真务实,为推动"最美扬中"建设迈上新台阶作出新的更大的贡献!

注释:

①"金屋顶计划":为加快光伏产业发展和国家低碳城市建设,利用工业厂房、公共机构和居民屋顶资源建设分布式光伏发电项目的计划。

②"微电网":一种新型电网结构,是由微电源、负荷、储能系统和控制装置构成的系统单元。微电网能够实现自我控制、保护和管理,既可以与外部电网并网运行,也可以孤立运行,是传统电网向智能电网的过渡。

③"三集中三到位":将分散在部门的行政审批、公共服务事项向一个科室集中,审批科室向政务服务中心集中,审批事项向电子政务平台集中;审批事项进驻政务服务中心落实到位,审批窗口授权到位,电子监察到位。

"三证合一、一照一码":将企业登记时依次申请、分别由市场监督管理部门核发营业执照和组织机构代码证、税务部门核发税务登记证,改为一次申请,由市场监督管理部门核发一个加载法人和其他组织统一社会信用代码的营业执照。

"多评合一":将项目建设涉及的节能评估、环境影响评价、碳排放影响评估、安全评价、水土保持方案、地质灾害危险性评估、地震安全性评价等 7 项评估由串联方式调整为并联方式进行。

"并联审批":将企业投资项目涉及几个部门依法需要分别办理的审批事项,按照流程和部门职能,分为前期核准、土地出让、规划设计、工程施工、竣工验收五个环节,分别由发改经信、国土、规划、住建部门牵头并设立统一收件窗口,负责组织实施和推进协调本环节并联审批事项,做到一窗受理、内部运转、同步办理、限时办结。

"四全"服务模式:以"一张图"工程为基础,以全流程优化审批、全区域便民服务、全业务网上办理、全节点效能监察为目标体系的国土资源行政审批服务模式。

④财务"双代理":在不改变村集体经济组织独立核算单位资金的所有权、使用权、审批权、民主监督权和收益分配权的前提下,经村(居)民代表大会同意,实行村级资金、账务委托镇(街、区)村级财务结算中心代理的一种农村集体财务管理模式。

⑤"苏科贷":全称为江苏省科技成果转化风险补偿专

项资金贷款，是由科技部门联合商业银行以低息贷款方式支持科技型企业发展的一种政策性贷款。

⑥“五水联治”：防洪水、治污水、排涝水、引活水、保洁水。

⑦“黄标车”：高污染排放车辆的别称，是未达到国Ⅰ排放标准的汽油车，或未达到国Ⅲ排放标准的柴油车，因其贴的是黄色环保标志，因此称为黄标车。

⑧“三社联动”：以社区为平台，以社会组织为载体，以社会工作者为骨干，以满足居民需求为导向，通过社会组织引入专业资源和社会力量，通过提供专业化、有针对性的服务，把矛盾化解在社区，把多元服务供给实现在社区的一种新型社会治理模式、社会服务供给方式和全新社会动员机制。

⑨“515”项目：市政府2015年度政府工作报告提出的五大任务、十件实事、五十项重点工作简称。

⑩五个100%目标：“治污水”实现城区、集镇及农村居民点100%雨污分流、污水收集的目标；“防洪水”实现江堤100%达标和长久永固的目标；“排涝水”实现100%解决城市内涝问题的目标；“引活水”实现河道100%清淤通畅的目标；“保洁水”实现河道100%长效管理的目标。

“多规融合”：指国民经济和社会发展规划、城镇规划、土地利用总体规划等实现“一个城镇空间，一个空间规划”。

“四好农村路”：建好、管好、护好、运营好农村公路。

“一村一品一店”：在每一个村培育发展一个品牌特色农产品，打造一个农村电子商务平台，促进农产品销售。

“5+1”帮扶体系：市领导、镇街区(部门)、党员干部、企业和经济能人结对低收入家庭的帮扶活动。

文件选编

中共扬中市委　扬中市人民政府
关于加大改革创新力度加快推进农业农村
现代化的意见

扬发〔2015〕1号

各镇党委、政府，各街道党工委、办事处，开发区党工委、管委会，市委各部委办局，市各委办局，各人民团体，市直各单位：

为认真贯彻落实党的十八大，十八届三中、四中全会和习近平总书记系列重要讲话精神，牢牢把握“四化同步”带好头、领好向和力争在全国率先实现农业现代化的战略定位，以农业现代化工程为总抓手，推进新型城镇化和城乡发展一体化，着力转变农业发展方式，扎实推进现代农业建设，不断深化农村改革，持续改善农村民生，全力推动农业强、农村美、农民富，为建设经济强、生态好、百姓幸福、社会和谐的最美扬中奠定坚实基础，根据中央、省相关文件精神，结合我市实际，制定本意见。

一、积极转变农业发展方式，加快现代农业建设

（一）构建现代农业产业体系

1.加快现代农业园区建设。按照“三集”发展要求，推进现代农业园区基础设施建设，完善配套服务功能，进一步提升园区发展层次和产出效益，积极争创国家级现代农业示范区。市财政每年安排100万元专项资金，用于市域范围内所有省级及以上现代农业园区内道路、水利、电力等基础设施建设，各镇(街、区)要加大对相关现代农业园区基础设施的投入。园区内水系改造、泵站建设等农田水利设施建设，优先列入全市年度水利建设计划。土地增减挂钩、农业综合开发等农业基础设施建设项目重点向园区倾斜。

2.大力发展特种水产养殖业。加快现代渔业发展，建设一批高水平的水产品生产基地和健康养殖示范场。对当年新建成面积2000平方米以上，新增工厂化养殖或网箱养殖基地，年饲养鲥鱼2万尾或河豚10万尾的，奖励投资主体10万元；对当年新建成面积1万平方米以上，新增工厂化养殖或网箱养殖基地，年饲养鲥鱼10万尾或河豚50万尾的，奖励投资主体30万元；对当年新增标准化连片池塘100亩以上，从事螃蟹养殖且严格按照技术规程实施的，奖励投资主体1000元/亩。

3.鼓励发展休闲观光农业。充分发挥生态资源优势,发展生态休闲、旅游观光。对当年基础设施、生产设施投入500万元以上(财务支出,下同)且投资强度达5万元/亩,以种植业、水产养殖业为主体,提供科普观光、生产体验、农俗展示等服务的休闲观光农业项目,奖励投资主体10万元。对在沿江区域内连片种植油菜30亩以上的,奖励200元/亩。

4.扶持发展设施蔬菜园艺业。积极推广标准钢架大棚、连栋大棚、智能温室、防虫网和节水灌溉栽培等,不断提升蔬菜园艺生产设施化水平。深入推进万亩秧草产业化工程,市财政每年设立30万元的秧草产业发展专项基金,用于新品开发、市场开拓等。对当年新建标准钢架大棚连片50亩以上的,补贴实施主体1000元/座;对当年新建连栋大棚连片30亩以上的,补贴实施主体5000元/亩;对当年新建智能温室1万平方米以上的,补贴实施主体20元/平方米;对当年新建防虫网连片50亩以上的,补贴实施主体600元/亩;对当年新建喷滴灌设施连片50亩以上的,补贴实施主体400元/亩。

5.加大要素保障力度。对高效设施农业用地,凡不破坏耕作条件的,按农业用地管理;现代农业园区建设中的管理、仓储用房以及配套服务等附属设施用地,按照农村集体建设用地管理,但不得超过农业项目用地指标的3%。现代农业园区内道路、供电、供气、给排水、通信等公共基础设施建设过程中涉及的各类行政事业性收费,参照《关于进一步加快开发区和各工业集中区建设的意见》(扬发〔2008〕12号)执行。对果场(冷库用电除外)、花圃(电加热)、蔬菜种植、水产养殖(池塘抽水、灌水用电除外)、农田排涝灌溉、部分农产品初加工等用电,按照苏价工〔2000〕346号、苏价工〔2007〕46号、苏价工〔2008〕350号和苏价工〔2013〕427号文件规定,按农业用电价格计算。企业从事农、林、牧、渔项目的所得,可以免征、减征企业所得税;农产品初加工享受免征企业所得税优惠政策。

(二)加快培育新型农业经营主体

6.引导农业适度规模经营。充分尊重农民意愿,有序发展土地集中型适度规模经营,加大对粮食生产规模经营的扶持力度,让农民成为土地流转和规模经营的积极参与者和真正受益者。出台全市引导土地流转的实施办法,坚持农地农用,严防土地流转“非农化”。对当年新增连片流转承包田100亩、合同期5年以上发展高效农业项目或按“六统一”专业化服务模式实施粮食生产的行政村(社区)奖励3万元,每增加50亩再奖励1.5万元。

7.积极发展家庭农场。重点培育以家庭成员为主要劳动力,以农业为主要收入来源,从事专业化、集约化农业生产的家庭农场。对经工商注册登记,从事蔬菜或粮食种植,面积达到100亩以上,且当年基础设施、生产设施投入100万元(粮食类30万元)以上,有完整财务收支记录,运行管理规范的家庭农场,奖励5万元。

8.积极探索新型集体经济有效实现形式。支持农民土地股份合作、社区股份合作等多种形式的合作组织加快发展,对农户以土地承包经营权入股,入股面积500亩以上,章程完善、制度健全、管理民主、分配合理、运行规范的农民土地股份合作社,奖励10万元。

9.扶持发展农业龙头企业。加大对开放型农业的政策扶持,提高农业利用外资水平,促进农业企业做大做强,提升农业产业化水平。对新办外资农业企业,实际到位注册资本100万美元以上且当年完成投资500万元以上的奖励6万元;实际到位注册资本200万美元以上且当年完成投资1000万元以上的奖励10万元。对首次被评为国家级、省级、镇江市级的重点农业龙头企业,分别奖励20万元、10万元、2万元;对当年注册为地理标识产品的企业,奖励5万元。

(三)提高农业物质装备和信息化水平

10.加快农业机械化步伐。加强农机与农艺融合,统筹推进农产品产前产中产后装备建设,突出推广水稻机插秧和小麦机条播技术,提高主要农作物和高效设施农业生产机械化水平。对新购75马力以上拖拉机,根据作业面积补贴15元/亩,每台限补2年,每年限补7500元。对新购1.1米以上简易育秧播种机补贴1500元/套;对新购乘坐式插秧机,根据作业面积补贴30元/亩,每台限补2年,每年限补7500元;对新购条播机(幅宽1.5米以上),根据作业面积补贴10元/亩,每台限补1年、限补3000元。对新购半喂入式联合收割机(带切碎装置),根据作业面积补贴15元/亩,每台限补2年,每年限补7500元;对新购全喂入式联合收割机(带切碎装置),根据作业面积补贴10元/亩,每台限补2年,每年限补5000元。对新建粮食烘干中心(每座须有3台以上机组)补助12万元/座,每年限补2座。对新购油菜播种(栽植)机,根据作业面积补贴20元/亩,每台限补1年、限补2000元;对新购蔬菜播种机,根据作业面积补贴15元/亩,每台限补1年、限补3000元。

11.强化农业社会化服务。完善农业社会化服务体系,大力推广统一供种、统一机播、统一配方施肥、统一灌溉、统一病虫害防治、统一机收的“六统一”专业化服务模式,推进农业生产全程社会化服务。对当年新组建的植保专业合作社,根据统防统治作业面积,小麦奖励15元/亩,水稻奖励20元/亩。对新建机插秧集中育秧点且单个实际面积达到3亩的，补贴实施主体6000元，每增加1亩再补贴1000元。对首次创成的三星级以上(含三星级)农机服务专业合作社,奖励3万元;对农机服务专业合作社新建300平方米以上的标准化机库,补助10万元,每年限补2座;对新建成的三星级以上(含三星级)农机维修点,奖励1万元。

12.加快发展农村电子商务。推动物联网、互联网金融与农产品实物营销相结合,鼓励农业企业参与镇江“亚夫在线”电商平台建设,对当年加盟“亚夫在线·联盟”或自主建设电子商务平台，且实现网上销售50万元以上的企业奖励2万元,对建成“亚夫在线·联盟”电商基地的企业奖励5万元。

(四)促进农业可持续发展

13.切实加强耕地保护。按照“耕地数量和质量保护并重”和“谁保护、谁受益”的原则,研究制定耕地保护补偿激励机制,主要用于耕地和基本农田的后续管护,实现耕地数量不减少、耕地质量不降低。

14.提升农产品质量水平。大力发展优质农产品,对当年新申报获得无公害、绿色、有机认证的农产品,且生产记录完整的,每个分别补助3000元、5000元和1万元。

15.加强农业废弃物综合利用。加强农业面源污染综合治理,推进农业废弃物综合利用,保护农业生态环境。对新购大中型秸秆还田机,根据作业面积补贴4元/亩,每台限补1年、限补1000元;对新购秸秆抛撒装置补贴1000元/台;对当年改装秸秆切碎装置(切草刀加密)补贴1000元/套;对新购秸秆编织机械补贴500元/套。对加工销售秸秆固化成型成品(含编织草绳、秸秆制肥、压缩成燃料饼等),年秸秆利用量达100吨以上的,奖励50元/吨。鼓励规模养殖场开展畜禽粪便治理减排,对当年通过省级认定治理减排达标的,奖励2万元;支持畜禽粪便有机肥商品化利用,对当年设备投入200万元以上并投产运行的，奖励投资主体1万元。

二、深化农村综合改革,激发农村发展活力

16.稳妥推进农村集体产权制度改革。研究制定推进农村集体产权制度改革的意见,稳步开展农村集体资产产权登记。按照承包地块、面积、合同、证书“四到户”和承包地面积、合同、登记簿、证书“四相符”的要求,扎实做好农村土地承包经营权确权登记颁证工作,今年5月底前基本完成工作任务。

17.加快农村产权流转交易市场建设。年内建成市级农村产权交易平台,建立完善镇村服务和管理网络,开展农村土地承包经营权等权属流转交易的信息公布、交易鉴证等工作。对新设立并正常运行的镇级农村产权交易平台,奖励10万元。

18.创新农村金融服务。主动适应农村实际、农业特点和农民需求,推进农村金融改革创新,稳妥开展农村土地承包经营权和农民住房财产权抵押质押融资,市财政根据贷款金额给予金融机构2‰的奖励。鼓励担保公司加大对新型农业经营主体的贷款担保服务力度,市财政根据贷款担保额度给予6‰的奖励。

三、加快新型城镇化建设,促进城乡统筹发展

19.加快新城镇建设。转变政府举债、平台融资等传统融资路径,鼓励采取PPP模式(公共私营合作制)等新型融资模式,加快推进主城区建设,做强楼宇产业等城市经济业态,进一步完善城市功能,提升城市品质;稳步推进南部新城建设,加快基础设施、安置项目及民生工程建设,打造生态宜居、产城融合的新型城镇化示范区。

20.推进农村新社区建设。以开展省级“美丽乡村”项目建设为契机,积极引导农民集中居住,提高农村新社区和居民点建设水平。从2015年起,对城市建成区以外的行政村(社区)自行投资新建的规划居民点,完成“七通一平”基础设施建设,累计300户以上且入住率达到80%的,一次性奖励50万元。

21.加快发展村级集体经济。鼓励各镇(街、区)在市规划建设的“三集”产业园区设立富民产业园,供行政村(社区)统一建设物业用房。对年经营性收入100万元以下的行政村(社区)盘活存量资产或在“三集”产业园区新建、购置的物业用房,并办理不动产权属登记的,市镇两级财政按照验收面积分别给予200元/平方米的补贴。对年经营性收入100万元以下的行政村(社区)出租物业用房收入相关税收,地方留成部分实行全额补贴。对村集体建设物业用房的,行政事业性收费一律按下限减半征收。

22.美化城乡人居环境。进一步完善村级公共服务“八位一体”运行维护机制,推进城乡公共服务均等化(具体奖补办法另行制定)。扎实开展村级公共服务运行维护标准化试点,提升农村公共服务运行维护的标准化、精细化水平。启动实施防洪水、治污水、排涝水、引活水、保洁水“五水联治”,有效改善城乡水环境(具体实施办法另行制定)。

四、附则

23.本意见中的所有农业项目奖项均不重复奖补,凡当年享受市本级以上财政资金投入的,抵减奖补金额。

24.强化工商资本租赁农地的准入和监管,擅自改变土地农业用途的,不得享受本意见扶持政策;农业项目内存在违章违法建设或项目位于城市、集镇规划控制区范围内的,不得享受本意见扶持政策。

25.本意见自下发之日起执行,过去有关政策与本意见不一致的,以本意见为准。

2015年4月28日

中共扬中市委　扬中市人民政府
关于加快推进金融改革创新的意见

扬发〔2015〕3号

各镇党委、政府，各街道党工委、办事处，开发区党工委、管委会，市委各部委办局，市各委办局，各人民团体，市直各单位：

为贯彻落实中央、省委、镇江市委关于全面深化改革的文件精神，加大金融改革创新力度，促进金融与经济互利共赢，充分发挥金融服务实体经济的重要作用，推进全市经济持续健康发展，现结合我市实际，提出如下意见。

一、指导思想和总体目标

（一）指导思想。以邓小平理论、“三个代表”重要思想和科学发展观为指导，认真贯彻落实党的十八届三中、四中全会精神，充分发挥市场在金融资源配置中的决定性作用，努力走出一条具有扬中特色的金融改革创新之路，着力健全金融组织体系，推进金融创新发展，优化金融生态环境，维护金融稳定，实现金融与经济、社会的互动和谐发展。

（二）总体目标。进一步加强金融的要素支撑作用，到“十二五”期末，实现税费超亿元，直接融资占社会融资总量比重达30%以上；到2020年，金融机构达20家以上，金融网点达92个以上。金融机构服务主导产业、科技创新、文化产业、小微企业和“三农”的能力显著提升，在创新能力、机构类型、服务网络、管理水平和综合实力等方面全面发展，民间金融规范健康发展，支持经济结构调整和薄弱领域取得实效，形成具有一定比较优势的地方金融组织框架，基本建立与“最美扬中”相适应的现代金融服务体系。

二、完善金融市场体系，促进包容性金融发展

（一）增强地方法人金融机构核心竞争力。支持扬中农商银行、恒丰村镇银行增资扩股，不断提高民间资本持股比例，提高资本充足率，2015年年底前，市农商银行股本金增至4亿元，恒丰村镇银行股本金增至2亿元。加强完善地方法人金融机构治理结构和内控体系，健全“三会一层”治理运行机制，合理分配决策权、经营权和监督权，科学确定发展目标，成为资本充足、运营安全、服务和效益良好的现代金融企业。

（二）培育发展小型融资机构。立足小微金融，规范管理，壮大实力，在农村小额贷款公司乡镇全覆盖的基础上，积极发展科技小额贷款公司、典当行、融资性担保公司等新型金融市场主体，积极落实风险补偿、风险拨备税前列支、呆账核销等扶持政策；对符合条件的担保机构实施风险补偿，小额贷款公司信贷业务、司法诉讼等，参照金融机构管理。

（三）积极引进金融机构。进一步加大金融机构落户的政策扶持力度，重点争取设立华夏银行、兴业银行、广发银行、南京银行、招商银行等机构，鼓励新设金融机构到基层设立网点。推进有实力的保险、证券、期货机构设立分支机构，争取商业保理公司、信托投资公司、财务公司、风险投资基金、创业投资基金等非金融机构落户。

三、加强金融支持经济转型升级，实现信贷政策与产业政策有机结合

（四）确保重点领域资金需求。开展多层次政银企对接活动，引导资金投向产业升级、技术改造项目，优先争取国家政策性银行贷款。支持新型城镇化建设，积极探索发行一般责任债券和项目收益债券等市政债，推广运用PPP模式，广泛参与保障性安居工程、城市管网等公共服务基础设施建设，拓宽融资渠道。

（五）积极推进金融产品创新。鼓励金融机构创新金融产品，推广助业贷、联保贷款、国内贸易信用项下融资、续贷无缝对接等特色产品，满足小微企业多元化的融资需求。引导金融资源向科技型小微企业集聚，实行“常年受理、每月申报”，扶持企业迅速成长。不断扩大“苏科贷”风险补偿资金池，2015年贷款规模达1亿元。

（六）着力破解融资难、融资贵问题。各金融机构应及时贯彻落实促改革、稳增长、惠民生的各项金融举措，逐步取消或减免相关融资费用，严禁随意提高利息，切实降低企业融资成本。加大对光伏等行业的支持力度，紧密对接国家支持光伏行业发展的金融政策，帮助光伏企业参与国开行重点支持的分布式光伏示范区项目，开展创新金融服务试点，快速抢占国内分布式光伏发电项目市场份额。充分发挥支持性财税政策的引导作用，不断加强拓宽融资渠道补贴、强化资金保障补贴等正向激励措施。

四、提高金融服务水平，完善小微企业金融支持机制

（七）引导信贷投放向小微企业倾斜。充分发挥货币政策工具的运用绩效，充分运用"微刺激"政策，将"定向降准"释放资金、支农支小再贷款、再贴现等资金，配置到小微企业和"三农"等重点领域和薄弱环节。将小微企业信贷绩效纳入差别存款准备金动态调整范围，健全金融支持小微企业风险专项奖补制度，充分发挥财政资金的"杠杆作用"。当年新增贷款更多投向实体经济，确保小微企业贷款增速不低于平均贷款增速、小微企业贷款增量不低于上年。

（八）拓宽小微企业融资渠道。以政府为主导，进一步扩大风险缓释基金，推动符合条件的小微企业发行短期融资券、中期票据和集合票据等非金融直接债务融资工具；加强对上市后备企业的辅导，推进企业在主板、创业板、"新三板"上市融资进程，实行"一对一"帮扶，制定"一企一策"政策，加速形成资本市场的"扬中板块"。

（九）完善小微企业担保机制。适时增加小微企业还贷周转资金规模，为符合续贷要求、资金链紧张的小微企业提供优惠利率周转资金；扩大现有担保机构实力，在国有股占70%的前提下，吸引民间资本股，放大担保倍数，逐步减少企业互保现象，2016年市投资担保有限公司注册资本增至2亿元。推动担保机构加入省再担保体系，有效分散担保风险，促进金融机构与担保机构开展风险共担的合作模式。放大装潢商会互助担保基金效应，推广行业互助担保基金模式，形成互助共济的担保新途径。

（十）完善小微企业金融服务体系。继续开展"小微企业金融服务升级扩面三年计划"，开展"金融创新、服务创优"小微企业金融服务主题竞赛活动。建立小微企业政银企服务信息发布平台，定期发布小微企业项目和融资需求，强化信息沟通。加快小微企业信用辅助系统建设，及时更新电子信用档案，形成具有扬中特点的信用评价体系。

五、推进普惠制金融发展，改善民生金融服务

（十一）加大对新型农业经营主体的金融支持。充分发挥农户和农村经济合作组织信用信息系统功能，建立家庭农场信用档案，定期信息发布，推动涉农金融机构与家庭农场、专业大户、专业合作社和农业产业化龙头企业等开展"一对一"支持。紧扣农村土地承包经营权确权登记颁证试点，积极推进农村土地承包经营权抵质押融资，形成扬中特色的金融支农抵押模式，同步筹建市级农村综合产权交易平台，建立完善镇村服务和管理网络。

（十二）优化农村地区金融服务。加快推进农村金融综合服务站建设，ATM机布放进一步向社区（村）延伸，争取到2015年，农行、扬中农商银行等金融机构实现行政村全覆盖。加大金融扶贫力度，逐步放宽小额担保贷款对象、范围限制，壮大规模。

（十三）支持农村青年创业就业。继续开展"农村青年信用示范户"创建工作，加强信贷扶持，确保示范户数量逐年增加，到"十二五"末，授信金额达1.8亿元。对获得国家级、省级、市级模范称号的"农村青年信用示范户"，按照30%、20%、10%的比率分别给予贷款利率下浮；对符合小额担保贷款条件的纳入小额担保贷款，由财政贴息；对其余有信贷需求的，通过支农再贷款等形式，以低息提供信贷支持。

（十四）提升外汇管理服务水平。加强法人银行结售汇综合头寸的监测和管理，推进符合条件的中小法人金融机构合作办理远期结售汇业务。进一步提高跨境投资便利化程度，对境外投资开办企业实行以备案制为主的管理方式。积极探索外商投资企业外汇资本金意愿结汇等改革举措。

六、加强信用体系建设，优化金融运行环境

（十五）加强社会信用体系建设。大力推进诚信扬中网、企业信用信息数据库和个人信用信息库建设。开设"诚信红榜""失信黑榜"，集中发布守信和失信典型；建立"一企一档"信用档案，汇集企业在政府所有部门以及水电气等公共服务行业产生的信用信息并及时更新调整。开展农村信用体系试验区建设，不断丰富农村信用体系内涵，强化措施，确保辖区农村金融稳定安全。

（十六）积极化解担保链风险。坚持废弃过度联保，避免新生风险，防止蔓延、扩散原有风险的原则，建立政府协调、银行、企业、部门共同配合的化解担保链风险协调机制。加强对担保企业监测，及时防范担保风险，主业经营良好、暂时出现资金链紧张，或由于涉及担保、个别银行抽贷导致资金周转困难的企业，涉险银行要不抽贷、压贷、更不能采取法律诉讼等手段，并积极灵活给予企业办理转贷。提高企业直接融资比例，增强风险意识，开展担保风险评估，探索建立互助性质的风险共同基金代替互保。积极推动产业集中和重组，防范系统性银行坏账发生，遏制连环担保对区域经济的破坏性作用。

（十七）加强征信管理工作。加快人民银行金融信用信息基础数据库建设，完善信用信息查询和应用制度，推动企业和个人信用报告在金融服务、市场监管、公共服务等领域的综合运用。推进行业信用信息平台建设，加强实现各行业信用信息与金融信用信息基础数据库的网络连接和信息交换。重点加强《征信业管理条例》等宣传，充分利用网络、新闻媒体等宣传平台，在全市营造"守信光荣、失信可耻"的氛围。

（十八）加强金融消费者教育和权益保护。全面推行金融主管部门政务公开,加强金融行业自律,强化金融消费维权分会投诉处理、纠纷调处、市场秩序治理机制和稽查手段。健全金融业诚信体系,建立对违法违规金融机构和金融从业人员的信息公开披露制度。开展针对金融机构落实收费政策情况的专项检查,切实整治不合理收费行为。大力普及金融知识,开展中小学基础金融知识教育。完善投资者适当性管理制度,督促金融市场主体加强信息披露和消费者投资风险提示,不断提高金融消费者的风险意识和识别能力。

(十九)创新金融人才引进和培养举措。聘请市政府金融发展顾问,为金融改革发展出谋划策。建立金融人才双向交流机制,推动建立金融监管部门、金融机构与地方政府干部双向挂职交流机制;加大与财经院校合作,建立党政干部金融知识培训制度。制定落实各类金融人才引进激励政策,通过市场手段,采取载体整体引进、团队集体引进、核心人才带动引进等多种方式,引进高层次金融人才,打造一支熟悉现代金融业务,善经营、会管理的人才队伍。

七、维护地方金融稳定,防范和化解金融风险

(二十)加强金融生态长效机制建设。巩固"金融生态优秀县"创建成果,完善金融稳定工作联席会议制度,突出金融风险监测重点,实行金融生态动态管理。严肃查处金融机构违规和不正当竞争行为,坚决遏制和依法打击逃废金融债务等违法违规行为。严厉打击高利贷、非法集资和非法交易等违法行为;加强对信用中介机构和涉高利贷企业、个人的监控。

(二十一)完善县域稳定协调机制。完善金融稳定协调机制,积极协调处置大型企业资金链、企业互保担保圈(链)断裂引发的债务危机,逐步缓释风险,保护金融债权。健全金融风险监测、评估、预警和快速反应机制,不断完善金融突发事件应急处置预案,完善重点企业担保监测制度,适时监测"60强"工业企业担保情况;制定贷款形态调整会商制度,加强对企业贷款风险把控;强化对企业授信总额联合管理和对重点企业异地贷款备案管理,引导企业持续稳健经营;进一步规范投融资平台运作,加快形成"规模可控、权责明确、偿债有序、监管有力"的政府性资金平衡和投融资平台公司管理体系,确保融资平台公司在安全边界内运行。

(二十二)建立健全与地方经济发展相适应的金融监管体系。各金融机构必须顾全大局、统一行动,在属地政府统筹协调下,配合开展相关工作,共同应对企业融资风险。各镇(街、区)按照属地管理原则,充分发挥在企业融资风险监测、防范、化解和处置过程中的牵头、指导和协调作用,与有关部门、司法机关密切配合,多措并举,妥善应对。市金融办要完善制度,加强能力建设,将地方金融管理工作的重点从争取资金投入转为监管、协调和服务,突出稳定职能,牵头召开企业融资风险监测预警联席会议,负责监测企业向小额贷款公司借款不能按时清偿等情况,参与做好涉及小额贷款公司风险的协调化解处置工作。

八、加强组织领导,完善工作协调机制

(二十三)建立工作协调联运机制。建立市金融改革创新工作联席会议制度,及时研究解决全市金融改革创新中遇到的难点问题。联席会议办公室设在市金融办,具体负责细化金融改革创新工作目标,明确重点任务和职责分工,督查落实金融改革创新政策措施,协调推进全市金融改革创新工作。

(二十四)完善评价激励约束机制。设立"扬中市金融改革创新奖",围绕金融改革创新,采取重要举措,推进社会经济发展,对各类金融市场主体进行综合评价,每年予以奖励。构建全市金融机构改革创新工作绩效评价体系,对评价较高的金融机构,在货币政策工具使用、差异化监管、财政性存款、风险补偿等方面给予政策倾斜。

2015年1月4日

中共扬中市委　扬中市人民政府
关于健全完善现代市场体系的实施意见

扬发〔2015〕4号

各镇党委、政府,各街道党工委、办事处,开发区党工委、管委会,市委各部委办局,市各委办局,各人民团体,市直各单位:

为深入贯彻落实党的十八大、十八届三中全会和省市关于全面深化改革的决策部署,加快建设和不断完善统一开放、竞争有序的现代市场体系,充分发挥市场在资源配置中的决定性作用,进一步激发市场主体活力、促进经济转型升级,制定如下意见。

一、总体要求

(一)指导思想

以市场化和法治化为取向，以培育发展要素市场为重点，以体制机制创新为动力，建立公平开放透明的市场规则，消除市场壁垒，完善价格机制，形成政府部门监督管理、市场主体公平竞争、中介组织规范服务的市场运行格局，促进要素自由流动，提高资源配置效率，推动我市经济转型升级和持续健康发展。

（二）基本原则

坚持市场主导。充分发挥市场在资源配置中的决定性作用，强化市场主体地位，推动资源配置依据市场规则、市场价格、市场竞争实现效益最大化和效率最优化，着力激发市场主体的内在活力。

坚持简政放权。更好发挥政府作用，坚持运用法治思维和法治方式履行政府职能，把该放的权力放开放到位，把该管的事管好管到位，建立公平开放透明的市场规则，加强事中事后监管，实行宽进严管，保障市场主体权利平等、机会平等、规则平等。

坚持创新驱动。充分吸纳运用现代先进理念、科学管理模式、领先先进技术，引导、支持各类市场主体竞相发展，促进资源高效配置，市场深度融合，要素有序自由流动。

坚持民生优先。牢固树立问题导向，以民生改善作为完善现代市场体系的落脚点，科学把握全面推进与重点突破、系统设计与先行先试、积极创新与防范风险的关系，推进各类市场主体稳健发展。

（三）主要任务

加快建设布局合理、功能完备、制度健全、特色鲜明、体现现代化水平的商品市场体系。健全完善多层次资本市场，大力发展技术市场，逐步建立城乡统一的建设用地市场，加快形成城乡一体的人力资源市场，积极培育并规范发展中介服务市场。着力构建适应经济社会发展需求的要素市场平台和网络，完善基础设施，健全法规制度，优化市场建设发展环境。到2020年，基本形成企业自主经营、公平竞争，消费者自由选择、自主消费，商品和要素自由流动、平等交换，统一开放、竞争有序的现代市场体系。

二、建立公平开放透明的市场规则

（四）实行统一的市场准入和退出制度。坚持“非禁即入”的原则，对列入禁止和限制投资经营清单以外的行业、领域、业务等，允许各类市场主体依法平等进入；严格执行江苏省《政府核准投资项目管理办法》，缩减核准范围、减少审批环节。坚持“宽进严管”，发挥市场择优劣汰作用，优化企业兼并重组环境，采取经济、法规、行政等多种手段，淘汰落后产能，化解过剩产能，引导、倒逼相关企业“关停并转”。

（五）推进工商注册制度便利化。放宽注册资本登记条件，全面实行认缴登记制。放宽市场主体住所（经营场所）登记条件，明确申请人提交住所（经营场所）合法使用证明即可予以登记，允许“一址多照”，积极探索“一照多址”。推行电子营业执照和全程电子化登记管理，为市场主体就近登记、移动登记、远程登记提供便利。改企业年检制度为年度报告公示制度，企业按照规定要求编制经营状况年度报告书，在全国企业信用信息公示系统平台予以公示，并通过建立企业年度报告公示内容抽查制度和经营异常名录制度，强化综合监督。

（六）加强统一的市场监管。全面清理妨碍统一市场和公平竞争的各种规定和做法，严禁和惩处各类非法违规的地方保护、行业垄断和不正当竞争行为。着力构建市场监管长效机制，推进工商、质监、食品药品、检验检疫、文化、知识产权等部门加快改革和业务创新，公开行政权力清单，依法公开权力运行流程和市场监管执法信息。整合执法主体和相对集中执法权，推行综合执法，着力解决权责交叉、多头执法问题，构建权责统一、权威高效的行政执法体制。建设统一的市场监管信息平台和完善的行政执法规范体系，充分发挥行业协会商会的自律作用、市场专业化服务组织以及公众和舆论的监督作用，形成政府负责、部门协同、行业规范、公众参与的市场监管格局。

三、完善市场化取向的价格形成机制

（七）进一步放开价格管理权限。认真落实国家、省市简政放权措施，提高透明度，接受社会监督。全面梳理并公布价格行政权力目录清单，逐步放开房地产、会计、税务、审计、委托性质量产品监督检验、专利代理等经营服务性收费管理，放开民办学历教育收费管理，放开政府主办以外的养老机构服务价格、非公立医疗机构提供的医疗服务和医院制剂价格。积极开展收费政策效应评估，全面清理规范行政事业性收费。贯彻落实《江苏省经营服务性收费管理暂行办法》，规范垄断行业经营服务收费行为。

（八）深化重点领域价格改革。完善水价形成机制，稳步调整水资源费征收标准，建立差别化征收体系，全面实施城镇居民用水阶梯价格改革，完善污水处理收费政策。加大差别电价和惩罚性电价政策实施力度，推行尖峰电价制度。落实国家非居民用存量气价格调整政策，完善居民生活用气阶梯价格制度。构建环境价格体系，探索制定施工工地扬尘排污收费政策及操作办法，创造条件试行排放指标有偿使用实施办法。

（九）规范市场价格秩序。加大行业整治规范力度，分行业制定价格行为规范。在商贸流通领域推行明码实价并切实加强监管，探索电子商务等新型业态价格行为监管方式。加强商业银行服务价格监管，规范银行中间业务服务收费行为。严厉打击价格欺诈、价格垄断等阻碍市场公平竞争的行为，畅通消费者和经营者举报渠道并提供制度保障，打造“12358”价格举报信息平台。扎实推进价格信用体系建设，建设价格信用信息数据库，强化经营者价格自律，增强诚信守法意识，整顿规范市场价格秩序。

四、提升商品市场发展水平

（十）完善市场布局。科学编制全市商品交易市场布局规划，引导各类市场合理布局、门类配套、有序竞争、协调发展。着眼服务我市主导产业和优势产业，培育一批综合与专业、批发与零售、产地与销地融合联动的商品交易市场，促进现代服务业与先进制造业良性互动。合理布局并加快建设运输、仓储、配送等物流服务载体和平台，推进商流、物流、资金流和信息流顺畅对接。完善社区商业网点配置，新建社区商业和综合服务设施面积占总建筑面积比例不低于10%。

（十一）优化市场结构。按照环境整洁、设施完备、检测严格、管理规范的要求，做大做强一批规模市场，做优做精一批专业市场，进一步强化大宗生产资料专业市场以及工程电器、纺织服装、家具、钢材、建材等商品专业市场的品牌效应，不断提高产品质量和商场层次，强化全系列、广覆盖、高信誉的特色优势。

（十二）强化市场功能。大力提高商品市场信息化水平，用信息技术推动交易方式创新。大中型流通企业要逐步实现采购、营销、物流配送、服务管理全过程的自动化、网络化、数字化；促进中小流通企业应用和普及成熟的商业信息技术。高度重视商品市场的标准化建设，加速推进仓储、运输、包装、代码等标准化，特别是对食品、药品等关系人民群众健康安全的重要商品，加快实施质量安全、质量等级、计量、包装标识的标准化。推动现有市场兼并重整，支持围绕完善市场体系建设物流中心、检验检测中心、融资服务中心、信息汇集等公共服务平台。

（十三）支持业态创新。大力发展网络交易模式，推广线上批发、零售、拍卖、代理等现代新型经营交易方式，推进线上线下、有形市场与无形市场的融合发展，加快传统贸易方式转型升级步伐。加快发展电子商务，培育一批电商企业做大做强。运用信息网络等高科技手段，强化市场的信息集中和传导能力，发展网上购物、电视购物、物流配送、在线支付等新兴业态，不断提升商品市场的信息化、现代化水平。

五、健全完善多层次资本市场体系

（十四）推进股权融资。支持具备条件的大型企业在主板上市，支持高成长性、高科技含量的科技型中小企业在中小板、创业板上市，支持创新型、创业型中小微企业在全国性股份转让市场上市，支持各类企业创造条件到境外市场上市，持续提高本土企业证券化率。

（十五）规范发展债券市场。建立健全地方政府债券制度，有序发展债券融资，逐步扩大企业债、公司债、中期票据、短期融资券、中小企业私募债等发债业务总量，形成多层次、多渠道、多方式债券融资体系。认真研究中小微企业债券品种，用好小微企业私募债、中小企业集合债和小微企业增信集合债等融资工具。积极探索债贷组合、项目收益债等直接融资新模式，降低融资成本。探索通过发行市政债券等形式，拓宽新型城镇化和城乡发展一体化投融资渠道。

（十六）创新发展产权市场。鼓励跨行业产权市场互动融合，构建完善的产权市场体系，促进各类资源的资产化和各类资产的资本化、证券化，推动混合所有制经济发展。探索开展节能量、碳排放权、主要污染物排污权和水权等资源、环境产品交易。按照试点先行、循序渐进、注重实效、规范运作的原则，加强本市产权交易市场建设，积极建设符合本市实际情况的农村产权流转与交易市场。

六、加快发展技术市场

（十七）加强技术市场制度建设。根据《江苏省技术市场管理条例》，研究制定本市技术市场管理办法。完善技术合同认定制度。探索开展科技金融政策先行先试创新实践试点。健全技术创新市场导向机制，打破行政主导和部门分割，研究制定主要由市场决定项目优先、政策支持和成果评价机制，强化企业在技术创新中的主体地位。

（十八）增强技术市场服务能力。建立面向社会、覆盖全市的技术交易服务平台，发展研发设计、创业孵化、知识产权交易、科技投融资等服务业态。培育各类科技中介服务机构，制定指导意见及扶持政策，引导其向规范化、专业化、规模化发展，促进企业之间、企业与高等院校科研院所之间的技术流动和技术转移。发挥行业协会的资源优势，组织和引导企业参与技术转移活动，引进投资公司为市场提供资金，推动优势项目的市场开拓与发展。创新技术产权交易模式，加快形成科技金融相结合的产业链条，建立和完善科技投融资体系和风险投资机制。

（十九）推进技术转移和成果转化。构建高效的技术转移通道，健全以企业为主体的协同创新机制，引导支持企业成为 研究开发投入的主体、技术创新活动的主体、创新成果集成应用的主体，全面提升其自主创新能力。立足产业基础，面向发展需求，加强分类指导，提高技术转移机构专业化水平。加强信用管理和品牌建设，建立符合国际惯例的技术市场促进体系和服务管理体系，促进对外交流与合作。制定促进专利技术市场发展的指导意见和交易规则，推动专利权、商标权、版权等知识产权成果快速转化。研究制定知识产权价值评估办法和质押融资管理办法，设立专业评估机构，鼓励社会资本投资知识产权运营领域，探索知识产权货币化、凭证化等融资新机制。

七、积极探索土地市场改革

（二十）建立城乡统一的建设用地市场体系。按照统一部署、系统设计、试点先行、稳步推进的原则，从法制建设、用途管制、确权登记、市场监管和收益分配等方面完善制度，在符合规划和用途管制前提下，允许农村集体经营性建设用地出让、租赁、入股，实行与国有土地同等入市、同权同价。遵循统一规则、建设统一平台、强化统一管理的原则，逐步形成全面开放、竞争有序、规范运行的建设用地市场体系。

（二十一）改革征地制度。完善征地审批、补偿、安置、争议调处裁决等工作机制，进一步规范和约束征地行为。动态调整征地补偿标准，建立土地增值收益分配机制，合理提高个人收益，从社会保障等方面采取综合措施，切实保障被征地农民合法权益。

（二十二）推进土地利用方式转变。按照公开、公平、公正的原则，全面实行经营性用地和工业用地招标拍卖挂牌出让制度，完善和规范土地租赁、转让、抵押二级市场，建立反映市场供求关系和要素资源稀缺程度的价格形成机制。完善工业用地供给政策，提升节地水平和产出效益，探索实行长期租赁、先租后让、租让结合等灵活多样的供地方式，根据产业生命周期在法定有偿使用年期内合理确定工业用地有偿使用年期。结合本地实际情况，建立有效调节工业用地和居住用地的合理比价机制。实施城乡土地综合整治，创新存量建设用地利用和管理制度，充分挖掘存量建设用地潜力，提高其在土地供应总量中的比重。

（二十三）稳步推进农村土地市场化改革。完善农村土地产权管理制度体系，依法界定农村集体用地的土地权属，组织实施确权登记，建设切合农村实际的产权流转交易市场。选择若干试点，稳妥实施农民住房财产权抵押、担保、转让，拓宽农民财产性收入增收渠道。开展农村土地承包经营权确权登记颁证工作，明确土地承包经营权的用益物权属性，探索土地承包经营权抵押、担保权能，逐步建立完成市镇村三级土地流转综合服务平台，制定和完善土地流转工作流程，规范土地流转合同，开展土地流转信息调查，建立土地流转信息库。在充分尊重农民意愿，切实维护其合法权益的前提下，引导有条件地方的农户将集体资产所有权、土地承包经营权、宅基地使用权及住房置换成股份合作社股权、社会保障和城镇住房。保障农村宅基地用益物权，从试点做起，探索建立农村宅基地退出补偿机制。

八、形成城乡一体的人力资源市场

（二十四）深化人力资源市场体制改革。按照统一制度、统一管理、统一服务标准、统一信息系统的要求，统筹规划建设公共就业和人才服务体系，加快人力资源市场整合，明确公共服务的范围、标准、规范及相关流程，促进城乡公共就业和人力资源服务均等化。制定公共服务与经营性服务指导目录，做到职能分开、机构分设、人员分离、管理分类，引导经营性服务机构建立现代企业制度，成为自主经营实体。鼓励公共服务机构与民营、外资品牌服务机构开展合作，大力促进人力资源服务业发展，培育独立于公共服务体系以外的自主经营、诚信守法、服务规范的多层次人力资源市场。

（二十五）加强人力资源市场制度建设。建立健全政府监管、机构公开、行业自律、社会监督的人力资源市场体系。大力推进人力资源市场诚信体系建设，有效规范人力资源市场行为，营造公平竞争的市场秩序。

（二十六）促进人力资源有效配置。建立健全政府宏观调控、市场有效配置、单位自主用人、人才自主择业的体制机制，贯彻国家关于进一步推进户籍制度改革的意见，着力破除人力资源流动的城乡、行业、身份、性别等限制因素。进一步完善人力资源跨区域、跨行业流动的社会保险转移接续办法。重点发展行业、专业性人力资源市场(人才市场)，支持兴办企业家、经理人、海外人才等市场，制定双向挂职、短期工作、项目合作等柔性人才流动政策，为人力资源优化配置提供针对性优质高效服务。

（二十七）发挥市场促进就业创业作用。全面推进人力资源市场就业服务的制度化、专业化、标准化和信息化，构建覆盖城乡一体化的就业服务网络。进一步优化对高校毕业生等重点群体的就业创业服务，全面落实对劳动者的免费公共就业和人才服务、对困难人员的就业援助和对特定群体的专项服务。加强人力资源市场供求信息采集和发布，借助职业介绍平台和供需对接环节，落实就业创业各项扶持政策。

九、规范发展中介服务市场

（二十八）推进现有中介机构改革改制。按照政企分开、政事分开、政府与行业协会及中介机构分开的要求，实施行业协会商会去行政化，推进政府部门与下属中介服务单位在机构、职能、资产、财务、人员等方面彻底脱钩。已设立的中介服务类事业单位要按照事业单位改革要求，稳步实施转企改制。鼓励非公有资本参与国有中介服务机构的资产重组和股份制改造。清理公职人员在中介机构任职兼职，引导中介机构建立健全现代企业制度，健全法人治理结构和市场化运作机制。

(二十九)强化中介服务收费行为监管。严格规范行政审批前置性中介服务收费行为,原则上按收费标准下限减半的优惠政策执行。梳理和汇总国家、省、市明令取消、降低、免征的收费项目、标准,实行中介服务收费目录清单管理。推行和实施企业“付费登记卡”制度,严把企业“付费关”。加强中介服务收费政策提醒,增强中介服务机构的价格自律意识。开展涉企中介服务收费专项检查,严厉查处中介服务收费违规行为。

十、完善现代市场体系建设的保障条件

(三十)切实加强法制建设。加快建立保障市场公平竞争,有利于市场高效运转,与扬中市场经济发展阶段相适应的市场法制体系。按照法治化国际化营商环境要求,清理并废除降低环境保护和能源资源利用效率标准、对外地企业和产品多重检验和超严执法、限定单位或个人购买指定产品和服务、地方保护性财政补贴政策等规定和做法,修正与市场经济体制机制不相融的各种政策制度。

(三十一)加快构建社会信用体系。以打造“诚信扬中”为目标,以制定和完善信用法规制度为保障,以建立信用监督和信用服务两个体系为重点,全面推进社会信用体系建设。按照全国统一的信用信息采集和分类管理标准,建立健全以公民身份号码和组织机构代码为基础的统一社会信用代码制度,积极构建司法、金融、税务、环保、社保缴费、交通违章等方面的信息公示、信息共享和信用约束机制,推动地方、行业信用信息系统建设及互联互通。建立健全信用监管体制、守信激励和失信惩戒机制,实现多部门、跨地区信用奖惩联动,促进各类市场主体守合同、重信用,加快建成覆盖全市企业和个人的信用服务体系。

(三十二)激发社会组织活力。正确处理政府与社会的关系,推进社会组织明确权责、依法自治、发挥作用。将政府社会微观事务管理与服务职能有序转移给具备资质条件的社会组织。加大政府购买公共服务力度,充分发挥社会组织在市场体系建设中促进竞争、推动创新、提供服务、提高资源配置效率的功能和作用。

(三十三)壮大市场建设专业人才队伍。深入实施人才强市战略,加强现代市场体系领域人才队伍建设,采取引进与培养相结合的途径和方式,培育壮大市场建设决策人才、管理人才、经营人才队伍,形成初、中、高级结构合理的人才梯次。建立并实施职业经理人制度,进一步深化用人体制机制市场化改革。探索实施股权激励和企业员工持股,构建科学的薪酬体系和动态的激励约束机制,最大效率地将市场人才优势转化为市场发展优势。

(三十四)加大对有形市场建设的支持力度。优化市场建设投融资环境,重点支持大型交易市场、区域性要素市场、农产品与农村消费品市场建设,鼓励金融机构创新发展融资租赁、商圈融资、供应链融资、商业保理等业务。对纳入规划的大型商品流通项目用地需求予以重点支持,为投资主体利用现有旧厂房、闲置仓库等存量房地产建设商品交易市场和流通设施提供用地便利。允许以租赁方式供应商品交易市场用地,支持依法使用农村集体建设用地发展商品流通业。加快建设为市场体系服务的基础设施,实施综合交通、仓储物流、信息网络等重点工程,着力构建枢纽型、功能性、网络化基础设施体系,强化市场的物流服务、金融服务和信息服务能力,以市场为载体在全球范围内吸纳、集聚资源要素,形成现代化、国际化、一体化的市场发展新格局。

2015年1月4日

中共扬中市委　扬中市人民政府
关于全面推进依法治市工作的意见

扬发〔2015〕14号

各镇党委、政府,各街道党工委、办事处,开发区党工委、管委会,市委各部委办局,市各委办局,各人民团体,市直各单位:

为深入学习贯彻党的十八届四中全会精神,根据《中共镇江市委关于全面推进依法治市工作的意见》(以下简称《意见》),结合我市实际,现就全面推进依法治市工作提出如下意见:

指导思想:贯彻落实党的十八大及十八届三中、四中全会和习近平总书记系列重要讲话精神,坚决维护宪法和法律权威,依法维护人民权益,维护社会公平正义,为推进“最美扬中”建设提供有力法治保障。

工作目标:紧密围绕建设“法治扬中”,推进依法治市各项任务的落实，到2020年，全市依法决策水平、法治政府建设水平、公正廉洁司法水平、社会治理法治化水平、法治宣传教育水平、法治工作队伍建设水平走在省市前列，形成尚法守制、公平正义、诚信文明、安定有序的依法治市新格局。

主要措施：

一、带头维护宪法和法律权威，提高依法执政能力

1.维护宪法和法律权威。全市各级党政机关、各民主党派和社会团体、各企业事业组织和广大人民群众，必须自觉在宪法和法律的范围内活动。各级领导干部应当带头遵守宪法和法律，牢固树立法律红线不能触碰、法律底线不能逾越的观念。积极开展“国家宪法日”活动，认真落实国家工作人员正式就职时公开向宪法宣誓制度。

2.健全宪法法律实施监督机制和程序。市委对各级党组织依法执政情况进行常态化监督。市人大及其常委会依法履行监督职权，强化备案审查制度和能力建设。

3.完善党的领导体制和执政方式。依法规范党政部门及内设机构权力和职能。健全党委和人大依法行使职权、政府依法行政、司法机关公正司法的工作制度。完善基层民主制度。选拔任用法治意识强、善于运用法律方式解决问题的优秀干部。在法治轨道上推进党风廉政建设和反腐败斗争。

4.加强党内法治建设。完善各级党组织决策程序，建立健全决策评估、决策失误责任追究及纠错机制，确保党委决策行为目的合法、权限合法、内容合法、程序合法。

5.加强领导干部学法用法执法守法监督管理。认真开展集中学法活动，积极举办综合性学法报告活动。把宪法法律学习列为党校、行政学校必修课。全面落实领导干部述职述廉述法和干部任前法律知识考试制度，把法治意识和法律素养作为干部日常管理的重要内容。

二、行政机关依法充分履行职责，加快推进法治政府建设

1.加快政府职能转变。进一步理顺和优化市镇两级管理体制，不得法外设定权力。深化行政审批改革，从制度设计上解决跨部门审批环节多、审批手续繁杂、审批时间跨度长等问题。深入推进“政社互动”。

2.完善重大行政决策依法决策程序和机制。严格执行重大决策决定规定，未经或未通过合法性审查和社会稳定风险评估的，一律不得提交讨论、作出决策。建立行政决策监督和责任追究制度，推行重大行政决策实施后评估，建立重大决策终身责任追究制度及责任倒查机制。

3.依法规范行政行为。加强和改善相对集中行政处罚权工作，推进标准化行政执法。完善行政执法与刑事司法衔接的工作机制，建立执法依据定期梳理和公布制度。严格落实行政执法备案制度。

4.强化对行政权力的制约和监督。全面落实行政执法责任制。综合运用多种监督手段，建立常态化监督制度。建立行政执法责任追究制度。建立行政执法监督员制度。

5.深化政务公开和信息公开。依法及时向社会全面公开政府职能、法律依据、实施主体、职责权限、管理流程、监督方式等事项。进一步健全完善行政权力网上公开透明运行机制。

三、维护公平正义，加强司法规范化建设

1.深入推进司法改革。保障审判权、检察权、侦查权依法独立公正行使。建立领导干部干预司法活动、插手具体案件处理的记录、通报和责任追究制度。大力推进主审法官、合议庭、主任检察官、主办侦查员办案责任制。

2.加强司法规范化建设。全面推行司法执法标准化，完善案件评查机制，建立健全司法廉洁制度。改革法院案件受理制度，逐步将立案审查制转变为立案登记制。建立完善提起公益诉讼制度，落实终审和诉讼终结制度。完善司法救助制度和国家赔偿制度。扩大轻微犯罪外来人员管护教育办法试点范围。

3.着力推进司法公开。实行办案质量终身负责制和错案责任倒查问责制。加快审判流程、裁判文书、执行信息公开三大平台建设。推进审判公开、检务公开、警务公开，推行网上立案、网上信访等诉讼服务。健全和规范司法机关与人大代表、政协委员的各项联络制度。完善当事人权利义务告知、群众旁听庭审、司法听证、公开司法拍卖、新闻发布等制度。

4.加强对司法活动的监督。依法加强对各类诉讼的法律监督和对强制措施、侦查手段的司法监督。加强纪检监察和刑事司法办案程序的衔接。定期清理超长期审理和超长期羁押案件。全面深化“一案三防”责任制建设，建立完善法律专家库，认真开展案件评查、执法评议、专项执法检查等监督活动。

四、实施全民普法，努力构建法治文化大格局

1.深入开展普法教育。将法治教育纳入国民教育体系，纳入精神文明创建内容。实行“谁执法谁普法”的普法责任制。建立健全普法教育评估考核和激励机制，相关经费纳入同级财政预算。

2.扎实开展“法律六进”活动。切实加强对重点对象的法制教育，增强公民依法维权意识，健全公民和组织守法信用记录，加强公民道德建设，引导人们自觉履行法定义务、社会责任、家庭责任。

3.加强法治文化建设。因地制宜建设一批法治文化设施，实现法治文化阵地市、镇（街区）、村（社区）三级全覆盖。健全新闻媒体公益普法制度，注重提升广播、电视、报刊、网络等普法栏目的亲民度、感召力。深化网络普法联盟建设，挖掘县域文化资源，创作一批法治文化建设优秀文艺作品。

4.坚持法制宣传教育与法治实践相结合。全面推进法治市、法治镇（街、区）和民主法治示范村（社区）创建活动，深入开展学法用法示范机关（单位）、依法行政示范单位和诚信守法企业、依法治校示范校等创建活动。将法制宣传教育融入法律服务之中，加强12348法律咨询热线建设。加强普法讲师团、普法志愿者组织和法律人才库建设。

五、创新法治建设载体，不断推进社会治理创新

1.坚持社会治理法治化。统筹规划事关社会治理全局和长远的制度建设。深入推进社区居民自治，大力加强基层法治建设，大力推进“阳光村务”。健全流动人口服务管理工作网络和公共服务体系，建立健全特殊人群管理服务机制。健全重大群体性、突发性社会事件的预警应急机制。

2.健全依法维护群众权益机制。健全社会矛盾纠纷解决机制，引导和支持人民群众理性表达诉求、依法维护自身权益。完善人民调解、行政调解、司法调解联动工作体系。将信访纳入法治化轨道，及时化解信访积案。着力办好法治惠民实事。

3.推进公共法律服务体系建设。将法律服务列入政府购买公共服务目录，加强民生领域法律服务，完善法律援助制度，引导法律服务向基层倾斜。积极发展律师、公证等法律服务业，推动法律服务志愿者队伍建设。

4.深化平安扬中建设。加强社会治安综合治理，有效防范影响社会安定的突出问题。依法严厉打击暴力恐怖、涉黑涉恶犯罪、邪教和黄赌毒等违法犯罪活动。进一步健全立体化、现代化治安防控体系，依法强化公共安全预防控制体系，依法落实社会风险和突发事件隐患排查监控责任。进一步健全社区矫正制度，有效预防和减少重新违法犯罪。

六、加强法治工作队伍建设，提供依法治市人才保障

1.加强思想政治建设。坚持把思想政治建设放在首位，加强理想信念教育，不断提高法治工作队伍职业道德水准。将法治人才队伍建设纳入全市人才发展总体规划。健全和落实法治专门队伍政治轮训制度，加强执法、司法机关领导班子建设。

2.提高素质能力和业务水平。加大法律专业人才的引进、培养和聘用的力度。积极落实司法资格等级考试和政法干警执法业绩档案考核等制度。强化政法经费保障，切实加强审判法庭、基层检察室、公安派出所、司法所的建设。充分发挥公职律师、公司律师的作用。

3.严格队伍监督管理。依法规范司法人员与当事人、律师、特殊关系人以及评估、拍卖、鉴定机构等中介组织的接触、交往行为。大力发展公证员、基层法律服务工作者、人民调解员队伍。规范律师职业道德和职业操守，完善律师职业信息公示制度。

4.健全激励保障机制。畅通执法、司法部门干部和人才相互之间以及与其他部门具备条件的干部和人才交流渠道。完善职业保障体系，落实执法、司法干警任用、奖惩、待遇与职务序列和德才表现、工作业绩、能力素质挂钩制度。

2015年3月31日

中共扬中市委　扬中市人民政府
关于印发《扬中市人民政府职能转变和机构改革实施意见》的通知

扬发〔2015〕17号

各镇党委、政府，各街道党工委、办事处，开发区党工委、管委会，市委各部委办局，市各委办局，各人民团体，市直各单位：

《扬中市人民政府职能转变和机构改革实施意见》已经市委、市政府研究批准，现予印发，请认真贯彻执行。

特此通知。

2015年4月17日

扬中市人民政府职能转变和机构改革实施意见

根据《中共镇江市委办公室镇江市政府办公室关于印发<扬中市人民政府职能转变和机构改革方案>的通知》(镇办发〔2015〕5号)的规定，为积极稳妥地做好市政府机构改革的组织实施工作，保证完成各项改革任务，现提出如下实施意见：

一、指导思想和基本原则

（一）指导思想

市政府职能转变和机构改革的总体要求是：高举中国特色社会主义伟大旗帜，以邓小平理论、"三个代表"重要思想、科学发展观为指导，深入学习贯彻习近平总书记系列重要讲话精神，以职能转变为核心，将机构改革和职能转变有机结合起来，大力简政放权、转变政府职能，优化机构设置、理顺权责关系，创新体制机制、提高行政效能，努力建设人民满意的法治政府和服务型政府，为谱写中国梦的扬中篇章提供体制机制保障。

（二）基本原则

1.突出重点。以职能转变为核心，以简政放权为突破口，努力在重要领域和关键环节上取得突破。

2.上下衔接。在市政府机构限额内，统筹推进政府职能和机构调整，与上级政府机构改革相衔接。

3.创新管理。以职能管理为基础，创新行政管理方式，完善政府监管体制，促进全面正确履职。

4.稳妥推进。处理好改革发展稳定的关系，坚持整体把握与重点突破相结合，积极稳妥推进各项改革。

二、加快政府职能转变

把职能转变放在更加突出位置，按照构建权界清晰、分工合理、权责一致、运转高效、法治保障的地方政府机构职能体系的要求，处理好政府与市场、政府与社会、政府层级间的关系，推进简政放权，把该放的权力放开放到位，把该管的事情管住管好，坚持依法行政，强化对行政权力的制约监督，推动政府职能向创造良好发展环境、提供优质公共服务、维护社会公平正义转变，进一步激发市场、社会创造力，切实提高政府管理科学化水平。

（一）进一步简政放权，推进行政审批制度改革

进一步精简行政审批事项。对现有具有行政审批性质的事项进行全面清理，最大限度减少对微观事务的干预，充分发挥市场在资源配置中的决定性作用，更好地发挥社会力量在管理社会事务中的作用。认真做好国务院、省政府、镇江市政府取消下放行政审批事项的承接落实工作，转给市场和社会的，任何政府部门不得截留。

加强对审批事项的管理。加快建立行政审批事项目录管理制度，编制和公布市本级行政审批事项目录清单，没有纳入目录的一律不得实施。行政审批事项目录实行动态管理，根据调整变动情况及时更新目录。

推进行政审批标准化建设。对运行的行政审批事项进行流程再造，建立并联审批和多证联办的服务模式，切实提高审批效率。推行首问首办负责制、一次告知制、限时办结制、服务承诺制、实时评价制等，积极推广"容缺预审制"、"联合踏勘制"，进一步减少中间层级和交叉环节。实行"一个窗口受理、一站式服务"模式，实现"一次申请、一张表格、一套材料、一次办结"。涉及两个及两个以上部门审批的项目，全部实行并联审批。进一步简化审批评估，建立"多评合一"制度，切实减轻企业负担。

改革和完善相关制度。建立企业投资项目"负面清单"制度，负面清单中的项目按照规定程序严格审批，负面清单外的企业投资项目则进一步简化审批程序。建立政府部门专项资金管理清单。推行因素法分配专项资金，逐步从事前申请转变为事中、事后奖励。改革财政性资金对竞争性领域的支持方式，逐步减少、退出竞争性领域的无偿支持政策。建立行政事业性收费目录清单。对行政事业性收费进行全面清理，清理取消不合法不合理的行政事业性收费项目，降低收费标准，完善收费公示、听证制度，严格征收管理，除国家规定外，把所有非税收入全部纳入预算管理，公布新的行政事业性收费和政府性基金项目目录清单，实行"目录之外无收费"。进一步推进工商注册制度便利化，精简工商登记前置审批项目，削减资质认定项目，由先证后照改为先照后证。加大力度向社会转移职能。除涉及重大公共安全、公共利益、经济宏观调控的事项外，逐步取消对公民、法人和其他社会组织相关从业、执业资格、资质类审批，交由行业组织自律管理。深化行业协会与政府部门职能、人员、经费、场地"四分开"改革，完善内部治理机制。有计划、有步骤地把部分政府公共服务职能交给社会组织承担，制定政府向社会组织等社会力量转移职能事项、政府购买服务事项和承接政府转移职能提供服务的社会组织"三张清单"。坚持积极引导和依法管理并重，促进社会组织明确权责、依法自治、发挥作用。推进社会信用体系建设，建立健全各类社会主体自律机制。

（二）改革政府管理，加强事中事后监管

转变监管方式，强化监管职责。进一步转变管理理念，完善监管体制，加强事中事后监管，有效履行职责，避免管

理缺位，防止“一放就乱”。加强对市场主体和市场行为的监督管理，着力规范市场秩序。市场监管原则上实行属地管理，执法重心下移。清理整顿和整合行政执法队伍，推进跨部门、跨行业的综合执法。加强重点领域基层执法力量，压缩机关人员编制，充实一线执法力量。对暂停行使、取消的审批事项，有关部门要依法履行监管或监督责任，制定并实施相应制度，防止监管缺位。

加强政务服务体系建设，创新公共服务提供机制。打造网上办事大厅和实体大厅“线上线下、虚实一体”的政务服务平台。深化行政审批服务“三集中三到位”。建立管理、监督、评价和责任追究机制，健全违法行政责任追究制度，强化对行政不作为、乱作为的问责，形成覆盖全市、上下联动、功能完备、便捷高效的政务服务体系。积极推进行政审批中介服务改革。对现有行政审批前置环节的技术审查、评估、鉴证、咨询等有偿中介服务进行全面清理，能取消的取消，确需保留的要规范时限和收费，并向社会公布。推进中介服务机构与行业主管部门脱钩，建立中介服务机构监管体制和职业道德评估制度，完善中介服务机构失信惩戒机制、自律保障机制和退出机制，推动和引导中介服务机构规范、公开、高效服务。

（三）坚持依法行政，规范行政权力运行

加快法治政府建设。完善依法行政各项制度，坚持用制度管权管事管人，提高政府公信力和执行力。健全科学民主依法决策机制，建立决策后评估和纠错制度。建立完善行政权力目录清单公开制度，公布行政权力目录清单，切实做到“目录之外无权力”。规范行政裁量权，明确责任主体和权力运行流程，严格依照法定权限和程序履行职责。

深入推进政府信息公开。严格执行政府信息公开条例，推进行政权力行使依据、过程、结果公开，主动公开政府和部门财政预算决算、重大建设项目批准和实施、社会公益事业建设等领域的政府信息。全面推行办事公开，主动接受群众监督，逐步实现政务公开的规范化、标准化、法制化。建立健全各项监督制度，拓宽群众监督渠道，丰富群众监督内容和形式，明确细化群众监督程序，让人民监督权力。加强新闻舆论监督，引导规范网络监督，建立健全舆论收集、分析、判断及应急机制，提高舆论监督效能。强化政府督导督查，完善行政问责制度和绩效管理制度，严格责任追究，做到有令必行、有禁必止，并将绩效评估结果与干部奖惩、选拔任用挂钩。

三、深化政府机构改革

按照精简统一效能原则，结合扬中实际，稳步推进大部门制改革，强化机构和职责整合，规范机构设置，理顺权责关系，完善体制机制，加快形成精干高效的政府组织体系。

（一）优化组织结构，调整市政府机构

1.组建市卫生和计划生育委员会。将市卫生局的职责、市人口和计划生育委员会的职责整合，组建市卫生和计划生育委员会，为市政府工作部门。不再保留市卫生局、市人口和计划生育委员会。

2.组建市市场监督管理局。将扬中工商行政管理局、扬中质量技术监督局、市食品药品监督管理局和市卫生局的食品安全综合协调、组织查处重大食品安全事故的职责整合，组建市市场监督管理局，为市政府工作部门，挂市食品药品监督管理局牌子，同时承担市食品安全委员会的具体工作。不再保留扬中工商行政管理局、扬中质量技术监督局、市食品药品监督管理局。在原有基层工商分局基础上按区域设置市场监督管理分局，为市市场监督管理局的派出机构，挂市食品药品监督管理分局牌子，承担所辖区域工商、质监和食品药品等市场监管执法工作。市工商、质监和食药监机关人员编制精简 20%，用于充实基层执法力量。

3.市民族宗教事务局调整为在市委统战部挂牌，在市政府机构序列中保留名称。

4.市政府教育督导室调整为在市教育局挂牌。

市政府机构改革后，设置工作部门 24 个。

（二）整合部门职责，规范机构设置

1.将原市人口和计划生育委员会的拟定全市人口发展规划职责划入市发展改革和经济信息化委员会。

2.将土地登记、房屋登记、林地登记等不动产登记职责整合到市国土资源局。

3.将市商务局的生猪屠宰监督管理职责划入市农业委员会。

加大部门职责整合力度。全面清理解决部门间职责交叉和分散事项，整合分散在不同部门相同相近职责，坚持同一件事情由一个部门负责，确需多个部门负责的事项，要明确牵头部门，分清主办和协办关系，建立健全政府部门间的协调配合和磋商机制，形成工作合力。

严格规范各类机构设置。政府部门内设机构综合设置。从严规范和管理合署办公机构、政府派出机构、开发区管理机构、挂牌机构、议事协调机构和临时机构。挂牌机构不得设为实体机构，议事协调机构不单设办事机构，具体工作由相关职能部门承担。进一步清理议事协调和临时机构，对工作任务基本相同或相近的进行归并整合，凡其工作任务可交由职能部门承担的，工作任务已完成或即将完成的，原则上撤销。

(三)加强协调配套,统筹推进事业单位分类改革

按照政府职能转变和机构改革的总体要求,统筹推进承担行政职能事业单位改革,进一步理顺政府与事业单位的关系,将属于政府的行政职能划归相关行政机构。着力推进公益性事业单位改革,理顺与主管部门关系,积极探索事业单位去行政化、取消行政级别、建立法人治理结构,提高政府提供公共服务的质量和水平。推进有条件的事业单位转为企业或社会组织。撤并整合职责相近、设置重复分散、规模较小的各类事业单位。探索推进检验、检测、认证机构改革,整合食品安全检验检测机构。

四、严格控制机构编制

按照财政供养人员只减不增的要求,加强机构编制管理创新,强化制度建设,严肃机构编制纪律,严格控制政府规模,努力降低行政成本,把更多财力用于改善民生。

1.严格控制人员编制。中央核定的行政编制总额和各类专项编制员额不突破,党政机关要在核定的行政编制数额内配备人员。进一步规范事业单位机构编制管理,严格控制人员编制,全市事业编制总额以2012年年底统计数为基数,由市政府负责实行总量控制,并在总量内有所减少。严格控制参照公务员法管理事业单位和经费自理事业单位的机构编制,严格控制经费自理事业编制转为财政补助事业编制。减少领导职数,非领导职务严格按规定配备。进一步对现有机构和人员编制情况进行彻底核查,采取切实有效措施清理编外人员。

2.创新机构编制管理。探索行政职能常态化管理办法,完善以职责为核心的编制使用管理制度,加强机构编制动态管理。按照严控总量、盘活存量、优化结构、增减平衡的要求,坚持"瘦身"与"健身"相结合,采取切实措施,核减职能减少、工作任务不饱和单位的人员编制,加强事关中心、全局工作和民生保障方面的人员力量。撤并整合职责相近、设置重复分散、规模过小的各类事业单位,收回部分空余编制。推动机构编制资源向基层和一线倾斜,严禁挤占、挪用基层和一线人员编制。进一步完善机构编制和组织、人力资源和社会保障、财政等部门的协调配合机制,全面实行机构编制实名制管理,编制和领导职数使用须经机构编制部门审核后,再由组织、人力资源和社会保障、财政部门办理相关事项,从源头上把好编制使用关。加大政府购买服务力度,对可由市场提供、社会承担的公共服务,逐步通过政府购买服务或由政府设立公益岗位的方式完成。

3.严肃机构编制纪律。任何组织、单位和个人都必须严格遵守机构编制各项法律法规和政策。全面清理规范限额外自定机构和承担行政职能的事业单位。严禁行政编制和事业编制混用。严格执行干部退休制度,不得随意或变相降低退休年龄。各部门不得以会议、文件、领导讲话、项目经费、测评考核和评比达标等方式,干预下级的机构编制事项。要将机构编制政策规定执行情况纳入市委、市政府督查工作范围,作为党委巡视和考核领导干部的重要内容,将机构编制管理情况特别是落实财政供养人员只减不增要求情况列入纪检监察、干部人事、财政审计监督工作范围,健全机构编制监督检查协调机制,加大对机构编制违纪违法行为的查处力度,涉嫌犯罪的,移送司法机关依法处理。对违反机构编制纪律的责任人员,要按照有关党纪政纪规定严肃处理,维护机构编制管理的严肃性和权威性。

五、加强领导和组织实施

市政府职能转变和机构改革工作在市委、市政府的统一领导下,由市机构编制部门具体负责日常工作。各有关部门要按照中央、省、镇江和市委市政府统一部署,认真抓好工作落实,确保按期完成政府机构改革工作。具体要求如下:

1.要搞好宣传发动工作。各新组建部门要及时组织全体机关干部认真学习市政府机构改革相关文件,进一步统一思想,提高认识,教育和引导干部职工正确对待改革和个人的进退留转,自觉服从市委市政府的决定。

2.要扎实开展"三定"工作。市编办要尽快完成新组建机构定职责、定内设机构、定人员编制和领导职数的"三定"规定的审核定稿,并以市政府办公室的名义下发。新组建部门在"三定"方案下达后,要抓紧组织实施,及时完成定岗定员工作。

3.要加强业务指导和监督。市纪委、市委组织部、市编办、市人社局和市财政局等职能部门要加强对改革工作的业务指导,市纪检监察部门要对各职能部门履职情况和涉及改革的部门执行各项纪律情况进行监督检查,对发现的问题严肃查处。

在机构改革的组织实施工作中,全市上下一定要坚持既积极又稳妥的方针,注意把机构改革同推进社会经济发展、保持社会稳定结合起来,避免出现大的震动,做到思想不散,秩序不乱,国有资产不流失,工作正常运转。

中共扬中市委 扬中市人民政府
关于加强新时期文化建设工作的意见

扬发〔2015〕31号

为全面贯彻习近平总书记系列重要讲话精神，特别是视察江苏重要讲话精神，认真落实好省、镇江市推动文化建设迈上新台阶工作会议总体部署，更好地适应“最美扬中”建设的战略部署，全面提高社会文明程度，现就加强新时期我市文化建设工作提出如下意见：

一、总体要求

（一）指导思想。全面贯彻习近平总书记系列重要讲话精神特别是视察江苏时讲话精神，贯彻省、镇江市推动文化建设迈上新台阶工作会议精神，紧紧围绕“四个全面”战略布局，坚持中国特色社会主义文化发展道路，坚持以培育和践行社会主义核心价值观为主心骨，以深入实施文化扬中建设为主抓手，着力推进思想理论武装、核心价值引领、文化传承与创新、文艺精品创作、公共文化服务、文化产业壮大、文化人才队伍建设，促进人的全面发展和社会全面进步，不断提升文化软实力，为建设“最美扬中”提供强大精神动力和文化支撑。

（二）主要目标。紧紧围绕“文化凝聚力和引领力强、文化事业和产业强、文化人才队伍强，构筑思想文化建设高地、道德风尚建设高地”的“三强两高”奋斗目标，通过坚持不懈的努力，到2020年，重点在七个方面迈上新台阶：

——思想理论建设迈上新台阶。马克思主义在意识形态领域的指导地位不断巩固，中国特色社会主义和中国梦深入人心，干部群众的道路自信、理论自信、制度自信更加坚定。着力打造学习型城市品牌。

——核心价值引领迈上新台阶。社会主义核心价值观得到广泛认知践行，公民文明素质显著提高，建设更高水平文明城市取得显著成效。着力打造集大爱文化、廉政文化、法治文化、诚信文化于一体的思想道德品牌。

——文化传承与创新迈上新台阶。推动优秀文化创造性转化、创新性发展，“上善若水、自强不息”新时期扬中精神广泛弘扬，创新创业文化、生态文化、河豚文化等地域文化品牌影响不断扩大。

——文艺精品创作迈上新台阶。文艺创作规划引导与扶持激励更加科学，重点文艺门类创作更加繁荣，小戏小品、诗词创作等特色文艺品牌更加凸显。

——公共文化服务迈上新台阶。以市场化与公益性并重的原则，推进文化项目的招引、建设、运营与管理。高标准规划建成扬中市文化中心，打造城市文化综合体。更为丰富、更加便捷地提供公共文化产品服务。人民群众的参与度和满意度明显提升。争创国家级公共文化服务体系示范区。

——文化产业发展迈上新台阶。现代文化市场体系不断完善，“文化+”发展战略大力推进，打造以河豚文化产业为龙头的文化创意产业“扬中品牌”。文化产业增加值占GDP比重力争突破6%。推动文化产业成为扬中国民经济的支柱产业之一。

——人才队伍建设迈上新台阶。文化人才总量进一步壮大，队伍结构不断优化，培养一批领军文化人才、专业文化人才、业余文化人才，努力推出若干名省和镇江市两级“五个一批”人才、若干名镇江文化名家。

二、主要任务

（一）深入推进思想理论武装

1.加强理论学习宣传。深入学习贯彻习近平总书记系列重要讲话精神，深化党的十八大和十八届三中、四中、五中全会精神的学习教育，深化中国特色社会主义和中国梦宣传教育。发挥中心组学习的龙头带动作用，全面推行“三原学习法”，开展形式多样的读原著、学原文、悟原理活动。深化学习型党组织建设，推广部门与村（社区）“联建、联学、联动”模式。深入推进“理论惠民”工程，持续打造“江洲大讲堂”品牌，充分发挥党校以及“百姓名嘴”等阵地和队伍作用，广泛开展专家讲理论、干部讲政策、典型讲事迹、群众讲感受等多种形式的主题宣讲活动。

2.加强社科理论应用研究。建立“四个全面”战略思想研究课题组，聚焦“四个全面”重大理论和实践问题，推出一批基于基层实际的有说服力、创新力、影响力的理论研究成果。加强哲学社会科学的应用性研究，推出一批有影响的社科精品，转化一批优秀研究成果。建好扬中理论圈网站，办好《江洲论坛》。

3.加强意识形态领域管理。建立健全意识形态领域情况分析研判机制，健全和落实情况通报制度。针对错误思潮加强理论辨析，针对社会热点难点问题加强理论阐释，引导干部群众在重大思想理论问题上划清是非界限、澄清模糊认识。加强对社会科学领域各种社团、学会、协会的管理,完善各类研讨会、报告会、讲座论坛等管理办法,深入开展“扫黄打非”工作。把互联网作为意识形态工作的主阵地,积极开展网上舆论斗争,提升依法治网、技术管网能力。

(二)大力培育和践行社会主义核心价值观

1.促进社会主义核心价值观广泛认知认同。深入开展社会主义核心价值观的解读阐释,推动核心价值观宣传向各类媒体、各类公共空间、各类宣传文化阵地、各类人群全面覆盖。创新公益广告宣传,深入推进“善行义举榜”“乡风明德文化墙”建设,建设一批核心价值观主题公园、街道、小区、广场。广泛开展“德耀江洲”“寻访身边好人”活动,积极挖掘推广各类先进典型,建设扬中好人馆。通过“微视频”“微电影”“微公益”等形式以及群众性文艺活动,策划开展核心价值观主题宣传活动。

2.提升全媒体时代价值引导力。着力强化价值导向、壮大主流舆论,充分发挥报纸、电视、广播、网络媒体、自媒体的作用,创新开展形势宣传、成就宣传、典型宣传、主题宣传,加大对外宣传工作和新闻创新创优的奖励力度,建立优秀作品奖励机制,完善城市形象“大外宣”机制,强化应急报道和舆论引导机制,加强深度报道,提高引导艺术。着力打造一批品牌栏目,提升舆论引导的及时性、权威性和公信力、影响力。加快推动媒体融合。促进《扬中日报》、扬中电台、扬中电视台等主流媒体转型提升,做优做精,组建“扬中新兴媒体发展联盟”,提高网络文化产品和服务供给能力。深入开展机关干部、党员团员网上“亮身份、亮观点,树形象、树影响”行动,团结联系一批新媒体代表人士,有效掌握网络话语权,集聚和传播正能量。

3.推动社会主义核心价值观的全面践行。构建“道德模范”“美德少年”“最美人物”和“身边好人”典型示范体系,持续办好公益文化节,打造全民公益新品牌,弘扬“立德行善、乐于奉献”的大爱文化,持续推进文明城市、文明行业、文明单位、文明村镇、文明机关创建活动,扎实开展文明交通、文明旅游、节俭养德、网络文明传播等公共文明引导活动,建设一批“最美乡村”。深入推进“立德树人、善行江洲”主题教育活动,在领导干部中大力开展“守纪律、讲规矩、敢担当”主题教育活动,在全市家庭中开展“传承好传统、培树好家风”活动,在青少年中不断深化“八礼四仪”文明礼仪养成教育。大力开展“廉以养德、风清气正”的廉政文化教育实践活动。大力开展“公民守法、公平正义”的法治文化教育实践活动。深入开展志愿服务,推进志愿服务制度化。深化道德领域突出问题专项治理,抓住重要契机、典型案例大力整治不正之风,持续净化党风政风社风民风。

4.发挥政策规章制度的导向和约束作用。把培育和践行社会主义核心价值观落实到经济社会发展各领域,健全和规范制度设计、政策法规制定和司法行政行为,完善规章制度、行为准则和行业标准,确保核心价值观建设与各方面日常工作融为一体。深化诚信扬中建设,建立覆盖广泛的信用信息系统,探索建设网络信用体系,完善“红黑榜”发布制度,深化诚信主题实践活动,打造1-2条“诚信示范街区”,推进诚信建设制度化。探索建立重大公共政策道德风险评估机制和公共政策纠偏机制。修订完善《文明市民守则》,指导各地建立健全村规民约、居民公约,开展规范守则教育实践活动。定期对核心价值观建设工作进行督促检查与考核。

(三)切实加强优秀文化传承与创新

1.弘扬优秀传统文化。加强扬中优秀传统文化的宣传普及,实施优秀传统文化网络化工程,强化优秀历史文化国民教育,广泛开展经典诵读、道德讲堂、文化遗产日等文化传承活动和节庆、礼仪活动。加强对竹编、柳编、箫笛等非物质文化遗产和扬中方言、老地名的发现、保护、解读和展示,注重对古桥、古树、古宅的建设性保护,让乡愁成为文化传承的重要纽带。

2.用好用活红色文化资源。加强对扬中革命历史研究,做好培根简师、陈毅养伤旧居、“挺纵”“江抗”会师等遗址的修复,深入打造“渡江文化园”红色文化品牌。加强爱国主义教育基地建设,不断提升基地展陈水平和服务质量,利用重大节日、重要纪念日组织开展形式多样的主题教育活动,更好发挥育人功能。弘扬扬中“双拥”传统,推出一批反映扬中红色文化的优秀文艺作品,大力发展红色旅游。

3.创新发展扬中地域文化。大力培育和践行“上善若水、自强不息”新时期扬中精神,组织以“弘扬扬中精神、建设最美扬中”为主题的系列活动,使新时期扬中精神进一步入脑入心,成为扬中人强大的精神动力。进一步厚植“四千四万”的创业文化,进一步强化绿色发展的生态文化,进一步打造独具魅力的河豚文化,不断提升扬中地域文化的创新力、影响力和辐射力。

(四)积极繁荣文艺精品创作

1.坚持正确的文艺创作方向。深入学习贯彻习近平总书记在文艺工作座谈会上的讲话和中办《关于繁荣发展社会主义文艺的意见》精神,制定繁荣发展扬中文艺的实施办法,坚持以社会主义核心价值观引领文艺创作。坚持以人民为中心的创作导向,持续开展“深入生活、扎根人民”主题实践活动。坚持把人民群众满意作为最高评价标准,更加注重社会效益、价值导向、文化审美。

2.强化文艺创作的规划引导。提高文艺精品创作生产的组织化程度，促进重点艺术门类创作繁荣。建立文艺创作题材库，突出以中国梦为主题的现实题材，以历史事件、历史人物为主题的重大题材，以扬中历史文化、河豚文化为主题的地域题材和以百姓生活为视角的民生题材，每年规划推进1–2个重点题材作品创作生产。制定并实施《扬中市关于重大文艺作品创作立项资助管理办法》，完善重大文艺创作项目的立项资助制度。建设1–2个市级创作生产基地，鼓励新创和原创。

3.积极打造文艺精品。以“五个一工程”奖为龙头，深入实施重点作品创作工程，力争每年有1–2件优秀作品获得省级以上奖项。抓住建党95周年、建军90周年、新中国成立70周年、渡江战役胜利70周年和扬中撤县设市25周年等重要契机，规划创作一批独具扬中特色的原创精品力作，完善优秀文艺作品奖励制度，促进优秀作品不断涌现，构筑扬中文艺高峰。

（五）着力构建现代公共文化服务体系

1.优化城乡公共文化设施布局。贯彻中办《关于加快构建现代公共文化服务体系的意见》，推动重点文化设施的提档升级。高标准规划建设集文化馆、图书馆、美术馆、博物馆、艺术剧院、科技馆、广电中心、工人文化宫、凤凰书城于一体的扬中市文化中心。全面改造提升镇级文化服务中心。加快推进国家基层综合文化服务中心建设试点工作，2015年建成10个示范村（社区），2016年实现全覆盖。深化文化广场标准化建设，深入打造城市“15分钟文化圈”和农村“十里文化圈”。调整扬中市新闻中心办公场所，新建扬中市新媒体融合中心。支持实体书店建设，加强阅报栏（屏）、书报亭标准化建设，建立健全覆盖城乡、方便公众的阅读服务场所。

2.提升公共文化服务综合效能。推进公共文化服务标准化。明确各级各类公共文化机构基本服务项目，规范服务标准和服务流程。推进公共文化服务数字化，建设数字图书馆、文化馆和数字农家书屋，继续推进高清电视普及惠民工程和广电宽带提速工程。推进公共文化服务均等化。推行图书馆和文化馆总分馆制。实施基层文化站馆服务效能提升计划，开展乡镇（街道）综合文化站评估定级。推进地面数字电视覆盖和应急广播工程，分众化推送优质文化资源。完善以城带乡联动机制，实施文化惠民工程，大力开展流动文化服务。针对特殊群体开展文化关爱服务，将外来务工人员文化需求保障纳入常住地公共文化服务体系。

3.增加公共文化服务产品供给。扩大公共文化场馆的免费开放范围，推动更多优质文化资源为基层服务、向社会开放。广泛开展“三下乡”、社区（农民）文化艺术节、戏曲演出季等丰富多彩、形式多样、参与度高的群众性文化活动。深入推进“城乡结对、文化共建”活动，通过队伍共建、活动共办、节日共创、新风共倡，实现文化人才、资金、活动的整合统筹。积极开展全民艺术普及、全民阅读、全民健身、全面科普等公益性文化活动。推进村居（社区）文化、校园文化、企业文化、机关文化、家庭文化建设，做好优秀公共文化产品展演展映展播展示工作。

4.创新公共文化服务运行机制。建立公共文化服务政府采购和资助目录，加大政府购买服务力度。以公共文化社会化建设试点为契机，鼓励社会力量、社会资本以捐建、捐资等形式参与公共文化服务体系建设。在图书馆、文化馆等公益性文化事业单位建立法人治理结构。发挥基层群众性自治组织的作用，开展公共文化服务参与式管理，健全民意表达和监督机制。鼓励群众自办文化，支持成立各类群众文化团体。培育和规范文化类社会组织，引导其依法依规开展公共文化服务。推动文艺组织建立健全文化志愿服务制度，鼓励艺术家、专家学者等社会知名人士开展经常性文化志愿服务。

（六）大力发展文化产业

1.巩固发展传统文化产业。支持印刷包装企业做优做大。注重用纳米技术、3D技术、数字印刷技术等高新技术武装企业，形成扬中印刷包装产业链上的若干个“单打冠军”。支持乐器制造企业做精做强，不断放大行业内知名乐器的品牌效应，打造国内专业乐器制造基地。支持特色工艺品制造企业的巩固拓展，着眼于国际市场，充实创意内容，打造特色工艺品制造的扬中名片。

2.大力发展河豚文化产业。重点发展以河豚文化产业为龙头的文化创意产业。切实加强对扬中河豚产业的品牌LOGO、营销策略、知识产权保护等方面进行全方位企划设计，占据河豚产业的“品牌制高点”。积极推动河豚烹饪标准、河豚创意设计、河豚餐饮授权经营等全方位的资产证券化进程，借助资本市场做强做大。大力开发包括影、视、剧、书、动漫游戏、卡通产品、旅游纪念品等系列河豚创意衍生产品。大力做优河豚文化的关联产业，逐步推动扬中河豚产业形成“养殖—集散—餐饮—住宿—购物—娱乐—互动体验”为一体的一条龙特色产业。

3.培育壮大新兴文化产业。积极实施“文化+”战略，推动文化与相关产业融合发展。文化+科技：大力发展云计算、软件信息、低碳服务等科技服务新业态。推动动漫游戏、影视美术、建筑设计等文化创意优势企业根据产业联系，打造跨界融合的产业集团和产业联盟。加快内容集成和数字传输综合平台建设，重点打造扬中智能电气软件园、智慧社区。文化+工业设计：以“中国制造2025扬中行动计划”为抓手,加强我市工业设计能力建设,重点支持工程电气、装备制造、光伏太阳能、3D打印等工业设计服务。着力打造一批具有本地优势和较强竞争力的工业设计龙头企业及品牌产品。文化+休闲旅游:以120公里环岛公路(堤顶公路)为载体,打造文化景观路、经济发展带、休闲功能区。积极开发以“一环、两岛、三园”为核心的休闲文化旅游线、以太平禅寺为核心的宗教文化旅游线、以农家别墅和工艺美术为主要内容的民俗文化旅游线、以渡江文化园和国防园为重点的红色文化旅游线,将扬中建设成为内涵丰富的休闲城市。

(七)高度重视文化人才建设

1.培育文化领军人才。把文化人才建设工程纳入全市人才工作的总体布局,统一规划,统一部署,统一检查落实。加大社科理论、新闻出版、文学艺术和文化经营管理、文化专门技术“五个一批”人才选拔培养管理力度,打造出若干风格独特,有影响力、感召力的文化名人名家工作室。强化新闻系统“名记者、名编辑、名主持”培养机制。创新人才引进模式,采取“客座”、签约等灵活多样的形式,积极引进“不为所有,但为所用”的“候鸟”式高层次人才。

2.培养青年文化人才。启动扬中文化人才青苗计划,挖掘培养一批青年文化人才,到2020年全市建立一支优秀青年文化人才队伍。深入实施文艺新秀培养工程,引进一批编剧、导演、营销策划和音乐创作青年人才。每年有计划地组织青年文化人才赴国内知名大学和文化机构进行专业培训和学习考察。加大支持力度,采取联合办学等方式,培养一批高级文化人才和专业特需型人才。

3.壮大基层文化队伍。鼓励支持基层文化能人、民间文艺团队发展,壮大文化志愿者队伍。鼓励专业文化工作者和社会各界人士参与基层文化建设和群众文化活动,鼓励优秀文化人才到基层挂职锻炼,开展交流和帮扶活动,形成专兼结合的基层文化人才队伍。重视抓好经常性教育培训,全面提高基层文化人才队伍能力水平。组织对图书馆长、文化馆长、文化站长进行全面培训,着力培育至少1个特色鲜明的优秀文化活动品牌、10个各展其长的优秀群文团队、100名各显其能的优秀文艺骨干。

4.完善人才激励机制。建立健全文化人才分类管理制度,实行管理人才依行政、文化人才依专业晋升。积极探索和改革文化事业单位分配制度,制定科学的绩效考核体系,形成尊重知识、尊重人才、尊重创造的长效机制。打破体制、身份界限,将民营文化单位人才、自由职业文化工作者纳入人才工作服务对象,在职称评定、政府奖励、项目扶持等方面与国有文化单位人才享受同等待遇。

三、保障措施

1.强化组织保障。各级党委、政府要把文化建设摆在全局工作突出位置,深入研究新形势下文化建设的新情况新特点,及时研究解决文化改革发展重大问题,切实加强“十三五”文化建设各类规划编制工作,认真履行好推动文化建设迈上新台阶的政治责任和领导责任。健全文化建设工作责任制,落实党政“一把手”的“第一责任”。坚持党管干部原则,选优配强宣传文化单位领导班子,确保人岗相适、适岗适任。建立健全党委统一领导、党政齐抓共管、宣传部门组织协调、有关部门分工负责、社会力量积极参与的工作格局,统筹文化建设中的各种关系。把文化建设成效作为各地各单位党政领导班子和领导干部政绩考核的重要内容,提高考核权重。由市文化改革发展领导小组办公室牵头,会同市直有关部门,每年开展一次文化建设情况督查。

2.强化队伍保障。贯彻落实中宣部“基层工作加强年”活动要求,抓好《关于加强地方县级和城乡基层宣传文化队伍建设的若干意见》的贯彻落实,配齐配强镇(街道)专职宣传委员、宣传干事(正股职)和村(社区)宣传文化工作人员。各镇街区文体服务中心专职从事文化工作的编制配备不少于2人,规模较大的镇和街道适当增加。设立城乡基层公共文化服务岗位,配置由公共财政补贴的工作人员。每个行政村(社区)设有不少于1个政府购买的宣传文化公益岗位。

3.强化政策保障。保持基本公共文化服务财政支出与经济社会发展总水平和政府财力增长相适应。设立扬中市文化产业引导资金,扶持文化产业发展。逐年增加文化事业费预算,用于文化活动和文化遗产保护等工作。加大公共文化设施建设、使用、管理的投入力度,优先保障公共文化服务体系建设和运行;将主要公共文化产品和服务、公益性文化活动和文明劝导岗位等纳入政府购买公共服务范围;加大对文艺精品创作、重点项目实施和重大课题研究支持力度。贯彻中央、省、镇江市关于支持文化改革发展的系列文件精神,将财税、人才、土地、金融等政策分解落实落地。全面推进文化领域依法行政,强化综合执法队伍和机制建设,切实维护文化工作者合法权益,提高文化领域法治化水平。

中共扬中市委员会

扬中市人民政府

2015年11月5日

扬中轶闻

【河南男子吕维振二度到扬中寻找亲生父母】2015年3月,河南男子吕维振二度来到扬中市,寻找他的亲生父母。1970年,出生几个月的吕维振他被河南的一对吕姓夫妇领养;1993年,吕维振曾和养父一起到扬中寻找亲生父母未果。此次吕维振再次来到扬中,执着地想找到亲生父母和兄弟姐妹。吕维振到扬中寻亲的消息被媒体报道后,全市许多普通村民、派出所民警、镇村干部都热情加入到寻亲队伍中来。但令人惋惜的是,吕维振还是没有寻找到他的亲人。

(市史志办)

【瞿坤掌将《瞿氏宗谱(三思堂)》送到市档案馆存档】2015年4月,79岁的扬中瞿氏第二十四世孙瞿坤掌专程来到扬中市档案馆,将自己牵头主编的《瞿氏宗谱(三思堂)》送来存档。瞿老热心于编修宗谱等公益,文革破四旧时,旧谱遭焚毁,10余卷仅剩2卷存世,为本次续谱,他两年半时间里八次去江南、江北,足迹遍布周围9个市(县),行程千公里以上,用时7年终将宗谱编印成功。本谱包括前言——瞿氏的来源与变迁、原流序——新修族谱序:旧序、家训十八则、先贤先祖历朝名宦及近代名人、圣旨及先祖像、列祖列宗赞及近代人物传赞、人物表、历次修谱名次录、1~23世世系图、年表、原旧谱收藏名录、原祠堂坐落及祠田、后记等20个部分。

(市史志办)

【175份爱心年夜饭】2015年2月12日,来自扬中市28家餐饮企业的175份满怀爱心和温度的年夜饭,送到部分困难职工、贫困户以及敬老院里的老人手中。此次175份"爱心年夜饭"总价值近4万元,参加年夜饭认捐与定制的餐饮企业,不仅严格按照市烹饪餐饮行业协会下发的订单与计量制作,甚至超分量、高标准烹饪,而且全部由厨师长亲自制作。

(市史志办)

【雍立信烈士战友苦寻半个世纪来到扬中】2015年10月19日下午,当81岁的山东老人李奇三,站在镇江扬中的土地上时,泪水夺眶而出,情不自禁地大声哭喊:"雍书记,我来迟了!"现场人们无不为之动容。详见下文链接。

(市史志办)

链接

为了一份嘱咐,苦寻半个世纪

雍立信,扬州宝应人,1949年4月随大军渡江南下。扬中县解放后,他留守扬中,时任扬中县县委副书记。1959年,西藏发生武装叛乱。中央决定在平息叛乱的同时,帮助西藏完成民主改革,从内地抽调一批干部支援西藏。时任江苏省扬中县委副书记的雍立信听到这一消息,带头报名。当时,他已有二子一女,妻子腹中还怀着小女儿,但他仍然义无反顾地踏上赶赴西藏定日县的路。那是一个位于西藏、尼泊尔、印度三陲交界处的一座不起眼的边陲重镇。

进藏途中,高原恶劣的环境和生存条件导致有人临阵脱逃,但雍立信却不改初衷,背起行囊,继续前行。李奇三当年还是个二十出头的毛头小伙,正是在这个时候,他十分崇敬雍立信一往无前的坚毅勇敢,一瞬间就对这个战友产生钦佩之情。李奇三说:"当年,雍书记百分之八十的时间都在下乡,带着我们整天奔走在各个牧场之间,没有交通工具,我们都是骑马。"年轻的李奇三追随着雍立信,跟着他风餐露宿,吃永远煮不熟的米饭,忍受长年累月吃不到一口蔬菜。不得已,雍立信就用蒜头就饭,为此还得了个"蒜头书记"的雅号。

1960年,时任西藏定日县县委副书记的雍立信在拉萨遭遇叛乱,平叛时不幸被土匪击中腹部。临终前,雍立信嘱咐他,"如果将来有机会见到你嫂子,关照她好好带大4个儿女,也可以重组家庭。要教好儿女们,叫他们长大为国家作出贡献。"

李奇三老人说,雍立信对藏民体贴关爱、鞠躬尽瘁,直至为之付出宝贵的生命,在李奇三心中,"他比孔繁森还孔繁森。"他的经历和临终遗言也只有他一个人知道。所以他始终不能忘记烈士的嘱托,于是他开始艰难的寻找之路。直到退休后回到山东,李奇三还在继续寻找,一坚持就是半个世纪。

2015年8月,扬中市民政局优抚科收到一封从山东招远寄来的信。寄信人是一位叫李奇三的老人,他在信中说要找他的好书记雍立信的家人。多年来,市民政局一直对烈士家属诸多照顾,所以对雍家的情况很熟悉。市民政局立刻联系到雍家人,并将李奇三的电话号码留给他们。

对于雍立信的小儿子雍万彪来说,这个突如其来的父亲的老战友就像是一个不真切的梦。直到拨通电话,听到李奇三的声音,他还是心存怀疑。电话那头的李老一听到他自报家门,立刻放声大哭:"雍书记,我可找到你的家人了!你的在天之灵可以安息了!"

当李老数度哽咽着把父亲在西藏的点点滴滴如数家珍地说出来,雍万彪这才确认他不是骗子,一股难以遏制的激动令他热血沸腾。父亲在他的记忆中,甚至是在整个家族的记忆中缺失的那一部分信息,那段掩埋在雪域高原里的故事,还有人能讲给他们听!

10月24日,扬中日报发表《烈士的嘱托冰封珠峰脚下 跨越半个世纪回到扬中》报道,《扬子晚报》同时刊发。山东八旬老人李奇三苦寻半个世纪来到扬中转送烈士遗言,获得阿里公益天天正能量一等奖及万元公益基金奖励,并将这笔钱捐助给老领导雍立信书记为之献出生命的地方——西藏定日县的一所小学。

注:"天天正能量"项目由阿里巴巴集团联合全国30余家主流媒体共同发起,旨在"推崇人性真善美,唤醒社会正能量"。

索引

K

L

M

T